Studien zu Politik und Wissenschaft

Christof Prechtl

Innere Einheit Deutschlands

Gegenstand der schulischen und außerschulischen politischen Bildungsarbeit

Eine empirische Untersuchung der Angebots- und Inhaltsstrukturen von Bildungsmaßnahmen

WOCHEN SCHAU VERLAG

Deutsche Bibliothek – CIP-Einheitsaufnahme

Prechtl, Christof:
Innere Einheit Deutschlands: ein Gegenstand der schulischen und ausserschulischen politischen Bildungsarbeit ; eine empirische Untersuchung der Angebots- und Inhaltsstrukturen von Bildungsmaßnahmen / Christof Prechtl. – Schwalbach/Ts. : Wochenschau-Verl., 1996
   (Studien zu Politik und Wissenschaft ; 4)
   Zugl.: Erlangen, Nürnberg, Univ., Diss., 1996
   ISBN 3-87920-496-9
NE: GT

n 2

©   by WOCHENSCHAU Verlag, Schwalbach/Ts.
    1996

Alle Rechte vorbehalten. Kein Teil dieses Buches darf in irgendeiner Form (Druck, Fotokopie oder einem anderen Verfahren) ohne schriftliche Genehmigung des Verlages reproduziert oder unter Verwendung elektronischer Systeme verarbeitet werden.

Umschlag: Umbruch
Druck: KM-Druck
Printed in Germany
Gedruckt auf chlorfreiem Papier
ISBN 3-87920-496-9

Für Barbara

INHALT

Seite

Geleitwort		8
Vorwort		10

1. Grundlegende Vorbemerkungen 12

1.1 Fragestellung und Zielformulierung 12
1.2 Positionsabgrenzung 15
1.2.1 Die Vereinigungsthematik in der wissenschaftlichen Forschungsdiskussion 16
1.2.2 Begriffsbestimmung 18
1.2.3 Räumliche, zeitliche und fachspezifische Eingrenzung 22
1.3 Vorgehensweise der Analyse 26

2. Ziel und Inhalt politischer Bildung im Lichte fachdidaktischer Konzeptionen: Die *Innere Einheit Deutschlands* - ein Lerngegenstand? 29

2.1 Politische Didaktik - Entwicklungslinien und Zeitbezug 29
2.2 Drei didaktische Modelle politischer Bildung 33
2.2.1 Das Modell von Wolfgang Hilligen 34
2.2.1.1 "Existentielle Probleme" als Lerngegenstand 35
2.2.1.2 Praktische Umsetzung im Politikunterricht 38
2.2.1.3 Die *Innere Einheit Deutschlands* - ein existentielles Schlüsselproblem? 40
2.2.2 Das Modell von Rolf Schmiederer 43
2.2.2.1 "Schülerorientierung" als Prinzip der Inhaltsauswahl 45
2.2.2.2 Praktische Umsetzung im Politikunterricht 47
2.2.2.3 Die *Innere Einheit Deutschlands* - ein schülerorientierter Lerngegenstand? 50
2.2.3 Das Modell von Hermann Giesecke 53
2.2.3.1 "Systematische Kunde", "Problemorientierung", "Konfliktorientierung" und "Tagespolitik" - vier Dimensionen der Inhaltsauswahl 55
2.2.3.2 Praktische Umsetzung im Politikunterricht 58
2.2.3.3 Die *Innere Einheit Deutschlands* - ein mehrdimensionaler Lerngegenstand? 60
2.3 Die praxisbezogene Konkretisierung von Lerninhalten - Probleme, Möglichkeiten und Chancen einer fachwissenschaftlichen Stellungnahme 64

3. Politische Bildung im vereinten Deutschland - eine Standortbestimmung 69

3.1 Zur Lage der politischen Bildung vor und nach der Wiedervereinigung 69
3.2 Die Aufgabe der politischen Bildung im vereinten Deutschland - eine Auseinandersetzung mit den Schlüsselproblemen der Gegenwart 79
3.2.1 Zeit- und Zukunftsdiagnose als Instrument der Inhaltsauswahl 80

3.2.2	Die Diskussion um die inhaltliche Zweiteilung der politischen Bildung im vereinten Deutschland	83
3.2.3	Ein offener Katalog von Schlüsselproblemen	87
3.3	Die Bedeutung der schulischen und außerschulischen politischen Bildungsarbeit für den politischen Lern- und Erfahrungsprozeß der Menschen	91
4.	**Die *Innere Einheit Deutschlands* als Gegenstand der politischen Bildungsarbeit in der Schule - eine Auswertung bayerischer und brandenburgischer Lehrpläne der Schulen der Sekundarstufe I und der Berufsschule**	**98**
4.1	Anlage und Umfang der angestrebten Untersuchung	98
4.1.1	Methodisches Vorgehen	98
4.1.2	Die Datenquelle - Begrifflichkeit, Funktion und Bedeutung	108
4.1.3	Validität versus Reliabilität - ein empirisch-methodisches Abwägungsproblem	112
4.2	Die Situation der politischen Bildung in der Schule	116
4.2.1	Die Institution Schule - eine komplexe und mehrdimensionale politisch-soziale Erfahrungswelt	117
4.2.2	Der Politikunterricht - zwischen fachdidaktischem Anspruch und schulischer Wirklichkeit	122
4.2.3	Landesspezifische Entwicklungen	128
4.2.3.1	Das Fach Sozialkunde im bayerischen Schulsystem	128
4.2.3.2	Das Fach Politische Bildung im brandenburgischen Schulsystem	133
4.3	Der Lerngegenstand *Innere Einheit Deutschlands* in den untersuchten Lehrplänen	138
4.3.1	Bayerische Lehrpläne für das Fach Sozialkunde	139
4.3.1.1	Die Hauptschule	141
4.3.1.2	Die Realschule	142
4.3.1.3	Das Gymnasium	143
4.3.1.4	Die Berufsschule	144
4.3.1.5	Zusammenfassung der Teilergebnisse	148
4.3.2	Brandenburgische Lehrpläne bzw. Rahmenpläne für das Fach Politische Bildung	149
4.3.2.1	Die Grundschule - Klassen 5 und 6	151
4.3.2.2	Die Gesamtschule, die Realschule und das Gymnasium	154
4.3.2.3	Die Berufsschule	158
4.3.2.4	Zusammenfassung der Teilergebnisse	160
4.3.3	Vergleichende Gegenüberstellung der Analyseergebnisse	161
4.4	Auswertung und Interpretation der zentralen Untersuchungsergebnisse	164
5.	**Die *Innere Einheit Deutschlands* als Gegenstand der außerschulischen politischen Bildungsarbeit - eine Analyse des Bildungsangebots parteinaher Stiftungen in Bayern und Brandenburg für den Zeitraum von 1990-1995**	**172**
5.1	Anlage und Umfang der angestrebten Untersuchung	172
5.2	Geschichte, Auftrag und Selbstverständnis der vier "politischen Voll-Stiftungen"	180
5.2.1	Die Friedrich-Ebert-Stiftung	182
5.2.2	Die Friedrich-Naumann-Stiftung	185

5.2.3	Die Hanns-Seidel-Stiftung	189
5.2.4	Die Konrad-Adenauer-Stiftung	192
5.3	Der Lerngegenstand *Innere Einheit Deutschlands* im Bildungsangebot der parteinahen Stiftungen	195
5.3.1	Das Bildungsangebot in Bayern	196
5.3.1.1	Christdemokratische Bildungsarbeit	200
5.3.1.2	Sozialdemokratische Bildungsarbeit	210
5.3.1.3	Liberale Bildungsarbeit	221
5.3.1.4	Zusammenfassung der Teilergebnisse	227
5.3.2	Das Bildungsangebot in Brandenburg	228
5.3.2.1	Christdemokratische Bildungsarbeit	232
5.3.2.2	Sozialdemokratische Bildungsarbeit	239
5.3.2.3	Liberale Bildungsarbeit	245
5.3.2.4	Zusammenfassung der Teilergebnisse	249
5.3.3	Vergleichende Gegenüberstellung der Analyseergebnisse	250
5.4	Auswertung und Interpretation der zentralen Untersuchungsergebnisse	252
6.	Plädoyer für eine zielgerichtete politische Bildungsanstrengung als konkreten Beitrag zur Vollendung der inneren Einheit - von der wissenschaftlichen Diskussion zur praktischen Umsetzung	260
6.1	Die *Innere Einheit Deutschlands* als Bildungsauftrag der schulischen und außerschulischen politischen Bildung	260
6.2	Mindestanforderungen und didaktisch-methodische Grundlegung	266
6.2.1	Die Vereinigungsthematik im Politikunterricht	268
6.2.2	Die Vereinigungsthematik in der außerschulischen politischen Bildung	277
6.3	Das Dilemma der schulischen und außerschulischen politischen Bildung - zwischen Anspruch und Wirklichkeit	287

Anhang 290

Abkürzungsverzeichnis 290

Verzeichnis der Abbildungen 292

Verzeichnis der Lehrpläne und Bildungsprogramme 294
   Bayern 294
   Brandenburg 295

Liste der im Literaturverzeichnis abgekürzten Titel 297
   Buchtitel 297
   Zeitungen/Zeitschriften 298

Literaturverzeichnis 300

Geleitwort

Die Vereinigung beider deutscher Staaten hat sowohl die Schulverwaltungen in der Ausarbeitung ihrer Lehrpläne als auch die parteinahen Stiftungen in der Ausgestaltung ihrer Bildungsprogramme zu entscheidender Neu-Orientierung gezwungen, standen doch Anlaß und Ausmaß der deutschen Teilung, die unterschiedlichen Regierungssysteme und das Verfassungsgebot zur Vereinigung an hochrangiger Stelle der schulischen und außerschulischen politischen Bildungsarbeit. Der Verfasser hat den Lehr- und Lernstoff "Wiedervereinigung" dazu benutzt, die kulturelle Vielfalt, die der Föderalismus ermöglicht, darzustellen, wobei er die Problematik am Beispiel von Bayern und Brandenburg entwickelt. Als überzeugende Begründung für diese Auswahl wird gegeben, daß das Fach einmal unter der Firmierung "Sozialkunde" bzw. unter "Politische Bildung" läuft, zum anderen daß die Länder von CSU bzw. SPD regiert werden.

Die Arbeit ist sowohl eine politische als auch eine fachdidaktische, da der Verfasser die unterschiedlichen Traditionen zu würdigen versteht. So können auch die Gemeinsamkeiten und Differenzen der Bildungssysteme und theoretischen Anschauungen berücksichtigt werden.

In seinen grundlegenden Vorbemerkungen begründet der Verfasser überzeugend, warum für ihn die Verwirklichung der inneren Einheit - nachdem gerade im Osten die Erwartungen der Menschen nicht erfüllt wurden - ein Schlüsselproblem darstellt: Nach über 40 Jahren der Teilung hat sich gezeigt, daß Willy Brandts Diktum "Was zusammengehört, muß zusammenkommen" zu optimistisch gefaßt war: Nach den Jahren der Trennung und in unterschiedlichen Systemen lebend, haben sich teilweise sehr unterschiedliche Einstellungs- und Verhaltensweisen entwickelt, die zu überwinden ein langwieriger und schwieriger Prozeß sein wird. Dazu ist eine verständnisvolle schulische und außerschulische politische Bildungsarbeit erforderlich!

Herrn Prechtls Verdienst ist es insbesondere, sich mit der historischen Entwicklung auseinanderzusetzen. Dies dient in erster Linie dazu, den fachspezifischen Rahmen für die spätere Auswertung und Interpretation der empirischen Untersuchungsergebnisse zu entfalten, politische Bildungsarbeit fachdidaktisch verständlich zu machen und das Fach Didaktik zu dokumentieren, wovon die Beschreibung dreier fachdidaktischer Konzeptionen zeugt, deren Nutzen in ihrer Relevanz für den Lerngegenstand *Innere Einheit Deutschlands* überprüft wird. In der Verbindung aller entsteht ein "mehrdimensionaler Lerngegenstand", dessen Lerninhalte praxisorientiert konkretisiert und damit auch bildungspolitisch legitimiert werden. Dennoch lautet das Fazit negativ: Die Diskussion ist parteipolitisch gefärbt und die Fachdidaktik selbst spielt eine dürftige und untergeordnete Rolle.

Eine besondere Bedeutung kommt der Umsetzung vorher erarbeiteter Kenntnisse auf die anschließende Auswertung der bayerischen und brandenburgischen Lehrpläne und Bildungsprogramme zu. Bei den einsichtig vorgetragenen Ergebnissen der empirischen Untersuchung hält der Verfasser dabei u.a. fest, daß in Bayern die Eigeninitiative des Lehrers im Vordergrund steht, wenn es darum geht den Stoffkreis "Einheit" zu behandeln, während Brandenburg im Gegensatz dazu bereits im Rahmen der Lehrplangestaltung ausdrücklich ein breitgefächertes Angebot zur Vermittlung des Lerngegenstandes *Innere Einheit Deutschlands* vorsieht.

Das abschließende Plädoyer hält noch einmal die Notwendigkeit einer eingehenden Beschäftigung mit dem "Bildungsauftrag" Einheit Deutschlands fest.

Ich wünsche Herrn Prechtl, daß sein verdienstvolles Buch eine angemessene Verbreitung findet.

Prof. Dr. Heinz Rausch

Vorwort

"Der 3. Oktober 1990 darf nicht als ein Tag des Anschlusses eines sogenannten Beitrittsgebiets an die westlichen Bundesländer in die Geschichte eingehen. Vielmehr als ein Tag, an dem das vereinigte Deutschland in eine Entwicklung zu einem neuen, gemeinsamen Ganzen eingetreten ist - zusammengefügt aus zwei Teilen, mit ganz unterschiedlichen politischen, sozialen und ökonomischen Strukturen und mit Menschen, deren Lebensschicksale, Erfahrungen und Sichtweiten sich fast schon zu eigenständigen, nach vierzigjähriger Trennung gleichsam historisch gewachsenen Traditionen aufaddieren" (Manfred Stolpe, 1994, S.20).

Mit der wiedergewonnenen staatlichen Einheit der Deutschen am 3. Oktober 1990, die nicht das Ende, sondern vielmehr erst den Anfang eines langwierigen und schwierigen politischen und pädagogischen Prozesses bezeichnet, ist die existentiell wichtige Aufgabe verbunden, im Interesse der Verwirklichung der inneren Einheit die auf vielfältige Weise fortbestehende Teilung der Menschen im Osten und im Westen der Republik in politischer, sozialer, ökonomischer und emotionaler Hinsicht zu überwinden.

Angesichts dieser fundamentalen Herausforderung der sich so schwierig gestaltenden gesamtgesellschaftlichen Bewältigung der mit dem Vereinigungsprozeß verbundenen Chancen und Risiken, versucht die vorliegende Arbeit, fünf Jahre nach der gesetzlich vollzogenen Einheit u.a. ein vorläufiges Fazit dahingehend zu ziehen, ob sich die schulische und außerschulische politische Bildungsarbeit - wie vielerorts gefordert - tatsächlich der vielschichtigen vereinigungsbedingten Problem- und Konfliktfelder angenommen, bzw. diese zum zentralen Gegenstand ihrer politischen Bildungsanstrengungen erhoben hat, ob sich also bei näherer Betrachtung die institutionalisierte politische Bildungsarbeit ganz konkret als Schrittmacher bzw. Vorkämpfer im Prozeß der inneren Vereinigung erweist. Die vorliegende Arbeit versteht sich somit als Beitrag zu einem Forschungsgebiet, das sich mit der schulischen und außerschulischen politischen Bildungsarbeit, insbesondere den Angebots- und Inhaltsstrukturen von Bildungsmaßnahmen im Zusammenhang mit der Vereinigungsthematik auseinandersetzt.

Vielen Institutionen und Personen, die diese vertreten, schulde ich Dank, weil ohne deren Unterstützung diese Arbeit nicht möglich gewesen wäre. Insbesondere gilt dieser Dank den in die Untersuchung einbezogenen Anbietern einer außerschulischen politischen Bildungsarbeit für die Bereitstellung notwendiger Materialien, mündlicher Informationen, für Anregungen, Rat und Kritik. Ohne auf eine wertende Reihenfolge zu achten, seien stellvertretend genannt: Dr. Rudolf Sussmann, Leiter des Bildungswerks der Hanns-Seidel-Stiftung, Dr. Eckard Colberg, Direktor der Georg-von-Vollmar-Akademie, Günter Meuschel, Geschäftsführer der Thomas-Dehler-Stiftung, Astrid Hase (Friedrich-Ebert-Stiftung), Jutta Besen (Karl-Hamann-Stiftung), Irina Markmann (Friedrich-Naumann-Stiftung) und Verena Holz (Konrad-Adenauer-Stiftung).

Ein besonderer Dank gilt meinem betreuenden Professor Dr. Heinz Rausch, der es mir nicht nur auf so unbürokratische Weise gestattete, dieses Thema zu bearbeiten, der mir vielmehr auch bei allen auftauchenden Problemen mit fachlicher Kompetenz und persönlichem Interesse zur Seite stand.
Schließlich danke ich meinen Eltern, die mir meine Ausbildung ermöglicht haben. Sie haben mich über all die Jahre des Lernens hinweg begleitet.

Nürnberg, im Verlaufe des Vereinigungsprozesses　　　　　　　　　Christof Prechtl

1. Grundlegende Vorbemerkungen

1.1 Fragestellung und Zielformulierung

Seit Beginn der 90er Jahre sind erste Anzeichen dafür zu erkennen, daß in der öffentlichen Meinung die Bedeutung der politischen Bildung für die Stabilität und Weiterentwicklung der Demokratie wieder mehr in den Vordergrund rückt[1]: globale Herausforderungen, wie z.B. Umweltverschmutzung, internationale Friedenssicherung und der Nord-Süd-Konflikt oder innerstaatliche Probleme, wie Rechtsradikalismus, Politik- und Parteienverdrossenheit der Bürger, um nur einige Beispiele zu nennen, vor allem aber die mit der deutschen Wiedervereinigung am 3. Oktober 1990 entstandenen Probleme und Konflikte lassen den Ruf nach einem verstärkten Engagement der politischen Bildung lauter werden. So schreibt auch Wolfgang Sander speziell zum Thema Wiedervereinigung: 'Die deutsche Einigung [...] ist zwar politisch abgeschlossen, steckt aber wirtschaftlich, sozial und kulturell noch in der Anfangsphase - ohne politische Bildung als einem sozialem Ort, an dem die mit diesem Prozeß verbundenen Probleme und Kontroversen diskursiv erörtert, an dem die deutsche Nachkriegsgeschichte einschließlich des stalinistischen Herrschaftssystems in der DDR[2] aufgearbeitet und an dem Demokratie-Lernen und die reflektierte Entwicklung neuer politischer Identitäten in der ehemaligen DDR möglich sind, wird die Einigung auf der Ebene der politischen Kultur und der politischen Mentalitäten kaum gelingen können" (Sander, 1992, S.28).
Wenn eine solche Einschätzung zutrifft - und dies wird von mehreren Autoren bejaht[3] - und darüber hinaus die Aussage von Peter Ditz ernst zunehmen ist: "die Politische Bildung in unserem Land [trägt] eine hohe Verantwortung für das Zusammenwachsen der beiden Teile Deutschlands" (Ditz, 1991, S.66), dann stellt sich heute, fünf Jahre nach der wiedererlangten Einheit der Deutschen, folgende, auf dieses gesellschaftlich so relevante Problem bezogene Frage: *Leistet die politische Bildung, die institutionalisierte politische Bildung, d.h. die politische Bildung in geplanten Veranstaltungen - hier insbesondere im Rahmen schulisch, bzw. außerschulisch organisierter politischer Bildungsarbeit - tatsächlich einen Beitrag zur Verwirklichung der inneren Einheit Deutschlands, diesem nach Donner "langwierige[n] politische[n] und pädagogische[n] Prozeß mit Schwierigkeiten"* (Donner, 1995, S.971)?

---

1) Bemerkenswert vor allem deshalb, weil in den 80er Jahren von einem "Konjunkturtief" (Gagel, 1994a, S.282) der politischen Bildung gesprochen wird. Vergleiche dazu neben Gagel auch Ellwein, 1985, S 393-401 und Punkt 3.1 der vorliegenden Arbeit.
2) Zu "Macht und Herrschaft in der DDR", siehe ausführlich Rausch, 1980, S.15-39.
3) Vgl. hierzu neben Sander u.a. Wernstedt, 1990, S.451-460; Veen, 1990, S.7; Meyer, 1991, S.9-17; Hufer, 1993, S.197; Langguth, 1993, S.43-46; Claußen, 1995a, S.16-25.

Kapitel 1: Grundlegende Vorbemerkungen

Bereits an dieser Stelle bleibt wichtig, anzumerken, daß mit dem in der Fragestellung verwendeten Begriff "Beitrag" nichts über die *Wirksamkeit* politischer Bildung ausgesagt werden kann und soll, denn es läßt sich, wie Grammes formuliert, über den Anteil von organisierter Bildungsarbeit an Meinungsbildungsprozessen kaum Quantifizierbares aussagen (vgl. Grammes, 1986, S.25), da letztlich der gesamte politische Informationshaushalt des Bürgers aus unzähligen Quellen gespeist wird, so zum Beispiel aus politisch relevanten Erfahrungen im persönlichen Umfeld, aus dem Umgang mit Behörden, aus der direkten Anschauung von Politik im lokalen Bereich, gegebenenfalls aus eigenem Engagement in Parteien, Verbänden, Bürgerinitiativen oder anderen gesellschaftlichen Gruppen und nicht zuletzt aus der massenmedialen Berichterstattung (vgl. Sarcinelli, 1988, S.11). Diese Relativierung vor Augen, hebt der gleiche Autor an anderer Stelle jedoch ausdrücklich die "Schlüsselrolle" der politischen Bildung im Rahmen der Allgemeinbildung hervor (vgl. Sarcinelli, 1990, S.168) und warnt damit neben der gerade angesprochenen Überbewertung zugleich vor einer zu leichtfertigen Unterschätzung der politischen Bildungsarbeit.[4]

Mit dem Wort "Beitrag" soll darüber hinaus auch keine Aussage über die *Qualität* von politischen Bildungsmaßnahmen getroffen werden. Es geht mir allein darum, zu fragen, ob sich die politische Bildung dem Problem der Verwirklichung der inneren Einheit Deutschlands - "der großen historischen Vereinigungsaufgabe" (Meyer, 1991, S.9) -, die nach der staatlichen Verschmelzung ja erst richtig beginnen konnte, angenommen hat und wie sich dies gegebenenfalls in Lehrplänen und Bildungsprogrammen niederschlägt.

Die vorliegende Arbeit, in deren Zentrum diese Fragestellung steht, und die letztlich von der grundlegenden Annahme geleitet wird, daß auch fünf Jahre nach der formal vollzogenen Einheit der Deutschen die innere Einheit noch keinesfalls verwirklicht ist, verfolgt im wesentlichen das Ziel, die nachstehende Hypothese zu prüfen:

Wenn es sich erstens bei der 'Inneren Einheit Deutschlands' tatsächlich um einen Lerngegenstand[5] handelt, der später als existentiell wichtiges Problem, Prozeß und Ziel charakterisiert werden soll, wenn sich zweitens im Lichte fachdidaktischer Überlegungen die schon zu Beginn aufgestellte Behauptung, die Innere Einheit Deutschlands sei ein Lerngegenstand, mit dem sich die politische Bildung zu beschäftigen habe, als richtig erweist, und wenn drittens die von allen Seiten diesbezüglich erhobenen Forderungen mehr sind als nur Lippenbekenntnisse, dann müßte sich die institutionalisierte politische

---

4) Verwiesen sei an dieser Stelle auf Punkt 3.3, der sich mit der Bedeutung der politischen Bildungsarbeit für den politischen Lern- und Erfahrungsprozeß der Menschen beschäftigt und sich diesbezüglich für eine realistische - weder bagatellisierende noch illusionäre - Einschätzung einsetzt.

5) Um Fehldeutungen und Mißverständnissen vorzubeugen, wird in Gliederungspunkt 1.2 der Begriff "Lerngegenstand" zunächst ganz allgemein, anschließend speziell auf das hier interessierende Konstrukt *Innere Einheit Deutschlands* bezogen, beschrieben und definiert.

Bildung mit dieser vielschichtigen Problematik gerade in den zurückliegenden fünf Jahren beschäftigt haben.

Fragestellung und Ziel der vorliegenden Arbeit im Hintergrund, soll - bevor im Anschluß eine grundlegende Positionsabgrenzung vorgenommen wird - zunächst noch genauer herausgearbeitet werden, warum es sich aus der Sicht des Verfassers bei der Verwirklichung der inneren Einheit tatsächlich um eine grundlegende Herausforderung, um ein *epochales Schlüsselproblem* der deutschen Nachkriegsgeschichte handelt.

Die Verwirklichung der inneren Einheit kann vor allem deshalb als existentielles Problem für die zukünftige Entwicklung Deutschlands bezeichnet werden, weil wir von der Tatsache ausgehen müssen, daß die 45 Jahre Trennung auch 45 Jahre unterschiedliche Lebenserfahrung, Lebens- und Wertvorstellungen, innere Einstellungen, ja Fremdheit hinterlassen haben (vgl. Wernstedt, 1990, S.451). Selbst Bundeskanzler Helmut Kohl, der Kanzler der Einheit, räumt in einer Wahlkampfveranstaltung noch im Oktober 1994 ein: "40 Jahre Teilung sind viel tiefer gegangen, als viele geglaubt haben - auch ich" (Kempski, 1994, S.3). Erschwerend kommt hinzu, daß von den hochfliegenden Hoffnungen und Erwartungen der Menschen - Schröder unterscheidet in dem Zusammenhang "berechtigte" und "illusionäre"[6] Erwartungen der Menschen im Osten (vgl. Schröder, 1992, S.10) - und von einer freudigen Aufbruchsstimmung in West und Ost, die das, was vierzig Jahre getrennt war, nun wieder zusammenführen sollte, nicht mehr viel zu spüren ist.

Während im Osten Deutschlands die Mehrheit der Bevölkerung offensichtlich so enttäuscht vom bisherigen Einigungsprozeß ist, daß sie Gefahr läuft, die neu gewonnene Freiheit und die Chance zur demokratischen Entwicklung gering zu achten, wollen die primär auf Wohlstandssicherung erpichten Deutschen im Westen, die die noch auf Jahre hinaus notwendige materielle Unterstützung der fünf "neuen" Länder als ein Ärgernis empfinden, von nationaler Solidarität wenig wissen (vgl. Sontheimer, 1993, S.336).[7]

Auch Rüther hebt in diesem Zusammenhang hervor, daß sich die Probleme seit der friedlichen Revolution 1989 nicht nur erweitert, sondern zum Teil in einer nicht vorhersehbaren Weise verschärft haben, so daß wir alle gemeinsam Schwierigkeiten haben, die Probleme und Konflikte des Vereinigungsprozesses zu begreifen, zu akzeptieren und innerlich zu verarbeiten (vgl. Rüther, 1993, S.3).

---

6) Als illusionäre Erwartungen der Menschen im Osten, die enttäuscht werden mußten, nennt Schröder den "Aberglauben an die Allmacht der Politik", die "tabula-rasa-Illusion", die "Demokratieillusion", die "Illusion von einer familiären Volkswirtschaft" und die "Illusion von der Vergangenheitsbewältigung". Dies alles zusammengenommen, führt schließlich zu dem pauschalen Urteil, daß man dort, wo man Gerechtigkeit erwartet hatte, nur "den Rechtsstaat bekommen" habe. (vgl. Schröder, 1992, S.10-14)

7) Ein Beispiel, das speziell die westdeutsche Einstellung belegen soll: 1990 fragte Emnid die Westdeutschen, ob sie "persönlich bereit sind, für die Vereinigung Deutschlands finanzielle Opfer zu bringen?" 61% antworteten "bin nicht zu Opfern bereit" und nur 39% "bin zu Opfern bereit" (SPIEGEL-Umfrage, 29.10.1990, S.50).

Kapitel 1: Grundlegende Vorbemerkungen 15

Diese relativ negative Sichtweise des bisherigen Einigungsprozesses läßt sich auch durch Zahlen zumindest tendenziell verdeutlichen - aus der Fülle der empirischen Studien zu diesem Thema nur ein Beispiel: Im Juni 1991 antworteten von 1042 West- und 1036 Ostdeutschen 46% der West- und 49% der Ostdeutschen "eher schlechter" auf die von "Politbarometer" gestellte Frage: "Geht es mit der Vereinigung Deutschlands, alles in allem gesehen, eher besser als Sie gedacht haben, eher schlechter oder geht es eher wie erwartet?" (zitiert nach Westle, 1992, S.71). Eine Einstellung, die sich auch drei Jahre später - im Dezember 1994 - noch nicht grundlegend verändert hat, denn immer noch sagen 42% der West- und 46% der Ostdeutschen - also fast jeder zweite Befragte - es gehe mit der Vereinigung "schlechter als angenommen" (vgl. Forschungsgruppe Wahlen, 1994, S.10).

Das von mir so bezeichnete Konstrukt "Innere Einheit Deutschlands", das damit, wie gezeigt, eine langwierige und schwierige Herausforderung für die Deutschen markiert, gleichsam ein Problem darstellt, das nach Claußen für Politik, Politikwissenschaft und Politische Bildung Relevanz besitzt (vgl. Claußen, 1995a, S.16), steht im Laufe dieser Arbeit für eine komplexe, mehrdimensionale und integrative Aufgabe mit dem Ziel, die vergangenheitsbedingte Ungleichzeitigkeit der gegenwärtigen Bedürfnisse und Fragen, die jeweils verschiedenen Wahrnehmungen und Bewertungen von gesellschaftlichen Problemen, sowie die unterschiedlichen Bedeutungsinhalte der politischen Leitbegriffe im Bewußtsein der Menschen (vgl. Rüther, 1993, S.3) aufzuheben, so daß die Nation mit zwei politischen Kulturen[8] (vgl. Greiffenhagen, 1991, S.980) wieder zu einer zusammenwächst.

1.2 Positionsabgrenzung

Die im vorhergehenden Gliederungspunkt bereits angedeutete Positionsabgrenzung, die den konzeptionellen Rahmen der Analyse stichpunktartig erörtern, die hier angestrebte Betrachtungsweise vorstellen und die vorliegende Arbeit dadurch für jedermann nachvollziehbar und kontrollierbar gestalten soll[9], befaßt sich mit drei wesentlichen Aspekten: Zuerst soll in Punkt 1.2.1 die Relevanz der Fragestellung geklärt und die Arbeit in

---

8) Im Rahmen dieser Arbeit bezieht sich politische Kultur - verkürzt ausgedrückt - "auf die subjektive Dimension der Politik und bezeichnet die Orientierungen einer Bevölkerung gegenüber dem politischen System mit allen seinen Institutionen" (Greiffenhagen, 1993, S.23).
9) Mit den Worten Alemanns gesprochen, verfolgen die hier unter der Überschrift "Grundlegende Vorbemerkungen" zusammengefaßten und die gesamte Arbeit einleitenden Aussagen generell das Ziel, dem Leser nahe zu bringen, "welche Frage in dieser Forschungsarbeit in welcher Form begrenzt und unter Verwendung welcher wichtigen Begriffe nach welchen Gliederungsgesichtspunkten mit welcher Methode beantwortet werden soll" (Alemann u.a., 1990, S.105).

der wissenschaftlichen Forschungsdiskussion, die sich mit der Vereinigungsthematik im hier verstandenen Sinne beschäftigt, verortet werden. Daran anschließend werden in Punkt 1.2.2, von der Prämisse ausgehend, "daß der gleiche Terminus von verschiedenen Wissenschaftlern bzw. wissenschaftlichen Schulrichtungen [häufig] unterschiedlich gebraucht wird" (Alemann u.a., 1990, S.104), die zentralen Begriffe der folgenden Darstellung näher erläutert. Diese, die Arbeit gegenüber anderen Forschungsvorhaben abgrenzenden Vorüberlegungen abschließend, wird in Gliederungspunkt 1.2.3 eine räumliche, zeitliche und fachspezifische Eingrenzung der gesamten Untersuchung vorgenommen.

1.2.1 Die Vereinigungsthematik in der wissenschaftlichen Forschungsdiskussion

Betrachtet man die in den letzten fünf Jahren in vielfältiger Weise veröffentlichten fachwissenschaftlichen Texte, die sich unter verschiedenen Blickwinkeln mit dem Aspekt "Politische Bildung im vereinten Deutschland" beschäftigen, sei es um vorhandene didaktisch-methodische Konzepte weiterzuentwickeln, bzw. diese den neuen Gegebenheiten anzupassen (vgl. u.a. Giesecke, 1993; Hilligen, 1993, S.143-165; Wernstedt, 1994, S.11-19), sei es um die mit der Wiedervereinigung verbundenen, neuartigen Aufgabenstellungen und Herausforderungen für die politische Bildungsarbeit zu beleuchten (vgl. u.a. Hoffmann, 1991a, S.181-198; Erb, 1991, S.59-74; Hufer, 1991, S.28-31; Fritzsche u.a., 1993, S.13-24), sei es um die Situation politischen Lernens im vereinten Deutschland zu problematisieren (vgl. u.a. Schwarze, 1991, S.93-105; Lüdkemeier u.a., 1992, S.32-38; Kaune, 1995, S.528-536), sei es schließlich etwa, um den stattfindenden Wandel in den fünf "neuen" Bundesländern von einer ehemals einseitig ausgerichteten, ideologisierten Staatserziehung zu einer pluralen und demokratischen politischen Bildungsarbeit kritisch zu begleiten (vgl. u.a. Wellie, 1991a, S.7-17; Hanusch, 1992, S.45-68; Weiler, 1995, S.537-552; Claußen, 1995b, S.897-904), dann wird sehr schnell deutlich, daß es zwar an thematisch breitgefächerten, theoretischen Beiträgen zur wissenschaftlichen Forschungsdiskussion nicht mangelt, daß aber Arbeiten fehlen, die sich ganz gezielt mit den tatsächlichen Gegebenheiten, also speziell mit den *Angebots- und Inhaltsstrukturen* schulischer und außerschulischer politischer Bildungsmaßnahmen insbesondere im Zusammenhang mit der Vereinigungsthematik befassen.

So kann auch hier, bezogen auf den spezifischen Gegenstand der angestrebten Untersuchung - die *Innere Einheit Deutschlands* - festgehalten werden: es gibt im Bereich der politischen Bildung zwar viele Diskussionen über Ziele und Inhalte sowie methodische Ansätze, aber es fehlt an Empirie und damit an empirisch gehaltvollen Analysen (vgl.

Kapitel 1: Grundlegende Vorbemerkungen 17

Rothe, 1993, S.11)[10], genauer gesagt an "empirische[n] Untersuchungen über Angebots- und Inhaltsstrukturen der Bildungsmaßnahmen" (Simon, 1985a, S.90). Zuletzt genannte Feststellung gilt dabei nach Simon in ganz besonderem Maße für einen der wesentlichen und in der nachfolgenden Analyse neben den Schulen[11] in den Mittelpunkt der Betrachtung gerückten Träger einer außerschulischen politischen Bildungsarbeit, die parteinahen Stiftungen (vgl. ebd.). Auch Vieregge, der einzige, der bis heute eine fundierte wissenschaftliche Arbeit zu den Parteistiftungen vorgelegt hat[12], teilt diese Einschätzung, wenn er 1990 unter der Überschrift "Anregungen zur empirischen Forschung" (Vieregge, 1990, S.186) schreibt, daß vergleichende Darstellungen zur Bildungsarbeit interessant wären, z.B. der Vergleich von politischen Stiftungen untereinander oder der Vergleich mit anderen Trägern einer politischen Bildungsarbeit (vgl. ebd., S.187).

Einer der wenigen, der zumindest im Bereich der außerschulischen politischen Bildungsarbeit diesem nicht zu leugnenden Forschungsdefizit, das nach meinem Dafürhalten auch die hier vorliegende Analyse legitimiert und deren Relevanz für die wissenschaftliche Forschungsdiskussion mehr als verdeutlicht[13], zumindest ein Stück entgegenwirkt und dadurch auch diese Untersuchung in gewisser Weise inspiriert hat, ist Klaus-Peter Hufer mit seiner räumlich und zeitlich sehr stark eingegrenzten Analyse: "Deutsche Einigung und europäische Integration als Gegenstand der politischen Erwachsenenbildung. Eine Auswertung von Programmen nordrhein-westfälischer Volkshochschulen" (1993). Eine Untersuchung, auf die an späterer Stelle noch dezidiert eingegangen wird.

---

10) Ein Zustand, den Rothe vor allem den kaum vorhandenen Forschungskapazitäten anlastet und den großen Mühen, die mit solider empirischer Forschung verbunden sind (vgl. Rothe, 1993, S.11).
11) Meinen Nachforschungen zufolge kann diese Feststellung uneingeschränkt auch auf den schulischen politischen Fachunterricht übertragen werden. So ist die von Mickel bereits *1971* und damit vor mehr als 20 Jahren vorgelegte Arbeit "Lehrpläne und politische Bildung" (Mickel, 1971) bis heute eine der wenigen Untersuchungen geblieben, die sich mit den Angebots- und Inhaltsstrukturen schulischer politischer Bildungsmaßnahmen gezielt auseinandersetzt.
12) Es handelt sich dabei um seine bereits *1977* veröffentlichte Dissertation "Parteistiftungen. Zur Rolle der Konrad-Adenauer-, Friedrich-Ebert-, Friedrich-Naumann- und Hanns-Seidel-Stiftung im politischen System der Bundesrepublik Deutschland" (Vieregge, 1977a).
13) Um an dieser Stelle nur noch auf die Dimension der vorliegenden Arbeit hinzuweisen und die von Rothe angesprochenen, mit einer derartigen empirischen Untersuchung verbundenen "Mühen" zu verdeutlichen, sei erwähnt, daß allein im außerschulischen Bereich dieser Untersuchung die Grundgesamtheit der einbezogen Bildungsangebote 4500 Veranstaltungen übersteigt.

1.2.2 Begriffsbestimmung

Nachstehend werden die drei für die gesamte Darstellung wesentlichen Begriffe, bzw. Begriffspaare, näher erläutert, als da sind "politische Bildung/Bildungsarbeit", "Lerngegenstand" und "Innere Einheit Deutschlands", das bereits in Gliederungspunkt 1.1 erwähnte, gleichzeitig als Problem, Prozeß und Ziel charakterisierte Konstrukt. Dieses Vorgehen erscheint schon allein deshalb nötig, weil es keine gleichlautende bzw. in der Literatur übereinstimmende Definition der beiden erstgenannten Begriffe bzw. Begriffspaare gibt[14], nach Claußen in einer pluralistischen Gesellschaft gar nicht geben kann (vgl. Claußen, 1981, S.6) und weil es sich bei dem zuletzt genannten Gegenstand um kein eingeführtes, in einem eindeutigen wissenschaftlichen Theoriezusammenhang stehendes, theoretisches Konstrukt handelt.

Ohne auf die in der Fachliteratur anzutreffenden, verschiedenartigen Auffassungen und Definitionen von 'politischer Bildung' bzw. 'Bildungsarbeit' näher einzugehen - siehe hierzu beispielhaft den ausführlichen Überblick bei Simon, 1985a, S.21-51 -, wird im Rahmen der hier angestrebten Untersuchung 'politische Bildung'/'Bildungsarbeit' zunächst ganz allgemein verstanden *als ein Teil politischer Sozialisation, der neben vielen anderen Komponenten wie Familie, Parteien, Verbände, Massenmedien - Presse, Hörfunk, Fernsehen - usw. steht*. Der wesentliche Gesichtspunkt, durch den sie sich von den soeben genannten Sozialisationsinstanzen aber unterscheidet, ist, daß hier *politischsoziales Lernen in Form von gezielten Unterrichts- und Veranstaltungsangeboten in schulischen und außerschulischen Institutionen praktiziert wird*, wobei es dabei nicht nur darum gehen kann, bei den Beteiligten Interesse für Politik zu wecken und unreflektiert Informationen über das politische System oder das Tagesgeschehen zu liefern. Vielmehr soll und muß "die Fähigkeit zur Beurteilung politisch-gesellschaftlicher Probleme [...] und die Anleitung zur aktiven politisch-gesellschaftlichen Mitgestaltung des

---

14) Nach Hilligen resultiert gerade die mannigfaltige Verwendung des Ausdrucks 'politische Bildung' daraus, daß verschiedene, im politischen Spektrum vorfindliche Positionen einen weitreichenden Einfluß auf didaktische Zielkonzeptionen haben (vgl. Hilligen, 1985, S.59). Auch Claußen kommt zu dem Ergebnis, daß - je nach Position - unterschiedliche Beschreibungen des Politikbegriffs und damit konsequenterweise der 'politischen Bildung' existieren, auch wenn er eine andere Klassifizierung derartiger politikdidaktischer Positionen vornimmt (vgl. Claußen, 1981, S.14) wie Hilligen (vgl. Hilligen, 1985, S.59).

Kapitel 1: Grundlegende Vorbemerkungen

öffentlichen Lebens" (George[15], 1990, S.453) im Mittelpunkt dieses so bezeichneten, politisch-sozialen Lernens stehen.[16]

Um diese Begriffsabgrenzung noch differenzierter zu gestalten, wird in Anlehnung an Giesecke schulische von außerschulischer politischer Bildungsarbeit durch folgende sechs Gesichtspunkte[17] unterschieden, die fraglos auch "zu Konsequenzen im Hinblick auf die spezifischen Chancen und Grenzen des politisch-sozialen Lernens" (Giesecke, 1993, S.104) führen:

1. Die Schule vergibt ganz generell im Unterschied zur außerschulischen Bildungsarbeit *Berechtigungen*, d.h. Zertifikate und damit einen weitergehenden Anspruch. 2. Die außerschulische Bildungsarbeit ist in erster Linie kein *pädagogisches Arrangement* - wie die Schule - sondern ein *geselliges*. 3. Im Unterschied zur Schule gibt es *keine Lernvorgaben*, wie z.B. Lehrpläne. 4. Die außerschulische Bildungsarbeit ist im Gegensatz zur Schule eine *freiwillige* Angelegenheit. 5. Gegenüber der Schule, die vor allem im Bereich der politischen Bildungsarbeit Konsens wahren muß, darf die außerschulische Bildungsarbeit generell *parteilich* sein. 6. Träger außerschulischer Bildungsangebote stehen in ganz anderem Maße im *Wettbewerb* untereinander wie Schulen, denn sie sind nichts anderes als ein Teil des gesamten Freizeitmarktes. (vgl. ebd., S.103/104) Die hier aufgeführten Punkte werden (7.) um den Aspekt '*Altersunterschied* des angesprochenen Kundenkreises' erweitert. Handelt es sich im Bereich der Schule zumindest vorwiegend um Kinder, Sekundarstufe I, und Jugendliche, Sekundarstufe II, so werden in der außerschulischen politischen Bildung doch zunehmend erwachsene Bürger angesprochen.[18]

Bevor den notwendigen Ausführungen zu dem komplexen und mehrdimensionalen theoretischen Konstrukt "Innere Einheit Deutschlands" nachgegangen werden kann, muß,

---

15) Hervorzuheben ist, daß der von mir soeben zitierte Aufsatz von George "die Sicht der Deutschen Vereinigung für politische Bildung (DVpB)" darstellt und sich an dem von der DVpB 1988 veröffentlichten "Memorandum zur Lage der politischen Bildung in der Bundesrepublik Deutschland" und der "Stellungnahme der DVpB für die Anhörung im Innenausschuß [...] zum Thema »Politische Bildung« am 8. Mai 1989 in Bonn" (George, 1990, S.449) orientiert.

16) Auf die in diesen Erläuterungen nur indirekt angesprochene Frage nach dem "Was soll vermittelt werden?", d.h. die Inhaltsfrage, die in der Fachwissenschaft - wie die Begriffsklärung selbst - ebenfalls heftig umstritten ist, soll an dieser Stelle nicht weiter eingegangen werden. Vielmehr wird verwiesen auf Kap. 2, wo aus der Sicht verschiedener namhafter Vertreter der Fachwissenschaft diese Frage am Beispiel des vermeintlichen Lerngegenstandes *Innere Einheit Deutschlands* behandelt wird und auf Kap. 3, wo der Verfasser selbst einen "offenen Katalog von Schlüsselproblemen" ausarbeitet.

17) Die von Giesecke vorgeschlagenen sieben institutionellen Unterscheidungspunkte werden hier auf sechs reduziert, da meiner Ansicht nach der Aspekt 'Schule dürfe Aufklärung und Handeln nicht verbinden' - im Gegensatz zur außerschulischen Bildung (vgl. Giesecke, 1993, S.103) - zumindest in dieser generellen Form nicht zu halten ist. Denn neben vielen anderen Beispielen zeigt das Thema Umweltschutz sehr deutlich, wie die Schule Aufklärung und Handlungsaufforderungen an die Schüler durchaus verbindet und sie geradezu animiert, umweltgerecht zu handeln.

18) Ob die vorliegende Unterscheidung in schulische und außerschulische politische Bildungsarbeit, die sich, wie gezeigt, in sieben Punkten manifestiert, auch inhaltliche Konsequenzen - hinsichtlich unserer Ausgangsfrage - nach sich zieht, wird die vorliegende Analyse ebenfalls versuchen zu klären.

um möglichen Fehldeutungen zuvorzukommen, zunächst noch der Begriff "Lerngegenstand", wie er im Rahmen dieser Arbeit Verwendung findet, präzisiert werden.

Unter 'Lerngegenstand' soll *ein möglicher Aufgabenkomplex für die schulische und außerschulische politische Bildungsarbeit, ein vielschichtiges Problem- bzw. Konfliktfeld* verstanden werden, aus dem *einzelne Unterrichtsgegenstände bzw. Unterrichtsinhalte für den Politikunterricht abgeleitet werden können.* Diese Unterrichtsgegenstände bzw. -inhalte stellen dabei nichts anderes dar als "*die pädagogische Repräsentation gesellschaftlicher Wirklichkeit*" (Meyer, 1986, S.635, Hervorhebung von Meyer).

Die kritische Prüfung bzw. Legitimation vermeintlicher 'Lerngegenstände' kann dabei - im Lichte fachdidaktischer Überlegungen - auf unterschiedliche Art und Weise erfolgen, wobei jedoch die Schlußfolgerung, 'Lerngegenstände' seien somit in letzter Instanz wissenschaftlich bestimmbar, einem "Irrglaube[n]" (Gauger, 1975, S.292) gleichkommen würde. Vielmehr gelten hier - die Auswahl betreffend - "nur vernünftige Gründe, die aber immer kontrovers bleiben müssen" (Gagel, 1983, S.197). Falsch wäre es ferner, und darauf soll explizit hingewiesen werden, wenn der Versuch unternommen würde, einen vermeintlichen Lerngegenstand abschließend und erschöpfend in Form aller denkbaren Unterrichtsgegenstände, d.h. aller möglichen Probleme und Konflikte zu charakterisieren. Denn ein Blick in die einschlägige Literatur - z.B. bezüglich des hier interessierenden Lerngegenstandes - zeigt, daß eine solche Darstellung je nach Akzentuierung unterschiedlich ausfällt, ja unterschiedlich ausfallen muß und immer neue, je nach Standpunkt verschiedene wirtschaftliche[19], politische, soziale[20], psychologische und psychosoziale[21] Probleme und Konflikte der Vereinigung herausgearbeitet werden, die dann zu neuen Unterrichtsgegenständen bzw. -inhalten avancieren können.

Betrachtet man an dieser Stelle noch einmal die in Punkt 1.1 angesprochene *grundlegende Annahme*, die der vorliegenden Arbeit zugrunde liegt, so muß prinzipiell davon ausgegangen werden, daß, nachdem die deutsche Vereinigung rechtlich und institutionell vollzogen ist, die ökonomischen, sozialen, politischen und psychologischen Probleme des realen Zusammenwachsens beider Teile, die sogenannten "Kosten der Einheit" (Schmitz, 1995, S.209), in ihren Konturen erst richtig zu erkennen sind (vgl. Fuchs u.a., 1991, S.35). Fritzsche spricht in dem Zusammenhang von notwendiger

---

19) Vgl. hierzu u.a. Schlecht, 1995, S.16-21 und die in der Zeitschrift ZEIT-Punkte mit dem Titel "Vereint, doch nicht eins. Deutschland fünf Jahre nach der Wiedervereinigung" unter der Überschrift "Umbau der DDR-Wirtschaft" zusammengefaßten Artikel (Heft Nr. 5, 1995, S.64-87).
20) Zu den vielschichtigen politischen und sozialen Problemen der Einheit vgl. beispielhaft: Dümcke u.a., 1991, S.1361-1366; Merten, 1993/1994, S.295-302/S.18-19; Winter, 1994, S.11; Heitmann, 1995, S.129-136 usw.
21) Zu dem Stichwort "psychologische und psychosoziale" Probleme und Konflikte der Einheit vgl. u.a. das von Maaz auf der Basis von 5000 Fallstudien vorgelegte Psychogramm der DDR (1990); darüber hinaus Richter, 1995, S.21-30 und Schmitz, 1995, insbesondere S.209-224.

Vergangenheits-, Gegenwarts- und Zukunftsbewältigung (vgl. Fritzsche u.a., 1993, S.24) und Mohler nennt eine Reihe von Rissen und Konfliktlinien im neuen Deutschen Haus, wie z.b. die Ost-West-Wanderung als Folge wirtschaftlichen und ökologischen Attraktivitätsgefälles, zweierlei Arbeitsrecht in Deutschland, Autoritarismus in den neuen Bundesländern usw. (vgl. Mohler, 1992, S.39-44). Diese stichpunktartig aufgezählten Schwierigkeiten, die mit der Wiedervereinigung in Verbindung gebracht werden, und die bereits in Punkt 1.1 angesprochenen Probleme und Konflikte sollen an dieser Stelle genügen, um deutlich zu machen, daß der Lerngegenstand *Innere Einheit Deutschlands* eine besondere innenpolitische, ohne Zweifel auch mit außenpolitischer Wirkung verbundene Problemlage, anders ausgedrückt ein gesellschaftlich relevantes Schlüsselproblem[22] benennt.

Darüber hinaus ist unübersehbar, daß die bereits markierten, vielfältigen vereinigungsbedingten Problem- und Konfliktlinien nicht in kurzer Zeit zu lösen sind. Kaase bemerkt dazu: "45 Jahre eines unterschiedlichen politischen Weges lassen sich nicht mit einem Federstrich beseitigen. Die Herstellung der inneren Einheit ist ein langwieriger Prozeß, in dem immer wieder Rückschläge zu verzeichnen sein werden" (Kaase, 1993, S.382). Somit impliziert das Konstrukt "Innere Einheit Deutschlands" neben der umfangreichen Problem- und Konfliktlage gleichzeitig eine prozessuale Komponente.

Diese beiden Komponenten vor Augen, kann nach meinem Dafürhalten das *Ziel* des inneren Einigungsprozesses nur lauten, eine echte 'Integration' in Gang zu setzen (vgl. Meyer, 1991, S.11) und damit die "zwei im Grunde auseinandergelebte[n] Gesellschaften wieder zusammenzuführen" (Rüther, 1993, S.4)[23], wobei es außerordentlich wichtig erscheint, den Begriff "Integration" vor einer verkürzten Darstellung zu bewahren, die zwar Integration und Zusammenwachsen sagt, aber nichts anders als Assimilation meint[24]. Gerade diese Haltung würde aber die Fronten verhärten und ein Zusammenwachsen der beiden Teile Deutschlands, wenn nicht unmöglich machen, so doch erheblich erschweren. Dies unterstreicht auch Manfred Stolpe, wenn er schreibt: "Um diesen Voraussetzungen des inneren Zusammenwachsens gerecht zu werden, bedarf es meiner Auffassung nach zweierlei:
1. Der pragmatischen Einsicht, daß nach dem 3. Oktober 1990 kaum etwas bleiben wird, wie es einmal war. [...] 2. Der Vision eines gleichberechtigten Zusammenwachsens beider Teile, damit dieser Prozeß bei den Menschen nicht auf Ablehnung trifft

---

22) Ob das Prädikat 'Schlüsselproblem', das von Klafki 1985 erstmals vorgestellt wurde und nach Gagel in letzter Konsequenz die von Hilligen bereits 1955 fixierten 'fundamentalen Probleme' wieder aufgreift (vgl. Gagel, 1994a, S.303), unserer speziellen Problemlage zu Recht verliehen wurde, wird in Gliederungspunkt 2.2.1.3 aus fachdidaktischer Sicht überprüft.
23) Es darf zu keinem Zeitpunkt vergessen werden, daß dieses Ziel nur im Zusammenwirken von möglichst vielen, sich in die gleiche Richtung bewegenden Kräften in Politik, Wirtschaft und Kultur erreicht werden kann. (vgl. Hanusch, 1992, S.26)
24) "Während Integration eine Beziehung zwischen Verschiedenem ist, die in der Vereinigung Verschiedenartigkeit bewahrt, zielt Assimilation darauf, daß der andere seine eigene Identität ganz preisgibt und so wird wie wir" (Meyer, 1991, S.11).

oder, was fast noch schlimmer wäre, mit dumpfem Gleichmut hingenommen wird" (Stolpe, 1994, S.20f.).

Die politische Bildung wird sich demnach unweigerlich den Haltungen zu stellen haben, die von mangelndem Verständnis für die je anderen gesellschaftlichen Prägungen in den ehemals zwei Teilen Deutschlands zeugen (vgl. Misselwitz, 1991, S.3), um damit Notwendigkeiten, Voraussetzungen und Konsequenzen der Integration bewußt zu machen und die Bereitschaft der Bürgerinnen und Bürger zur Unterstützung des Prozesses der Verwirklichung der *Inneren Einheit Deutschlands* - der "Verschmelzung zweier konträrer politischer Kulturen" (Schmidt-Sinns, 1991, S.384) - zu fördern (vgl. Meyer, 1991, S.17).

Der damit deutlich abgesteckte Rahmen um das Konstrukt "Innere Einheit Deutschlands" - *vielschichtiges Problem, Prozeß und noch in der Ferne liegendes Ziel* - stellt auf diese Weise einen komplexen Forschungsgegenstand dar, dem ein Verständnis von Politik als einem interessenbedingten Miteinander und Gegeneinander von Einzelpersonen und Gruppen zugrunde liegt (vgl. Giesecke, 1993, S.57), das explizit bis zur Ebene bedeutsamer politischer Probleme und Konflikte und die darauf Bezug nehmenden Handlungen der beteiligten Menschen heranreicht. Konsequenterweise rückt deshalb die bevorstehende Analyse auch die Perspektive 'vielschichtiges Problem' und die damit verbundenen 'Konflikte' des hier im Vordergrund stehenden Forschungsgegenstandes in den Mittelpunkt, denn daran könnte die institutionalisierte politische Bildungsarbeit - was in Kapitel 2 zu zeigen sein wird - ihre Arbeit inhaltlich ableiten und ausrichten. Wenn dies der Fall ist, dann müßte sich dieses Aufgreifen von Problemen der Einheit in den Lehrplänen und Bildungsprogrammen der untersuchten Bildungseinrichtungen widerspiegeln, was in Kapitel 4 und 5 im Laufe der angestrebten empirischen Studie untersucht werden soll.

1.2.3 Räumliche, zeitliche und fachspezifische Eingrenzung

Ohne die besonders eindrucksvoll von Wolfgang Sander herausgearbeitete Betrachtungsweise politischer Bildung, über das Fachspezifische hinaus verstanden als Unterrichtsprinzip, "als permanente, in der didaktischen Konzeption jedes Faches [...] mitzureflektierende Aufgabe" (Sander, 1989, S.163), zu verkennen, wird im Bereich der schulischen politischen Bildungsarbeit, was im Rahmen der bisherigen Ausführungen bereits angedeutet wurde, eine erste Einschränkung dahingehend vorgenommen, daß hier nur auf die fachgebundene politische Bildung, im Sinne eines selbständigen Unter-

Kapitel 1: Grundlegende Vorbemerkungen

richtsfachs, eingegangen wird. Diese Begrenzung auf das Unterrichtsfach[25], das laut George vom Unterrichtsprinzip ergänzt, aber nicht ersetzt werden kann (vgl. George, 1990, S.454), wird im Rahmen dieser Untersuchung gerade deshalb nötig, weil nur hier die Lernvorgaben - in Form von Lehrplänen - relativ exakt und eindeutig vorliegen. Diese Lehrpläne stellen ein sehr übersichtliches und für den Lehrer prinzipiell verbindliches Untersuchungsmaterial dar, so daß generell davon auszugehen ist, daß die Schüler in der jeweiligen Unterrichtssituation mit diesen schriftlich fixierten Lernvorgaben auch tatsächlich konfrontiert werden.[26]

Im folgenden sollen neben dieser fachlichen noch einige Bemerkungen zu den räumlichen[27] und zeitlichen Eingrenzungen des schulischen Untersuchungsgegenstandes vorgetragen und begründet werden, bevor im Anschluß daran der außerschulische Bereich näher erörtert und abgegrenzt wird.

Der zeitliche Rahmen der Untersuchung erstreckt sich, wie bereits angedeutet, auf einen Zeitraum von fünf Jahren, nämlich vom 3. Oktober 1990, an dem die DDR Volkskammer ihren Beitritt zum Geltungsgebiet des Grundgesetzes nach Art. 23 GG erklärte (vgl. Beyme, 1993a, S.27), bis in das Jahr 1995. Es sind also die ersten fünf Jahre der wiedererlangten Einheit der Deutschen, die hier interessieren.

Die dritte Begrenzung der Analyse auf *zwei* Bundesländer ist damit zu erklären, daß im Rahmen der finanziellen und personellen Möglichkeiten dieser Arbeit eine auf ganz Deutschland bezogene Untersuchung - die durchaus wünschenswert erschiene - wegen der vorhandenen Datenfülle nicht bewältigt werden kann. Man denke in dem Zusammenhang nur an die durch die Kulturhoheit der 16 Länder entstandene unterschiedliche Ausgestaltung der Schulorganisation, der Lehrpläne, Richtlinien usw. Allein aus diesem Grund wurde eine Selektion notwendig, bei der es zunächst darauf anzukommen schien, jeweils ein "neues" und ein "altes" Bundesland auszuwählen, denn "es bedarf der Anstrengung aller, um das Trennende zwischen Ost und West [...] zu überwinden und das jahrzehntelange Gegeneinander in ein konstruktives Miteinander umzukehren"

---

25) In Bayern wird dieses Fach als "Sozialkunde" (Weidinger, 1987, S.290), in Brandenburg als "Politische Bildung" (George u.a., 1992, S.543) bezeichnet.

26) Dieser angestrebten Schlußfolgerung vom Lehrplan auf den sozialen Kontext 'Politikunterricht' liegt letztlich - verkürzt gesagt - ein Erklärungsansatz zugrunde, der das individuelle Handeln des Lehrers, wie jede andere individuelle Handlung auch, als komplexes Produkt institutioneller, situationsbezogener und persönlichkeitsspezifischer Faktoren (vgl. Büschges, 1985, S.16) begreift und den Lehrplan als wichtigen institutionellen Einflußfaktor betrachtet, der den Lehrer bei der Inhaltsauswahl, dieser von ihm zu treffenden unterrichtsvorbereitenden (Handlungs-)Entscheidung, erheblich beeinflußt, was wiederum unmittelbare Auswirkungen auf die thematische Gestaltung der spezifischen Unterrichtssituation hat.

27) Wird nachstehend von räumlicher Begrenzung gesprochen, stehen zwei Komponenten im Mittelpunkt des Interesses: zum einen geht es darum, eine länderspezifische Auswahl für die Untersuchung vorzunehmen und zum anderen festzulegen, welche Teile des gesamten schulischen Bildungssystems in die Analyse einbezogen werden sollen.

(Langguth, 1993, S.45). Auf den schulischen Sektor bezogen, heißt dies, daß nicht nur die "neuen" sondern auch die "alten" Länder - im Bereich der politischen Bildung - ihren Beitrag zur Verwirklichung der inneren Einheit Deutschlands leisten müssen. Neben dem "alten" Bundesland Bayern, das seit 1966 von einer absoluten CSU-Mehrheit regiert wird, wurde Brandenburg vor allem deshalb in die Analyse einbezogen, weil es das einzige von der SPD regierte "neue" Bundesland darstellt. Manfred Stolpe (SPD) ist seit der ersten freien Landtagswahl 1990 Ministerpräsident in Brandenburg und kann sich seit den Wahlen 1994 gar auf eine absolute Mehrheit im Parlament stützen. Der Verfasser will sich mit dieser Auswahl des möglichen Vorwurfs erwehren, der z.B. bei der Einbeziehung des von Kurt Biedenkopf (CDU) seit 1990 regierten Sachsen aufgekommen wäre: die Schulpolitik zweier CDU bzw. CSU regierter Länder müsse schon allein wegen der politischen Konstellation ähnlich ausgerichtet sein. Diese Kritik würde dadurch genährt, daß man bis heute die andauernde Spaltung der schulischen politischen Bildung in den "alten" Bundesländern in die sogenannten A- und B-Länder[28], die nicht zuletzt an der restriktiven, selektiv wirkenden Schulbuchzulassung abzulesen ist (vgl. Gagel, 1993, S.28), beobachten kann. Gagel geht an anderer Stelle noch darüber hinaus und schreibt "ähnliche Unterschiede findet man heute auch in den östlichen Bundesländern, wenn man beispielsweise das Schulsystem Brandenburgs mit dem der anderen Ländern vergleicht" (Gagel, 1994a, S.199).

Nachdem damit die länderspezifische Abgrenzung vorgestellt und begründet wurde, wenden wir uns nun der zweiten Komponente der räumlichen Eingrenzung - den in die Untersuchung einbezogenen Schulformen - zu.

Neben der unübersehbaren Datenfülle, die eine auf alle Schulformen der Sekundarstufen I und II bezogene Analyse hervorgerufen hätte, wird hier zum einen eine Begrenzung auf die 'meistbesuchten Schultypen' der Sekundarstufe I[29] vorgenommenen; somit werden die Schulen berücksichtigt, die von weit über 90% der Schüler besucht werden[30]. Zum anderen wird als Repräsentant der Sekundarstufe II die Berufsschule, als integraler Bestandteil des "dualen Berufsbildungssystem" in Deutschland, mit in die Analyse aufgenommen. Erstens, weil sie "noch immer von mehr als der Hälfte eines Jugendlichenjahrganges durchlaufen wird" (Dosch, 1980,

---

28) Diese Unterscheidung geht zurück bis auf die zunehmende bildungspolitische Polarisierung zu Beginn der sozialliberalen Koalition 1969. In der damaligen Diskussion spiegelte sich der aufbrechende Gegensatz zwischen "konservativen" und "progressiven", zwischen mehrheitlich SPD regierten "A-Ländern" und CDU oder CSU regierten "B-Ländern" wieder (vgl. Kuhn u.a., 1990, S.35). Die parteipolitische Orientierung der jeweiligen Landesregierung hatte damit erhebliche Auswirkungen auf den Bildungsbereich (vgl. Gagel, 1994a, S.199). Siehe zu dieser Entwicklung ausführlich Gagel, 1990, S.392-399.

29) Die notwendige länderspezifische Beschreibung der meistbesuchten Schularten der Sekundarstufe I, die an dieser Stelle zu weit führen würde, wird in Kap. 4 nachgeholt.

30) Außen vor bleibt damit z.B. die Förderschule (Sonderschule), deren Anteil an der gesamten Schülerzahl aber lediglich 2,99% (vgl. Institut der Deutschen Wirtschaft, 1993, Tab. 125) beträgt.

S.337) und weil sie zum zweiten die einzige Pflichtschule der gesamten Sekundarstufe II darstellt. Denn alle Auszubildenden im dualen Berufsbildungssystem sind zum Besuch der Berufsschule verpflichtet, ganz egal, ob es sich dabei um Haupt-, Realschulabsolventen oder Abiturienten handelt. Ferner ist dieser Lernort für viele Jugendliche und junge Erwachsene meist die letzte Konfrontation mit der schulischen politischen Bildungsarbeit.

Nach dieser fachlichen, zeitlichen und räumlichen Begrenzung des schulischen Teils der Untersuchung folgt nun eine nähere Beschreibung des außerschulischen Bereichs der in die Analyse einbezogenen, politisch bildenden Institutionen, wobei die räumliche, insbesondere die länderspezifische und die zeitliche Beschränkung mit den vorherigen Erläuterungen übereinstimmt.

Die Auswahl der eine hervorgehobene Stellung innerhalb der politischen Stiftungen einnehmenden (vgl. Simon, 1985a, S.90) *parteinahen Stiftungen*, auch Parteistiftungen genannt, ist insbesondere darauf zurückzuführen, daß sich diese mehr als alle anderen Anbieter einer außerschulischen politischen Bildungsarbeit aus eben dieser politischen Bildungsarbeit heraus legitimieren und dort ihre eigentlichen Wurzeln sehen (vgl. Langguth, 1993, S.38) - ganz im Gegensatz z.B. zu den Volkshochschulen[31], bei denen Hufer den ungebrochenen Trend hin zu "berufsqualifizierenden Kursen" (vgl. Hufer, 1985, S.30) registriert. Ein Sachverhalt, der meiner Einschätzung nach in besonderer Weise dazu führen müßte, daß sich hier die in Punkt 1.1 aufgestellte Hypothese erfüllt, anders ausgedrückt, daß sich gerade die parteinahen Stiftungen verstärkt der vielschichtigen vereinigungsbedingten Problem- und Konfliktlagen annehmen müßten, sich hier die "veränderte Situation der Politischen Bildung im vereinigten Deutschland" (Schwarze, 1991, S.94) am nachdrücklichsten widerspiegeln und sich die von Hanusch aufgestellte These, "daß politische Bildung eine Vorreiterin in diesem Prozeß [der inneren Einigung] ist" (Hanusch, 1992, S.10), bestätigen sollte.

Anzumerken bleibt, daß aus Gründen einer durchgehenden Ausgewogenheit der Analyse die vier traditionellen Stiftungen, die Konrad-Adenauer-, Hanns-Seidel-, Friedrich-Ebert- und Friedrich-Naumann-Stiftung, die den großen Parteigruppierungen CDU, CSU, FDP und SPD zuzuordnen sind, ferner als die herausragenden Repräsentanten aller Parteistiftungen zu gelten haben und schließlich als einzige dem von Vieregge skizzierten Prädikat genügen, "politische Voll-Stiftungen" (Vieregge, 1990, S.164) zu sein, in diese Forschungsarbeit einbezogen werden[32], wobei im Laufe der Analyse pro

---

31) Bei dieser bekanntesten außerschulischen Bildungseinrichtung in Deutschland, die nur u.a. auch politisch bildend tätig wird, nimmt der Bereich "Gesellschaft/Geschichte/Politik" nur einen sehr geringen Stellenwert ein. So betrug der Anteil dieses Stoffgebiets an den gesamten Unterrichtsstunden aller 850 dem Deutschen Volkshochschul-Verband angeschlossenen Institutionen 1987 nur 1,7%, 1988 1,6% und 1989 gerade noch 1,5%. (vgl. Hufer, 1991, S.7)

32) An dieser Stelle bleibt festzuhalten, daß im folgenden die Begriffe "Parteistiftung" und "parteinahe Stiftung" synonym verwendet werden. Außerdem gilt, so lange nichts anderes explizit angegeben

Bundesland immer ein Vertreter einer christdemokratischen, sozialdemokratischen und liberalen Bildungsarbeit berücksichtigt werden soll. Die eigentlichen Untersuchungsobjekte stellen dabei die landesspezifischen Bildungsprogramme der jeweiligen parteinahen Stiftung im Untersuchungszeitraum dar.

1.3 Vorgehensweise der Analyse

Die grundlegenden Vorbemerkungen abschließend, werden im Anschluß die wichtigsten Schritte der nachstehenden Analyse in Form eines thesenartig zusammengefaßten Überblicks kurz erläutert.

In Kapitel 2 folgt in einer für den weiteren Verlauf der Untersuchung bedeutenden theoretischen Vorüberlegung, um gewissermaßen die zweite Randbedingung der vorgelegten Hypothese zu prüfen, die Frage, ob die innere Einheit Deutschlands im Lichte fachdidaktischer Konzeptionen überhaupt als Lerngegenstand für die politische Bildungsarbeit angesehen werden kann und soll. Dies scheint vor allem deshalb sinnvoll, weil die Fachwissenschaft ganz allgemein gesagt, wenn man das Grundgesetz als "Legitimationsrahmen" bezeichnet und möglichen Konsens in Inhaltsfragen als unerläßliche Aufgabe betrachtet, herangezogen wird als "Legitimationshilfe" bei der Rechtfertigung[33] von Lerngegenständen des politischen Unterrichts (vgl. Gagel, 1983, S.202).[34] An dieser Feststellung anknüpfend, wird zunächst in Punkt 2.1 ein mit historischen Ereignissen verknüpfter kurzer Überblick über die vielfältigen Entwicklungslinien fachdidaktischer Konzeptionen vorgestellt. Daran anschließend wird in Punkt 2.2 an Hand dreier ausgewählter fachdidaktischer Entwürfe - Giesecke (1993)[35], Hilligen (1985) und Schmiederer (1977) - versucht, den Lerngegenstand *Innere Einheit Deutschlands* in die jeweilige konzeptionsspezifische Vorgehensweise einzuordnen und auf diese Weise fachdidaktisch zu legitimieren. Gliederungspunkt 2.3 schließt diese fachtheoretischen Überlegungen ab mit der Frage nach dem gegenwärtigen Stellenwert und den darüber hinaus vorhandenen Möglichkeiten und Stärken einer derartigen fachwissenschaftlichen Stellungnahme im Rahmen einer institutionalisierten und häufig einseitig administrativ ausgerichteten Inhaltsauswahl.

---

wird, daß sich im Kontext dieser Arbeit auch der Oberbegriff "politische Stiftungen" auf die soeben genannten Parteistiftungen bezieht.

33) Ganz allgemein werden in der Literatur drei mögliche Rechtfertigungsinstanzen bzw. -standards für oberste Lerngegenstände diskutiert: Legitimation durch Wissenschaft, Legitimation durch das Grundgesetz und die Form der Konsenslegitimation (vgl. dazu u.a. Kühr, 1980, S.224-241 und Gagel, 1983, S.191-203).

34) Festzuhalten bleibt, daß ein derartig umfassender Versuch der fachdidaktischen Legitimierung des hier interessierenden Lerngegenstandes in der fachwissenschaftlichen Forschungsdiskussion nicht existiert.

35) In Klammern steht das Erscheinungsjahr der jeweiligen Fachdidaktik.

Um den Blickwinkel zu erweitern und ein bereichsspezifisches Problembewußtsein zu schaffen, wird anschließend in Kapitel 3 mittels einer Situationsbeschreibung 'Lage', 'Aufgabe' und 'Bedeutung' der schulischen und außerschulischen politischen Bildungsarbeit in Deutschland diskutiert und beleuchtet.

3.1 befaßt sich dabei ganz allgemein - aus einer westlichen und einer östlichen Perspektive - mit der 'Lage' der politischen Bildung *vor* und *nach* der Wiedervereinigung. Im darauffolgenden Punkt 3.2 wird speziell die 'Aufgabe' der politischen Bildung im vereinten Deutschland über den Lerngegenstand *Innere Einheit Deutschlands* hinaus beschrieben, um damit der einseitigen und falschen Betrachtungsweise entgegenzuwirken, die innere Einheit Deutschlands sei die einzige existentielle Herausforderung, mit der sich die politische Bildung in der heutigen Zeit zu beschäftigen habe.[36] Ein aus diesem Grund vom Verfasser ausgearbeiteter und zur Diskussion gestellter offener Katalog von "Schlüsselproblemen" soll die mehrdimensionalen Aufgaben der politischen Bildungsarbeit verdeutlichen. Darüber hinaus wird an dieser Stelle die derzeit heftig diskutierte Frage um eine mögliche inhaltliche Zweiteilung der politischen Bildung im vereinten Deutschland aufgegriffen, um dann hierzu auch Stellung zu beziehen. Abgeschlossen wird die angestrebte Standortbestimmung mit der Fragestellung, inwieweit angesichts der vielfältigen politischen Lern- und Erfahrungsfelder des Menschen - der Fülle von politischen Sozialisationsinstanzen - überhaupt von einer spezifischen 'Bedeutsamkeit', von einer direkt zurechenbaren Wirksamkeit der schulischen und außerschulischen politischen Bildungsarbeit im Verlauf einer ein Leben lang andauernden politischen Sozialisation gesprochen werden kann.

Nachdem damit die notwendigen Begriffe und Positionen geklärt, der Lerngegenstand *Innere Einheit Deutschlands* fachdidaktisch legitimiert, die 'Lage' vor und nach dem epochalen Umbruch beleuchtet, der 'Bedeutsamkeit' der politischen Bildungsarbeit nachgespürt und nicht zuletzt der Blick für andersartige 'Aufgaben' der politischen Bildung geöffnet wurde, kann mit der im Mittelpunkt der gesamten Forschungsarbeit stehenden Analyse der politischen Bildungsarbeit im schulischen und außerschulischen Bereich begonnen werden.

Die Gliederungspunkte 4.1 bzw. 5.1 befassen sich dabei zu Beginn der jeweiligen empirischen Analyse mit einer genauen Beschreibung des eingesetzten methodischen Instrumentariums[37], des verwendeten Datenmaterials und dem empirisch-methodischen Ab-

---

36) Diese Gefahr vor Augen, bemerkt Beck schon 1990, wir sollten einfach aufpassen, daß die alten Herausforderungen, wie z.B. die Gestaltung und Steuerung der technologischen Entwicklung sowie die ökologischen Katastrophen nicht neben den neuen Fragen - deutscher Vereinigungsprozeß oder europäisches Zusammenwachsen - völlig untergehen. (vgl. Beck K., 1990, S.33)

37) Zum methodischen Vorgehen an dieser Stelle nur soviel: es handelt sich - wie am vorhandenen Datenmaterial leicht zu erkennen - um eine inhaltsanalytische Datenerhebungstechnik, "eine Methode, die in der Hauptsache Texte aller Art [...] einer quantifizierenden Analyse unterzieht" (Schnell u.a.,

wägungsproblem Validität versus Reliabilität.[38] Daran anschließend wird in den Punkten 4.2 und 5.2 die Situation der politischen Bildung in den jeweils zu analysierenden Institutionen vorgestellt, um dadurch einen - über die in Kapitel 3 angeführten Aspekte hinausreichenden - Eindruck von den einbezogenen schulischen und außerschulischen Trägern einer politischen Bildungsarbeit zu erhalten. Schließlich wird in Punkt 4.3 bzw. 5.3 die inhaltsanalytische Auswertung des umfangreichen Datenmaterials durchgeführt, das sich zum einen aus den Lehrplänen für das Fach Sozialkunde bzw. Politische Bildung der bayerischen und brandenburgischen Sekundarstufe I[39] und der Berufsschule zusammensetzt und zum anderen aus den jeweiligen länderspezifischen Bildungsprogrammen der vier charakterisierten parteinahen Stiftungen. Kapitel 4 und 5 abschließend, werden in Gliederungspunkt 4.4 bzw. 5.4 die gewonnenen Daten einer umfangreichen Auswertung und Interpretation unterzogen.

Im Kapitel 6, das das gesamte Forschungsvorhaben abschließt, werden die bisher gewonnen theoretischen und empirischen Erkenntnisse aus Kapitel 2 bis 5 herangezogen, um im Hinblick auf den hier im Vordergrund stehenden Lerngegenstand nicht nur eine Neuausrichtung der politischen Bildungsarbeit im schulischen und außerschulischen Bereich zu fordern, sondern darüber hinaus auch die Vorstellungen des Verfassers diesbezüglich zu konkretisieren und zu begründen.

1989, S.370), wobei diese Art der empirischen Untersuchungstechnik eine Mischform von Analysetechnik und Datenerhebungsverfahren darstellt. (vgl. ebd., S.370/371).

38) Um unnötige Wiederholungen zu vermeiden, bleibt anzumerken, daß in Punkt 5.1 nur solche Gesichtspunkte erläutert werden, die über die in Gliederungspunkt 4.1 vorgelegten grundlegenden Ausführungen zur methodischen Vorgehensweise hinausreichen.

39) Sekundarstufe I ist Sammelbezeichnung für die auf die Primarstufe (1. bis 4. Klasse) aufbauenden, allgemeinen Bildungsgänge der 5. bis zur 10. Jahrgangsstufe. Diese schulische Grundbildung wird beinahe von allen Schülern eines Jahrgangs z.B. in Form der Hauptschule, der Realschule usw. besucht.

2. Ziel und Inhalt politischer Bildung im Lichte fachdidaktischer Konzeptionen: Die *Innere Einheit Deutschlands* - ein Lerngegenstand?

2.1 Politische Didaktik - Entwicklungslinien und Zeitbezug

Geht man davon aus, daß individuelles Handeln und die damit verbundenen "Handlungsresultate komplexes Produkt institutioneller, situationsbezogener und persönlichkeitsspezifischer Faktoren sind" (Büschges, 1985, S.16), so gilt dies auch im Bereich der politischen Bildung und hier speziell für die von Wissenschaftlern erarbeiteten Fachdidaktiken. Denn gerade diese waren immer in starkem Maße von den politischen und gesellschaftlichen Verhältnissen, in deren Rahmen sie entstanden, abhängig und beeinflußt (vgl. Kühr, 1980, S.23). Aus diesem Grund und um ein besseres Verständnis für die vielfältigen Entwicklungslinien der politischen Didaktik zu gewährleisten, scheint an dieser Stelle ein kurzer, die wichtigsten Entwicklungslinien nachzeichnender, entstehungsgeschichtlicher Rückblick angemessen, vor allem da die wichtigste Phase der politikdidaktischen Entwicklung schon seit Mitte der achtziger Jahre abgeschlossen ist.

Als eine eigenständige Wissenschaftsdisziplin hat sich die Politikdidaktik erst in den letzten zwei bis drei Jahrzehnten an den Deutschen Hochschulen etablieren können[40] (vgl. Sander, 1992, S.5). Bis dahin, also "bis in die Mitte der sechziger Jahre [,] bestimmten Fachpädagogen und Praktiker aus der Schule, welche didaktische Interessen entwickelten, die Konzepte der politischen Bildung" (Assel, 1983, S.79). Dieser Übergang "von der politischen Pädagogik[41] zur Didaktik der politischen Bildung" (Gagel, 1993, S.20) macht sich zum einen "durch die gegenseitige Annäherung von Konzeptionen, die aus der Allgemeinen Didaktik und der Pädagogik herausentwickelt wurden, und solchen, die aus der Politikwissenschaft kamen" (Roloff, 1991, S.104), bemerkbar. Auch auf institutioneller Seite ist dies unübersehbar, da es ab 1969 zu einer "explosionsartige[n] Vermehrung didaktischer Lehrstühle und wissenschaftlicher Mitar-

---

40) Es soll hier nicht der Eindruck erweckt werden, mit diesem Zeitraum - etwa ab 1965 - sei die gesamte Geschichte der Politikdidaktik oder gar der politischen Bildung beschrieben; diese reicht mindestens "zurück bis in die Anfänge des öffentlichen Schulwesens im 16. und 17. Jahrhundert" (Sander, 1989, S.14). Für uns relevant ist an dieser Stelle aber nur die Zeit ab 1965.
41) Vertreter dieser "politischen Pädagogik", deren "Theorieansätze zur politischen Bildung [...] noch auf einer prädidaktischen, eher erziehungsphilosophischen Ebene" (Sander, 1992, S.13) verblieben, sind z.B. Prof. Theodor Wilhelm (1906), zwischen 1951 und 1959 Professor in Flensburg und ab 1959 in Kiel und Prof. Theodor Litt (1880-1962) ab 1947 an der Universität Bonn.

beiterstellen" (Kühr, 1980, S.30f.) kommt. Gagel schreibt dazu: Die "politische Bildung geriet in den Folgejahren in ein Konjunkturhoch"[42] (Gagel, 1990, S.392). Diese Phase der politischen Bildungsgeschichte, die für die gesamte Entwicklung der Politikdidaktik von immenser Bedeutung ist, beginnt 1965 mit der Veröffentlichung der "Didaktik der politischen Bildung" des Göttinger Pädagogen Hermann Giesecke und endet etwa Mitte der achtziger Jahre mit der 4., völlig neubearbeiteten Auflage "Zur Didaktik des politischen Unterrichts" von Wolfgang Hilligen.

Von Beginn dieses Zeitraumes an, den Gagel mit dem Stichwort "Systematisierung" (Gagel, 1994b, S.35) oder "Ausdifferenzierung der politischen Didaktik" (Gagel, 1994a, S.201) charakterisiert[43], steht insbesondere die Schaffung fachdidaktischer Konzeptionen[44] im Mittelpunkt der politikdidaktischen Forschung. Im Rahmen dieser Hinwendung zur Fachdidaktik und ihrer Ausdifferenzierung sind vor allem folgende Autoren, die eine eigene politikdidaktische Konzeption veröffentlichten und gegebenenfalls weiterentwickelten, zu nennen: Wolfgang Hilligen (1916, 1985)[45], Ernst-August Roloff (1926, 1974), Kurt Gerhard Fischer (1928, 1973), Rolf Schmiederer (1928-1979, 1977), Bernhard Sutor (1930, 1984), Hermann Giesecke (1932, 1982) und Bernhard Claußen (1948, 1981).[46]

Bis zum heutigen Tage sind diese in jener Zeit präsentierten Ansätze, die häufig in etlichen Auflagen veröffentlicht und zum Teil mehrmals überarbeitet oder völlig neu gestaltet wurden, im praktischen Handeln der Lehrer[47] und in der wissenschaftlichen Diskussion gegenwartsnah und aktuell. Nach 1985 kommt zu diesen Publikationen nur eine neu hinzu: die von Giesecke 1993 herausgegebene Arbeit "Politische Bildung: Didaktik

---

42) Dieses "Konjunkturhoch" zu Beginn der siebziger Jahre erklärt er rückblickend damit, daß die politische Bildung als "Manövriermasse" einer Bildungspolitik diente, die der aktuellen Legitimationskrise des politischen Systems entgegenwirken sollte. "Politische Bildung wurde hier zum Instrument der Behebung von Krisensymptomen des politischen Systems, zu einem Mittel für die Erhaltung der Regierbarkeit des Staates" (Gagel, 1990, S.396).

43) Diese von Gagel vorgeschlagene und von mir übernommene Beschreibung, die er mit dem Zeitraum von 1970-1985 in Verbindung bringt, gilt meiner Meinung nach bereits ab 1965, dem Jahr als Giesecke, "der Begründer der sogenannten 'Konflikt-Didaktik'" (Roloff, 1991, S.105), erstmals seine Fachdidaktik veröffentlicht. Diese gilt bis heute als die am weitesten verbreitete Didaktik, da sie nicht weniger als 12 mal neu aufgelegt wurde.

44) Fachdidaktische Konzeption und Modell "soll ein System von Begriffen und Aussagen heißen, das dazu dient, politischen Unterricht als Praxisfeld zu erhellen und in ihm Handlungen zu ermöglichen" (Gagel, 1994a, S.248). Es kann somit von einer "besondere[n] Konkretisierung der Erziehungswissenschaft" (Rothe, 1981, S.31) gesprochen werden. "Konzeption" bzw. "Modell" steht dabei für einen in sich relativ geschlossenen didaktischen Gesamtentwurf (vgl. Gagel, 1994a, S.248).

45) In Klammern stehen das Geburtsjahr des Autors und das Jahr der letzten Ausgabe der jeweiligen Fachdidaktik.

46) In der 'scientific community' kaum diskutierte und für die Erziehungspraxis weniger relevante Autoren, die aber ebenfalls dieser Phase hinzugerechnet werden müssen, da sie eigene didaktische Modelle vorgelegt haben, sind u.a. Dieter Grosser (1929, 1977), Wolfgang Christian (1937, 1978) und Klaus Rothe (1939, 1981).

47) Siehe in dem Zusammenhang: Gagel, Walter, "Vom Nutzen didaktischer Theorie für den Politik-Unterricht" (Gagel, 1980, S.283-293).

und Methodik für Schule und Jugendarbeit", die keine Überarbeitung seiner alten Schriften, sondern eine Neuausgabe darstellt (vgl. Giesecke, 1993, S.5).

Diese "Ausdifferenzierung" bzw. "Systematisierung" der Politikdidaktik, die zunächst noch mit keiner politischen Polarisierung verbunden war (vgl. Gagel, 1993, S.27), wird dann sehr bald - mit Beginn der sozialliberalen Koalition von 1969 - noch weiter vorangetrieben, "durch eine zunehmende Reideologisierung und eine immer stärker werdende bildungspolitische Polarisierung" (Kuhn u.a., 1990, S.35). Denn "die sozialliberalen Neulinge an der Macht wollten versäumte bildungspolitische Maßnahmen wie Chancengleichheit, [...] Veränderung der Schulstruktur und dergleichen nachholen; die anderen, die abgewählten Unionsparteien, wollten von außerhalb des Staatsapparates mit [...] Verbands- und Parteimacht die alten Positionen halten" (Mickel, 1986, S.174). Stichworte wie "Richtlinienstreit" und "Schulbuchschelte" kennzeichnen diese Jahre der parteipolitischen Instrumentalisierung der politischen Bildung (vgl. Gagel, 1990, S.395), die eben nicht nur zu einer andauernden Spaltung der schulischen politischen Bildung führt (vgl. Anm. 28 der vorliegenden Arbeit), sondern sich auch auf die vielfältige Entwicklung und Ausgestaltung fachdidaktischer Konzeptionen auswirkt, je nachdem welcher politischen Position sich die Wissenschaftler mehr verpflichtet fühlen.

Ferner veranlaßten die anhaltenden Studentenproteste - diese gesellschaftspolitische Herausforderung - "auch die Fachdidaktiker, zu ihr Stellung zu nehmen und damit politisch zu werden" (Gagel, 1994a, S.200).

So blieb die wissenschaftliche Diskussion von dieser politischen Polarisierung und den gesellschaftlichen Umständen nicht unberührt. Gestritten wurde u.a. - als handle es sich um eine politische Auseinandersetzung - "um das richtige Politikverständnis und um die adäquate Demokratietheorie, um den Begriff des Ideologischen und über unterschiedliche Friedenstheorien" (Assel, 1979, S.2). Dies führte in der Folgezeit zu einem Denken, das die politische Bildung und mit ihr die neugeschaffene Fachdidaktik in zwei sich gegenüberstehende Lager unterteilt: in ein linkes und ein rechtes, in die "Fortschrittlichen" und die "Reaktionäre" (Kühr, 1980, S.31) oder noch anders ausgedrückt: in traditionelle, d.h. systemerhaltende, und kritische, d.h. systemverändernde Theorien (vgl. Claußen, 1981, S.18).

Ohne sich an dieser Diskussion weiter zu beteiligen, soll hier nur angeführt werden, daß diese klare Trennung - betrachtet man die Entwicklung aus der zeitlichen Distanz - zu keinem Zeitpunkt in dieser strikten Form wirklich bestanden hat. Auch Schmiederer, ein vermeintlich "linker Didaktiker", unterstreicht dies schon allein damit, wenn er über Sutor, einen scheinbar "rechten Didaktiker" schreibt: "In der theoretisch-philosophischen Grundlegung seiner Didaktik stimmt Sutor in vielem, etwa durch seinen Pluralismus, mit manchen Vertretern der 'linksliberalen' Konzeption überein" (Schmiederer, 1977, S.16).[48]

So muß nach meinem Dafürhalten im weiteren Verlauf der Untersuchung davon ausgegangen werden, daß die grundlegenden Fragen der Didaktik nach dem "Was", "Warum", "Wozu" und "Wie" (vgl. Hilligen, 1985, S.21) nach wie vor in gewisser Weise zwar unterschiedlich beantwortet werden, daß deshalb aber keineswegs - wie in den siebziger Jahren geschehen - eine politisch motivierte Klassifikation dieser verschiedenartigen Sichtweisen und Ansätze angemessen erscheint.

Blickt man abschließend über diese konzeptionell sehr fruchtbare Etappe der politischen Bildung hinaus, hat sich in den achtziger Jahren die Situation für die politische Didaktik nach und nach verschlechtert. Giesecke schreibt dazu: "die theoretische Energie ist verbraucht, geblieben ist davon kaum etwas" (Giesecke, 1991, S.115) und Helmut Griese attestiert in einem Beitrag "Zur Diskussion um die Didaktik" ein "*Dilemma der Theorie der politischen Bildung*" (Griese, 1988, S.21, Hervorhebung von Griese). So sind zahlreiche durch Emeritierung freigewordene Lehrstühle für Politikdidaktik dem Rotstift zum Opfer gefallen und Neuberufungen hat es seit Mitte der siebziger Jahre nur noch in wenigen Einzelfällen gegeben (vgl. Sander, 1992, S.27). Noll bemerkt dazu: "Der z.T. radikale Entzug von Ressourcen, [...] die fast totale Austrocknung der Forschungsmittel machen deutlich, daß das Fach politisch und gesellschaftlich als 'bedeutungslos' abgetan wird" (Noll, 1987, S.87).

Unter diesen Umständen ist es nicht verwunderlich, daß praktisch keine neuen politikdidaktischen Modelle mehr entstanden und daß nach wie vor, auch zu Beginn der neunziger Jahre, die schon genannten Autoren - die alte Garde (vgl. Breit, 1987, S.89) der Didaktiker - zitiert wird, und mehr oder minder sie allein die verbliebene wissenschaftliche Diskussion dominieren, obwohl im allgemeinen das Interesse an der politischen Bildung in der gegenwärtigen Situation wieder eher steigt und ganz speziell eine "wachsende Resonanz auf die bundesweiten Kongresse der Deutschen Vereinigung für politische Bildung [...] und auf politikdidaktische Fachtagungen" (Sander, 1992, S.29) zu verzeichnen ist.

---

48) Grammes geht in einer problemgeschichtlichen Rückschau - der seiner Dissertation zugrunde liegt - noch darüber hinaus, wenn er das Ergebnis mit folgenden Worten zusammenfaßt: "Alle[,] auch die auf den ersten Blick unterschiedlichsten, zwischen konservativen und marxistischen Positionen changierenden "Ansätze" tun im Prinzip ähnliches" (Grammes, 1986, S.16).

2.2 Drei didaktische Modelle politischer Bildung

Betrachtet man die Entstehungsgeschichte der politischen Didaktik, so wird zweierlei deutlich: Zum einen, daß in einer "produktiven" Phase von nur 20 Jahren bis auf eine Ausnahme alle auch heute noch relevanten fachdidaktischen Konzeptionen entstanden, zum anderen, daß die spezifischen politischen und sozialen Rahmenbedingungen dieser Zeit jene differenzierte und vielfältige Entwicklung maßgeblich beeinflußten.

Diese Sachlage vor Augen, wird auch im Rahmen dieser Arbeit auf solche Modelle zurückgegriffen, die entweder direkt in dieser Zeit entstanden oder deren Wurzeln, wie bei Giesecke, auf diese Periode zurückgeführt werden können. So werden im folgenden neben Giesecke Hilligen und Schmiederer stellvertretend für alle anderen Fachdidaktiker ausgewählt, wobei ich mich vor allem auf deren zuletzt veröffentlichte, zum Teil überarbeitete und mit neuen Aspekten versehene fachdidaktische Modelle beziehe. Geleitet wurde diese Auswahl u.a. von der Überzeugung, daß diese drei politischen Didaktiker und die von ihnen vertretenen Ansätze in der alten Bundesrepublik eine herausragende Rolle gespielt haben und auch heute noch spielen. Außerdem könnten ihre Grundgedanken zur politischen Bildung - vor allem was die Inhaltsauswahl anbelangt - auch für Lehrerinnen und Lehrer in den östlichen Bundesländern möglicherweise jetzt und in Zukunft wichtig sein (vgl. Gagel, 1994b, S.5).

Allgemein bleibt anzumerken, daß politische Fachdidaktik im Rahmen dieser Analyse definiert wird als *theoretische Klärung von Zielen und Inhalten politischen Unterrichts einschließlich deren Begründung.*[49] Demnach können und werden sich fachdidaktische Konzeptionen in ihren Ergebnissen und Funktionen zwar unterscheiden, aber "das Bemühen um die theoretische Begründung, um die Herleitung der Leitziele, um die Klärung der fachlichen Grundlagen und um methodische Fragen" (Weißeno, 1995, S.946) ist allen gemeinsam.

Gerade die Frage nach dem "Was soll unterrichtet werden?", also die Inhaltsfrage, "bis in die Nachkriegszeit hinein [...] einigermaßen übereinstimmend beantwortet" (Hilligen, 1986, S.123), anschließend aber aus den genannten Gründen auf unterschied-

---

49) Eine so definierte Fachdidaktik muß außerdem folgende Gesichtspunkte berücksichtigen: "1. Die Ergebnisse und Methoden der Fachwissenschaften. 2. Die Ergebnisse und Methoden der Erziehungswissenschaften (insbesondere der Allgemeinen Didaktik). 3. Die Ergebnisse der Sozialisationsforschung. 4. Die Ergebnisse der Lerntheorie und Psychologie. 5. Die Ergebnisse der Soziologie, [...]. 6. Probleme der Wissenschafts- und Erkenntnistheorie" (Schmiederer, 1977, S.29).

liche Weise diskutiert[50], steht nun in den folgenden Gliederungspunkten im Mittelpunkt des Interesses, wenn an Hand dieser ausgewählten fachdidaktischen Konzeptionen der Frage nachgegangen wird, ob die *Innere Einheit Deutschlands* als Lerngegenstand des politischen Unterrichts betrachtet werden kann?

Bevor diese Fragestellung angegangen werden kann, muß jedoch noch einmal mit Nachdruck darauf hingewiesen werden, daß mit den folgenden Ausführungen nicht der Anschein erweckt werden soll, Lerninhalte seien in letzter Instanz wissenschaftlich eindeutig bestimmbar. Vielmehr beschränkt sich die Rolle der Wissenschaft auf Teilhabe am Entscheidungsprozeß, sie wirkt nur als ein Einflußfaktor neben vielen anderen (vgl. Gauger, 1975, S.292/293). Hilligen bemerkt hierzu: "Was in der Theorie (in der Politik) kontrovers ist, darf in der Didaktik nicht einseitig entschieden werden" (Hilligen, 1985, S.27). Überdies handelt es sich wissenschaftstheoretisch gesehen ja um konsensfähige und nicht um wahrheitsfähige Aussagen.

Außerdem bleibt festzuhalten, um im Rahmen der nun folgenden Betrachtung die didaktischen Modelle von Hilligen, Schmiederer und Giesecke im Sinne unserer Fragestellung analysieren zu können, daß es für eine ausgewogene und intersubjektiv nachvollziehbare Argumentation unumgänglich erscheint, zunächst - gleichsam in Form einer Kurzcharakteristik[51] - jeweils die modellspezifischen Grundannahmen vorzustellen und daran anschließend deren praktische Umsetzbarkeit stichpunktartig zu beleuchten.

2.2.1 Das Modell von Wolfgang Hilligen

Bis heute gilt, wenn man sich mit der politischen Didaktik beschäftigt, daß eine Darstellung unvollständig bliebe, wenn die Beiträge von Wolfgang Hilligen fehlten. Denn in den einzelnen Phasen der politischen Bildung - bis in die Gegenwart hinein[52] - sind wichtige Impulse und Korrekturen von diesem Theoretiker und Praktiker ausgegangen

---

50) Giesecke nennt in dem Zusammenhang vier unterscheidbare - die Inhaltsfrage betreffende - didaktische Zugänge: die systematische Kunde sowie den problemorientierten, konfliktorientierten und tagespolitischen Ansatz (vgl. Giesecke, 1993, S.58).
51) Auch wenn, wie Wellie richtig bemerkt, "Kurzcharakteristiken [...] immer die Gefahr der unangemessenen Verkürzung und damit Verzerrung der Aussagen und Intentionen eines Werks inne[wohnt]" (Wellie, 1991b, S.341) und sie außerdem "eine breite Angriffsfläche für Kritik jeder Provenienz" (ebd., S.341f.) bieten, wird an dieser Stelle, die Fragestellung betreffend, dennoch keine andere Möglichkeit gesehen, eine schlüssige und auch nachvollziehbare Argumentation vorzulegen.
52) So enden Hilligens Veröffentlichungen nicht mit der 1985 vorgelegten, völlig neubearbeiteten Didaktik von 1975. Vielmehr meldet er sich auch heute noch mit Beiträgen sowohl zu aktuellen Themen als auch zu speziellen didaktischen Fragestellungen zu Wort. So z.B. 1993 mit dem Aufsatz "Optionen zur politischen Bildung, neu durchdacht angesichts der Vereinigung Deutschlands" (Hilligen, 1993, S.143-165).

(vgl. Kühr, 1980, S.102). Lödige zählt ihn gar zu den "Päpsten politischer Didaktik" (Lödige, 1985, S.4).

Dies wird um so eher verständlich, wenn man bedenkt, daß der 1916 geborene Hilligen, emeritierter Professor für Didaktik der Gesellschaftswissenschaften an der Justus-Liebig-Universität Gießen und bis 1966 Lehrer, Rektor und Oberschulrat in Frankfurt am Main, bereits 1955 seine erste didaktische Schrift, "Plan und Wirklichkeit im sozialkundlichen Unterricht"[53], veröffentlichte und damit bis auf den heutigen Tag fast 40 Jahre der politikdidaktischen Diskussion mitbestimmt hat.

Im Hinblick auf diese schier unendliche Schaffenskraft dieses Wissenschaftlers[54] bleibt wichtig, anzumerken, daß er trotz einer sehr weitgehenden Elaborierung und Differenzierung seiner Konzeption in den letzten Jahrzehnten im Kern an seinen frühen Überlegungen festgehalten hat (vgl. Sander, 1989, S.102). So schreibt Hilligen selbst im Vorwort seiner 1985 veröffentlichten, 4. völlig neubearbeiteten Auflage der Didaktik von 1975, "die Grundzüge der didaktischen Konzeption: die existentielle Legitimierung und kategoriale Strukturierung der Inhalte; die argumentative Begründung der Grundentscheidungen [...]" (Hilligen, 1985, S.6) seien nicht verändert worden.

Diese Konzeption[55] von 1985 wird im folgenden in der Hauptsache zitiert, wenn seine theoretischen Überlegungen dargestellt und auf den konkreten Lerngegenstand *Innere Einheit Deutschlands* bezogen werden, wobei spätere Veröffentlichungen, die neue Aspekte oder Akzentuierungen enthalten, ebenfalls berücksichtigt werden.

2.2.1.1 "Existentielle Probleme" als Lerngegenstand

Hilligens Ausgangsthese ist, wenn es um das "Warum", d.h. die Legitimation der Auswahl, also um das "Was" im politischen Unterricht geht (vgl. S.46): Informationen, Themen und Erfahrungen, die man im Unterricht vermitteln will, müssen für das Leben - d.h. für das Überleben und für ein menschenwürdiges (gutes) Leben[56] - bedeutsam

---

53) Der vollständige Titel lautet: Plan und Wirklichkeit im sozialkundlichen Unterricht. Untersuchungen, Erfahrungen und Vorschläge, Frankfurt am Main: Bollwerk Verlag, 1955.
54) Das von Neumann - für den Zeitraum von 1953-1991 - zusammengestellte detaillierte "Schriftenverzeichnis von Wolfgang Hilligen" (Neumann, 1991, S.389-397) dokumentiert eindrucksvoll diesen enormen Arbeitseifer.
55) In den beiden folgenden Gliederungspunkten wird diese noch häufig zitierte Veröffentlichung nur noch mit der jeweiligen Seitenzahl angegeben.
56) "Bei dem aristotelischen Begriff 'gutes Leben' [...] geht es nicht um Informationen darüber, was 'ist' oder 'sein wird', sondern um das, was sein soll"(S.34). In einer Linie über Kant, Hegel und Marx zu Horkheimer "wird Gesellschaft als eine Mögliche/Bessere gedacht; 'gutes Leben' wird nur für möglich gehalten, wo das Wechselverhältnis von Person und Gesellschaft gesehen wird; [...]. Die Entscheidung für das, was sein soll, wird hier in drei *Optionen* zusammengefaßt: für Wahrung der personalen Grundrechte, für Überwindung sozialer Ungleichheiten, für die Möglichkeit von Alternativen" (S.35, Hervorhebung von Hilligen).

sein (vgl. S.30/31). Er unterstellt damit, "daß Lernen eine Angelegenheit auf Leben und Tod geworden ist" (S.161) und fixiert, aufbauend auf diese Annahme, "als *didaktische Instrumente* für die Beantwortung der Schlüsselfrage nach Informationen und Inhalten[57] [...] das Begriffspaar »*Chancen und Gefahren*« und de[n] Begriff Herausforderungen" (Hilligen, 1986, S.124, Hervorhebung von Hilligen).

Von Herausforderungen für die Erziehung kann demnach erst dann gesprochen werden, wenn Merkmale von zu bewältigenden Problemen noch nicht ins allgemeine Bewußtsein eingegangen sind, d.h. wenn zwischen dem Alltagsbewußtsein und den Aufgaben der Gegenwart und Zukunft eine Kluft besteht. So z.B. gegeben, wenn wir technisch im Atomzeitalter leben und emotional in der Steinzeit. (vgl. S.188) "Diese Herausforderungen enthalten also die Aufforderung zum politischen Handeln wie jedes politische Problem" (Gagel, 1994b, S.21). Sie fordern die Menschen gleichsam heraus, um zu überleben, Antworten auf diese zu finden, wobei in Bezug auf das Überleben zu fragen ist: Von welchen Lebenssituationen, in denen sich *Gefahren* (Bedrohungen) und *Chancen* (Wünschenswertes) nachweisen lassen, sind nach Aussagen der Sozialwissenschaft und anderer Wissenschaften vom Menschen heute und voraussichtlich morgen einzelne Menschen, Gruppen, die Menschheit im besonderen Maße *betroffen*? Welche Veränderungen - *Herausforderungen* - des wissenschaftlich-technischen Zeitalters, die Chancen und Gefahren mit sich bringen, bleiben ohne (oder ohne ausreichende) politische Antwort? (vgl. S.31, Hervorhebung von Hilligen)

Diese Vorgehensweise bzw. das Auswahlprinzip, das hier vertreten wird und das sich vom Verfahren, Lernziele aufzustellen, grundlegend unterscheidet, ist die Orientierung an fundamentalen und existentiellen[58] Problemen für die Menschheit (vgl. S.33). Ein Verfahren, das strenggenommen nichts anderes als eine Situationsanalyse der historischen Gegebenheiten zugrunde legt.

Nach Hilligen "unterscheidet sich unsere historische Situation von aller Vergangenheit" (Hilligen, 1986, S.125) durch folgende fünf fundamentale bzw. existentielle Herausforderungen - die er auch als "historische Wirklichkeiten" (S.32) bezeichnet: "*Weltweite Interdependenz* (wechselseitige, vielfach auch noch einseitige Abhängigkeit im "Raumschiff Erde"); *technisch-industrielle Massenproduktion* (Anstieg der Produktion

---

57) Hilligen verwendet die Begriffe "Inhalt" und "Thema" nicht synonym. So werden Probleme, politische Aufgaben, Mißstände usw. als Themen bezeichnet, im Unterschied zu Inhalten, d.h. Informationen, Daten, Fakten, lernbaren Formulierungen usw. Beide Bezeichnungen lassen sich dabei mit einer Doppelfrage verknüpfen: Welche Inhalte sind geeignet, ein Thema zu erschließen und welches existentiell bedeutsame Thema steckt in diesem Inhalt? (vgl. Hilligen, 1991, S.42/43).
58) "*Fundamental* wird ein Problem dann genannt, wenn ihm ein *anschaubarer*, erfahrbarer, wenn auch im einzelnen noch weiter auffaltbarer bzw. konkretisierbarer Bereich der Wirklichkeit entspricht; [...]" (S.193, Hervorhebung von Hilligen). Außerdem gilt: "Grundsätzlich gibt es eine unendliche Zahl von politischen Problemen; im Hinblick auf Chancen, Gefahren, Herausforderungen unserer Situation eine relativ begrenzte, die wir existentielle Probleme nennen" (S.193).

je Arbeitskraft in den Industrieländern um das Zwanzigfache seit 1950, Mikroelektronik usw.); Möglichkeit der Selbstvernichtung durch *Massenvernichtungsmittel* und/oder *Zerstörung der Lebensgrundlagen*; Angewiesensein auf mediale statt primärer Erfahrung" (S.32, Hervorhebung von Hilligen).

Wichtig bleibt, und das ist ein Kernstück dieser didaktischen Konzeption, bei den genannten Herausforderungen müssen stets die Chancen und Gefahren gleichermaßen mitgedacht werden:

"*Interdependenz*: Notwendigkeit umfassender Regelungen [Chance] - Gefährdung der Selbstbestimmung [Gefahr];

Industrielle Massenproduktion: Möglichkeiten für Bedürfnisbefriedigung - soziale Ungleichheit, Arbeitslosigkeit, außengelenkte Bedürfnisstruktur, Raubbau;

Massenvernichtungsmittel: Zwang zu globalen Friedensregelungen - Möglichkeiten zur Selbstvernichtung;

Umweltzerstörung: Regelkreisverhältnis zur Natur - Gefährdung der Lebensgrundlagen;

Mediale Erfahrung: Allgegenwart der Information - Informationsmonopole und komplexe Überfülle" (Hilligen, 1986, S.125, Hervorhebung von Hilligen).

Diese hier herausgearbeitete Vorgehensweise bei der Entwicklung von didaktischen Instrumenten für die Auswahl von Inhalten und Themen mit "allgemeiner Bedeutung" (S.28) behält bei Hilligen bis in die Gegenwart hinein ihre Gültigkeit. Besonders deutlich wird dies an dem bereits erwähnten, 1993 veröffentlichten Aufsatz "Optionen zur politischen Bildung, neu durchdacht angesichts der Vereinigung Deutschlands" (Hilligen, 1993), wo er u.a. die "Inhaltsfrage" ausführlich bespricht und keine generellen Neuerungen seines theoretischen Konzepts hervorhebt.

Andererseits erkennt Hilligen schon sehr bald, daß die Veränderungen im Ostblock für die Politik und die politische Bildung ein Legitimationsvakuum[59] hinterlassen haben (vgl. Hilligen, 1990, S.332). Dieses Vakuum kann seiner Meinung nach nur durch die Herausforderungen, die das Konstrukt "Risikogesellschaft"[60] beschreibt, ausgefüllt werden (vgl. ebd., S.334).[61] Er fordert deshalb zu prüfen, "welche neuen und besonderen Herausforderungen im historischen Wandel je beantwortet werden müssen" (ebd., S.340). In dem Zusammenhang nennt er selbst folgende Veränderungen, die es erfordern, "von »gewandelten Perspektiven« für den Politikunterricht zu sprechen:

---

59) Gemeint ist damit, daß die alten kommunistischen Feindbilder, die jahrzehntelang nicht nur für die tatsächliche Politik, sondern auch für die politische Bildung geradezu konstitutiv waren, gegenstandslos geworden sind. (vgl. Giesecke, 1991, S.116)

60) Er bezieht sich hier ausdrücklich auf: Ulrich Beck, "Risikogesellschaft. Auf dem Weg in eine andere Moderne", Frankfurt am Main, 1986 und: ders., "Gegengifte. Die organisierte Unverantwortlichkeit", Frankfurt am Main, 1988.

61) Mit dieser neuen Form der Legitimation befaßt sich ausführlich Bernhard Claußen in dem 1991 veröffentlichten Artikel: "Politische Bildung in der Risikogesellschaft. Ein politologischer und fachdidaktischer Problemaufriß" (Claußen, 1991b, S.330-356).

- die skizzierten Vorgänge im Ostblock - mit dem Ende der Effektivität und Glaubwürdigkeit einer verbindlichen Ideologie und der zentralistischen ökonomischen Planung - und die bisher unzureichenden Antworten in den kapitalistischen Industrienationen;
- der Beginn von ernsthaften Abrüstungsverhandlungen zwischen den Weltmächten, verbunden mit der wachsenden Erkenntnis, daß Krieg auch einen Sieger vernichtet;
- der Verlust der Gewißheit einer Möglichkeit unbegrenzter technischer Fortschrittserwartungen in Verbindung mit der Gefahr einer Zerstörung der Lebensgrundlagen; [...]" (ebd., S.340).

Er bemerkt im Anschluß an diese Aufzählung: "Offensichtlich handelt es sich bei diesen - und weiteren, hier nicht genannten - Veränderungen nicht nur um Anlässe für neue Perspektiven; die Veränderungen deuten zugleich auf ein Bündel von mitteilenswerten Themen und Inhalten hin, die je an Beispielen, [...] oder Geschehnissen in der Lebenswelt[62] erkannt, eingesehen, bewußt gemacht werden können" (ebd., S.340).

Diese 'gewandelten Perspektiven', die laut Gagel "die didaktische Funktion von Schlüsselproblemen" (Gagel, 1994a, S.304) besitzen, machen zweierlei deutlich: Zum einen, daß Hilligen die grundlegende Einsicht, es gäbe mehr oder weniger nur die fünf genannten und erläuterten fundamentalen und existentiellen Probleme, zugunsten einer *offeneren* und *stärker vorausschauenden* Betrachtungsweise erweitert, die mehrere neue 'Perspektiven' bzw. 'Schlüsselprobleme'[63] benennt. Zum anderen, daß sich sein fachdidaktischer Ansatz, der in seinen theoretischen Grundlagen bis in die Gegenwart hinein - trotz dieser Entwicklung - nicht elementar verändert wurde, durch seine Wandlungs- und Anpassungsfähigkeit an gesellschaftliche Umbrüche auch heute noch als durchaus schlüssig erweist.

2.2.1.2 Praktische Umsetzung im Politikunterricht

Nachdem im vorhergehenden Abschnitt die Grundgedanken des didaktischen Konzepts von Wolfgang Hilligen erörtert wurden, dienen die nun folgenden Ausführungen dazu, die Verwendbarkeit dieser theoretischen Überlegungen für den politischen Unterricht aufzuzeigen und vorzustellen.

---

62) Menschliche Lebenswelt ist ein hochgradig dynamisches Gemenge aus territorialen Bedingungen und sozialen Beziehungen, das ebenso unausweichlich wie unabdingbar für die menschliche Existenz ist. Sie stellt den Handelnden zum einen Wissensvorräte zur Verfügung und reglementiert sie, gleichzeitig ist sie aber potentiell offen, da sie von den Handelnden, diese Wissen benutzen, verändert und erneuert werden kann. (vgl. Claußen, 1990, S.236/237)

63) Hilligen übernimmt diesen Begriff "Schlüsselprobleme" - der eigentlich von Klafki eingeführt wurde (vgl. Gagel, 1994a, S.303; Klafki, 1990, S.302-305 bzw. Klafki, 1994a, S.56-69) nun auch selbst. Z.B. spricht er 1993, in einem seiner letzten Aufsätze, von "globalen existentiellen Schlüsselproblemen" (Hilligen, 1993, S.161).

Bei der praktischen Umsetzung dieses fachdidaktischen Modells spielen die schon erwähnten Schlüsselbegriffe "Herausforderungen", "Chancen" und "Gefahren" für das Überleben und ein menschenwürdiges gutes Leben die herausragende Rolle. Sie stellen "fachspezifische Kategorien" dar, die für sich gesehen "nicht Lerninhalt sind, sondern heuristische, erkenntnisermöglichende Instrumente des Lehrers" (Gagel, 1980, S.291).

Bedenkt man in dem Zusammenhang, daß Lehrer wie alle anderen Menschen bewußt oder unbewußt unter der Unübersichtlichkeit und Widersprüchlichkeit, der Komplexität der Wahrnehmungen, die sie täglich machen, leiden, dann kann mit Hilfe dieser Kategorien eine Komplexitätsreduktion durchgeführt werden[64], die bedeutsame Inhalte und Themen für die Lernenden ermittelt.[65]

Dieses Vorgehen, kann weder administrativ noch didaktisch verordnet werden, sondern muß vielmehr das Ergebnis einer Bemühung sein, zu der Lehrer selber fähig werden müssen, indem sie herausarbeiten, was lehr- und wissensnotwendig ist (vgl. S.186). Die Bedeutung von Problemen soll dabei nicht an der Existenz von Staaten, Systemen oder Ideen gemessen werden, sondern an der "subjektive[n] Betroffenheit" (S.34)[66] der Lernenden, am 'existentiellen Bezug' und an der jeweiligen 'historischen Situation' bzw. der aktuellen 'Lebenswelt', in der sich die Lernenden befinden.

Ganz konkret muß sich der Lehrer damit folgende Fragen stellen, wenn er Lerngegenstände - im Sinne dieser Konzeption - für den politischen Unterricht gewinnen will:

1. Welche Probleme und Besonderheiten unserer geschichtlichen Situation sind existentiell[67]?
2. Welche Herausforderungen und Widersprüche kennzeichnen diese Probleme?
3. Welche Chancen und Gefahren lassen sich in dem Zusammenhang abbilden?
4. Wie kann ein wünschenswertes Leben und Zusammenleben aussehen - bezogen auf das jeweilige Problem und unter Berücksichtigung der genannten Optionen?

Die von Hilligen diesbezüglich vertretenen Antworten, die bereits ausführlich erläutert wurden und in den fünf fundamentalen Problemen - später in den 'gewandelten Per-

---

[64] Dieser Schwierigkeit der notwendigen Komplexitätsreduktion begegnet man natürlich nicht nur bei der Frage: Was soll ich heute unterrichten? Vielmehr macht sich dieses Problem bei jeder Nachrichtensendung, Reportage, bei jedem Zeitungsartikel usw. bemerkbar (vgl. S.186), denn "kein Mensch kann sich dieser Informationsvermittlung durch die Medien mehr entziehen" (Schiele, 1993, S.97) und so muß folglich jeder komplexitätsreduzierend vorgehen.

[65] Ob auf diese Weise ermittelte Lerninhalte vom Lehrer im Unterricht tatsächlich behandelt werden können, hängt vor allem von den zur Verfügung stehenden Unterrichtsstunden und dem jeweiligen Freiraum des Lehrplans ab.

[66] Für das, was alle angeht, benutzt Hilligen "die Begriffe »Betroffenheit«, »Betroffensein«" (Hilligen, 1986, S.123, Hervorhebung von Hilligen). Er unterscheidet dabei 'subjektive Betroffenheit', die besagt, daß Lernende ein Problem bereits als Last oder Belastung erkennen und 'objektive Betroffenheit', die dann vorliegt, wenn reale Gefahren oder Chancen einer Situation noch nicht erkannt werden können. (vgl. S.34)

[67] Der Begriff "existentiell" wird hier nicht mehr in der - noch 1985 gültigen - engen Auslegung, sondern in der erweiterten Denkweise gebraucht, die Hilligen selbst 1990 mit dem Stichwort 'gewandelte Perspektiven' beschreibt - vgl. Pkt. 2.2.1.1 der vorliegenden Arbeit.

spektiven' - und den damit verbundenen Chancen und Gefahren zum Ausdruck kommen, können für den reflektierenden Lehrer nur eine mögliche Antwort neben anderen denkbaren sein. Hilligen selbst macht 1990 explizit darauf aufmerksam, als er von einer Vielzahl von Inhalten und Themen spricht, die für die Zukunft in der Bundesrepublik Deutschland vielleicht drängend sein könnten: "die demographische Entwicklung (neuer Generationenkonflikt); genetische Katastrophen; Überflutung durch elektronische Medien; Unterbringung von Flüchtlingen, [...] Konsequenzen aus dem Europäischen Binnenmarkt [...]" (Hilligen, 1990, S.340/Anm. 32).

Diese Beispiele machen mehr als deutlich, daß politische Didaktik - im Sinne Hilligens - auf die jeweiligen Zeitumstände verwiesen sein muß. Deshalb muß versucht werden, die in einer bestimmten Zeit angelegten Fragen einer Beantwortung oder zumindest einer Behandlung im politischen Unterricht zuzuführen. Demnach obliegt es letztendlich dem einzelnen Lehrer, der politischen Unterricht zu erteilen hat[68], durch das Nachdenken über die Lebenswelt und so formale Tätigkeiten wie Sammeln und Ordnen von Informationen, Probleme - mit Hilfe der vier Fragen - zu erkennen, zu strukturieren und sie im Unterricht einzubringen.[69]

Ziel dieser Bemühungen kann letztlich nur sein, politisch Lernende jeder Couleur zu befähigen, eigenständig, aus der Fülle der Informationen und Geschehnisse der Lebenswelt herauszuarbeiten, was lehr- und wissensnotwendig ist (vgl. S.186).

2.2.1.3 Die *Innere Einheit Deutschlands* - ein existentielles Schlüsselproblem?

Ob der gleichzeitig als Problem, Prozeß und Ziel charakterisierte Lerngegenstand *Innere Einheit Deutschlands*, der im Rahmen dieser Arbeit bereits als "*ein gesellschaftlich relevantes Schlüsselproblem*" bezeichnet wurde, diese Beurteilung zu Recht erhielt, soll nun mittels der vorgestellten fachdidaktischen Überlegungen von Wolfgang Hilligen überprüft werden. Zur Diskussion steht damit, ob es sich bei diesem Konstrukt tatsächlich um ein "existentielles Problem" bzw. eine "gewandelte Perspektive" und somit um eine gesellschaftliche Herausforderung unserer geschichtlichen Situation handelt, die alle angeht und die mit Chancen und Gefahren für die betroffenen Menschen verbunden ist.

---

68) Oder rein rechtlich gesehen den Mitgliedern einer Lehrplankommission, die je nach Bundesland verschieden, mehr oder weniger den Lehrer inhaltlich einengende Leitfäden für den Schulunterricht erarbeiten.

69) Daß dieses Denken in 'Schlüsselproblemen' tatsächlich in die Vorbereitung des politischen Unterrichts einbezogen wird, zeigt u.a. der ab 1991 gültige Rahmenplan Politische Bildung der Sekundarstufe I in Brandenburg, der explizit "existentielle Fragen" berührende 'Schlüsselprobleme' benennt (vgl. brdbg. Lehrplan, 1991b, S.6).

An Hand der ersten drei, der in Punkt 2.2.1.2 vorgestellten vier Fragen, die beantwortet werden müssen[70], will man einen politischen Lerngegenstand gewinnen, soll diese Erörterung angegangen werden.

Zunächst muß demnach geklärt werden, ob es sich bei der *Inneren Einheit Deutschlands* um ein 'existentielles Problem'[71] handelt.

Betrachtet man, wie in Kapitel 1 bereits geschehen und von Hilligen ganz generell gefordert, die vielfältigen Aussagen namhafter Gesellschaftswissenschaftler zu einem Thema, hier speziell zu der Vereinigungsproblematik, dann wird sehr schnell deutlich, daß es sich in diesem Fall nicht um irgendeinen politischen Inhalt, sondern um ein 'existentielles Problem' bzw. ein 'Schlüsselproblem' der Gegenwart handelt. Zumal wenn man sich die historisch-gesellschaftliche Besonderheit des nicht in einer Generation zu bewältigenden Zusammenwachsens der Menschen vor Augen hält, dessen Problematik in den "bewußten wie unbewußten Verwurzelungen [dieser] in unterschiedlichen Systemen der Politik, Gesellschaft und Ökonomie" (Claußen, 1991a, S.85) zum Ausdruck kommt. Die Auswirkungen dieser geschichtlichen Besonderheit werden bis heute in den nach wie vor bestehenden "Ungleichzeitigkeiten im Modernisierungsprozeß wie im soziokulturellen Lernprozeß" (Meyer, 1991, S.11) der beiden Teile Deutschlands bemerkbar, was nichts anderes heißt, als daß die beiden Teile in ihrem realen Problembestand und den sozialen, ökonomischen, psychologischen, kulturellen Problemhorizonten nicht in der selben Zeit leben (vgl. Meyer, 1991, S.10).

Vor diesem Hintergrund der 'Ungleichzeitigkeit' bemerkt Wolfgang Thierse in einem Aufsatz mit dem Untertitel "Zur Zukunft der staatlichen Einheit": "Fünf Jahre nach dem Fall der Mauer ist noch immer die entscheidende Arbeit ungetan. [Der nötige Strukturwandel] noch lange weder ökonomisch noch sozial bewältigt" (Thierse, 1994, S.13) und Winter attestiert in dem Artikel "Vereint und doch getrennt": "Immer deutlicher zeigt sich, daß nicht so leicht zusammenwächst, was als zusammengehörig gedacht wurde" (Winter, 1994, S.11).[72]

Der infolgedessen immer wieder geforderte und als notwendig erachtete Integrationsprozeß der "zwei auseindergelebte[n] Gesellschaften" (Rüther, 1993, S.4), wird so zu einer Angelegenheit, die alle Deutschen mehr oder weniger stark betrifft: "Klar dürfte sein, daß von der gesellschaftlichen Umwälzung [...] beide Teile Deutschlands betroffen sind" (Keupp, 1994, S.14). Darüber hinaus kann jeder diese 'Ungleichzeitigkeit' und die damit verbundenen Interessens- und Verteilungskonflikte in seiner ihn umge-

---

70) Die vierte Frage, "Wie kann ein wünschenswertes Leben und Zusammenleben, bezogen auf das jeweilige Problem, aussehen?" geht über die hier beabsichtigte Diskussion hinaus und kann deshalb vernachlässigt werden.
71) Vergleiche Anm. 67 der vorliegenden Arbeit.
72) Diese Artikel entstammen einer Reihe von Aufsätzen, die in der Süddeutschen Zeitung im November 1994 erschienen und fünf Jahre nach dem Fall der Mauer und vier Jahre nach der Wiedervereinigung diesen Umstand aus historischer, politischer, sozialpsychologischer und biographischer Sicht beleuchten sollten.

benden Lebenswelt in verschiedensten Ausprägungen entdecken. Wernstedt bemerkt, es sei unverkennbar, daß die Einheit vor allem "zu verschärfter Wahrnehmung der Unterschiedlichkeiten geführt hat [...] im öffentlichen und privaten Leben" (Wernstedt, 1993, S.52).

Mit den Worten Hilligens gesprochen, liegt somit ein fundamentales Schlüsselproblem vor, da diesem ein in den verschiedensten gesellschaftlichen Bereichen anschaubarer, erfahrbarer, im einzelnen noch weiter auffaltbarer bzw. konkretisierbarer[73] Bereich der Wirklichkeit entspricht, wobei es sich bei diesem Problem, wenn schon um kein direkt globales Schlüsselproblem, so doch zumindest um ein innerstaatliches, "mit erheblicher Ausstrahlung auf andere Zentral- und Marginalprobleme im nationalen wie globalen Rahmen" (vgl. Claußen, 1995a, S.46), handelt[74].

Diese Feststellung vor Augen, erweitert um die von Hilligen vorgetragenen 'gewandelten Perspektiven' und der damit verbundenen Aufforderung, Veränderungen der Lebenswelt zu berücksichtigen[75], steht der Charakterisierung des Lerngegenstandes *Innere Einheit Deutschlands* mit dem Begriff "existentielles Schlüsselproblem" nichts mehr entgegen.

Die erkenntnisleitenden Fragen zwei und drei im Gedächtnis, müssen, strebt man eine vollständige Analyse nach Hilligen an, die mit diesem Problem in Zusammenhang stehenden Herausforderungen und die damit verbundenen Chancen und Gefahren noch ermittelt werden.

Die bisherigen Ausführungen im Zusammenhang mit dem Lerngegenstand *Innere Einheit Deutschlands* haben eindeutig belegt, daß es sich hierbei um eine mehrdimensionale Herausforderung handelt, da die mit diesem Thema verbundenen Inhalte in praktisch allen Lebensbereichen vorzufinden sind. Einige Beispiele sollen dies abschließend - unter Berücksichtigung der Chancen und Gefahren - stichpunktartig belegen, wobei die folgenden Herausforderungen, die im Zusammenhang mit der Verwirklichung der inneren Einheit stehen, nach Einschätzung des Verfassers, besondere Kontur gewinnen:
- Das vorhandene und durch die Vereinigung noch erheblich *verschärfte Sozialgefälle* (Herausforderung): Verantwortung erkennen, tragfähige Solidargemeinschaft aufbauen

---

73) Man denke in dem Zusammenhang nur an die politischen, sozialen, wirtschaftlichen und psychologischen Facetten dieses Problems.
74) Ohne Frage sind auch internationale Auswirkungen mit dieser Thematik verbunden. Man denke nur an die Folgen der im Zuge der Einheit wiedergewonnenen vollen außenpolitischen Handlungsfreiheit Deutschlands, die seit dem Ende des zweiten Weltkrieges eingeschränkt war. Dieser und andere globale Aspekte und ihre Konsequenzen sollen jedoch hier nicht weiter vertieft werden.
75) Daß unsere Lebenswelt in den verschiedensten Teilbereichen durch den - wie Prof. Keupp schreibt - "epochale[n] Umbruch" oder anders ausgedrückt den "historische[n] Wendepunkt" (Keupp, 1994, S.14) im November 1989 drastisch verändert wurde, steht außer Zweifel und wurde bereits mehrmals angesprochen.

(Chance) - Hinwendung zu extremistischen oder autoritären Problemlösungen, steigende Kriminalitätsrate (Gefahr) (vgl. Claußen, 1991a, S.84);
- *Vergangenheitsbewältigung*[76], "denn es ist wichtig für uns, wie wir über uns und unsere Geschichte denken; es ist wichtig für unsere Entscheidungen, für unser Handeln" (Popper, 1994b, S.265): Faire Aufarbeitung und Auseinandersetzung, bewußte Hinwendung zur eigenen Geschichte - Verdrängung, üble Nachrede, Rachsucht, politische Instrumentalisierung (vgl. Wernstedt, 1994, S.17-19);
- wachsende *politische Orientierungslosigkeit bzw. Legitimationskrise* (vgl. Oberreuter, 1994, S.54-57 und Greiffenhagen, 1994, S.40-42): Gemeinsames Suchen nach einer neuen Identität, festgeschriebene Standpunkte überprüfen und gemeinsam neue entwickeln - wiedererstarken nationalistischer Töne, statt Weltoffenheit Wendung nach innen.

Diese und andere Herausforderungen und die damit verbundenen Chancen und Gefahren machen deutlich, wie komplex und mehrdimensional dieses Schlüsselproblem angelegt ist und wie schwierig sich dessen Beseitigung und damit die Verwirklichung der inneren Einheit in Deutschland auch in Zukunft gestalten wird.

Angesichts dieser, durch das Konzept von Hilligen möglich gewordenen fachdidaktischen Legitimierung des Lerngegenstandes *Innere Einheit Deutschlands* in Form eines 'existentiellen Schlüsselproblems', stellt sich im Anschluß daran die Frage, ob die beiden nun zu betrachtenden Modelle von Schmiederer und Giesecke eine derartige wissenschaftliche Absicherung dieses Lerngegenstandes ebenfalls ermöglichen.

2.2.2 Das Modell von Rolf Schmiederer

Der 1928 geborene und 1970 in Göttingen zum Dr. disc. pol. promovierte Diplom-Sozialwirt Rolf Schmiederer - zuletzt Professor für Didaktik der Sozialkunde an der Universität Oldenburg - hat wegen seines frühen Todes im Jahre 1979 nicht einmal zehn Jahre an der politikdidaktischen Diskussion teilhaben können. Trotz dieser relativ kurzen fachwissenschaftlichen Betätigung, die 1970 beginnt und schon 1977 endet[77], zählt

---

76) Es handelt sich hierbei nur auf den ersten Blick um eine rein ostdeutsche Herausforderung. Betrachtet man nämlich die Diskussion um den Stasi-Komplex, dann wird sehr schnell deutlich, daß diese auf einer gesamtdeutschen Ebene geführt wird. Sichtbar vor allem dann, wenn es um die Instrumentalisierung dieser Vergangenheit geht, die nicht nur im Osten, sondern auch im Westen häufig zu Macht- und Einflußgewinnung mißbraucht wird. Ein markantes Beispiel hierfür war meiner Ansicht nach die 'rote Socken-Kampagne' der CDU im Bundestagswahlkampf 1994.

77) Diese Phase beginnt mit der Veröffentlichung "Der Neue Nationalismus in der Politischen Bildung", die in Zusammenarbeit mit Ursula Schmiederer 1970 erschien und endet mit der 1977 herausgegebenen zweiten fachdidaktischen Konzeption "Politische Bildung im Interesse der Schüler". (vgl. Fischer, 1986, S.260)

seine in den siebziger Jahren entwickelte fachdidaktische Konzeption bis in die Gegenwart hinein "zu den Traditionslinien der politischen Bildungstheorie" (Ingler, 1992, S.82).[78] Fernerhin kann er als einer der ersten Didaktiker bezeichnet werden, der systematisch versucht hat, "die Frankfurter Schule für die politische Didaktik fruchtbar zu machen" (Lödige, 1985, S.10).

Schmiederers fachwissenschaftlicher Werdegang, der für die "pragmatische Wende", d.h. den Versuch, den Realitätsbezug in der politischen Didaktik wiederzugewinnen (vgl. Kühr, 1980, S.247), exemplarisch ist (vgl. Gagel, 1993, S.29), führte ihn von einer gesellschaftskritischen Didaktik (1971)[79] zu einer "Pädagogisierung" der politischen Bildung, die er selbst als "die Rückbesinnung auf jene, um derentwillen politische und gesellschaftliche Bildung doch eigentlich stattfindet: auf die Schüler!" (Schmiederer, 1977, S.5), charakterisiert. Diese radikale Wende erklärt Gagel vor allem mit der Erfahrung Schmiederers - die er mit vielen linken Intellektuellen der ausklingenden 68er Bewegung teilt -, daß sich einer sozialistischen, systemverändernden Pädagogik angesichts der gesellschaftspolitischen Rahmenbedingungen in der Erziehungspraxis keinerlei Umsetzungschancen bieten (vgl. Gagel, 1994a, S.242/243).

Der von Schmiederer nach dieser Grunderfahrung geprägte und in seiner 1977 veröffentlichten zweiten Didaktik - "Politische Bildung im Interesse der Schüler" - entwickelte "Topos *Politische Bildung im Schülerinteresse*" (Ingler, 1992, S.82, Hervorhebung von Ingler) bleibt bis heute lebendig und ist sowohl in der fachdidaktischen Diskussion als auch in der Unterrichtspraxis präsent.

Pragmatisch an dieser neuen Konzeption ist, daß er nicht mit einer Gesellschaftskritik ansetzt - wie noch 1971 in seiner ersten Didaktik -, sondern mit einer Kritik der Unterrichts- und Lehrplanpraxis in der Schule (vgl. Gagel, 1994a, S.238). Diese Kritik, die er in zehn Thesen zusammenfaßt, mündet für ihn in die Erkenntnis, daß Lernzielorientierung "die moderne, technokratische Form der Planung eines entfremdeten Unterrichts" ist, in der der Schüler als "Objekt technologischer Verfügung" und der Lehrende als "Technologe der Prozeßsteuerung" erscheint (vgl. Schmiederer, 1977, S.77).

Dieser zweite fachdidaktische Ansatz[80], den Schmiederer selbst als kritisch, schülerorientiert und offen bezeichnet - im Gegensatz zu affirmativen, entfremdeten und gebundenen Modellen - (vgl. Schmiederer, 1977, S.46), wird im folgenden herangezogen,

---

78) Erwähnenswert neben dieser rein konzeptionellen Abhandlung ist die von ihm verfaßte und viel beachtete, dreimal neu aufgelegte Geschichte der politischen Bildung: "Zwischen Affirmation und Reformismus. Politische Bildung in Westdeutschland seit 1945", Frankfurt am Main, 1972, 3. Aufl. 1975.

79) Der vollständige Titel dieser Didaktik - die bis 1977 sechsmal neu aufgelegt wurde - lautet: "Zur Kritik der Politischen Bildung. Ein Beitrag zur Soziologie und Didaktik des Politischen Unterrichts", Frankfurt am Main, 1971.

80) Diese noch häufig zitierte Konzeption (Schmiederer, "Politische Bildung im Interesse der Schüler", 1977) wird in den beiden folgenden Gliederungspunkten nur noch mit der jeweiligen Seitenzahl angegeben.

um diese bis heute diskutierte Form der "schülerzentrierten Inhaltsauswahl" theoretisch und die praktische Umsetzbarkeit betreffend vorzustellen.[81]
Im Anschluß daran wird uns erneut die Frage beschäftigen, ob mittels dieser politikdidaktischen Konzeption eine wissenschaftliche Absicherung des hier betrachteten speziellen Lerngegenstandes *Innere Einheit Deutschlands* möglich erscheint

2.2.2.1 "Schülerorientierung" als Prinzip der Inhaltsauswahl

Schmiederer legitimiert den schülerzentrierten Unterricht, den er ja ausdrücklich dem entfremdeten Lernen[82] in der herrschenden fremdbestimmten Unterrichtspraxis entgegenstellt (vgl. S.49), mit dem Schüler selbst, den er als Subjekt gesellschaftlichen Geschehens und zukünftiger Entwicklung begreift, wobei er diese Entwicklung ihrerseits in Richtung auf Abbau materieller Zwänge und gesellschaftlicher Fremdbestimmtheit skizziert (vgl. S.88).
Grundlegendes Ziel einer so gearteten politischen Bildung, die den Schüler auch als "Adressat aller Bildungsbemühungen" (S.87) bezeichnet, "ist die Ermöglichung von Informationen und realer politischer Umwelterfassung, von Selbstreflexion und Selbsterkenntnis; beides als Basis für eigene Urteilsfähigkeit und eigene Handlungsintentionen" (S.91).
Mit dieser Zielbeschreibung verbindet Schmiederer jedoch explizit keine "Erziehung zu politischer Aktion" (S.104f.), da dies den politischen Unterricht überfordern würde. Die Schule und speziell der politische Unterricht sollen vielmehr - im Hinblick auf die Vorbereitung zur Bewältigung des späteren Lebens[83] - helfen, Handlungsbereitschaft zu entwickeln, da Aufklärung und Selbsterkenntnis ohne Handlungsbereitschaft und erprobte Handlungsfähigkeit letztlich ohne Auswirkung bleiben müssen (vgl. S.105).
Dieses Ziel und die erwähnte subjektbezogene Legitimierung des fachdidaktischen Modells beachtend, faßt Schmiederer die Kennzeichen einer so verstandenen kritischen, praxisbezogenen und schülerzentrierten Didaktik des politischen Unterrichts wie folgt zusammen:
"- Mitbestimmung der Schüler im Unterricht,
  - Bedürfnisse und Interessen berücksichtigen,

---

81) Eine relativ kurze, in Form von 29 Thesen formulierte Zusammenfassung der Gesamtkonzeption liefert Schmiederer selbst mit dem Aufsatz "Konzeption und Elemente eines kritischen und schülerzentrierten politischen Unterrichts (Thesen)" (Schmiederer, 1986, S.222-226).
82) 'Entfremdetes Lernen' soll "jenes institutionalisierte Lernen bezeichnen, dessen Inhalte und Formen nach allen möglichen Prinzipien ausgerichtet sind, nur nicht nach den Notwendigkeiten, Interessen und Bedürfnissen der Schüler" (S.49).
83) Schon 1975 weist Schmiederer darauf hin, daß es ganz allgemein Aufgabe politischer Bildung sein muß, "den Menschen zu helfen, ihr Leben "besser" zu gestalten und damit beizutragen zur Verbesserung der Bedingungen für dieses Leben" (Schmiederer, 1975, S.49).

- Ausgang von der Sozialerfahrung und der Lebensrealität der Schüler,
- Lernergebnisse müssen reale Bedeutung für das Leben der Schüler haben,
- der Unterricht muß problem- und projektorientiert sein,
- der Unterricht muß wissenschaftsorientiert in seiner Arbeitsweise und in der Analyse der gewählten Inhalte sein" (S.131).

Analysiert man diese Merkmale unter Berücksichtigung der hier vor allem interessierenden Frage nach dem Vorgehen bei der Inhaltsauswahl, so erkennt man sehr schnell, daß neben den Bedürfnissen und Interessen der Schüler, deren Sozialerfahrung und die konkrete Lebenssituation den Ausgangspunkt für die Auswahl der Unterrichtsinhalte darstellen. Schmiederer selbst bestätigt dies, wenn er schreibt, "schülerzentrierter Unterricht ist also immer zugleich *erfahrungszentriert* und *situationszentriert*" (S.117, Hervorhebung von Schmiederer). Folglich ist der Gesamt-Inhalt des Unterrichts die lückenlose gesellschaftliche Wirklichkeit des Schülers, was nichts anderes heißt als seine reale Existenz als Kind, Schüler, Konsument, Geschlechtswesen, Lehrling, Student, angehender Arbeiter (oder Arbeitsloser) usw. (vgl. S.117).

Diese faktisch unendliche Stoffülle des politischen Unterrichts vor Augen, erkennt auch Schmiederer, daß eine Reduktion unabdingbar ist. Als Instrument dieser "*Didaktischen Reduktion*" (S.160, Hervorhebung von Schmiederer) und als Hilfsmittel für eine Strukturierung der Inhalte dient ihm dabei das Konstrukt "Erfahrungsbereiche" (S.168), das sind "die wichtigsten Lebensbereiche des Schülers" (S.169).

Mittels dieses Auswahlkriteriums benennt er - als inhaltliche Struktur eines sozialkundlichen Curriculums[84] - zunächst sogenannte "*notwendige* Erfahrungsbereiche": 1. Familie und Sozialisation, 2. Wohnen und Freizeit, 3. Partnerbeziehung und Sexualität, 4. Schule und Erziehung, 5. Kommunikation und Manipulation, 6. Arbeitswelt, Beruf und Lebensversorgung und 7. Politische Institutionen und Partizipation; darüber hinaus "*potentielle* Erfahrungsbereiche": 8. Unterprivilegierte Gruppen, 9. Umwelt; und schließlich "*mögliche zusätzliche* Erfahrungsbereiche": 10. Produktion und Distribution, 11. Ökonomie, Macht und Herrschaftsverhältnisse, 12. Internationale Probleme und Konflikte und Möglichkeiten ihrer Lösung (vgl. S.174/175, Hervorhebung von Schmiederer).[85] Aus diesen Gebieten, die laut Schmiederer nicht unbedingt die wichtigsten Gebiete gesellschaftlichen Lebens darstellen (vgl. S.175), dafür aber die Lebenspraxis der Schüler betreffen, müssen seiner Meinung nach die

---

84) Bemerkenswert an dieser Stelle ist, und dies hebt auch Gagel hervor, daß Schmiederer trotz aller Kritik an der Lehrplanpraxis nun selbst - am Ende seiner didaktischen Ausführungen - eine Art Lehrplanentwurf vorstellt. (vgl. Gagel, 1994a, S.240)

85) Die Bereiche 1 bis 6, die er auch als "Erfahrungsbereiche im engeren Sinn" bezeichnet, sind seiner Meinung nach vor allem geeignet für Schüler der Primar- und der Sekundarstufe I. Den Bereich 7, vor allem aber die Bereiche 10 bis 12 nennt er "indirekte Lebensbereiche", weil sie die Lebenspraxis der Schüler nicht direkt betreffen. Aus diesem letztgenannten Grund sind diese Gebiete auch überwiegend für die Sekundarstufe II bestimmt. (vgl. S.175)

Lerngegenstände bzw. Einzelthemen und Fälle ausgewählt werden, die dann im Politikunterricht behandelt werden.

Das Problem, welches dieser Aufzählung von Erfahrungsbereichen zugrunde liegt, und das laut Rothe als "die immanente Schwäche situationsbezogener Ansätze" (Rothe, 1981, S.128) bezeichnet werden kann, besteht darin, daß die gewollte Beantwortung der Inhaltsfrage durch diese Aufzählung nicht oder nur unzureichend geleistet wird, denn einer näheren Bestimmung von Kerninhalten und Themen wird auf diese Weise bewußt oder unbewußt ausgewichen. Laut Lödige ist aber gerade dieser Umstand, daß Inhalte nicht konkreter bestimmt werden, von Schmiederer beabsichtigt und - ganz im Gegensatz zu seiner ersten Didaktik - an dieser Stelle geradezu charakteristisch (vgl. Lödige, 1985, S.12), denn letztlich vertritt er eine für viele Themen und Gegenstände offene Auslegung der Inhaltsfrage, vorausgesetzt die Inhalte sind zumindest prinzipiell für die Schüler von Bedeutung und genügen somit dem subjekt- bzw. schülerorientierten Auswahlkriterium. Dieser Gesichtspunkt ist für Schmiederer ungleich wichtiger "als alle 'objektive Relevanz' und alle weltpolitische Bedeutung von Themen" (S.168).

Wie sich dieses fachdidaktische Grundprinzip bei der praktischen Umsetzung und der inhaltlichen Gestaltung eines demnach schülerzentrierten politischen Unterrichts auswirkt, wird der folgende Gliederungspunkt versuchen zu klären, wobei immer zu bedenken ist, daß eine so geartete Analyse, die nicht nur die wissenschaftliche Reflexion, sondern auch die Realisierungsmöglichkeiten in der Unterrichtspraxis berücksichtigt, schon allein damit gerechtfertigt erscheint, daß letztlich alle fachdidaktische Denkarbeit immer wissenschaftliche Überlegungen und Schulpraxis verbinden sollte.[86]

2.2.2.2 Praktische Umsetzung im Politikunterricht

Schmiederer selbst hat im Rahmen seines zweiten politikdidaktischen Modells versucht, das "Kriterium Praktikabilität" (S.43) - im Gegensatz zur vorausgegangenen Konzeption - mehr in den Mittelpunkt seiner Arbeit zu stellen. Ersichtlich wird dies schon allein am breiten Raum, den die beiden Kapitel 8 und 9, die sich mit diesem Problem bzw. dessen Bewältigung und der Organisation des schülerzentrierten Unterrichts beschäftigen, einnehmen, wobei dabei die uns vorwiegend interessierenden inhaltlichen Aspekte häufig im Zentrum der Ausführungen stehen.

---

86) Auch Klafki betont: "Didaktische Praxis und die auf sie gerichtete didaktische Theorie bezieht sich [...] auf die im jeweiligen pädagogischen Feld (Schule, Volkshochschule, Lehrwerkstatt, Freizeiteinrichtung usw.) tatsächlich ablaufenden Prozesse, [...] auf die Handlungen der Lehrenden [...] und der Lernenden [...]" (Klafki, 1994b, S.92f).

Auf den unterrichtenden Lehrer bezogen, sind demnach drei Voraussetzungen nötig, um das theoretische Konzept des schülerzentrierten Unterrichts in die Praxis umsetzen zu können: Zum einen muß der Lehrer die Schüler und ihre Lebenssituation kennen, des weiteren über ihr Verhalten in der Schule aufgeklärt und schließlich mit den Beziehungen der Schüler zum Thema bzw. zum jeweiligen Inhalt des Unterrichts vertraut sein. (vgl. S.125-129) Die letzte und entscheidende Voraussetzung kann indes von der jeweiligen Lehrkraft - wenn die Einstellung der Schüler zum Thema nicht schon aus früheren Unterrichtsstunden bekannt ist - auf verschiedene Art und Weise erarbeitet werden: Einstiegsdiskussionen, Brainstorming, Rollenspiel, Fragebogen usw. sind mögliche Vorgehensweisen, die Schmiederer selbst hervorhebt (vgl. S.131).

Dieser somit geforderte umfassende Einblick in die Schülermentalität soll vom Lehrer jedoch nicht dazu genutzt werden, die Schüler effektiv zu dirigieren und zu lenken, sondern ganz generell als Voraussetzung dienen, ihrer Individualität und damit der schülerzentrierten Inhaltsauswahl gerecht werden zu können.

Neben diesen inhaltstechnisch wichtigen Voraussetzungen müssen noch zwei spezifische Probleme bzw. "Blockierungen" (S.131)[87], die bei der Verwirklichung des schülerorientierten Unterrichts auftreten können, angesprochen werden. Zum einen die Gefahr, daß Schüler im Rahmen ihrer Mitbestimmung Themen verlangen, die sie eigentlich gar nicht betreffen, nur um sich gegen eigene Betroffenheit abzuschirmen (vgl. S.131) und zum anderen das Problem heterogener Lerngruppen (vgl. S.138-142), das dazu führen kann, daß je nach Grad der unterschiedlichen Interessen und Bedürfnisse der Schüler unterschiedliche Themen und Inhalte im Unterricht angesprochen werden müßten.

Diese zuletzt erwähnte 'Blockierung' wird von Sutor als der Widerspruch des gesamten Konzeptes angesehen, denn "die subjektiven Betroffenheiten junger Menschen sind alters- und generationsspezifisch, zeitlich, sozial und regional so unterschiedlich und wandelbar, daß sich darauf ein allgemeines didaktisches Konzept nicht gründen läßt" (Sutor, 1984b, S.113).

Schmiederer, der dieses Probleme ja selbst vorgetragen hat, schreibt, die Kritik erwartend: "es spricht *nichts* - außer vielleicht die Grenze der Arbeitskraft des Lehrers - dafür, daß eine ganze Lerngruppe immer zur gleichen Zeit, am gleichen Inhalt und in der gleichen Art lernt" (S.141, Hervorhebung von Schmiederer). Vielmehr muß der Lehrer im Fall einer heterogenen Lerngruppe versuchen - will er das schülerorientierte Konzept umsetzen -, eine innere Aufgliederung des Unterrichts vorzunehmen. Dies wäre z.B. in Form der Gruppenarbeit, der Schmiederer "den Vorrang unter allen Arbeitsformen" (S.141f.) einräumt, zu bewerkstelligen, denn hier ist es möglich, Kleingruppen mit ver-

---

[87)] Insgesamt beschreibt Schmiederer fünf herausragende Probleme, die mit dem schülerorientierten Unterricht in Verbindung gebracht werden können - vgl. dazu S.131-144.

schiedenen Themen und Aufgaben einzurichten und so einen differenzierten, schülerorientierten Unterricht durchzuführen.

Eine Lösungsmöglichkeit beim Eintritt der zuerst genannten 'Blockierung' - die Schüler schirmen sich durch geschickte Themenauswahl gegen eigene Betroffenheit ab - kann z.b. darin bestehen, daß entweder vom Lehrer eine Besprechung dieser Problematik in der Klasse vorgeschlagen wird oder - einen Schritt weiter gedacht -, daß der Pädagoge sich bemüht, das spezielle Problem selbst zu einem individuellen Unterrichtsthema zu machen[88] und auf diese Weise versucht, die Verweigerungshaltung seitens der Schüler abzubauen.

Die im vorherigen Gliederungspunkt beschriebene allgemeine Zielsetzung des politischen Unterrichts - Selbsterkenntnis und Umwelterkenntnis -, die Merkmale des Ansatzes und das daraus abgeleitete Auswahlkriterium der Schülerorientierung vor Augen und die nun erwähnten Voraussetzungen und möglichen Probleme der Umsetzung bedenkend, schlägt Schmiederer den "projektorientierte[n] Unterricht" (S.145) als die Organisationsform seines schülerzentrierten Ansatzes vor. Charakteristisch für eine derartige Unterrichtsgestaltung ist dabei "der Verzicht auf einen stoff-systematischen Aufbau [...], Problemorientierung und Prozeßorientierung, die Priorität des forschenden Lernens vor 'Stoffvermittlung' und schließlich das Prinzip des exemplarischen Lernens[89]" (S.150f.).

Den an dieser Stelle, die Inhaltsfrage im Hintergrund, noch zu klärenden zentralen Begriff dieser Organisationsform - nämlich "Unterrichtsprojekt" - definiert Schmiederer, als eine "umfangreichere Fragestellung, in der Regel einen (fächer-) übergreifenden Problemzusammenhang" (S.155). Ausgeschlossen sind somit insbesondere Institutionen oder ähnliche Gegenstände, da erst ein Konflikt- oder Spannungsfeld i.w.S. ein Thema für den Projektunterricht prädestiniert. Beispielhaft nennt er "das Problem der betrieblichen Berufsausbildung, Mitbestimmung in der Wirtschaft, das Rassenproblem in [den] USA, Drogen bei Jugendlichen usw." (S.155f.).

---

88) Schmiederer betont ausdrücklich, daß nicht nur die Schüler die Themenauswahl bestimmen, sondern, daß eine "gemeinsame Themenauswahl und Problemstellung durch Lerngruppe und Lehrer" (S.156) erfolgt. So kann auch der Lehrer versuchen, ein Problem zum Thema zu machen.
89) Das 'Exemplarische' ist für Schmiederer "der einzelne Unterrichtsgegenstand, die zu analysierende Situation, das Problem etc., das Allgemeine aber, für das der einzelne Fall steht, ist *nicht* die Gesamtheit aller Fälle [...], sondern das Allgemeine ist die Gesamtgesellschaft, ihre Strukturen und Zusammenhänge, die 'am Beispiel' des einzelnen 'Falls' (Problems, Konflikts usw.) herausgearbeitet werden" (S.150, Hervorhebung von Schmiederer).

2.2.2.3 Die *Innere Einheit Deutschlands* - ein schülerorientierter Lerngegenstand?

Die in den beiden vorangegangenen Punkten vorgelegte Kurzcharakteristik der Didaktik des schülerorientierten Unterrichts - fokussiert auf die Frage nach dem "Was soll unterrichtet werden?" - läßt sich zusammenfassend als eine deutliche Aufforderung an die Lehrer interpretieren, die Vorstellung von einer technologischen politischen Bildung[90] als einem rein vom Lehrer u.a. auch inhaltlich dominierten Erziehungsvorgang abzulegen. Ganz im Gegensatz zu dieser heute noch vertretenen und zumindest teilweise praktizierten Auffassung, regt Schmiederer dazu an, die Perspektive zu wechseln. Weg vom lehrer- hin zum schülerzentrierten politischen Unterricht, wo Jugendliche einen Lernprozeß absolvieren an Hand von ganz konkreten Konflikten und Problemen, die ihrer jeweiligen Lebenswelt bzw. ihren Erfahrungsbereichen entspringen.

Meine These - die ich nun im folgenden versuche zu belegen - lautet, daß der hier im Mittelpunkt stehende, in seinem Problem- bzw. Konfliktpotential mehrdimensionale Lerngegenstand *Innere Einheit Deutschland* einen im Sinne dieser Konzeption schülerorientierten Lerngegenstand darstellt. Vor allem deshalb, weil die als Problem, Prozeß und Ziel charakterisierte Vereinigungsthematik, die von Schmiederer angesprochenen Erfahrungsbereiche der Jugendlichen betrifft und nachhaltig verändert hat und verändern wird.[91]

Mittels der herausgearbeiteten Merkmale des schülerzentrierten Unterrichts, speziell jenen, die als Grundprinzipien für die Auswahl von Unterrichtsinhalten identifiziert wurden, soll diese Auffassung theoretisch belegt und an Hand einiger Beispiele untermauert werden, wobei die folgenden Ausführungen in eine ost- und eine westdeutsche Perspektive aufgeteilt sind. Abschließend werden einige mögliche 'Unterrichtsprojekte', die unseren speziellen Lerngegenstand betreffen, vorgestellt.

Für die in den "neuen" Ländern lebenden Jugendlichen trifft ohne Zweifel zu, daß gerade sie wegen der grundlegenden Veränderungen - der vollständigen Umwälzung des politischen und wirtschaftlichen Systems (vgl. Westle, 1992, S.66) -, die der Vereinigungsprozeß, die "Abwicklung der DDR" (Thränhardt, 1992, S.11), in allen Bereichen

---

90) Es handelt sich hierbei um eine Vorstellung, bei der vom Lehrer allein die Inhaltsauswahl getroffen wird - je nach Spielraum des Lehrplans - und die den Erfolg des Lernens allein daran mißt, ob die vorgegebenen (Lern-) Ziele erreicht, die angestrebten Werte übernommen wurden und die Schüler einem bestimmten System gemäß reagieren.

91) In der nun folgenden Begründung geht es nicht darum, aus der Sicht des einzelnen Schülers zu argumentieren und dessen spezifische Betroffenheit gegenüber dem hier interessierenden Lerngegenstand herauszuarbeiten, was nur empirisch, z.B. durch Befragung der jeweiligen Schüler, möglich wäre und deshalb letztlich dem Lehrer vor Ort obliegt. Es wird vielmehr versucht, mit Hilfe der von Schmiederer vorgetragenen theoretischen Überlegungen auf einer allgemeineren Ebene diese These zu diskutieren und zu begründen.

ihrer unmittelbaren Lebenssituation hinterlassen hat[92], Interesse zeigen, die damit verbundenen Konflikte und Probleme, die sie selber erlebt haben und heute noch erleben, im Unterricht anzusprechen. Dies wird noch dadurch verstärkt, daß sie nicht nur neue soziale Erfahrungen machen, sondern daß sie darüber hinaus auch die Nachwirkungen des alten Systems verspüren[93]. Diese Nachwirkung der sozialistischen Vergangenheit stellt eine spezielle Eigenheit im sozialen Erfahrungsbereich der Ostdeutschen dar.

In dem Zusammenhang scheint es nur konsequent, wenn Gagel schreibt, "daß die Idee des schülerorientierten Unterrichts gegenwärtig gerade für Schüler in den östlichen Bundesländern wichtig ist" (Gagel, 1994b, S.31), denn auf diese Weise können die Jugendlichen ihre mit der inneren Einheit verbundenen vielschichtigen Probleme, Konflikte und Erfahrungen, die sie beschäftigen, tatsächlich in den politischen Unterricht einbringen, sie dort behandeln und gegebenenfalls gemeinsam aufarbeiten.

Oberflächlich betrachtet haben im Gegensatz dazu die Menschen in den "alten" Bundesländern die Vereinigung und die damit einhergehenden Veränderungen in ihrer unmittelbaren Lebenswelt nicht in dem Maße wahrgenommen und am eigenen Leib verspürt wie ihre östlichen Nachbarn. Dennoch betont Norbert Ingler - Lehrer an einem Herner Gymnasium -, daß auch Jugendliche im Westen berührt sind, selbst Schüler der 5. und 6. Klasse, wenn konfliktträchtige Aspekte des Zusammenwachsens der beiden Gesellschaften in geeigneter Weise geöffnet werden und daß sie durchaus engagiert mitarbeiten, wenn sie Raum erhalten, ihre Überlegungen, Ansichten, Meinungsbilder diesbezüglich zu entwickeln und in den Unterricht einzubringen (vgl. Ingler, 1992, S.81). Diese in der Praxis gewonnene Einschätzung von Ingler kann dann nicht weiter verwundern, wenn man die von Schmiederer genannten Bereiche, aus denen nach seiner Ansicht Unterrichtsthemen ausgewählt werden sollen, genauer betrachtet, denn letztlich sind auch die Erfahrungsbereiche der westlichen Jugendlichen von der friedlichen Revolution 1989 und der ein Jahr später folgenden gesetzlichen Vereinigung erfaßt und verändert worden. Einige Beispielen sollen dies verdeutlichen:

Die im Jahr 1989 eintretende Wanderungsbewegung von Ost nach West, ein Trend der noch 1992 diagnostiziert wird (vgl. Mohler, 1992, S.40), Ronge spricht allein 1989 von ca. 400000 Zuwanderern aus Ostdeutschland - damals noch DDR-Übersiedler - (vgl.

---

92) Ruft man sich die Erfahrungsbereiche von Schmiederer in Erinnerung, so kann man feststellen, daß durch die gesetzlich vollzogene Vereinigung fast alle diese Bereiche grundlegend verändert wurden. Um nur ein prägnantes Beispiel zu nennen, sei der 4. Bereich "Schule und Erziehung" angesprochen: So hat sich hier von den Schularten, über die Lehrpläne und die Fächerauswahl - Englisch bzw. Französisch statt Russisch, politische Bildung statt ideologisch ausgerichtete Staatsbürgerkunde - bis hin zum Studium alles elementar gewandelt.
93) Dies gilt natürlich vor allem für ältere Schüler, weil sie noch am ehesten - sechs Jahre nach dem Fall der Mauer - direkte Assoziationen zu der DDR-Vergangenheit haben, so z.B. durch die FDJ, in der sie mehrheitlich Mitglieder waren. Aber auch jüngere Schüler werden noch häufig mit den Nachwirkungen des alten Systems konfrontiert, so z.B. mit der Stasivergangenheit eines Familienangehörigen oder dem Vorwurf der IM-Tätigkeit eines ihnen bekannten Lehrers oder Ausbilders.

Ronge, 1990, S.5), bewirken neben anderen Ereignissen, daß auch die Jugendlichen im Westen ziemlich schnell direkte soziale Erfahrungen in ihrer eigenen Lebenswelt mit dem Vereinigungsprozeß machen können. So zum Beispiel in der Familie - 1. Erfahrungsbereich -, wenn Verwandte aus dem Osten kurzfristig untergebracht werden müssen, der Vater von seinem neuen Ostkollegen aus der Arbeit berichtet und die Wanderungsbewegung oder ganz generell innerpolitische Sachverhalte zum Anlaß genommen werden, in den Familien über diese vereinigungsspezifischen Entwicklungen zu diskutieren[94]. Darüber hinaus zeigen sich auch in der Schule Veränderungen - 4. Erfahrungsbereich -, wenn z.B. Kontakte mit ehemaligen Schülern der DDR, deren Eltern in den Westen gezogen sind, in der eigenen Klasse zustande kommen, was im weiteren Verlauf zu näheren Bekanntschaften bzw. Freundschaften führen kann - 3. Erfahrungsbereich. Schließlich ein letztes Beispiel aus der Arbeitswelt - 6. Erfahrungsbereich: hier kommt es vor allem in Gebieten, die der ehemaligen DDR geographisch sehr nahe liegen, oder dort, wo sich ehemalige Bürger der DDR im Westen ansiedeln, zu Konkurrenzsituationen zwischen Menschen aus Ost und West, z.B. bei der Suche nach einem Ausbildungs- oder Arbeitsplatz oder der Bewerbung um knappe Studienplätze.

Diese und andere *direkte Veränderungen* der Lebenswelt, die auf die eine oder andere Art viele Jugendliche im Westen schon seit Beginn des Vereinigungsprozesses verspüren, werden durch *indirekte Erfahrungen* noch verstärkt oder ersetzen sie dort, wo keine direkten Erfahrungen gemacht werden können. Solche indirekten Erfahrungen werden vor allem durch das "politische Leitmedium" (Sarcinelli, 1993, S.89) der Gegenwart, das Fernsehen, möglich, das heute häufig dem Zuschauer eine "Augenzeugenillusion" (ebd., S.90) vortäuscht und auf diese Weise zusätzliche Erfahrungsmöglichkeiten eröffnet.[95] Speziell auf die Wiedervereinigung bezogen, kann man sagen, daß sich zumindest in der Anfangsphase keiner - auch nicht die Jugendlichen - dieser omnipräsenten Thematik in den elektronischen Medien entziehen konnte. Man denke nur an die Fülle der Live-Übertragungen, Sondersendungen, Dokumentationen und Berichte über politische, wirtschaftliche, soziale und kulturelle Belange auf dem Weg zur Einheit.

Diese Ausführungen sollen genügen, um zu verdeutlichen, daß neben der vehementen Veränderung der ostdeutschen Lebenswirklichkeit auch die westdeutschen Jugendlichen in ihren Erfahrungsbereichen nicht unwesentlich von der Vereinigungsproblematik direkt oder indirekt ergriffen wurden. Hält man sich zudem vor Augen, daß der Prozeß der inneren Einheit bis heute als keinesfalls abgeschlossen gilt, so wird deutlich, daß die

---

94) Daß solche Gespräche in den Familien geführt werden, vor allem in einer Phase von Ende 1989 bis Mitte 1991, erscheint vor allem dann wahrscheinlich, wenn man bedenkt, daß in dieser Periode die deutsche Einigung die politische Themenliste bei allen Umfragen unter der westdeutschen Bevölkerung anführt. (vgl. Jung, 1994, S.21)
95) Bedenkt man - was Schiele etwas lakonisch formuliert - "daß junge Menschen - Schüler - dreitausend Stunden im Jahr schlafen und tausend Stunden vor dem Bildschirm verbringen" (Schiele, 1993, S.100), dann wird die Tragweite dieser zusätzlichen Erfahrungsquelle erst richtig greifbar.

Jugendlichen aus beiden Teilen Deutschlands auch zukünftig in den verschiedensten Lebensbereichen mit dieser Problematik konfrontiert werden. Infolgedessen kann davon ausgegangen werden, daß der hier im Mittelpunkt der Betrachtung stehende Lerngegenstand *Innere Einheit Deutschland*, der bereits als "existentielles Schlüsselproblem" bezeichnet wurde, prinzipiell auch dem subjekt- bzw. schülerorientierten Auswahlkriterium Schmiederers gerecht wird, wobei dies im Osten wegen der intensiveren direkten Betroffenheit der Jugendlichen in stärkerem Maße gilt als im Westen der Republik.

Welche Einzelthemen in dem Zusammenhang im Unterricht aber letztlich angesprochen werden, kann hier - dem Konzept entsprechend - nicht abschließend geklärt werden, denn letztlich ist es Aufgabe des Lehrers vor Ort, auf die jeweilige Lerngruppe bezogen diese Frage zu ergründen. Vor diesem Hintergrund sind die nun folgenden 'Unterrichtsprojekte', die den Lerngegenstand *Innere Einheit* betreffen, nur mögliche Beispiele eines schülerorientierten politischen Unterrichts:
- das Problem der Vergangenheitsbewältigung;
- die Aufarbeitung der Stasiproblematik;
- Konkurrenz der ost- und westdeutschen Jugendlichen z.B. auf dem Arbeitsmarkt oder im Bereich der Bildung;
- Orientierungslosigkeit nach der Vereinigung, Suche nach neuer Identität;
- das Problem der unterschiedlichen Lebensverhältnisse.

2.2.3 Das Modell von Hermann Giesecke

Der 1932 geborene Hermann Giesecke, Professor für Pädagogik und Sozialpädagogik an der Universität Göttingen, hat mit seiner 1965 erschienen, 1972 neu überarbeiteten und bis 1982 insgesamt 12 mal aufgelegten "Didaktik der politischen Bildung", "so viel Aufmerksamkeit hervorgerufen" (Kuhn u.a., 1990, S.34), wie dies kaum ein anderer Didaktiker vermochte. Ferner ist sein Name bis heute untrennbar mit dem Übergang der politischen Pädagogik zur Didaktik der politischen Bildung und ganz speziell mit dem "Stichwort Konfliktpädagogik" (Lödige, 1985, S.9) verbunden.
Mit seinem ersten fachdidaktischen Modell hat er dabei u.a. entscheidend zu der Erkenntnis beigetragen, "daß demokratische politische Bildung auch und gerade in einer demokratischen Gesellschaft nicht in unreflektierter Affirmation bestehen darf" (Sander, 1989, S.103), sondern daß vielmehr die eigenständige politische Urteilsbildung der Schüler und Jugendlichen im Mittelpunkt der Bildungsbemühungen stehen muß. Aus diesem Grund und weil er auch der erste war, "der den politischen Unterricht auf die Analyse aktueller politischer Konflikte konzentrierte" (Kühr, 1980, S.123) und den

Nutzen der Sozialwissenschaften für die politische Didaktik erkannte (vgl. Gagel, 1994a, S.158), wurde ihm ein derart ausgeprägtes Interesse in Theorie und Erziehungspraxis zuteil.

Diese herausragende Stellung vor Augen, und in Anbetracht dessen, daß er der einzige Didaktiker ist, der zu Beginn der 90er Jahre - nicht zuletzt wegen des "Prozess[es] der deutschen Einheit" (Giesecke, 1993, S.5) - eine völlig neue didaktische Konzeption vorgelegt hat, wird mittels dieser aktuellen theoretischen Überlegungen die hier angestellte fachdidaktische Betrachtung abgeschlossen.

Anzumerken bleibt, daß Giesecke mit dieser Konzeption nach fast 30jähriger Teilhabe an der fachdidaktischen Diskussion, die er heute in einer Krise wähnt[96], nicht nur seine eigenen früheren Überlegungen relativiert und neue Vorschläge unterbreitet, sondern daß er die generelle Hoffnung aufgibt, "bei genügend scharfsinnigem Nachdenken ließe sich *die* einzig mögliche didaktische Konstruktion finden" (Giesecke, 1993, S.56, Hervorhebung von Giesecke). Diese Einsicht deutet sich schon 1985 an, wenn er schreibt: "Es scheint mir an der Zeit zu sein, die Frage nach dem Inhalt der politischen Bildung wieder einmal "von unten" anzugehen, [...] nicht im Sinne einer Fortschreibung oder Variation der vorliegenden didaktischen und curricularen Theorien, die [...] eher nach den Regeln des Wissenschaftsbetriebes sich weiterentwickeln als durch Orientierung an der politischen Realität" (Giesecke, 1985, S.471).

In diesem Sinn wagt Giesecke mit der Arbeit "Politische Bildung: Didaktik und Methodik für Schule und Jugendarbeit"[97] einen völligen Neuanfang, wenn es darum geht, die Inhaltsfrage im Bezug auf den politischen Unterricht zu klären. Nicht mit der Fortschreibung seiner alten didaktischen Theorie, sondern indem er vier - für sich allein bereits existierende - Zugänge kombiniert, versucht er diese Frage anzugehen. So glaubt er, sei es am ehesten möglich, abseits von jeder 'Lager-Didaktik'[98], der komplexen politischen Realität und den unterschiedlichen Praxisanforderungen gerecht zu werden.

---

96) Diese Krise liegt seiner Meinung nach in den bis heute nachwirkenden Altlasten der 'Politisierung' und 'Moralisierung' und darüber hinaus im voranschreitenden Prozeß der Hinwendung zur 'akademischen Professionalisierung' begründet (vgl. Giesecke, 1993, S.33).
97) Diese fachdidaktische Konzeption, die 1993 im Juventa Verlag erschienen ist, wird in den beiden folgenden Gliederungspunkten nur noch mit der jeweiligen Seitenzahl angegeben.
98) Unter 'Lager-Didaktik' versteht er die Art der fachdidaktischen Überlegung, die sich mit den partikularen Interessen einer gesellschaftlichen Teilgruppe verbündet und versucht, diese Interessen auf pädagogischem Weg zu propagieren. (vgl. Giesecke, 1993, S.38).

2.2.3.1 "Systematische Kunde", "Problemorientierung", "Konfliktorientierung" und "Tagespolitik" - vier Dimensionen der Inhaltsauswahl

Politischer Unterricht an sich als ein Baustein des politischen Sozialisationsprozesses - neben Erfahrungen in der Familie, mit Gleichaltrigen, durch die Massenmedien usw. -, wird für Giesecke vor allem dadurch legitimiert, daß er hilft, Urteilsfähigkeit in Bezug "auf gegenwärtige wie künftige gesellschaftliche Teilhabe" (S.48) aufzubauen. Teilhabe ist dabei nicht nur bloßes Mitbestimmen bzw. Mitmachen "im staatlichen Bereich [...], sondern in *allen* Bereichen, in denen Menschen - notwendigerweise oder freiwillig - miteinander kommunizieren" (Giesecke, 1992, S.318, Hervorhebung von Giesecke). In der hier analysierten Didaktik hebt er dabei die Teilnahme an politischen Wahlen, an der beruflichen Interessensvertretung im Rahmen von Verbänden, Organisationen bzw. Bürgerinitiativen und insbesondere die Teilnahme an der politischen Publizistik hervor (vgl. S.48/49). Die besondere Bedeutung des zuletzt genannten Gesichtspunkts wird vor allem dann verständlich, wenn man die menschliche Abhängigkeit von den Massenmedien bedenkt, denn "dem 'Totalphänomen Kommunikation', [...] in Form elektronischer Kommunikations- und Informationstechnologien, [...] kann sich kein Mensch entziehen" (Rebel, 1991, S.284) und ohne diese ist eine politische Informationsbeschaffung und Urteilsbildung praktisch unmöglich geworden.

Dieses Ziel des politischen Unterrichts vor Augen, schreibt Giesecke schon 1986: "Aufgabe der [politischen] Didaktik ist also nicht, sich an die Stelle anderer wissenschaftlicher Theorien über die politisch-gesellschaftliche Realität zu setzen, sondern diese Realität zugänglich zu machen" (Giesecke, 1986, S.93). Ein Zugang, der aber nicht darin bestehen kann, im politischen Unterricht zu versuchen, auf die Jugendlichen erzieherisch einzuwirken, der vielmehr nur in einer "Strategie der rationalen Aufklärung" (S.55) zu suchen ist.[99]

Eine derart verstandene politische Didaktik, die das Politische so weit wie möglich systematisch aufzuklären versucht und dadurch die Voraussetzung für eine Partizipation der Jugendlichen schaffen will, muß laut Giesecke vier didaktische Vorgehensweisen und deren spezifisches Politikverständnis verbinden, will sie die Frage, was im politischen Unterricht behandelt werden soll, so realitätsnah wie möglich beantworten[100].

---

99) Giesecke hält den Zeitpunkt für gekommen, endlich die "erziehungsdominierte Tradition der Schulpädagogik zu beenden" (S.51), da diese fälschlicherweise davon ausgeht, man könne Aufklärung und Verhalten miteinander lehren. Vielmehr solle versucht werden, sachliche Aufklärung "im Sinne einer 'wechselseitigen Erschließung' (Klafki) von Mensch und Welt" (S.54) zu betreiben, denn nur darin liegt die Chance der Schule und nicht in moralischen und symbolischen Appellen.

100) Anzumerken bleibt, daß die im Anschluß vorgetragenen vier Dimensionen in keinem Fall eine vollständige Definition des Politischen und damit des inhaltlich Möglichen darstellen. Giesecke schreibt, "es geht lediglich darum, Schneisen der Lehrbarkeit in eine tatsächlich viel komplexere Realität zu schlagen" (S.58).

Der erste Aspekt, den er diesbezüglich benennt, ist die 'systematische Kunde' oder anders ausgedrückt, die Vermittlung des notwendigen - vom Schüler zu lernenden - 'Orientierungswissens'[101]. Im Rahmen dieser Komponente, die Politik definiert als einen "Funktionszusammenhang von Institutionen und deren Regeln" (S.57), wird letztlich eine erste grundlegende Einsicht in Zusammenhänge unserer staatlichen Verfassung und politischen Struktur angestrebt, die in der Alltagserfahrung nicht unmittelbar zugänglich ist und nur durch den Unterricht geklärt werden kann (vgl. S.61).

Giesecke selbst ist dabei von der Erfahrung geleitet, daß Menschen ohne ein Mindestmaß an systematischem Wissen über staatliche wie gesellschaftliche Institutionen und Regelungen Informationen und politische Erfahrungen nicht verstehen und verarbeiten können. Außerdem schafft ein solches Wissen erst die Grundlage dafür, "aktuelle Probleme und Konflikte und daraus resultierende politische Handlungen" (S.63) zu beurteilen.[102]

Ein grundlegendes inhaltstechnisches Problem, das sich jedoch bei der Umsetzung der 'systematischen Kunde' ergibt, wird von Giesecke mit der Frage nach der genauen Benennung von einzelnen Lerngegenständen bzw. nach dem nötigen Umfang des zu unterrichtenden Orientierungswissens beschrieben (vgl. S.62). Für diese Schwierigkeit, kann es von fachdidaktischer Seite allein keine Patentlösung geben, weil eine vollständige Aufzählung aller möglichen und notwendigen Inhalte[103] nicht erreicht werden kann. Deshalb muß diese Frage "entweder Sache der politischen Entscheidung (Richtlinien) oder der didaktischen Entscheidung des Lehrers vor Ort" (S.63) sein.

Neben diesem grundlegenden Orientierungswissen müssen jedoch auch die "bedeutsamen politischen *Probleme*" (S.64, Hervorhebung von Giesecke) in die didaktischen Überlegungen mit einbezogen werden. Das ist der von Giesecke so verstandene 'problemorientierte Zugang', der näher an das politische Handeln heranreicht als die 'systematische Kunde' (vgl. S.69). Dieser Zugang ist vor allem deshalb unerläßlich, weil Politik auch als ein System von aufeinander bezogenen Handlungen verstanden werden kann mit dem Ziel, Probleme von allgemein anerkannter Bedeutung zu lösen (vgl. S.57). Der hier entscheidende Begriff "Problem" wird dabei ganz allgemein definiert als "*Konflikt* zwischen Gruppen von Personen in einem politisch-sozialen System, der auf widerstreitenden *Interessen* beruht" (S.64, Hervorhebung von Giesecke).

---

101) Der Begriff "Orientierungswissen" soll laut Giesecke auf eine Begrenzung wie auf eine bestimmte Funktion verweisen (vgl. S.61).
102) Indem Giesecke die 'systematische Kunde' als einen wichtigen Bestandteil des politischen Unterrichts thematisiert, beteiligt er sich unweigerlich an der "Renaissance der Institutionenkunde" (Kuhn u.a., 1990, S.38), einer der gegenwärtigen Versuche, die fachdidaktische Diskussion weiterzuentwickeln (vgl. ebd., S.38).
103) Giesecke schlägt folgende Themen vor, die im Rahmen der 'systematischen Kunde' unterrichtet werden könnten: "Familie - Gemeinde - Freizeit - Wirtschaft - Beruf [...] Bundeswehr - Nato - Wahlen - das parlamentarische System" (S.59).

Welche Probleme aber tatsächlich im Unterricht aus der Fülle der Möglichkeiten angesprochen werden sollen, müssen - und hier erinnert Giesecke an die Ausführungen von Hilligen[104] - so ausgewählt werden, daß sie "die Zukunft der jungen Generation betreffen" (S.65). Ohne Anspruch auf Vollständigkeit und ohne Rangfolge nennt er diesbezüglich: Die Gleichstellung von Männern und Frauen, das Energieproblem, Wanderungsbewegungen und Asylrecht, der Nord-Süd-Konflikt und das Verhältnis von Ökonomie und Ökologie (vgl. S.65).

Die dritte Perspektive, die im Rahmen dieses fachdidaktischen Konzepts berücksichtigt werden muß, will man die Inhaltsfrage klären, ist der 'konfliktorientierte Ansatz'[105]. Ihm liegt die Annahme zugrunde, daß Politik auch "als ein interessenbedingtes Miteinander und Gegeneinander von Gruppen, deren Widersprüche sich in manifesten Konflikten äußern" (S.57), aufgefaßt werden kann. Konflikte unterscheiden sich dabei insofern von Problemen, als sie unmittelbar augenfällig sind und somit vom Menschen direkt wahrgenommen werden können (vgl. S.70). Darüber hinaus tangieren sie meist mehrere abstrakte Probleme und können somit nicht einem speziellen Problem direkt zugeordnet werden.

Ein Beispiel, das Giesecke anspricht und methodisch ausarbeitet, ist der 'Asylkonflikt'. Dieser Gegenstand macht seiner Meinung nach besonders deutlich, wie vielschichtig und komplex ein derartiger Konflikt sein kann und welches Problempotential - über die offensichtliche Problematik der Wanderungsbewegung hinaus - sich hinter diesem verbergen kann.

Für unsere Fragestellung ist entscheidend, daß dieses Beispiel nur eines neben vielen anderen möglichen ist. Einen verbindlichen Leitfaden oder Stoffkanon, der alle Konflikte bzw. Inhalte benennt, die im Unterricht angesprochen werden sollen, kann es ebensowenig geben wie bei den beiden vorangegangenen Dimensionen. Denn auch hier handelt es sich um ein Stoffgebiet, das "immer wieder neu durch politisches Handeln und Gegenhandeln hergestellt und verändert wird" (S.76).

Als inhaltstechnisches Auswahlkriterium muß wie im Falle des 'problemorientierten Zugangs' gelten, daß nur solche manifesten Konflikte angesprochen werden, die mit den großen, in die Zukunft weisenden Problemen in Verbindung gebracht werden können (vgl. S.75).

---

104) Sein Auswahlkriterium ist die Orientierung an fundamentalen und existentiellen Problemen für die Menschheit - siehe dazu Gliederungspunkt 2.2.1.1 der vorliegenden Arbeit.
105) Die früher herausragende, im Rahmen dieses Modells stark relativierte Stellung der Kategorie "Konflikt" für den politischen Unterricht leitet Giesecke vor allem aus der Auffassung ab, daß "jede *mittelbare* politische Handlungssituation eine Konfliktsituation ist - und jede *unmittelbare* Handlungssituation jederzeit zu einer Konfliktsituation werden kann" (Giesecke, 1992, S.322, Hervorhebung von Giesecke).

Die letzte didaktische Dimension, die dem politischen Handeln noch näher kommt als der 'konfliktorientierte Zugang', ist der 'tagespolitische Ansatz'. Politik wird nun als aktuelles soziales Handeln definiert, "das von bestimmten staatlichen oder verbandlichen Mandatsträgern oder Repräsentanten staatlicher oder verbandlicher Institutionen ausgeht und vom Souverän - den jeweils Wahlberechtigten - beurteilt und kontrolliert wird" (S.57f.).

Diese didaktische Position, die politische Tagesaktualität aufgreift, bekommt vor allem dann einen Sinn, wenn man wie Giesecke davon ausgeht, daß alle Bürger und damit auch die Schüler nicht nur einen mehr oder weniger stark ausgeprägten Zugang zu aktuellen politischen Sachverhalten, Kontroversen, Tatsachen usw. haben, sondern daß sie sich zugleich eine Meinung dazu bilden.

Im Gegensatz zum 'problemorientierten' und 'konfliktorientierten Ansatz' wäre es im Lichte dieser vierten Komponente der Inhaltsauswahl auch möglich, solche politischen Probleme bzw. manifesten Konflikte anzusprechen, die "nicht sinnvoll unter jene übergreifenden Probleme subsumiert werden können, gleichwohl die davon betroffenen Bürger [aber] zu interessieren vermögen" (S.84). Speziell auf das soziale Lernfeld Schule bezogen, fordert Giesecke mit diesem 'tagespolitischen Zugang' nach meinem Dafürhalten nichts anderes, als auch das von Schmiederer 1977 vorgeschlagene und im Rahmen der vorliegenden Arbeit bereits beschriebene "schülerzentrierte Auswahlkriterium" - vgl. 2.2.2.1 - für den politischen Unterricht nutzbar zu machen.

Wie diese vier theoretisch vorgestellten und bei der Inhaltsauswahl zu kombinierenden fachdidaktischen Zugänge im Sinne Gieseckes praktisch, d.h. im Politikunterricht, umgesetzt werden können und welche Gewichtung er dabei vorschlägt, soll der nun folgende Punkt klären.

2.2.3.2 Praktische Umsetzung im Politikunterricht

Ausgehend von der theoretischen Grundlegung des fachdidaktischen Konzepts, schlägt Giesecke für die praktische - inhaltsbezogene - Umsetzung im Politikunterricht vor, die vier Ansätze so zu kombinieren, daß die mit ihnen untrennbar verbundenen "didaktischen Chancen maximiert und ihre Grenzen minimiert werden" (S.87). Im Vordergrund hat dabei immer die Aufklärung der Sache und die Erweiterung und Konkretisierung der Vorstellungen der Schüler zu stehen - ganz im Sinne einer praxisbezogenen und auch praktikablen politischen Didaktik (vgl. Giesecke, 1986, S.90-98).

Bevor die wesentlichen Chancen und Gefahren für die Erziehungspraxis im einzelnen offengelegt werden, soll die von Giesecke favorisierte Kombination der vier didaktischen Dimensionen präsentiert werden. Für den politischen Unterricht in der Sekundarstufe I und II - bis zur gymnasialen Oberstufe - empfiehlt er, den 'problemorientierten Ansatz' mit der 'systematischen Kunde', dem eigentlichen "Kernstück des schulischen politischen Unterrichts" (S.87), zu verbinden. Der 'konfliktorientierte Zugang' hingegen soll als gelegentlich einzusetzendes Konzept[106] der gymnasialen Oberstufe vorbehalten bleiben (vgl. S.81). Eine gleichermaßen nebengeordnete Rolle spielt die vierte Komponente, der 'tagespolitische Ansatz', der von Giesecke nur als eine Art "Gelegenheitsunterricht" (S.88) bezeichnet wird. Diese Form der Inhaltsauswahl findet letztlich ausschließlich dann Anwendung, wenn die Schüler von einem politischen Ereignis ernsthaft bewegt bzw. betroffen werden.

Diese zuletzt genannte Betroffenheit der Jugendlichen birgt neben der hohen Motivation (vgl. S.85), die ein selbst eingebrachter Unterrichtsgegenstand erwarten läßt, die größte Chance des 'tagespolitischen Ansatzes'. Was eine stärkere Betonung dieser didaktischen Dimension dennoch verhindert, ist die in der Praxis zu beobachtende Gefahr, daß eine so geartete didaktische Vorgehensweise "zu rein additiven Unterrichtsvorhaben führt, die einander einfach nur ablösen, ohne einen Fortschritt an *systematischer* Erkenntnis zu bringen" (S.86, Hervorhebung von Giesecke).

Ähnlich wie beim 'tagespolitischen Zugang' wiegen auch beim 'konfliktorientierten Ansatz' heute für Giesecke die Grenzen schwerer als die Chancen. Deshalb tritt diese Art der Inhaltsauswahl - ohne ganz aufgegeben zu werden - ebenfalls in den Hintergrund, wenn es um die praktischen Umsetzung der theoretischen Überlegungen geht. Thesenartig zusammengefaßt spricht Giesecke u.a. die drei folgenden Gefahren an:
1. Die didaktische Konstruktion des Konflikts sperrt sich nicht nur einer unterrichtlichen Planung und Erfolgskontrolle, sondern sie impliziert außerdem eine Offenheit, die Lehrer häufig veranlaßt, eine moralische bzw. stark parteiliche Gesinnung zu verbreiten statt eine sachliche Analyse des Konflikts zu unterstützen. (vgl. S.76-78)
2. Bestimmte konfliktorische Inhalte - z.B. im Zusammenhang mit der NS-Zeit - tangieren bzw. mobilisieren emotionale Einstellungen derart intensiv, daß ein aufklärender politischer Unterricht schwierig oder gar unmöglich erscheint. (vgl. S.79/80)
3. Ein Mindestmaß an Komplexität - das politische Konflikte zwangsläufig aufweisen - kann im politischen Unterricht häufig nicht aufrechterhalten werden. (vgl. S.81)
Dieses von Giesecke selbst angesprochene praxisbezogene Gefahrenpotential und vermutlich die nicht nachlassende Kritik namhafter Wissenschaftler in der fachdidaktischen

---

106) Giesecke steht damit heute dem für seine erste Didaktik so charakteristischen Blickwinkel, Politik mehr oder weniger auf den Begriff "Konflikt" zu reduzieren, d.h. dem 'konfliktorientierten Ansatz', ganz generell "skeptischer gegenüber als Mitte der sechziger Jahre" (S.80).

Diskussion der letzten 30 Jahre[107] veranlaßten ihn, die besondere Stellung des konfliktorientierten Auswahlkriteriums, in der Theorie wie auch in der Praxis, zu relativieren. Heute spricht er allenfalls Schülern der gymnasialen Oberstufe die Fähigkeit zu, die inhärente Komplexität von politischen Konflikten zu durchschauen und sich mit derart unübersichtlichen Inhalten effektiv auseinandersetzen zu können (vgl. S.81).

Neben diesen beiden in der Praxis nur gelegentlich einzusetzenden Auswahlkriterien betont Giesecke in seiner aktuellen didaktischen Konzeption die herausragende Stellung der 'problemorientierten' Inhaltsauswahl und der 'systematischen Kunde' für die Erziehungspraxis. Dies nicht zuletzt deshalb, weil eine derart gelagerte Stoffauswahl "der Kontinuität und Planmäßigkeit des Unterrichts zugute kommen kann" (S.82). Darüber hinaus bietet eine solche didaktische Schwerpunktsetzung der heutigen jungen Generation, deren Interessen, Bedürfnisse, Selbstverwirklichung und Emanzipation zum pädagogischen Kult erhoben wurden, eine produktive Distanz hierzu an und gewährt dem Bewußtsein die Chance, sich von einer allzu fixen Selbstzentriertheit zu befreien (vgl. S.81/82).[108]

In diesem Sinn darf für Giesecke gerade die Erziehungspraxis, speziell der politische Unterricht, nicht versuchen, das Leben selbst abzubilden, indem er Inhalte nur nach der Lebenswirklichkeit der Jugendlichen auswählt. Vielmehr muß sich die Schule als "geistige Clearing-Stelle" verstehen, die das Leben selbst nicht bereitstellen kann. So sollen Schüler im politischen Unterricht nicht nur sachlich Neues lernen, sondern die Fähigkeit erwerben, durch 'systematische Kunde' schon Gehörtes "einer geistig anspruchsvollen Prüfung zu unterwerfen". (vgl. S.88)

2.2.3.3 Die *Innere Einheit Deutschlands* - ein mehrdimensionaler Lerngegenstand?

Die Frage nach einer möglichen fachdidaktischen Legitimierung des Lerngegenstandes *Innere Einheit Deutschlands* im Rahmen der mehrdimensionalen Konzeption von Giesecke kann nur dann beantwortet werden, wenn der hier interessierende Lerngegenstand mit den vier angesprochenen didaktischen Ansätzen konfrontiert wird.
Bevor jedoch an diese Gegenüberstellung herangegangen wird, muß noch einmal ins Gedächtnis gerufen werden, daß Giesecke - die einzelnen didaktischen Zugänge betref-

---

107) Die in der Fachwissenschaft geäußerte Kritik - die Stoffauswahl betreffend - bezog sich vor allem auf die "Verabsolutierung des Konfliktaspektes" (Assel, 1983, S.91), was ein reduziertes Politik-Verständnis impliziere und somit spezifische Lücken in der politischen Didaktik hinterlassen würde (vgl. Kühr, 1980, S.137).

108) Nicht in der Selbstzentriertheit liegt die Stärke unseres Bewußtseins, sondern in der "Mobilisierung von Aktionswissen", das uns hilft, in konkreten Entscheidungssituationen so rational wie möglich zu argumentieren. (vgl. Giesecke, 1992, S.330)

Kapitel 2: Ziel und Inhalt politischer Bildung im Lichte fachdidaktischer Konzeptionen 61

fend - nur beispielhafte, keinesfalls eindeutige bzw. unumstößliche Aussagen zu speziellen Lerninhalten macht, da seiner Ansicht nach "jeder Versuch, eine konsensfähige didaktische Theorie zu entwickeln, aus der sich dann die Frage nach dem "Was" des politischen Lernens allgemein verbindlich entscheiden ließe, zum Scheitern verurteilt ist" (Giesecke, 1993, S.55). So gesehen ist die fachdidaktische Konzeption von Giesecke nicht mehr als ein pragmatischer Orientierungsrahmen, der zwar helfen will, politisches Lernen u.a. inhaltstechnisch zu organisieren, der aber keinesfalls versucht, es zu determinieren.

Die nun folgende Betrachtung, die sich an diesem didaktischen Leitfaden ausrichtet, beschäftigt sich mit der Frage, ob der als vielschichtiges Problem, Prozeß und in der Ferne liegendes Ziel charakterisierte Lerngegenstand *Innere Einheit Deutschlands* unter die einzelnen Dimensionen - die, wie gezeigt, nichts anderes darstellen als differenzierte Auslegungen des Politikbegriffs - subsumiert werden kann.

Denkt man wie Graupner, die den im Dezember 1994 vorgelegten neunten Jugendbericht der Bundesregierung in der Süddeutschen Zeitung kommentiert, an die durch die innere Einheit vor allem im Osten entstandenen Schwierigkeiten und daraus resultierenden Konflikte, "die alle voneinander abhängen - Selbstwertverlust, Konsumanschluß, Arbeitslosigkeit, das Leben in der DDR-Zeit, [...] der Umbruch in der Schule" (Graupner, 1994, S.4) und berücksichtigt darüber hinaus, was in Punkt 2.2.2.3 herausgearbeitet wurde, daß nicht nur die 'Erfahrungsbereiche' der Schüler im Osten, sondern auch die der Schüler im Westen durch die Einheit tangiert wurden und werden, dann kann eine auch heute noch geäußerte *Betroffenheit* der Schüler - in West und Ost[109] - bei aktuellen vereinigungsbedingten Themen keineswegs überraschen. Fernerhin muß selbst vier Jahre nach der Einheit davon ausgegangen werden, daß sich die Menschen mit dem "praktische[n] *Problem der Zusammenführung* oder *Synchronisierung*" (Mohler, 1992, S.37, Hervorhebung von Mohler) der beiden Teile Deutschlands beschäftigen und diesem noch "länger dauernde[n] Prozeß" (Rüther, 1993, S.5) nicht gleichgültig gegenüberstehen. Dies zeigt u.a. eine noch im Dezember 1994 vorgelegte Umfrage, in der 42% der Westdeutschen und 46% der Ostdeutschen bekennen, es gehe mit der Vereinigung schlechter als ursprünglich angenommen (vgl. Forschungsgruppe Wahlen, 1994, S.10).

Infolgedessen kann erwartet werden, daß gerade ein didaktischer Zugang, der die *Tagesaktualität* aufgreift, die wiederum mit größeren Hintergrundproblemen korrespondiert[110], sich der vielfältigen aktuellen Facetten der Vereinigungsproblematik, "deren

---
109) Dabei soll nicht geleugnet werden, daß "die millionenfach ins gesellschaftliche Aus beförderten Ostdeutschen" (Schorlemmer, 1993, S.51) vermutlich viel stärker Interesse an der jeweils aktuellen Vereinigungsthematik zeigen werden als die Menschen im Westen.
110) Man denke in dem Zusammenhang z.B. nur an die öffentlich ausgetragene Diskussion um die Stasi-Vergangenheit von Manfred Stolpe. Ein hochbrisantes Einzelthema, hinter dem ein Problem von allgemeiner Bedeutung steht, nämlich die generelle Aufarbeitung der DDR-Vergangenheit bzw. der

Folgen wir noch während einer Generation zu tragen haben" (Schorlemmer, 1993, S.64), annimmt. Welche gegenwartsnahen Ereignisse und Probleme aber, die sich auf unseren speziellen Lerngegenstand beziehen, letztlich im politischen Unterricht aufgrund dieses Auswahlkriteriums behandelt werden - politische, soziale, oder wirtschaftliche Sachverhalte -, kann und soll hier nicht abschließend geklärt werden, da dies vor allem vom subjektiven Interesse der Schüler und vom Grad ihrer tatsächlichen Betroffenheit hinsichtlich einer sich ständig verändernden Tagesaktualität abhängt.

Ähnlich wie der 'tagespolitische Ansatz' ein Aufgreifen des Lerngegenstandes *Innere Einheit Deutschlands* legitimiert, kann dies in gleichem Maße vom *'problemorientierten'* wie auch vom *'konfliktorientierten Zugang'* behauptet werden. Zum einen deshalb, weil - wie in Punkt 2.2.1.3 ausführlich erläutert - davon auszugehen ist, daß es sich bei dem Lerngegenstand *Innere Einheit Deutschlands* um ein "existentielles Schlüsselproblem" handelt, was nichts anderes meint, als daß die Zukunft der Menschen von diesem gewissermaßen abhängig ist. Zum anderen spiegelt sich diese Problematik in vielen aktuellen Konflikten wieder.

Solche konkreten Konflikte, die nichts als Momentaufnahmen darstellen, sind zum Beispiel die Streitigkeiten um die Wiedereinführung bzw. baldige Abschaffung des Solidaritätszuschlages; die strittige Frage, ob der Umzug der Regierung nach Berlin eher beschleunigt oder verlangsamt werden soll; das Ringen der Beteiligten um eine endgültige Angleichung der Löhne im Osten an das Westniveau; die kontroverse Diskussion, ob das dreizehnte Schuljahr im Westen abgeschafft oder im Osten neu eingeführt werden soll; der Streik unmittelbar Betroffener um den Erhalt ihrer von der Treuhand oder deren Nachfolgeorganisationen verwalteten Industriebetriebe usw.

Diese dreifache Legitimierung vor Augen muß nun abschließend gefragt werden, ob dieser spezielle Lerngegenstand auch den Kriterien einer an der 'systematischen Kunde' orientierten Inhaltsauswahl genügt.

Allein der Blick auf die diesbezüglich zu bedenkende Definition des Politikbegriffs, als "Funktionszusammenhang von Institutionen und deren Regeln" (Giesecke, 1993, S.57) macht deutlich, daß der hier interessierende und insbesondere problem- und konfliktbezogen definierte Lerngegenstand grundsätzlich nicht unter diese Dimension der fachdidaktischen Inhaltsauswahl subsumiert werden kann. Zumal dann nicht, wenn man berücksichtigt, daß angesichts dieser Definition der didaktische Zugang der 'systematischen Kunde' "nicht das eigentlich Politische, die in der Öffentlichkeit diskutierten Probleme und die dabei zutage tretenden politischen Parteiungen und Konflikte" (ebd., S.61) erreichen kann. Anders ausgedrückt liegt dem im Rahmen dieser Arbeit

---

Stasiproblematik, die nach Bender "das politische Klima mehr vergiftet als alles andere" (Bender, 1993, S.47).

konstruierten Lerngegenstand *Innere Einheit Deutschlands* ein Politikverständnis zugrunde, das sowohl die Ebene der bedeutsamen politischen Probleme und der daraus resultierenden Konflikte berührt als auch an die mit dieser Thematik verknüpfte Tagesaktualität heranreicht.

Ein an der 'systematischen Kunde' orientierter politischer Unterricht würde sich demnach mit dem als "existentielles Schlüsselproblem" der Deutschen[111] beschriebenen und in verschiedensten aktuellen wirtschaftlichen, politischen, sozialen und psychologischen Konflikten manifestierten Lerngegenstand nicht beschäftigen können.

Nichtsdestotrotz kann und muß davon ausgegangen werden, daß auch im Rahmen des Lerngegenstandes *Innere Einheit Deutschlands* ein gewisses Maß an Orientierungswissen nötig ist. Zum Beispiel wenn es darum geht, die mit der formalen Einheit verbundenen Schwierigkeiten und Konflikte leichter nachvollziehen und im politischen Unterricht bearbeiten zu können. Man denke in dem Zusammenhang nur an die Ereignisse, die zum Fall der Mauer und anschließend zur Vereinigung führten, aber auch im besonderen daran, "daß die Deutschen während der letzten vier Jahrzehnte in grundsätzlich verschiedenen Welten gelebt haben" (Dönhoff, 1993, S.7) und sich deshalb in vielen Bereichen - wirtschaftlicher, sozialer und politischer Art - entfremdeten. Ein derart verstandenes Orientierungswissen sollte dabei meiner Ansicht nach *aber nicht losgelöst, sondern nur im Zusammenhang mit* einem in der Öffentlichkeit diskutierten Problem oder einem aktuellen, die Schüler tatsächlich betreffenden Konflikt erarbeitet werden, was jedoch eindeutig den fachdidaktischen Überlegungen Gieseckes widerspricht und deshalb hier nicht weiter verfolgt werden soll.

Zusammenfassend kann damit festgehalten werden, daß die wissenschaftliche Legitimierung des Lerngegenstandes *Innere Einheit Deutschlands* mit Hilfe der didaktischen Modelle von Hilligen ("existentielles Schlüsselproblem") und Schmiederer ("Schülerorientierung"), wie auch durch die abschließend analysierte mehrdimensionale Konzeption von Giesecke gestützt wird. Dabei erlauben es drei der vier zu kombinierenden didaktischen Zugänge der zuletzt genannten Konzeption, der 'problemorientierte', 'konfliktorientierte' und 'tagespolitische Ansatz' nachdrücklich, von der *Inneren Einheit Deutschlands* als einem mehrdimensionalen Lerngegenstand zu sprechen, auch wenn der Lerngegenstand mit einer Komponente der vorgeschlagenen

---

111) Die schon mehrfach hervorgehobene fundamentale Wichtigkeit dieses Problems betont erneut auch Helmut Kohl, wenige Minuten nach der Wahl zum Bundeskanzler in einem ZDF-Interview. Darauf angesprochen, was die wichtigsten Ziele seiner vierten Amtszeit seien, antwortet er: Neben der Aufgabe am "gemeinsamen Haus Europa" weiterzubauen stehe für ihn das gleichrangige Ziel, die "Innere Einheit Deutschlands" ein Stück weiter voranzubringen, wobei er ausdrücklich betont, daß sich diese Anstrengungen nicht nur auf die materielle, sondern auch auf die immaterielle Komponente der Einheit beziehen müssen. (ZDF-Interview am 15.11.1994 mit Helmut Kohl in einer Sondersendung aus Anlaß der Kanzlerwahl)

Inhaltsbestimmung Gieseckes - der 'systematischen Kunde' - nicht direkt und unmittelbar korrespondiert.

2.3 Die praxisbezogene Konkretisierung von Lerninhalten - Probleme, Möglichkeiten und Chancen einer fachwissenschaftlichen Stellungnahme

Die umfassende wissenschaftliche Legitimierung des Lerngegenstandes *Innere Einheit Deutschlands* vor Augen, wird nun - das Kapitel 2 abschließend - zunächst der Frage nachgegangen, welchen Stellenwert ein derartiges wissenschaftliches Gutachten im Laufe einer tatsächlichen Inhaltsbestimmung - die letztlich nichts anderes darstellt als eine "*politische* Entscheidung" (Gauger, 1975, S.292, Hervorhebung von Gauger) - einnimmt. Mit anderen Worten: die gegenwärtigen Verhältnisse bei der Erstellung oder Revision von Lehrplänen, deren Hauptfunktion es ist, "inhaltliche Vorgaben für den Unterricht festzulegen" (Hacker, 1986, S.520)[112], und bei der Erarbeitung außerschulischer Bildungsprogramme werden ausgelotet und analysiert.

Im Anschluß an die Beschreibung der gängigen Praxis soll an Hand einer Aufzählung spezifischer Möglichkeiten und Chancen das eigentliche Leistungspotential einer fachdidaktisch begründeten Inhaltsauswahl sichtbar gemacht werden. Auf diese Weise soll dem meiner Ansicht nach falschen Eindruck entgegengewirkt werden, derartige wissenschaftliche Gutachten seien nutzlos und überflüssig.

Bevor die Bedeutung fachdidaktischer Reflexion bezüglich der Inhaltsauswahl für den schulischen Sektor analysiert werden kann, muß hervorgehoben werden, daß die Lehrpläne ganz allgemein "in der alleinigen Entscheidungsgewalt des dem Landtag, de facto der Mehrheitsfraktion [bzw. Koalition] des Landtages, und der Regierung verantwortlichen Ministers und seiner Bürokratie" (Rothe, 1989b, S.62) entstehen.

In diesem Prozeß der institutionalisierten Inhaltsbestimmung, der wegen der 'Kulturhoheit der Länder' von Bundesland zu Bundesland divergiert, sind politikdidaktische Konzeptionen und auf ihnen basierende fachdidaktische Stellungnahmen nicht mehr als ein "Orientierungsangebot [...] für politische Entscheidungsträger bei der Abfassung von einschlägigen Erlassen und Richtlinien" (Sander, 1992, S.23). Diese von Sander getroffene Aussage bringt deutlich zum Ausdruck, daß wissenschaftliche Gutachten nur *einen* Faktor neben vielen anderen bei der tatsächlichen Entscheidungsfindung reprä-

---

[112] Es soll hier nicht der Eindruck erweckt werden, Lehrpläne würden den gesamten Unterricht bis ins letzte Detail inhaltlich reglementieren. Vielmehr markieren diese für die Lehrer, je nach Bundesland verschieden, unterschiedlich große Freiräume. Rothe bemerkt hierzu: "Die Lehrpläne einiger Länder sehen [...] bewußt Freiräume vor, andere warten mit einer fast grotesk anmutenden Überfülle "verbindlicher" Lerninhalte auf" (Rothe, 1989a, S.16).

sentieren. Überdies darf nicht vergessen werden, daß der letztendliche Entschluß bildungspolitischer Kommissionen - deren Zusammensetzung meist von weisungsabhängigen Behörden festgelegt wird[113] und zu denen nur hin und wieder auch einzelne Didaktiker oder Pädagogen von Universitäten gehören (vgl. Rothe, 1989b, S.61) - durchweg geprägt ist von einer Vielzahl von Bestandteilen: "persönliche Werthaltungen, Rücksichtnahme auf Vorstellungen der eigenen Partei, der Opposition, der Verbände" (Gauger, 1975, S.293) usw.

Drei länderspezifische Beispiele sollen diese allenfalls nebengeordnete, wenn nicht gar untergeordnete Rolle der Wissenschaft bei der Bestimmung von Lerngegenständen belegen. So schreibt Mickel in einer Stellungnahme zu Baden-Württemberg: "Den meisten der spiral-curricular strukturierten Lehrpläne für Gemeinschaftskunde liegen vorwissenschaftliche, kaum theoriegeleitete Didaktikvorstellungen zugrunde" (Mickel, 1989b, S.43).

Für Bayern attestiert Rothe, die Lehrplanentwicklung und damit die Festlegung von Lerngegenständen "erfolgt insgesamt im "Geist des Hauses" bzw. der allgemeinen politischen Grundrichtung, die am ehesten mit liberal-konservativ wiedergegeben werden kann. Einflüsse und Einflußnahmen laufen dabei über die Schiene persönlicher Kontakte und institutionell nicht faßbarer Querverbindungen zum bildungspolitischen Arbeitskreis der CSU und zu anderen politischen Meinungsführern. [...] Sie [Fachwissenschaftler und Fachdidaktiker] werden nur teilweise informell und je nach Lage der Dinge und Wunsch des Referenten herangezogen" (Rothe, 1989b, S.62).

Ein letztes Beispiel, das die angesprochene Tendenz, der nur geringen fachwissenschaftlichen Einflußnahme untermauert, ist die Aussage von Peter Kruber zur Lage in Schleswig-Holstein: Schon "die Einrichtung des Faches Wirtschaft/Politik im Jahre 1973 war eher das Ergebnis eines raschen politischen Entschlusses als fachdidaktischer Überlegungen. [...] Inhaltlich wurde die Zusammenlegung von Wirtschaftslehre, Berufsorientierung und Gegenwartskunde/Politische Bildung nicht begründet. In der Tat stehen bis heute in den Lehrplänen [...] Inhalte unverbunden nebeneinander" (Kruber, 1989, S.290).

Faßt man die bisherigen Überlegungen zusammen, so muß festgehalten werden - betrachtet man den Verlauf der lehrplanmäßigen Konkretisierung von Lerninhalten -, daß es in der Gegenwart um "Beachtung, Gewicht und Stellenwert" (Rothe, 1989a, S.17) der Fachdidaktik relativ schlecht bestellt ist. Es gilt somit noch heute die von Gauger schon 1975 hervorgehobene Erkenntnis: "Die Rolle der Wissenschaft, insbesondere der Pädagogik bei bildungspolitischen Entscheidungen, beschränkt sich [...] zunächst auf

---

113) Ein Beispiel für eine solche weisungsabhängige und dem Kultusministerium direkt unterstellte Behörde ist das "bayerische Staatsinstitut für Schulpädagogik und Bildungsforschung" (ISB).

Teilhabe am Entscheidungsprozeß [...]. Der Grad der Einflußnahme kann dabei verschieden sein, je nachdem, welche Rolle man seitens der Bildungspolitik geneigt ist, der Wissenschaft zuzugestehen" (Gauger, 1975, S.293, Hervorhebung von Gauger).

Kuhn weist in dem Zusammenhang noch auf ein weiteres Problem hin: Fachwissenschaftliche Stellungnahmen - wenn sie überhaupt gefordert werden - dienten häufig nur dazu, "für die Politik Entscheidungen vorzubereiten, sie zu rechtfertigen und gegen Kritik abzusichern. Wissenschaft fungiert dabei als Hilfsmittel praktischer Politik" (Kuhn u.a., 1992, S.318).

Vor diesem Hintergrund einer fast ausschließlich parteipolitisch gefärbten Diskussion um Inhalte des Politikunterrichts konnte sich ein echtes, unabhängiges institutionelles Gegengewicht zur monopolistischen Entscheidungsgewalt der Bürokratie durch die Wissenschaft und Universität in keinem Fall etablieren.

Analog dem schulischen Bereich muß auch dem außerschulischen Bereich der politischen Bildung, insbesondere der hier interessierenden Arbeit der Parteistiftungen, attestiert werden, daß fachwissenschaftliche Überlegungen bei der Vorbereitung von politischen Bildungsprogrammen und damit bei der Festlegung von Inhalten allenfalls eine nebengeordnete Rolle spielen.

Diese Annahme wird u.a. dadurch erhärtet, daß von politischen Stiftungen, die sich - wie Langguth schreibt - am Grundwertverständnis und am Selbstverständnis der Parteien, denen sie nahe stehen, orientieren (vgl. Langguth, 1993, S.40), zu erwarten ist, daß ihre jeweiligen Bildungsprogramme zumindest tendenziell eher einer parteipolitischen als einer wissenschaftlichen Beeinflussung unterliegen. Des weiteren ist davon auszugehen, daß bei der Zusammenstellung von Inhalten einer von Parteistiftungen organisierten politischen Bildungsarbeit auch ganz pragmatische Gründe einen nicht zu unterschätzenden Einfluß auf die tatsächliche Inhaltsauswahl ausüben und somit in Konkurrenz treten zu spezifischen fachwissenschaftlichen Überlegungen. Erwähnt werden muß in dem Zusammenhang neben der "Werbungsfunktion", die nichts anderes meint, als daß das Interesse der Teilnehmer im außerschulischen Bereich im Gegensatz zur Schule durch die Inhalte und Themen ja erst geweckt werden muß, außerdem die "Subventionsstrategie des Veranstalters". Dieser letztgenannte Einflußfaktor will sagen, daß der auf Bezuschussung angewiesene Veranstalter außerschulischer politischer Bildungsmaßnahmen, seine Inhaltsauswahl - um mögliche Fördermittel zu bekommen - behördlichen Anforderungen entsprechend ausrichten muß. (vgl. Sussmann, 1985, S.32/33)

Die im Laufe dieses Abschnitts augenfällig gewordene, gegenwärtig dürftige Rolle der Fachdidaktik, sowohl bei der Lehrplanentwicklung als auch bei der Erstellung von Bildungsprogrammen, erweckt leicht den Anschein, eine spezielle fachdidaktische Legitimierung sei sinnlos und berge wenig Chancen, eine praxisbezogene Inhaltsauswahl unterstützend zu begleiten. Um dieser meiner Ansicht nach zumindest einseitigen Schlußfolgerung[114] entgegenzuwirken, soll nun ein Katalog spezifischer Chancen und Stärken fachdidaktischer Stellungnahmen vorgestellt werden, der zeigen soll, daß die Fachdidaktik trotz aller Beschränkung durch parteipolitische Einflußnahme durchaus in der Lage wäre, wichtige Aufgaben im Laufe einer praxisbezogenen Inhaltsauswahl zu erfüllen.

Dieser Katalog erhebt dabei weder den Anspruch auf Vollständigkeit noch soll - was schon mehrfach betont wurde - der Eindruck erwecken werden, als sei die Fachdidaktik die einzige rechtmäßige Instanz, wenn es darum geht, Inhalte für den politischen Unterricht zu begründen und auszuwählen. Schon allein die Tatsache, daß Lerngegenstände nicht objektivierbar sind, macht deutlich, daß es sich hier immer um ein "Norm-Entscheidungs-Problem" handelt, das durch wissenschaftliche Konzepte nicht abschließend beantwortet werden kann (vgl. Kuhn u.a., 1992, S.319). Die Inhaltsauswahl, die damit ohne Frage ein Politikum darstellt, rechtfertigt jedoch ebensowenig die heute übliche Praxis, diesbezüglich selbstherrliche und politisch einseitige Entscheidungen zu treffen.

Ganz allgemein ist deshalb im Rahmen der Inhaltsauswahl sowohl für den schulischen als auch für den außerschulischen Bereich eine breit angelegte, offene Diskussion, eine möglichst 'diskursive Darstellung' der jeweiligen Standpunkte (vgl. Rothe, 1981, S.50) und Kooperation aller Betroffenen zu fordern.[115] Ob dies heutzutage realisierbar ist, sei dahingestellt. Aber nur im Laufe einer solchen offenen Diskussion könnten auch fachdidaktische Überlegungen und Stellungnahmen, über die bereits angesprochene reine 'Orientierungsfunktion' hinaus, folgende, den jeweiligen Entscheidungsprozeß unterstützende Funktionen entfalten:
- *Angebotsfunktion*: Die Fachwissenschaft kann "das eigentlich politische Entscheidungsfeld erhellen" (Rothe, 1981, S.55), notwendiges Problembewßtsein schaffen und den an der Diskussion beteiligten Gruppen Argumentationsmaterial liefern. Letzteres kann sie gewährleisten, indem sie z.B. zweckmäßige, nachvollziehbare und begründete Auswahlkriterien für den Politikunterricht anbietet, wie beispielsweise die 'Schülerorientierung', 'Konfliktorientierung', 'Problemorientierung' usw.

- *Beratungs- und Kritikfunktion*: Gemeint ist ein kritisches Wechselverhältnis - eine Bandbreite der Kooperation - zwischen Politik, bzw. den Entscheidungsträgern in den

---

114) Eine solche Schlußfolgerung wäre schon allein deshalb kritisch zu beurteilen, weil sie einem 'naturalistischen Fehlschluß' gleichkommen würde. Dieser besagt nichts anderes als daß man *von dem, was ist* - in diesem Fall die ohne Zweifel geringe Rolle der Fachdidaktik bei der Auswahl von Inhalten -, *nicht auf das, was sein soll bzw. sein kann* - schließen darf.
115) Für die Schule würde dies bedeuten, neben den Lehrern, Eltern, eventuell Schülern und Bildungspolitikern auch Fachdidaktiker und das von ihnen entwickelte spezifische "Know-how" in den Entscheidungsprozeß miteinzubeziehen.

Parteistiftungen und der Wissenschaft. Diese 'Wechselseitigkeit' soll darin zum Ausdruck kommen, daß einerseits Fachdidaktiker die Politiker/Entscheidungsträger *beraten* und deren politisch-administrative Vorgaben gegebenenfalls auch *kritisieren* und andererseits Politiker/Entscheidungsträger die Wissenschaftler beauftragen, mittels fachdidaktischer Stellungnahmen die Inhaltsauswahl kritisch vorzubereiten und zu begleiten. (vgl. Gagel, 1983, S.196/197)

- *Aufklärungsfunktion*: Die Fachwissenschaft kann dazu beitragen, Entscheidungen vor einer immer kritischer werdenden Öffentlichkeit, die ein Recht darauf hat zu erfahren, welche 'vernünftigen Gründe' für einen Lerngegenstand oder ganz allgemein für die Inhaltsauswahl sprechen und welche dagegen, transparent und nachvollziehbar zu machen. Dadurch kann vermieden werden, daß der Anschein einer willkürlichen - parteipolitisch einseitigen - Selektion entsteht. (vgl. Grosser, 1977, S.10)

- *Hilfsfunktion*: Die Wissenschaft kann Lehrern in Schule und außerschulischem Bereich "praktikable Kriterien für die Auswahl geeigneter Unterrichtsinhalte" (Richter, 1993, S.164) an die Hand geben und damit Möglichkeiten bereitstellen, politisch-administrativ gewollte Freiräume in der Inhaltsauswahl wohl begründet auszufüllen.

Zusammenfassend kann damit festgehalten werden, daß fachwissenschaftlich begründete Stellungnahmen - wie die hier vorgestellte Legitimierung des Lerngegenstandes *Innere Einheit Deutschlands* - zwar die politische Entscheidung im Rahmen kontrovers geführter Debatten um letztlich nicht objektivierbare Inhalte des Politikunterrichts nicht ersetzten kann, daß sie aber durchaus in der Lage wäre, eine vielseitige Rolle bei derartigen Entscheidungsprozessen zu spielen. So scheint es allein aufgrund der eben herausgearbeiteten spezifischen Möglichkeiten und Stärken, die in den genannten fünf Funktionen zum Ausdruck kommen, mehr als angemessen, fachdidaktischen Begründungen nicht nur mehr Gehör zu schenken, sondern ganz allgemein die Fachwissenschaft als unabhängigen Partner stärker in den laufenden Prozeß der Inhaltsauswahl mit einzubeziehen, als dies gegenwärtig der Fall ist.

3. Politische Bildung im vereinten Deutschland - eine Standortbestimmung

3.1 Zur Lage der politischen Bildung vor und nach der Wiedervereinigung

Bevor in Gliederungspunkt 3.2 die aktuelle Debatte über Aufgabe und Inhalt politischer Bildung im vereinten Deutschland aufgegriffen und ein vom Verfasser selbst entwickelter offener Katalog fundamentaler Schlüsselprobleme, über den Themenkomplex *Innere Einheit Deutschlands* hinaus, zur Diskussion gestellt wird, soll zunächst in Anlehnung an Kurt Gerhard Fischer die Frage "Wie ist es um die Politische Bildung bestellt?"[116] (Fischer, 1981, S.25) in den Mittelpunkt der folgenden Betrachtung gerückt werden. Diese Frage neu aufzuwerfen, scheint dabei in Anbetracht der gesellschaftlichen und politischen Wandlungen seit Oktober 1989[117], dem "Zusammenbruch des 'real existierenden Sozialismus'" (Hoffmann, 1991a, S.192) und "der Dynamik [...], wie sich die deutsche Vereinigung vollzogen hat und noch vollzieht" (Dümcke, 1993, S.36), sinnvoll und, im Rahmen einer möglichst detaillierten Standortbestimmung, unverzichtbar.

Die beabsichtigte Konfrontation der Zustände *vor* und *nach* der formal vollzogenen Einheit am 3. Oktober 1990 und die Unterteilung in West- und Ostdeutschland[118] soll dabei gegenwärtige Befunde und Geschichte gewordene Fakten verbinden. Damit soll zum einen ein bereichsspezifisches Problembewußtsein geschaffen und zum anderen geklärt werden, ob und gegebenenfalls wie sich die von Wernstedt schon 1990 für unvermeidlich erklärte "Neukonstituierung" der politischen Bildung angesichts der Wiedervereinigung (vgl. Wernstedt, 1990, S.451) in den "alten" und den "neuen" Bundesländern im schulischen und im außerschulischen Bereich bemerkbar macht.

Ehe die Lage in Ostdeutschland vor der Wiedervereinigung charakterisiert werden kann, muß noch darauf hingewiesen werden, daß der Terminus "politische Bildung" in der ehemaligen DDR nicht existierte und nur der Sache nach - zumindest bei formaler Betrachtung - Parallelen zu den hierzulande betriebenen, politisch bildenden Maßnahmen festzustellen sind (vgl. Reuter, 1988, S.84). Vielmehr muß von einer "ideologisierten Staatserziehung der DDR" (Schepp, 1991, S.149) gesprochen werden, die nicht nur im

---

116) Im Gegensatz zu Fischer, der sich nur mit der "Realität", d.h. der Realsituation des Unterrichtsfachs der politischen Bildung in der Schule beschäftigt (vgl. Fischer, 1981, S.25-30), wird hier dieser Ansatz um die außerschulische Komponente der politischen Bildungsarbeit erweitert.

117) Diese Ereignisse im Spätherbst 1989 leiten u.a. eine radikale "Wende" in der DDR-Bildungspolitik ein, die bis zu diesem Zeitpunkt auf alten Positionen beharrt und keine Umorientierung zuläßt (vgl. Anweiler u.a., 1992, S.440).

118) Eine solche Unterteilung - in West und Ost - scheint schon allein deshalb sinnvoll, weil sich die Ausgangslage vor der Vereinigung höchst unterschiedlich darstellt, und das betrifft nicht nur die politische Bildung.

schulischen, sondern auch im außerschulischen Bereich "die Entfaltung pluralistischer politischer Bildungsarbeit" (Kessler u.a., 1991, S.200) verhinderte.[119] Der politische Willensbildungsprozeß vollzog sich "in der DDR, legt man das Politikverständnis der SED zugrunde, in einem störungsfreien und zentral gelenkten Prozeß" (Grammes u.a., 1993, S.166).

Bis zum Herbst 1989 gilt das eigenständige Unterrichtsfach 'Staatsbürgerkunde', dessen Ursprünge bis in die Kaiserzeit (1871-1918) zurückverfolgt werden können (vgl. Sander, 1989, S.38-54), "als das wichtigste Instrument politischer Erziehung im einheitlichen sozialistischen Bildungssystem" (Kuhn u.a., 1993, S.351).[120] Dieser staatsbürgerliche Unterricht war dabei nicht nur einseitig in der inhaltlich ideologischen Anlage, d.h. in der sich ständig wiederholenden Vermittlung der marxistisch-leninistischen Weltanschauung, sondern auch in methodischer Hinsicht, was in einem fast ausschließlich vom Lehrer dominierten und als Frontalunterricht konzipierten Unterricht zum Ausdruck kam (vgl. ebd., S.352).
Franke nennt in einer Analyse des letzten vor der Wende am 2.9.1988 in Kraft getretenen Lehrplans für Staatsbürgerkunde (Klasse 7-10) u.a. folgende Ziele und Inhalte eines so verstandenen, ideologisch-politisch ausgerichteten Unterrichts: Wissensaneignung über die Werte und Ziele des Sozialismus, Erziehung zum sozialistischen Patriotismus und zum proletarischen Internationalismus usw. (vgl. Franke, 1994, S.186/187)
Um den herausragenden Stellenwert dieses Fachs als "Garant für die Erziehung von SchülerInnen im Sinne der Ideale des Sozialismus" (Dümcke, 1991, S.7) zu belegen, können zudem u.a. die Vorbereitungen für das Schuljahr 1989/90 genannt werden. Denn diese waren gekennzeichnet vom Bemühen das Fach zu einem "Bollwerk auszubauen", um die Schüler gegenüber Prozessen zu immunisieren, die für die Stabilität der DDR begannen, bedrohliche Ausmaße anzunehmen (vgl. ebd., S.7/8).

Die im Laufe der bisherigen Ausführungen damit ganz offensichtlich zutage getretene "totale Indienststellung des [...] Staatsbürgerkundeunterrichts in die Politik der Partei" (Kuhn u.a., 1990, S.39) und der bis zuletzt gültige unauflösbare "Zusammenhang von Ideologie und Pädagogik" (Kessler u.a., 1991, S.204) im Bereich der schulischen politischen Bildung, gilt in der DDR - was im folgenden noch zu zeigen sein wird - bis zur Wende im Herbst 1989 auch für alle Organisationen, die in der außerschulischen politischen Bildung tätig waren.

---

119) Wird im folgenden - um die Einheit der Darstellung zu gewährleisten - trotzdem von 'politischer Bildung' in der ehemaligen DDR gesprochen, so meint dieser Begriff nichts anderes als eben diese "ideologisierte Staatserziehung".
120) An dieser Stelle muß darauf hingewiesen werden, daß sich die schulische politische Bildung in der DDR nicht im Fach "Staatsbürgerkunde" erschöpfte. Vielmehr kamen andere Fächer hinzu, wie z.B. Geschichte und Geographie, die ebenfalls politisch-ideologischen Zielorientierungen unterworfen waren. (vgl. Kessler u.a., 1991, S.206/207)

Kapitel 3: Politische Bildung im vereinten Deutschland - eine Standortbestimmung

Reuter nennt in dem Zusammenhang folgende gesellschaftliche Organisationen, die in der "politischen Massenarbeit" in den verschiedensten Formen - von Schulungssystemen, Akademien, über Versammlungen, die Herausgabe eigener Presseorgane und das Betreiben von Klub- und Kulturhäusern - "politisch-ideologisch"[121] tätig wurden: die FDJ (Freie Deutsche Jugend), der DFD (Demokratische Frauenbund Deutschlands), die FDGB (Freier Deutscher Gewerkschaftsbund), die DSF (Gesellschaft für Deutsch-Sowjetische Freundschaft) und die URANIA[122] (Gesellschaft zur Verbreitung wissenschaftlicher Kenntnis). (vgl. Reuter, 1988, S.84/85)

Abschließend bleibt anzumerken, daß diese Träger außerschulischer politischer Bildungsarbeit, die neben ihrer ideologisch-politischen Tätigkeit keine andere Aufgabe zu erfüllen hatten, als ein staatlich kontrolliertes Freizeitangebot bereitzustellen, mit einer enormen materiellen Unterstützung bedacht wurden. Allein die noch 1989 von der FDJ unterhaltenen außerschulischen Einrichtungen belegen dies aufs deutlichste. So gab es "zwei Pionierpaläste (in Berlin und Dresden), 165 Pionierhäuser, 192 Stationen Junger Techniker und Naturforscher, 100 Stationen Junger Touristen, 57 Zentrale Pionierlager, eine Pionierrepublik" (Kessler u.a., 1991, S.210).

Der politischen Bildung in der DDR, die, wie gezeigt, bis zuletzt im schulischen und außerschulischen Bereich einen hohen Stellenwert besitzt und gerade wegen der einseitigen und indoktrinierenden Ausrichtung von den politischen Repräsentanten niemals ernsthaft in Frage gestellt wurde, steht im Gegensatz dazu im Westen eine in den achtziger Jahren von Krisen geschüttelte und in einem "Konjunkturtief" (Gagel, 1994a, S.282) steckende politische Bildungsarbeit gegenüber.

Bestandsaufnahmen und Situationsbeschreibungen jener Zeit attestieren der politischen Bildung, insbesondere dem Politikunterricht, der sich in seinem Selbstverständnis ganz erheblich von der politisch-ideologischen Bildung in der DDR[123] unterschied, einen sehr niedrigen Stellenwert im Fächerkanon der Schule. Sander spricht gar von einer zunehmenden "Randstellung" des Fachs und einer "Tendenz zur Resignation" bei vielen engagierten Lehrern (vgl. Sander, 1982, S.378). Dieser "katastrophale Mißstand" (Fischer, 1981, S.27) äußerte sich zunächst darin, daß der Politikunterricht - in Form

---

121) "Politisch-ideologisch" wirksam werden bedeutet in unserem Verständnis nichts anderes als "politisch bildend" tätig sein (vgl. Anm. 119).
122) Die URANIA verstand sich als Nachfolgeeinrichtung der schon 1888 in Berlin gegründeten URANIA als "Gesellschaft zur Verbreitung wissenschaftlicher Erkenntnis" und übernahm in mancher Hinsicht die Funktion westdeutscher Volkshochschulen. (vgl. Hanusch, 1992, S 46)
123) Ohne den Einfluß der Politik auf die inhaltliche und organisatorische Ausgestaltung des Politikunterrichts in der BRD zu leugnen - siehe dazu ausführlich Punkt 2.3 der vorliegenden Arbeit - lag der Hauptunterschied zur DDR vor allem darin, daß sich die Bundesländer schon 1950 "auf »Grundsätze zur politischen Bildung an den Schulen« [einigten], die - im Gegensatz zu Dokumenten der DDR - keine ideologische Vereinnahmung der Schule bezweckten, sondern den Erwerb von Kenntnissen über den Staat und die Befähigung zur Mitwirkung des Bürgers in den Mittelpunkt rückten" (Anweiler u.a., 1992, S.380).

der Sozialkunde, Gemeinschaftskunde usw. - im Gegensatz zu allen anderen Fächern als unterrepräsentiert galt, des weiteren, daß "in einem erheblichen Maße Sozialkunde (Politik) fachfremd unterrichtet" (Rothe, 1989a, S.14) wurde[124], drittens in einer rückläufigen Lehrereinstellung, ferner in einer sehr restriktiv gehandhabten Schulbuchzulassung (vgl. Gagel, 1994a, S.283) und nicht zuletzt in fehlenden Finanzmitteln für die Anschaffung vernünftiger Unterrichtsmaterialien (vgl. Sander, 1982, S.378).

Verstärkt wurde diese 'organisatorische Krise' noch durch eine im argen liegende innerfachliche Diskussion und die Tatsache, daß sich fachdidaktische Theorie und Unterrichtspraxis auseinander entwickelt hatten. (vgl. Harms u.a., 1992, S.53)

Die Hauptursache einer derart schlechten Lage der schulischen politischen Bildung in jener Zeit sieht Ellwein aber vor allem in einer besonderen "Schwäche deutscher Politik [...], welche auch die politische Bildungsarbeit schwächt" (Ellwein, 1985, S.401). Denn die Nähe der Politik zur schulischen politischen Bildung - der immer mehr politisches Interesse gilt als anderen Schulfächern - und die vorhandene Unsicherheit deutscher Politiker führt häufig dazu, "daß aus Meinungs- schnell Macht- und Machtsicherungsfragen werden" (ebd.). Ein Umstand, der in den letzten Jahrzehnten auch die Arbeitssituation in der Schule erheblich beeinflußt.

Auch außerhalb der Schule genoß die politische Bildung in den 80er Jahren nur geringes Ansehen und hatte ähnlich wie die schulische Seite mit etlichen Problemen und Schwierigkeiten zu kämpfen.

So bescheinigt Hufer der außerschulischen politischen Bildung[125] - noch vor der Wende - einen unübersehbaren Attraktivitäts- und Teilnehmerschwund und glaubt diesen durch die ständige Konkurrenz mit den aktuelleren und perfekteren Massenmedien einerseits und den handlungsorientierten Initiativen andererseits erklären zu können (vgl. Hufer, 1993, S.197). Die Arbeit dieser auf Handlung gerichteten sozialen Bewegungen unterscheidet sich dabei nicht nur im unmittelbaren Aktionsbezug deutlich von der gängigen Politikvermittlung, sondern "auch in der Tatsache, daß Subjektivität, Emotionalität, Betroffenheit und Ganzheitlichkeit Mittel der Erkenntnisgewinnung und -verarbeitung waren" (Hufer, 1989, S.222). Um die Abwanderung der Teilnehmer in solche Initiativen zu stoppen, veränderte sich die politische Bildung dahingehend, daß die "drei elementaren P" der politischen Bildung - Politisierung, Parteilichkeit, Partizipation - immer mehr verdrängt wurden und dafür die "drei K" - Kommunikation, Kreativität, Kennenlernen -, der Zeit gemäß, in den Mittelpunkt ihrer Arbeit rückten (vgl. ebd., S.225). Eine Entwicklung, die beileibe nicht nur Zustimmung fand.

---

124) Dies mag auch ein Grund für die von Geiger erwähnten, nicht zu unterschätzenden Defizite sein, "die in dem tatsächlich stattfindenden politisch-gesellschaftskundlichen Unterricht [...] zu suchen sind" (Geiger, 1985, S.277).
125) Außerschulische politische Bildungsarbeit wird dabei z.B. von den Volkshochschulen, den parteinahen Stiftungen, kirchlichen und gewerkschaftlichen Trägern usw. angeboten.

Kapitel 3: Politische Bildung im vereinten Deutschland - eine Standortbestimmung 73

Über diese Problemlage hinaus werden nach vierzig Jahren politischer Bildungsarbeit weitere Defizite angemahnt, die laut George - und damit im Sinne der Deutschen Vereinigung für politische Bildung[126] - u.a. in folgenden spezifischen Problemen zum Ausdruck kommen:
Zunächst nennt er ein "Kooperationsdefizit", das sich nicht nur in einem mangelnden Erfahrungsaustausch zwischen politischen Bildnern in Schule und außerschulischen Bildungseinrichtungen niederschlug, sondern auch in einer nicht vorhandenen Verbindung der Ausbildung der Politiklehrer und der Ausbildung der politischen Erwachsenenbildner. Des weiteren wurden finanzielle Mittel für die außerschulische politische Bildung nur unzureichend bereitgestellt, was sich z.B. bei den Volkshochschulen sehr negativ auswirkte[127]. Zu guter Letzt wurde beklagt, daß die Arbeitgeberseite häufig die Teilnahme an politischen Bildungsveranstaltungen behinderte und daß die Anerkennung politischer Bildungsveranstaltungen als Bildungsurlaub von der Bundeszentrale für politische Bildung so streng gehandhabt wurde. (vgl. George, 1990, S.462-465)
Diese angeführten Probleme, Schwierigkeiten und Unzulänglichkeiten, mit denen die außerschulische politische Bildung in den zu Ende gehenden achtziger Jahren zu kämpfen hatte, sollen hier genügen, um deutlich hervorzuheben, daß sich neben dem schulischen auch dieser Bereich politischer Bildungsarbeit in einer schwierigen Situation befand.

Die unbefriedigende Lage der politischen Bildung im Westen vor Augen, muß an dieser Stelle neben den bisher genannten bereichsspezifischen Gründen jedoch meiner Ansicht nach noch ein für die schulische und außerschulische Seite gleichermaßen wichtiger Aspekt, der zu diesem 'Konjunkturtief' entscheidend beitrug, nachgetragen werden: Die von Gorbatschow 1985 eingeleitete Politik der 'Perestrojka' führte u.a. dazu, daß der Antikommunismus in Westdeutschland schwand und mit ihm der politischen Bildung nach und nach eine bisher tragfähige Legitimationsgrundlage entzogen wurde (vgl. Gagel, 1994a, S.285).

Faßt man diesen kurzen, die wichtigsten Linien nachzeichnenden geschichtlichen Rückblick auf die politische Bildungsarbeit in beiden Teilen Deutschlands zusammen, was den Zustand kurz vor der Wiedervereinigung betrifft, so entsteht ein sehr unterschiedliches Bild.
Auf der östlichen Seite herrschte eine institutionalisierte politische Bildungsarbeit, die einerseits einen hohen Stellenwert im sozialistischen Staate besaß - was u.a. an ihrer umfassenden materiellen und immateriellen Ausstattung abzulesen ist -, die aber ande-

---

126) Vergleiche hierzu Anm. 15 der vorliegenden Arbeit.
127) So waren 1990 im gesamten Spektrum der Weiterbildungsangebote der Volkshochschulen nur 1,4% aller Unterrichtsstunden der politischen Bildung gewidmet (vgl. Statistische Mitteilung des Deutschen Volkshochschulverbandes, zitiert bei Hufer, 1993, S.197).

rerseits "ihrer genuinen Qualität beraubt und auf das Niveau staats- und parteifixierter politischer Indoktrination amputiert" (Claußen, 1991c, S.48) wurde. Mit dieser Entwicklung hat sich die politische Bildung in der DDR, haben sich "die Formen, in denen sie als Institutionen des Staates verwirklicht wurden, [...] diskreditiert [und] als politische Bildung entlarvt, die eigentlich gar keine war" (Dümcke, 1991, S.23). Dem steht im Westen eine "nach wie vor umstrittene" (Giesecke, 1985, S.465) schulisch und außerschulisch verankerte, weder zentral gelenkte noch ideologisch einseitig ausgerichtete politische Bildungsarbeit gegenüber, die sich allerdings in den späten 80er Jahren nicht zuletzt wegen des schwindenden Antikommunismus', der nach wie vor vorhandenen Unsicherheit deutscher Politiker, der wachsenden Konkurrenz mit sozialen Bewegungen und der Massenmedien in einer Konjunkturkrise befand, die sich wie gezeigt in vielen Problemen und Unzulänglichkeiten manifestiert.

Angesichts dieser sich völlig unterschiedlich darstellenden Lage der politischen Bildung in Ost und West, die gleichsam den Ausgangspunkt vor der epochalen Wende im Herbst 1989 markiert, stellt sich im Anschluß die Frage nach der gegenwärtigen Situation schulischer und außerschulischer politischer Bildungsarbeit, fünf Jahre nach der gesetzlich vollzogenen Vereinigung am 3. Oktober 1990[128]. Dabei soll nicht nur nach einer möglichen 'Neukonstituierung' der politischen Bildung in den "neuen" Bundesländern gefragt, sondern auch die Lage in den "alten" Ländern diesbezüglich erörtert werden, um im Anschluß daran einen gesamtdeutschen Ausblick vornehmen zu können.

Ohne auf alle Einzelheiten der Entwicklung schulischer und außerschulischer politischer Bildung in den "neuen" Bundesländern einzugehen[129], kann rückblickend ohne Zweifel festgehalten werden, daß sich die von der Schauspielerin Steffi Spira am 4. November 1989 auf der Sonnabenddemonstration in Ost-Berlin, dem offensichtlichen Höhepunkt des revolutionären Umbruchs der 'noch' souveränen DDR, aufgestellte Forderung nach einer Zukunft ohne Fahnenappelle und Staatsbürgerkunde (vgl. Dümcke, 1991, S.7) schneller als damals erwartet werden konnte, erfüllt hat. Somit besitzt die Aussage, "Reformen des Bildungswesens sind eine unausweichliche Konsequenz gesellschaftli-

---

128) Es soll hier nicht der Eindruck erweckt werden, als sei erst der 3. Oktober 1990 Ausgangspunkt grundlegender Veränderungen politischer Bildungsarbeit im Osten. Vielmehr stellt bereits der Spätherbst 1989 den Beginn dieser bildungspolitischen Entwicklung dar, die anfangs eine Reform des DDR-eigenen Bildungssystems anstrebt und sich erst dann zu einer Diskussion um die künftig gesamtdeutschen Bildungseinheit auf föderalistischer Grundlage entwickelt. (vgl. Anweiler u.a., 1992, S.440)

129) Einen ausführlichen Rückblick - mit chronologischer Reihenfolge der entscheidenden Ereignisse und wichtigen Quellen - speziell für den Bereich 'Politische Bildung' bietet neben Kuhn u.a., 1993, S.351-405: "Zwischen Staatsbürgerkunde und demokratischer politischer Bildung" auch Anweiler u.a., 1992, S.440-523: "Die »Wende« in der DDR und die bildungspolitische Entwicklung bis zur Einheit Deutschlands 1989-1990".

chen Wandels" (Claußen, 1992, S.9), auf dem Territorium der ehemaligen DDR absolute Gültigkeit.

Dieser These entsprechend wurde im Bereich der schulischen politischen Bildung mit den politischen Umbrüchen und revolutionären Ereignissen eine Entwicklung angestoßen, die die politisch-ideologische, "eindimensionale und verfehlte Politische Bildung [...] in der ehemaligen DDR" (Ditz, 1991, S.67) im Fach Staatsbürgerkunde beendet und zu einer föderalistischen und mehrdimensionalen 'Neukonstituierung' dieses Fachs führt. Dieser Umbau findet dabei seinen vorläufigen Höhepunkt zu Beginn des Schuljahres 1991/92, da nun Rahmenrichtlinien - die zum Teil heute noch gelten - für das Fach Sozialkunde/Politische Bildung[130] in Kraft treten, die Pflichtthemen, Pflichtstunden und Freiräume regeln und auf diese Weise eine beginnende Konsolidierung der schulischen politischen Bildung in einer neuen, veränderten Form ermöglichen (vgl. George u.a., 1992, S.527).

Weitere Merkmale dieser totalen 'Neukonstituierung', die bis heute noch nicht vollständig abgeschlossen ist, sind u.a. die Überprüfung bzw. Kündigung politisch belasteter Lehrer, damit verbunden die Ersetzung ehemaliger Staatsbürgerkundelehrer durch sogenannte »unbelastete« Kollegen (vgl. Cremer u.a., 1992a, S.47), des weiteren eine viersemestrige Weiterbildung - neben der normalen Tätigkeit als Lehrer - mit qualifizierendem Abschluß (vgl. George u.a., 1992, S.523) und nicht zuletzt die inhaltliche und organisatorische Umgestaltung der pädagogischen Hochschulausbildung.

Auch im Bereich der außerschulischen politischen Bildung zeichnete sich ein gravierender Neuanfang bereits im Herbst 1989 ab. So stellen die alten, oben genannten Organisationen sehr bald ihre politisch einseitige Bildungsarbeit schon wegen der immer weiter schwinden Nachfrage ein oder versuchen zumindest, den neuen Verhältnissen gerecht zu werden. Zudem tritt im Herbst 1989 eine neue 'selbstbestimmte politische Bildung' in Erscheinung, die vor allem von den Kirchen und den aufblühenden Bürgerinitiativen getragen wird, die Gesprächsabende, offene Diskussionsrunden und Informationsveranstaltungen organisiert (vgl. Hanusch, 1992, S.55) und somit - unter völlig neuen Vorzeichen - politisch bildend tätig wird.

Diese ersten eigenständigen Versuche, eine pluralistisch und demokratisch organisierte politische Bildungsarbeit in der noch bestehenden DDR aufzubauen, wurden sehr bald, etwa ab dem Frühjahr 1990, von westlichen Bildungsträgern unterstützt. Auf diese Weise wurde das politische Bildungsangebot enorm erweitert. Beispielhaft sei an dieser

---

130) Folgende Fächerbezeichnungen haben sich in den fünf "neuen" Ländern durchgesetzt:
    "Brandenburg: Lernbereich »Gesellschaftslehre«/Politische Bildung
    Mecklenburg-Vorpommern: Sozialkunde
    Sachsen: Gesellschaftskunde/Philosophie
    Sachsen-Anhalt: Sozialkunde
    Thüringen: Sozialkunde" (Cremer, 1992, S.545).

Stelle nur die Hanns-Seidel-Stiftung erwähnt, die 1990 nicht nur ihre Veranstaltungen in Bayern für interessierte Bürgern aus der ehemaligen DDR bzw. den "neuen" Bundesländern öffnet, sondern auch die Arbeit in ihrem Berliner Büro und der neu gegründeten Nebenstelle in Leipzig erheblich ausweitet, um so der ständig steigenden Nachfrage besser gerecht werden zu können (vgl. Sussmann, 1992, S.192/193).[131]

Ein weiterer wichtiger Punkt im Laufe dieser 'Neukonstituierung' stellt die Einrichtung eigener Landeszentralen für politische Bildung in den fünf "neuen" Ländern dar, so zum Beispiel am 15.4.1991 in Thüringen und am 1.7.1991 in Sachsen-Anhalt. Diese landesspezifische Ergänzung der bereits schon vorher in den "neuen" Ländern aktiven überregionalen Bundeszentrale für politische Bildung, die auf Landesebene versucht, durch eigene Maßnahmen und durch Kooperation mit anderen freien Bildungsträgern die politische Bildung der Bürger zu fördern, ist vor allem deshalb hervorzuheben, weil sie trotz unübersehbarer finanzieller Nöte der "neuen" Länder bewerkstelligt werden konnte. (vgl. Lüdkemeier u.a., 1992, S.32)

Diese Aufzählung von Veränderungen im Bereich der außerschulischen politischen Bildung - die keinen Anspruch auf Vollständigkeit erhebt - soll an dieser Stelle genügen, um neben der 'Neukonstituierung' der schulischen auch die der außerschulischen politischen Bildungsarbeit auf dem Gebiet der ehemaligen DDR anschaulich und greifbar zu machen.

Bevor die Frage nach einer möglichen 'Neukonstituierung' der politischen Bildung auch für die "alten" Länder aufgeworfen wird, werden noch einige spezifische Probleme und Schwierigkeiten der eindeutig an westlichen Erfahrungen orientierten Umgestaltung im Osten - die keineswegs unumstritten ist[132] - stichpunktartig angesprochen:

- "Die massiv erfahrene, abstrakte Politisierung von der Kinderkrippe bis zum Altersheim macht es heute auch für die Entwicklung einer neuen Form politischer Bildung" (Dümcke, 1993, S.49) nicht gerade leicht, Akzeptanz zu gewinnen und Vorurteile abzubauen.

- Sieht man die schwierige wirtschaftliche Lage im Osten, so kann die häufig gestellte Frage des Bürgers, was ihm die politische Bildung in der gegenwärtigen Situation "nutzt" und somit die Tatsache, daß in den meisten Fällen all das Vorrang hat, was der beruflichen Weiterbildung dient, nicht verwundern. (vgl. Lüdkemeier u.a., 1992, S.33)

---

131) Ähnlich aktiv zeigen sich neben der Hanns-Seidel-Stiftung auch die Konrad-Adenauer-Stiftung, die Friedrich-Ebert-Stiftung und die Friedrich-Naumann-Stiftung - was in Kap. 5 noch detaillierter aufgezeigt werden wird. Daneben soll jedoch auch die Arbeit des DGB, der verschiedenen kirchlichen und freien Träger einer außerschulischen politischen Bildungsarbeit, der Volkshochschulen usw. nicht unerwähnt bleiben.

132) Nicht nur Wissenschaftler im Osten, sondern auch deren Kollegen im Westen warnten bereits sehr früh vor einer bloßen Übernahme der westlichen Konzepte. So schreibt Birgit Wellie schon 1991, die Reformen liefen "Gefahr, zu einem Trojanischen Pferd für die Agitation der freiwilligen Schergen eines neuen westdeutschen Imperialismus im alten Gewande zu werden" (Wellie, 1991a, S.10).

- Die Erarbeitung der zum Teil noch heute gültigen Rahmenlehrpläne, die sich vor allem an den Lehrplänen westlicher Länder orientiert, war nicht eingebettet in eine breite öffentliche Diskussion. So kommt diesen - was ein weiteres Akzeptanzproblem abgibt - derzeit auch keine umfassendere demokratische Legitimität zu als die "eines Ministeriums". (vgl. Kuhn u.a., 1993, S.357)
- Der Anschein, "Politische Bildung in den Ländern der ehemaligen DDR reduziere sich auf Nachholen, auf Begleiten eines Prozesses, dessen Maßstäbe allein durch die politische Kultur der bisherigen Bundesrepublik gesetzt werden" (Dümcke, 1991, S.11), fördert nicht gerade deren Akzeptanz. Zumal dann nicht, wenn man bedenkt, wie viele Hoffnungen der Bürger im Osten durch die bloße Übernahme westlicher Gepflogenheiten schon enttäuscht worden sind. Eine so geartete politische Bildungsanstrengung - auf der Basis fremdbestimmter politischer Kultur - läuft vielmehr Gefahr, die Selbstentfaltung der Menschen in den "neuen" Ländern zu verhindern und "*bedeutet in letzter Konsequenz Kolonisierung politischer Kultur und die Preisgabe der eigenen Identität*" (Hamann, 1995, S.993, Hervorhebung von Hamann).

Der im Westen zu Beginn der 90er Jahre - in Anbetracht vielfältiger gesellschaftlicher Herausforderungen[133] - immer lauter vorgetragene Appell, die politische Bildung in Schule und außerschulischem Bereich zu stärken bzw. neu auszurichten, ist zwar bis heute nicht verstummt, von einer ihm folgenden tatsächlichen 'Neukonstituierung' oder zumindest einer Verbesserung der allgemeinen Lage - im Vergleich zu den 80er Jahren - kann jedoch keineswegs gesprochen werden. Waldmann bemerkt dazu: Obwohl in verbalen Bekundungen gegenwärtig hervorgehoben werde, daß aus den verschärften Problemlagen ein Bedeutungsgewinn für die politische Bildung - insbesondere der politischen Jugendbildung - resultiere, hätten sich deren förderrechtliche und finanzielle Rahmenbedingungen eher noch verschlechtert (vgl. Waldmann, 1994, S.72).
So schreibt die Bundesregierung im Dezember 1991 - um nur ein markantes Beispiel zu nennen - in ihrem nach 1968 erstmals wieder veröffentlichten Bericht "zu Stand und Perspektiven der politischen Bildung in der Bundesrepublik Deutschland"[134] zwar davon, daß sich die politische Bildung in den 90er Jahren - im Unterschied zur Vergangenheit - stärker mit aktuellen politischen Problemen und mit Zukunftsfragen zu beschäftigen habe (vgl. Kuhn u.a., 1993, S.399), leitet an dieser Feststellung jedoch kein verstärktes Engagement ab. Es werden vielmehr im Rahmen allgemeiner Sparmaßnah-

---

133) Neben den bereits mehrmals angesprochenen vereinigungsbedingten Problemen können z.B. die zunehmende xenophobe und rechtsextremistische Gewalt, die vorhandene Politik- und Parteiverdrossenheit, die auch nach dem Zusammenbruch des "Ost-Blocks" keineswegs gelöste Friedensfrage, die in Deutschland immer deutlicher zutage tretende gesellschaftliche Ungleichheit, der anschwellende religiöse Fundamentalismus, zumal der islamische, der von vielen als Bedrohung der gesamten westlichen Kultur wahrgenommen wird, usw., genannt werden.
134) Dieser Bericht, erschienen am 10.12.1991, Deutscher Bundestag, 12. Wahlperiode, Drucksache 12/1773, ist bei Kuhn u.a., 1993, S.398-404 abgedruckt und wird nach dieser Vorlage zitiert.

men noch erhebliche Kürzungen der finanziellen Zuschüsse für die außerschulische politische Bildungsarbeit vorgenommen (vgl. Waldmann, 1994, S.72) und zumal in den allgemeinbildenden Schulen setzt sich die Tendenz der "Zurückdrängung des Faches" (Weidinger, 1995, S.329), d.h. des Politikunterrichts, fort.
Überspitzt formuliert stellt sich damit heute die Situation im Westen ähnlich dar, wie dies von Fischer bereits 1981 beschrieben wurde: "Verfolgt man gerade in den letzten Jahren das publizistische Geschehen um die politische Bildung in der Bundesrepublik Deutschland, so gewinnt man den Eindruck von hohen Ansprüchen, Bedeutung, [Wandlungsbereitschaft], von schulpolitisch und schulpraktisch Gewichtigem" (Fischer, 1981, S.25). Betrachtet man demgegenüber die Realität - die schulische und außerschulische Praxis - so muß in beiden Fällen von einer im Vergleich zu den achtziger Jahren nicht wesentlich veränderten, weiterhin unbefriedigenden Lage der politischen Bildungsarbeit gesprochen werden.

Zusammenfassend kann damit festgehalten werden, daß in den "neuen" Ländern ohne Zweifel ab dem Spätherbst 1989 ein vielversprechender Neuanfang - im Gegensatz zur ideologisch-politisch einseitigen Bildungsarbeit in der DDR - im schulischen und außerschulischen Bereich gestartet wurde, der den Titel 'Neukonstituierung' eindeutig verdient hat. Darüber hinaus darf aber nicht vergessen werden, daß dieser noch nicht vollständig abgeschlossene Prozeß von vielen Problemen und Schwierigkeiten begleitet wird.
Dem steht in den "alten" Bundesländern Mitte der 90er Jahre eine von vielen Seiten zwar mit hohen Erwartungen und Ansprüchen versehene, aber ähnlich wie vor der Vereinigung im großen und ganzen vernachlässigte, keineswegs neukonstituierte und in ihren Problemen häufig alleingelassene "minimalistische Politische Bildung" (Fischer, 1981, S.30) gegenüber.

Die größte Gefahr für die zukünftige Entwicklung der sich ohne Zweifel immer mehr angleichenden 'Realsituation' der schulischen und außerschulischen politischen Bildung im Osten und im Westen der Republik besteht meiner Ansicht nach gegenwärtig darin, daß die zu Beginn der 'Neukonstituierung' in Ostdeutschland ohne Zweifel unerläßliche Unterstützung aus dem Westen, die zunehmend als Bevormundung angesehen wird, auf gesamtstaatlicher Ebene die gleichen Mißstände produziert, wie sie für die alte Bundesrepublik typisch waren und auch heute noch typisch sind. Damit wäre aber zweifellos auf absehbare Zeit die Chance für eine wirkliche Neuausrichtung der politischen Bildung in ganz Deutschland - im Zusammenhang mit den epochalen Veränderungen seit 1989 - verspielt bzw. die Möglichkeit verschenkt, auf dem Gebiet der politischen Bildung "*den Prozeß der deutschen Vereinigung als einen wirklichen Prozeß der Veränderung [...] zu gestalten*" (Zschieschang, 1995, S.243, Hervorhebung von Zschieschang).

Wie die politische Bildung angesichts dieser 'Realsituation' die hohen Erwartungen und zugewiesenen Aufgaben, "die in einer demokratischen Gesellschaft gestellt werden müssen und auch gestellt werden" (Sander, 1982, S.382), zukünftig erfüllen soll, bleibt bis heute offen. Eins ist jedoch unumstritten: Nur eine ernstgemeinte politische Initiative auf Bundes- und Landesebene, die der politischen Bildungsarbeit nicht nur verbal, sondern auch tatsächlich eine stärkere Bedeutung einräumen würde, könnte dazu beitragen, die Lage der politischen Bildung im schulischen und außerschulischen Bereich nachhaltig zu verbessern. Denn es ist nicht einzusehen, daß beispielsweise die Stundendeputate für eine Fremdsprache zwei bis dreimal höher sind als für das Fach Politik und Vokabeln und Grammatik wichtiger sein sollen als die globale Überlebenskrise Krieg und Hochrüstung, die Problematik der öffentlicher Verschuldung, die Umweltzerstörung, die Vollendung der inneren Einheit usw. (vgl. Weiler, 1995, S.550)

3.2 Die Aufgaben der politischen Bildung im vereinten Deutschland - eine Auseinandersetzung mit den Schlüsselproblemen der Gegenwart

Die eher prekäre und unbefriedigende Lage der politischen Bildung im schulischen und außerschulischen Bereich vor Augen, sollen nun ausgewählte Schlüsselprobleme[135] *der Gegenwart* und *der überschaubaren Zukunft* vorgestellt werden, die ebenfalls wichtige Lerngegenstände für die politische Bildungsarbeit markieren. Um auf diese Weise die angestrebte Standortbestimmung zu vervollständigen und der von Endres formulierten Gefahr entgegenzuwirken, daß die mit der Herstellung der deutschen Einheit verbundenen ungeheuren Herausforderungen den Blick verstellen für andere Zukunftsaufgaben (vgl. Endres, 1995, S.234).
Bevor jedoch in Gliederungspunkt 3.2.3 ein offener Katalog fundamentaler Schlüsselprobleme zur Diskussion gestellt wird, sollen zunächst zwei diesbezüglich wichtige Vorüberlegungen in den Mittelpunkt der nachfolgenden Betrachtung gerückt werden. So wird vorab in Punkt 3.2.1 die hier praktizierte fachdidaktische Vorgehensweise der Zeit- und Zukunftsdiagnose, die von vielen zeitgenössischen Autoren bei der Auswahlentscheidung eingesetzt wird, herausgearbeitet und im Anschluß daran in Gliederungspunkt 3.2.2 die aktuelle Diskussion um die inhaltliche Zweiteilung der politischen Bildung im vereinten Deutschland aufgegriffen und hierzu Stellung bezogen.

---

135) Es soll an dieser Stelle - der Vollständigkeit halber - nur darauf hingewiesen werden, daß bisweilen von manchen Autoren, um besonders herausragende Problemlagen zu beschreiben, anstatt des Begriffs "Problem" bzw. "Schlüsselproblem" oder "Herausforderung" auch der Terminus "Krise", z.B. ökologische Krise, Wachstumskrise usw., gebraucht wird. Vergleiche dazu u.a. Weinbrenner, 1989, S.238 und Sarcinelli, 1990, S.149-151.

Um möglichen Mißverständnissen bereits an dieser Stelle vorzubeugen, bleibt jedoch wichtig anzumerken, daß im Rahmen der Entwicklung und Beschreibung möglicher Aufgabenfelder in Form von Schlüsselproblemen nicht der Eindruck erweckt werden soll, die politische Bildung könne die Gestaltungsaufgabe der Politik ersetzen und die Mängel des politisch-gesellschaftlichen Systems kompensieren (vgl. Claußen, 1985, S.257). Ihre Fähigkeit liegt vielmehr darin, gegenwärtige Probleme anzusprechen, "sich neuen Fragen und Problemen" (Stolpe, 1994, S.25) zu stellen, zu helfen "die Fähigkeit zur Beurteilung politisch-gesellschaftlicher Probleme unserer Zeit" (George, 1990, S.453) zu entwickeln, dem Bürger Impulse zu geben, sich in kritischer Verantwortung an der überlebensnotwendigen Problemlösung zu beteiligen, ein "*Forum* der politischen Streitkultur" (Claußen, 1991b, S.343, Hervorhebung von Claußen) zu schaffen bzw. die Plattform für einen offenen Diskurs über Herausforderungen und mögliche Lösungsansätze bereitzustellen.

3.2.1 Zeit- und Zukunftsdiagnose als Instrument der Inhaltsauswahl

Das fachdidaktische Auswahlverfahren, das hier Verwendung findet, ist letztlich nichts anderes als der Versuch, das Inhaltsproblem im Sinne Hilligens und der von ihm genannten 'existentiellen Probleme', die durch eine Situationsanalyse der historischen Gegebenheiten bzw. einer Zeitdiagnose gewonnen werden, neu aufzugreifen.
Welchen hohen Stellenwert diese Vorgehensweise auch heute noch besitzt, wird besonders anschaulich, wenn man verschiedene Publikationen, die sich i.w.S. mit der Aufgabe der politischen Bildung in den 90er Jahren beschäftigen, betrachtet[136]. Schnell wird dabei deutlich, daß von vielen Autoren nicht nur die Arbeitsweise von Hilligen - Problemfindung durch Zeitdiagnose - übernommen wird, sondern daß auch die von ihm entwickelte spezifische Begrifflichkeit nach wie vor Verwendung findet. In besonderem Maße gilt dies für den Begriff "Herausforderung", der für Hilligen nichts anderes benennt als durch *Zeitdiagnose* erfaßte "lebenswichtige Probleme" (Hilligen, 1985, S.32). Dieser Terminus hat sich gleichwohl im Laufe der Zeit gewandelt und wird heute häufig synonym mit dem Begriff "Schlüsselproblem" gebraucht. Selbst Hilligen übernimmt diese Bezeichnung explizit 1993 in dem Aufsatz "Optionen zur politischen Bildung, neu durchdacht angesichts der Vereinigung Deutschlands" (vgl. Hilligen, 1993, S.143-165).[137]

---

136) Beispielhaft seien genannt: George, 1990, S.449-467; Claußen, 1991b, S.330-356; Hartwich, 1991, S.91-106; Hufer, 1991, S.28-30; Giesecke, 1993, S.64-69.
137) Vergleiche diesbezüglich auch Anm. 63 der vorliegenden Arbeit.

Kapitel 3: Politische Bildung im vereinten Deutschland - eine Standortbestimmung

Diese Entwicklung, die Problemorientierung in der politischen Bildung prinzipiell beizubehalten bzw. neu zu betonen, sie aber gleichzeitig zu modifizieren, ist u.a. von der Allgemeinen Didaktik angestoßen worden.[138] Eine Schlüsselrolle spielt dabei Wolfgang Klafki, Erziehungswissenschaftler an der Universität Marburg. Dieser stellt bereits 1985 - und behält dies bis 1994 bei - "die Konzentration auf *epochaltypische Schlüsselprobleme* unserer Gegenwart und der vermutlichen Zukunft" (Klafki, 1994a, S.56, Hervorhebung von Klafki) in den Mittelpunkt seines "Allgemeinbildungskonzepts". Die entscheidende Neuerung bzw. der Unterschied zu Hilligens 'Herausforderungen' liegt nun allein darin begründet, daß Klafki bei der Beschreibung und Benennung seiner 'Schlüsselprobleme' neben der Gegenwart (Zeitdiagnose) die Zukunft (Zukunftsdiagnose) stärker in seine Überlegungen einfließen läßt, als dies Hilligen getan hat[139].

Diese hervorgehobene Zukunftsorientierung wird sehr bald auch von der Fachdidaktik aufgegriffen, so daß "die Kategorie der »Zukunft« immer mehr ins Zentrum didaktischer Konzeptionen rückt" (Weinbrenner, 1992, S.631), ohne dabei aber die Problemorientierung zu verdrängen. Vielmehr werden beide Perspektiven integraler Bestandteil vieler fachdidaktischer Überlegungen, die sich mit der Aufgabe der politischen Bildung in der Gegenwart und der absehbaren Zukunft beschäftigen.

Ein markantes Beispiel aus dem Bereich der Fachdidaktik ist u.a. Peter Weinbrenner, der schon auf der 'Hochschultagung Berufliche Bildung 1986' ausdrücklich von einer zukunftsorientierten politischen Didaktik spricht (vgl. Weinbrenner, 1987, S.23), dabei aber auf die Forderung nach Problemorientierung der politischen Bildung nicht verzichtet (vgl. ebd., S.7).

Auch wenn Kuhn den heute vielfach verwendeten Zukunftsbegriff gar "als didaktische Integrationsformel, als neues Integrationsprinzip der Sozialwissenschaften" (Kuhn u.a., 1990, S.38) bezeichnet, bleibt wichtig anzumerken, daß die Betonung der Zukunft als didaktische Kategorie bis heute nicht dazu geführt hat, die Konzentration auf 'Herausforderungen' inhaltlich zu verändern. Vielmehr hebt sie die existentielle Qualität dieser Problemfelder noch eindringlicher hervor (vgl. Gagel, 1994a, S.305). Mit anderen Worten: den heute diskutierten Katalogen 'fundamentaler Schlüsselprobleme', 'existentieller Herausforderungen' oder 'Krisen' verleiht die

---

138) Letztlich kommen solche Anstöße zur Weiterentwicklung - neben der Allgemeinen Didaktik - aus dem gesamten Spektrum der Geisteswissenschaften. Zu nennen wäre hier z.B. Ulrich Beck, der mit seinem Buch "Risikogesellschaft" (1986) eine eindringliche Zeitdiagnose vorgelegt hat, die auch von der politischen Bildung aufgegriffen wird, siehe z.B. Claußen, 1991b, S.330-356
139) Es soll an dieser Stelle nicht der Eindruck erweckt werden, als hätte Hilligen den Aspekt "Zukunft" völlig vernachlässigt. Denn zumindest der Gesichtspunkt "»Zukunftssicherung« ist bei Hilligen in den Kriterien »Überleben« und »Gutes Leben« bzw. in den Schlüsselbegriffen »Herausforderungen«, »Chancen« und »Gefahren« in unserer historischen Situation enthalten" (Weinbrenner, 1992, S.634f.).

Hervorhebung der Zukunftsperspektive zwar eine noch stärkere Gewichtung, aber die angesprochenen Problemlagen selbst haben sich dadurch nur unwesentlich verändert. Dieser Typus einer modifizierten Problemorientierung, bei der durch *Zeit- und Zukunftsdiagnosen* existentielle Herausforderungen unserer historischen Situation und der vorhersehbaren Zukunft als Aufgabenfelder bzw. Lerngegenstände für die politische Bildung gewonnen werden, liegt auch dem von mir in Punkt 3.2.3 vorgelegten offenen Katalog von Schlüsselproblemen zugrunde. Letztlich werden damit - immer unter der Prämisse der Zukunftssicherung - vornehmlich Problemlagen angesprochen, "die im Bewußtsein des einzelnen und der Öffentlichkeit als unbefriedigend und defizitär empfunden werden, die in der Regel sowohl in der wissenschaftlichen als auch in der politischen Auseinandersetzung kontrovers diskutiert werden und zu denen keine eindeutigen, konsensfähigen Lösungswege vorliegen" (Weinbrenner, 1987, S.7).

Nachzutragen bleibt, daß mit dem Beiwort "offen" - im Zusammenhang mit "Katalog" - zugleich zwei verschiedene Gesichtspunkte markiert werden sollen.
Zum einen handelt es sich bei der nachfolgenden Aufzählung um einen "in die Zukunft hinein wandelbaren Problemkanon" (Klafki, 1994a, S.60); zum anderen steht "offen" für die Subjektivität der Aufzählung, was nichts anderes meint, als daß der zu skizzierende Problemkatalog allenfalls eine konsensfähige, in keinem Fall ein wahrheitsfähige Aussage darstellen kann. Die diesbezüglich aufflackernde Kontroverse liegt aber, wie zu vermuten wäre, nicht nur darin begründet, daß von verschiedenen Autoren verschiedene Aufzählungen bzw. Diskussionsbeiträge vorliegen[140], sondern auch darin, daß selbst einzelne Verfasser ihre Beiträge im Laufe der Zeit variieren. Besonders anschaulich wird dies bei Wolfgang Klafki.
Auch wenn sich - wie schon erwähnt - seine Ausgangsthese, die Konzentration auf 'epochaltypische Schlüsselprobleme', bis heute nicht verändert hat, wandelt sich doch im Laufe der Zeit die Anzahl und Benennung der herausragenden Problemlagen. Spricht er 1985 noch von 18 derartigen Problemen (zitiert bei Sander, 1989, S.127/128), so reduziert er sie 1990 auf fünf (vgl. Klafki, 1990, S.302-304), was er zunächst auch bis 1994 beibehält (vgl. Klafki, 1994a, S.56-60). An späterer Stelle im gleichen Jahr erweitert er jedoch seine Konzeption wieder von fünf auf acht 'epochaltypische Schlüsselprobleme' (vgl. Klafki, 1994c, S.30/31).
Diese Entwicklung vor Augen, kann und soll der von mir in Punkt 3.2.3 vorgelegte "offene Katalog" von Schlüsselproblemen nicht mehr sein als ein Diskussionsbeitrag, der dabei vor allem die angestrebte Standortbeschreibung vervollständigen will und der notwendigen Erweiterung des Blickwinkels - über die Vereinigungsproblematik hinaus - dienen soll.

---

140) Beispielhaft seien hier nur die Problemkataloge von Peccei Aurelio (ehemaliger Vorsitzender des Club of Rome), 1979, abgedruckt bei Weinbrenner, 1992, S.633; Glotz, 1984, S.127; Beck, 1986, Kap. I; Hilligen, 1990, S.340; Klafki, 1994a, S.56-60 und ders., 1994c, S.30/31 genannt.

Ehe diese Aufzählung jedoch vorgenommen werden kann, wird nachstehend die Diskussion um eine mögliche inhaltliche Zweiteilung der politischen Bildung im vereinten Deutschland in eine Ost- und eine Westperspektive aufgegriffen.

3.2.2 Die Diskussion um die inhaltliche Zweiteilung der politischen Bildung im vereinten Deutschland

Im Zusammenhang mit der von Gagel bereits Anfang 1991, wenige Monate nach der formellen Vereinigung der beiden deutschen Staaten in der Zeitschrift "Gegenwartskunde" aufgeworfenen Fragestellung "Vereinigung: Ist gemeinsame politische Bildung möglich?" (Gagel, 1991, S.55-69), wird bis heute diskutiert, ob es überhaupt einen gemeinsamen theoretischen Bezugsrahmen, gleiche Ziele, identische Aufgabenkomplexe bzw. Lerngegenstände, daran abgeleitete Inhalte und einheitliche methodische Vorgehensweisen für die politische Bildungsarbeit im vereinten Deutschland geben könne oder ob vielmehr eine "doppelte Sichtweise - gleichsam Stereosichtweise" (Wernstedt, 1994, S.12) -, eine Ost- und Westperspektive, zumindest für eine Übergangszeit von Nöten wäre.[141]

Ohne auf alle Einzelheiten bzw. die gesamte Thematik der laufenden Diskussion einzugehen, wird im nun folgenden Abschnitt die Frage nach einer möglichen inhaltlichen Zweiteilung der politischen Bildung in das Zentrum der Überlegungen gerückt. Die angedeutete Problematik betreffend und das Ergebnis der Überlegungen vorwegnehmend, lautet meine These, die ich nachfolgend zu begründen versuche, dabei wie folgt:

Für die Gegenwart und die absehbare Zukunft ist im Rahmen der politischen Bildungsarbeit eine *unterschiedliche Gewichtung*[142] und ein Mindestmaß an *inhaltlicher Differenzierung* der für *ganz Deutschland durchweg identischen Aufgabenbereiche bzw. Lerngegenstände* zu fordern. Ungeachtet also der existentiellen Problemlagen, die in den "neuen" und den "alten" Bundesländern prinzipiell übereinstimmen, werden sich deren Akzentuierungen und die daran abzuleitenden Inhalte für die politische Bildungsarbeit im Osten und im Westen für eine gewisse Zeitspanne unterscheiden müssen.

---

141) An dieser Stelle kann bereits festgehalten werden, daß sich diese Diskussion zwischen zwei Extrempunkten bewegt. Auf der einen Seite wird für eine vollständige Übernahme der westlichen Errungenschaften plädiert, als eine Art Entwicklungshilfe. Auf der anderen Seite wird gefordert, "die Anliegen politischer Bildung im Osten Deutschlands müssen [...] von Menschen aus dem Osten selbst entwickelt und formuliert werden" (Schiele, 1991a, S.19).

142) Unterschiedliche Gewichtung der Lerngegenstände meint hier nichts anderes, als daß die politische Bildung ihre ohnehin knappen Ressourcen - siehe Punkt 3.1 - in Ost und West nicht in gleichem Maße einsetzt.

Wenn wir uns an dieser Stelle erneut die Aussagen von Hilligen bezüglich der 'existentiellen Herausforderungen' in Erinnerung rufen, so wird leicht nachvollziehbar, daß ein tiefgreifender politischer und gesellschaftlicher Wandel die Zahl und die Art der Schlüsselprobleme modifizieren kann und wird. Zumal wenn es sich wie 1989 um einen derart folgenschweren weltpolitischen Umbruch, "eine wahrhaft epochale Zäsur" (Hornung, 1993, S.208), handelt. Beachtet man aber das Auswahlkriterium, das dieser didaktischen Denkweise zugrunde liegt, nämlich daß es sich ausschließlich "um epochaltypische Strukturprobleme von gesamtgesellschaftlicher, meistens sogar übernationaler bzw. weltumspannender Bedeutung handelt" (Klafki, 1994a, S.60), dann steht ferner definitiv und unzweifelhaft fest, daß es keine regional aufgeteilten Kataloge derartiger Herausforderungen geben kann.

Andererseits steht einer unterschiedlichen Gewichtung der Schlüsselprobleme und einer differenzierten Auswahl der daran abzuleitenden mitteilenswerten Themen und Inhalte, "die je an Beispielen, Situationen, Fällen, Entwicklungen, Daten, Fakten oder Geschehnissen in der Lebenswelt erkannt, eingesehen, bewußt gemacht werden können" (Hilligen, 1990, S.340), nichts im Wege.

Warum eine derartige, generell für möglich erachtete unterschiedliche Gewichtung und Themenauswahl in Ost- und Westdeutschland tatsächlich angebracht bzw. unumgänglich erscheint, soll nachfolgend aufgezeigt werden.

Das entscheidende Argument für eine 'doppelte Sichtweise', für eine politische Bildung, die zwei Perspektiven verpflichtet ist, liegt in der "über vierzigjährige[n] Doppelköpfigkeit unserer Nation und eine[r] entsprechende[n] Doppelgleisigkeit ihrer jüngsten Geschichte" (Greiffenhagen, 1994, S.29) begründet. Diese Entwicklung in Deutschland betrachtend, kann man wie Barz gar vom "Fehlen eines gemeinsamen kulturellen Hintergrundes" (Barz, 1994, S.23) sprechen. Ein Umstand, der sich in vielen Kontrasten und "*zeitversetzte[n] Phänomene[n]*" (Mohler, 1992, S.38, Hervorhebung von Mohler) im politischen, ökonomischen, sozialen und kulturellen Bereich in Deutschland bemerkbar macht[143].

Diese historische Besonderheit - die sich nicht mit einem Federstrich beseitigen läßt (vgl. Kaase, 1993, S.382) - führt bei den Menschen in Ost und West bei einer Ungleichzeitigkeit der gegenwärtigen Bedürfnisse und Fragen und der jeweils verschiedenen Wahrnehmung und Bewertung von Problemen (vgl. Rüther, 1993, S.5) alles in allem zu zwei ungleichen Interessens- und Lebenslagen in Deutschland, die bei den Menschen auch zu unterschiedlichen Problemhorizonten und realen Problembestän-

---

143) Stolpe schätzt die Situation ähnlich ein, wenn er schreibt: "Wir haben uns in der Freude über die unerwartet möglich gewordene Vereinigung durch vermeintliche Gemeinsamkeiten [Sprache, Geschichte usw.] täuschen lassen und die unterschiedlichen Prägungen übersehen, die sich in den fünfundvierzig Jahren gegenläufiger Nachkriegsgeschichte herausgebildet haben" (Stolpe, 1992, S.200).

den[144] führen. Eine Konstellation, die auch fünf Jahre nach der Einheit noch immer mit dem Slogan "Vereint und doch getrennt" (Winter, 1994, S.11), umschrieben werden kann.

So kämpfen die Menschen in den "neuen" Ländern bis heute mit der "Hinterlassenschaft des Kommunismus" (Meyer, 1991, S.11) und bekommen zugleich die Auswirkungen des umfassenden Transformationsprozesses bzw. der strukturellen Anpassung an den Westen, die sie "intellektuell, psychisch, physisch, moralisch und materiell [...] fordert" (Wernstedt, 1994, S.12), massiv zu spüren. Die größte Schwierigkeit im Laufe dieses außergewöhnlichen Wandels sieht Rudolph aber nicht in der Liquidierung der politischen Ordnung - die gewollt und verdient war -, sondern vielmehr in den zivilen Abschieden, Einbrüchen und Abwicklungen, die ohnmächtig erlebt werden und bis in die empfindlichsten Zonen der individuellen und kollektiven Lebenswelt reichen (vgl. Rudolph H., 1993, S.129). Hoffmann charakterisiert die Lage im Osten der Republik gar mit den Worten: "Zum gegenwärtigen Zeitpunkt zahlen viele Ostdeutsche noch den Austrittspreis aus dem alten System. Sie sind nicht mehr den Restriktionen [...] der DDR ausgesetzt, gleichzeitig aber noch nicht in das politische System der BRD integriert" (Hoffmann, 1994, S.113). Auch Stolpe attestiert: "Innerlich sind viele in diesem von seinen westlichen Bürgern gestalteten, jetzt gemeinsamen Deutschland noch nicht angekommen" (Stolpe, 1992, S.189).

Dem steht im Westen eine zwar von dem Vereinigungsprozeß in vielen Bereichen tangierte, aber weder in seinen Institutionen, noch in seinen Strukturen wesentlich veränderte Gesellschaft (vgl. Sontheimer, 1993, S.336) gegenüber[145], die darüber hinaus dem Osten auf dem Vektor des wissenschaftlich-technischen Industrialisierungs- prozesses um Jahrzehnte voraus ist (vgl. Meyer, 1991, S.10). Gerade dieser Vorsprung aber trägt nicht unwesentlich zu der noch heute feststellbaren "Struktur-Qualitäts-Differenz" (Mohler, 1992, S.38) in der gesamtdeutschen Lebenswirklichkeit bei, die u.a. in einer unterschiedlichen Wohnqualität, ungleichen Einkommen, verschiedenen Beschäftigungs- und Ausbildungsprofilen, divergierenden Freizeitmöglichkeiten zum Ausdruck kommt.

---

144) Diese Unterschiedlichkeit wird noch bei der Politbarometer-Befragung im Februar 1995 - unter mehr als 2000 Wählern - deutlich. Bei der Frage nach den "wichtigsten Themen in Deutschland" stimmen Ost- und Westdeutsche bei den vier meist genannten Problem nur in einem Punkt überein. (vgl. Forschungsgruppe Wahlen, 1995, S.6)

Westen:		Osten:	
Arbeitslosigkeit	61%	Arbeitslosigkeit	77%
Asyl/Ausländer	16%	Kriminalität/Ruhe	20%
Umweltschutz	15%	Probleme d. Einheit	14%
Steuer/Abgaben	15%	Miete/Wohnungsmarkt	10%

145) Als ein Beispiel, stellvertretend für viele andere, sei hier nur die Institution Hochschule genannt: "mußten auch im Hochschulbereich die Oststrukturen den Weststrukturen weichen" (Schluchter, 1994, S.21), was sich für die Studenten vor Ort erheblich bemerkbar macht, so kommt es im Westen zwar zu der längst fälligen Reformdiskussion, aber bis heute zu keiner strukturellen Veränderung.

Eine institutionalisierte politische Bildung, die die Verwirklichung der inneren Einheit, diesen langwierigen und schwierigen Prozeß, bei "dem immer wieder Rückschläge zu verzeichnen sein werden" (Kaase, 1993, S.382), unterstützen will, muß sich dieser "vergangenheitsbedingte[n] Ungleichzeitigkeit" (Rüther, 1993, S.5) und der daraus resultierenden weitreichenden Unterschiedlichkeit, der "Aufarbeitung des sozialen und politischen Andersseins" (Hoffmann, 1994, S.113) stellen. Die verschiedene Akzentuierung der Schlüsselprobleme und eine differenzierte Themenauswahl scheinen dabei das einzige adäquate Instrumentarium zu sein, um diesem Sachverhalt gerecht werden zu können. Abschließend wird beispielhaft an Hand des Schlüsselproblems *Innere Einheit Deutschlands* kenntlich gemacht, wie sich die Umsetzung dieser Forderung in der politischen Bildungspraxis auswirkt.

Der besonders augenfälligen 'direkten Betroffenheit' der Menschen im Osten hinsichtlich der vereinigungsbedingten Probleme und Konflikte muß die politische Bildung mit Hilfe einer stärkeren Gewichtung bzw. Akzentuierung dieses Lerngegenstandes[146] begegnen. So müssen in dem Zusammenhang Themen wie die spezifische Vergangenheitsbewältigung, die Aufarbeitung der Stasiproblematik, Schwierigkeiten mit den neuen demokratischen Abstimmungsprozessen, der politischen Teilhabe, dem Rechtsstaat und der neuen Wirtschaftsordnung usw. angesprochen werden; alles Inhalte, die einen Westdeutschen weit weniger stark bewegen und interessieren werden wie die Bürger im Osten.

Andere Einzelthemen, die auch von diesem Schlüsselproblem abgeleitet werden können und die ganz Deutschland in gleicher Weise berühren, wie z.B. die Suche nach einer neuen deutschen Identität nach der Wiedervereinigung, die Konkurrenz der Ost- und Westdeutschen auf dem Ausbildungs- und Arbeitsmarkt, der Streit um die Verschwendung von Steuergeldern beim Aufbau Ost usw., benötigen im Rahmen der politischen Bildungsarbeit immer eine Perspektive Ost und West, oder wie es Wernstedt formuliert: "Politische Bildung kann [...] in den nächsten Jahren nur der Versuch sein, [...] die politische Situation aus der Perspektive Ost- und Westdeutscher zu analysieren" (Wernstedt, 1993, S.53). Nur auf diese Weise - ausgehend von den unterschiedlichen Lebenswirklichkeiten der Menschen - scheint es möglich, hinsichtlich der vielfältigen vereinigungsbedingten Konflikte und Probleme ein beiderseitiges Verständnis und Entgegenkommen zu erzeugen und somit die innere Einheit, das Zusammenwachsen der beiden auseinandergelebten Gesellschaften, ein Stück weit voranzubringen.

---

146) Eine stärkere Gewichtung dieses Schlüsselproblems bringt es allerdings mit sich, daß andere ebenso bedeutende Herausforderungen schon allein wegen der knappen Ressourcen der politischen Bildungsarbeit nicht im gleichen Maße zum Thema gemacht werden können. Gerechtfertigt wird dieses Vorgehen mit der historischen Einmaligkeit der Situation und der direkten Betroffenheit der Ostdeutschen.

3.2.3 Ein offener Katalog von Schlüsselproblemen

Der nun folgende Aufriß herausragender Probleme, der, wie Klafki formuliert, "so etwas wie eine Theorie des gegenwärtigen Zeitalters und seiner Potenzen und Risiken im Hinblick auf die Zukunft erfordern" (Klafki, 1994a, S.56) würde, kann an dieser Stelle nicht mehr sein als die Markierung signifikanter Kerngedanken eines solchen Konzepts, das aus der Sicht des Verfassers die drängendsten 'Schlüsselprobleme' unserer Gegenwart und der absehbaren Zukunft stichpunktartig benennt. Ein Problemkatalog also, der über den Lerngegenstand *Innere Einheit Deutschlands* hinaus, den Blick für weitere fundamental wichtige Lerngegenstände öffnet und somit die Aufgabenfelder einer problem- und zukunftsorientierten politischen Bildungsarbeit skizziert, ohne dabei der Versuchung zu unterliegen, rezeptartig Lösungswege, die es ohnehin nicht geben kann, zu formulieren.

Für eine schulische und außerschulische politische Bildung, die die momentane und zukünftige Lebenswirklichkeit der Gesellschaft in den Mittelpunkt eines Lernens rückt, "das sich mit bloßer Information in Gestalt der Verdoppelung oder Verschleierung von Wirklichkeit nicht begnügt, sondern zielgerichtete, methodische und selbstkritische Verarbeitung von Informationen, Gegeninformationen, Alltagswissen, wissenschaftlichen Erkenntnissen und Verfahren, kontroversen Standpunkten, Argumentationen, Erklärungsansätzen und Theorien intendiert" (Claußen, 1991c, S.42), müssen aus der Sicht des Verfassers folgende Schlüsselprobleme in das Zentrum der Betrachtung gestellt werden:

- **Die Innere Einheit Deutschlands:** Fünf Jahre nach der formal vollzogenen Einheit der Deutschen gilt mehr denn je, daß sich die Erwartung, das Reservoir an geschichtlichen, kulturellen und sprachlichen Gemeinsamkeiten bilde eine sichere Grundlage für die schnelle Einigung auch in den Köpfen der Menschen, nicht erfüllt hat (vgl. Kaase, 1993, S.382). Diese Haltung hat sich vielmehr als voreilig, kurzsichtig, letztlich als naiv erweisen müssen. 45 Jahre unterschiedliche Entwicklung in Ost und West haben schließlich zu einer 'vergangenheitsbedingten Ungleichzeitigkeit' der gegenwärtigen Bedürfnisse und Fragen geführt. Ein Umstand, der - wie gezeigt - auch heute noch in vielen vereinigungsbedingten Problem- und Konfliktlinien zum Ausdruck kommt und den Prozeß der inneren Einheit enorm belastet. Thierse bemerkt hierzu: "Fünf Jahre nach dem Fall der Mauer ist die entscheidende Arbeit ungetan. [Der Strukturwandel] noch lange weder ökonomisch, noch sozial bewältigt" (Thierse, 1994, S.13) und Eppelmann resümiert: "Im Rausch der weltgeschichtlichen Ereignisse [...] wurden die enormen Probleme der Vereinigung *unter*schätzt, während die Kräfte [...] der alten

Bundesrepublik [...] *über*schätzt wurden" (Eppelmann, 1995, S.8, Hervorhebung von Eppelmann)

- **Die Europäische Einigung und der verstärkt wieder aufkommende Nationalismus:** "Unbestreitbar gibt es in Europa seit dem Ende der Teilung eine Renaissance nationalen Denkens" (Sander, 1993, S.172) oder wie es Erb bereits 1991 in Anbetracht der rasanten weltpolitischen Entwicklung formuliert: "Der Nationalismus und sein Contrapart, die Staatenintegration, werden erneut zu brisanten Themen, allemal in Europa, aber auch sonst in der Welt" (Erb, 1991, S.72). Neben der thematischen Breite des Gegenstandsbereichs Europa[147] rückt diese Entwicklung u.a. auch die vermeintlichen Schwierigkeiten und das Konfliktpotential einer 'multikulturellen Gesellschaft' in den Mittelpunkt des öffentlichen Interesses. Zumal wenn man bedenkt, daß die notwendigen Fähigkeiten zu einem solchen multikulturellen Zusammenleben - heute ein gesellschaftliches Faktum - noch weithin unterentwickelt sind. In hohem Maße fehlt nach wie vor "die Fähigkeit, Fremdes ohne Angst und Aggression zu ertragen, die Fähigkeit, ambivalente Situationen aushalten zu können und schließlich die Fähigkeit, fremde soziale und kulturelle Verhaltensmuster nicht als Bedrohung, sondern als Bereicherung zu empfinden" (Nicklas, 1991, S.46).

- **Die Zerstörung der menschlichen Lebensgrundlage:** Im Zentrum dieser Problematik stehen zum einen Modernisierungsrisiken[148], die sich zwar äußerlich bisweilen nur geringfügig unterscheiden von den Problemen, die in früherer Zeit die Menschen ängstigten, die aber durch ihre stark globale Ausweitung und durch moderne, veränderte Wirkungsformen an Bedrohung zugenommen haben (vgl. Beck, 1986, S.29). Das als geradezu unüberschaubar empfundene Gefahrenspektrum führt dabei ganz besonders zu dem Gefühl der Ohnmacht und Hilflosigkeit.

Darüber hinaus wird diese "perspektivische Verengung der gesellschaftlichen Gefahrenlage auf Großtechnologien" (Weinacht, 1990, S.12) und Bedrohungen von globaler Bedeutung erweitert um all jene Gefahrenpotentiale, die i.w.S. in der Lage sind, die natürlichen Lebensgrundlagen der Menschen auf regionaler, nationaler, kontinentaler oder internationaler Ebene zu zerstören. Zu nennen wäre hier z.B. die Abholzung der Regenwälder, die unsachgemäße Entsorgung von Haus- und Gewerbemüll, die ungeklärte Beseitigung von Abwasser, die durch Tankerunfälle oder leck geschlagene Pipeli-

---

147) Man denke in dem Zusammenhang nur an die Angst der Menschen vor der scheinbar stark zentralistisch geprägten, als unzugänglich und anonym empfundenen EU, die Kontroverse um eine weitergehende europäische Einigung, die Debatte darüber wie eine Zusammenarbeit zwischen der EU und Osteuropa gestaltet werden soll, die Diskussion um eine europäische Einwanderungspolitik - Stichwort "Festung Europa" - usw.

148) Beck definiert diese Modernisierungsrisiken, die er vor allem mit den Großtechnologien Atomenergie, Chemie und Gentechnik verbindet, als *pauschales Produkt* der industriellen Fortschrittsmaschinerie" (Beck, 1986, S.29, Hervorhebung von Beck), die mit deren Weiterentwicklung noch systematisch verschärft werden (vgl. ebd.).

nes verursachten Ölkatastrophen, die Tatsache, daß ein Kind, das auf der nördlichen Halbkugel geboren wird, drei bis viermal soviel der insgesamt vorhandenen Ressourcen verbraucht, wie neun gleichzeitig im Süden geborene Kinder usw.

- **Die offenen und latenten Formen der Gewalt:** Neben dem wichtigen Gesichtspunkt 'Krieg und Frieden'[149] werden unter dieses Schlüsselproblem alle Formen der zunehmend offen zutage tretenden und in vielen Bereichen latent vorhandenen Gewalt subsumiert, die ein gesamtgesellschaftliches Phänomen darstellen. Die Gewalt "wird als physische, psychische, verbale, sexuelle, strukturelle sowie als frauen- und fremdenfeindliche Gewalt ausgeübt" (Bründel u.a., 1994, S.3) und begegnet uns überall: in den Familien, den Kindergärten, den Schulen, am Arbeitsplatz, im Freizeitbereich, in den Massenmedien usw.

- **Der Nord-Süd- und West-Ost-Konflikt:** Hier geht es vor allem um das eklatante "Macht- und Wohlstands-Ungleichgewicht zwischen sogenannten entwickelten und wenig entwickelten Ländern" (Klafki, 1994a, S.59), das sich letztlich in der gesamten Lebenswirklichkeit der Menschen, in wirtschaftlichen, sozialen und kulturellen Belangen bemerkbar macht. Eine Fortsetzung dieser internationalen Ungleichheit kann aber "weder mit unseren Begriffen für Gerechtigkeit noch mit einer tragfähigen globalen Entwicklung in Einklang gebracht werden" (Brundtland, 1993, S.175). Die Lösung dieses Schlüsselproblems - und hier stimme ich mit Beck überein - kann jedoch in keinem Fall darin bestehen, daß die Entwicklungsländer versuchen, die westliche Moderne schnellstmöglich zu kopieren (vgl. Beck, 1993, S.64). Vielmehr müssen die reichen Länder selbst zu einem Prozeß des Umdenkens bereit sein und ihre eigene Entwicklung und die damit verbundenen Risiken kritisch überprüfen.

- **Die Sprengkraft des islamischen Fundamentalismus:** Bassam Tibi bezeichnet den islamischen Fundamentalismus, der viele Gesichter hat[150], generell "als Ausdruck einer Revolte gegen den Westen" (Tibi, 1992, S.66) und Salman Rushdie als Kampf gegen den Säkularismus (vgl. Rushdie, 1993, S.9). Dieser häufig militant auftretende Fundamentalismus, der sich, verkürzt gesprochen, gegen westliche Werte wendet und für eine rein islamische Lösung aller Lebensprobleme eintritt, macht sich dabei nicht nur auf

---

149) Auch wenn nach dem Ende des Ost-West-Gegensatzes die Gefahr einer großen Konfrontation, eines 3. Weltkrieges, vorerst gebannt scheint, führen uns doch die vielen regionalen Konflikte in der Welt, wie z.B. im ehemaligen Jugoslawien, im Osten der Türkei oder in Tschetschenien, die nach wie vor außergewöhnliche Bedeutung des Begriffspaars 'Krieg und Frieden' "für das Überleben und für ein menschenwürdiges (gutes) Leben" (Hilligen, 1985, S.30) vor Augen.

150) Es werden unter diesem Begriff so unterschiedliche Erscheinungen wie u.a. "die ägyptische, syrische, jordanische oder sudanesische Muslimbruderschaft, die algerische Islamische Rettungsfront, die tunesische Nahada Partei, die Hamas-Bewegung Palästinas, die Hisbollah im Libanaon, die Jihad Gruppen in Ägypten oder der monarchisierte Staaatsislam in Saudi-Arabien" (Perthes, 1993, S.189) zusammengefaßt.

nationaler Ebene - Ägypten, Algerien, Iran, Israel, Saudi-Arabien, Türkei usw. - bemerkbar, sondern auch auf internationaler Ebene. Man denke in dem Zusammenhang nur an die gezündete Bombe unter dem World Trade Center in den USA oder an diverse Flugzeugentführungen.[151]

- **Die Weltbevölkerungsexplosion:** Hinter diesem Schlüsselproblem verbirgt sich die Gefahr der "Auslöschung der wissenschaftlich als Homo sapiens bezeichneten Art durch die Zeitbombe Mensch, durch die Überbevölkerung unseres Planeten, die Wasser, Luft und Boden »verbraucht«, also die Lebensgrundlagen des Menschen zerstört" (Schröder, 1993, S.7). Weitere mit dieser Erscheinung direkt oder indirekt verbundenen Fragen von globaler Bedeutung und internationaler Sprengkraft sind u.a. die 'Ernährungsfrage', die 'Auswirkungen der Überbevölkerung auf den Arbeitsmarkt', die 'Verstädterung' (vgl. Schmid, 1994, S.11), die 'zunehmenden Wanderungsbewegungen', die 'wachsende Armut' bzw. die 'Verelendung immer größerer Teile der Weltbevölkerung'[152] usw.

- **Die weltweite Interdependenz:** Auch wenn "ein weltweit zu beobachtender zunehmender Nationalismus, Rassismus, Regionalismus und religiös-ideologischer Fundamentalismus" (Thomas, 1994, S.52) immer wieder als Beleg gegen die Annahme einer bestehenden "Interdependenz der Weltregionen und Länder" (Ditz, 1991, S.60) angeführt wird, kann dies nicht über die real vorhandenen internationalen Verflechtungen im politischen, ökonomischen, ökologischen und kulturellen Bereich hinwegtäuschen[153]. Diese weltweite Interdependenz, die heute und für die absehbare Zukunft eine isolierte und begrenzte Fixierung auf den Nationalstaat unmöglich macht, fordert die Menschen gleichsam heraus, "sich nicht nur in den gesellschaftlichen, politischen und wirtschaftlichen Ordnungen des eigenen Lebensbereiches zu orientieren, sondern auch die Einbindung in internationale und globale Strukturen sowie die Abhängigkeit des eigenen Lebensbereiches von der Lösung internationaler Konflikte und Problemstellungen zu erkennen" (Uhl u.a., 1992, S.265). Dieses Schlüsselproblem, das i.w.S. mit allen bisher genannten existentiellen Herausforderungen eng verflochten ist, muß letztlich bei jedem Problemlösungsversuch mitgedacht werden, will man sich der Verantwortung für das

---

151) Wichtig ist, an dieser Stelle darauf hinzuweisen, daß die militante Vorgehensweise der religiösen Fanatiker, nicht stellvertretend für alle Muslime steht und daß ich hier nicht denjenigen "Orientkennern" das Wort reden will, die den Islam wegen dieser Geschehnisse als ganzes verurteilen und verdammen.

152) Im Vorfeld des "Weltsozialgipfels in Kopenhagen" - im März 1995 - beschreibt Klüver das Ausmaß der weltweiten Armut wie folgt: "[...] fast 900 Millionen Menschen [sind] täglich von Hunger bedroht. Mehr als eine Milliarde Menschen müssen dreckiges, verseuchtes Wasser trinken, weil es sauberes Trinkwasser nicht gibt [...]. Die ärmste Milliarde Menschen muß mit nur zwei Prozent der globalen Besitztümer auskommen [...]" (Klüver, 1995, S.10).

153) Beispielhaft sei an dieser Stelle nur auf die europäische Integration, die wirtschaftliche und politische Zusammenarbeit in den verschiedensten supranationalen Organisationen - UNO, WTO, OSZE usw. - und auf die bereits angesprochenen globalen Modernisierungsrisiken verwiesen.

Kleine im Großen und für die Einzelentscheidungen in ihrer weltpolitischen Tragweite nicht entziehen[154].

Diese acht ausgewählten und hiermit kurz erläuterten herausragenden Problemlagen, die den Blick für weitere Aufgabenfelder der politischen Bildung über den Lerngegenstand *Innere Einheit Deutschlands* hinaus öffnen sollten, markieren aus der Sicht des Verfassers - ohne Anspruch auf Vollständigkeit, aber gleichfalls nicht beliebig erweiterbar - die gegenwärtig und zukünftig relevanten Betätigungsfelder einer problem- und zukunftsorientierten schulischen und außerschulischen politischen Bildungsarbeit in Deutschland.

3.3 Die Bedeutung der schulischen und außerschulischen politischen Bildungsarbeit für den politischen Lern- und Erfahrungsprozeß der Menschen

Die ausführliche Situationsbeschreibung und die angedeutete Aufgabenstellung einer problem- und zukunftsorientierten politischen Bildungsarbeit vor Augen, wenden wir uns nun - die angestrebte Standortbestimmung abschließend - den Teilnehmern der schulischen und außerschulischen politischen Bildungsveranstaltungen zu. Im Rahmen dieser Betrachtung steht dabei die Frage im Mittelpunkt, ob angesichts der vielfältigen politischen Lern- und Erfahrungsfelder des Menschen - dem persönlichen Umfeld (Familie, Freunde usw.), dem Umgang mit Behörden, der direkten Anschauung von Politik im lokalen Bereich, gegebenenfalls dem eigenem Engagement in Parteien, Verbänden, Bürgerinitiativen und nicht zuletzt der massenmedialen Berichterstattung (vgl. Sarcinelli, 1988, S.11) - überhaupt von einem spezifischen Leistungspotential der institutionalisierten politischen Bildung im Verlauf der ein Leben lang andauernden politischen Sozialisation[155] gesprochen werden kann oder nicht. Anders formuliert bleibt zu überlegen, ob und wie weit direkt die Bedeutung und Wirksamkeit dieser Form politischer Bildung zu erfassen ist.

---

154) So spielt selbst bei dem scheinbar ausschließlich nationalstaatlichen Schlüsselproblem *Innere Einheit Deutschlands* häufig auch die internationale Perspektive eine wichtige Rolle. Man denke - um nur ein Beispiel zu nennen - an den europäischen Einigungsprozeß: zum einen hat das wiedervereinigte Deutschland zwar durch die enormen finanziellen Belastungen im Verlauf des inneren Einigungsprozesses erheblich an Bewegungsspielraum auf europäischer Bühne verloren, zum anderen wird es aber von vielen der EU-Mitgliedsstaaten als noch mächtigerer Partner empfunden als vor der Einheit.
155) Politische Sozialisation "umfaßt als ein Teilbereich lebenslänglicher und gesellschaftlich vermittelter Lernprozesse die Gesamtheit des Erwerbs aller Faktoren, die den Menschen als politische Persönlichkeit konstituieren: Kenntnisse, Einstellungen, Meinungen, Verhaltensweisen, Handlungsbereitschaften, Gefühlslagen, Wertüberzeugungen, Bewußtseinsformen, Motivationen und Fähigkeiten, die Politisches zum Inhalt haben und auf Politik gerichtet sind" (Claußen, 1989, S.776).

Im Laufe der folgenden Ausführungen geht es mir darum, zu überprüfen, ob dem vernichtenden Urteil von Noll, das er bereits 1984 auf dem 2. Bundeskongreß für politische Bildung in Berlin formulierte, eher zugestimmt werden kann oder ob bei näherer Betrachtung diese These vielmehr relativiert oder gar verworfen werden muß. Noll meinte damals, "daß die politische Bildung, so wie sie in den letzten Jahrzehnten in der Bundesrepublik vertreten und praktiziert wurde, relativ folgenlos war und 'eigentlich abgeschafft werden könnte'" (Noll, 1985, S.291).

Auch wenn nicht ignoriert werden darf, daß alle bisherigen Versuche, direkte Wirkungen einer politischen Bildungsmaßnahme zu beweisen, eher fragwürdig und trügerisch sind, da zum Beispiel eine Seminarteilnahme oder eine Unterrichtssequenz nicht aus der Lebenswelt, d.h. aus dem komplexen Prozeß der politischen Sozialisation eines Menschen und aus dem vielschichtigen Gefüge der politischen Kultur unserer Gesellschaft herausgelöst werden kann (vgl. Siebert, 1990, S.441), wird eine solche Fragestellung dennoch nur mit Hilfe empirischer Untersuchungen - i.w.S. mit einer politischen Evaluationsforschung - ein Stück weit geklärt werden können.

Ohne im Rahmen dieser Analyse dabei auf die Fülle der empirischen Untersuchungen[156] - die sich i.w.S. mit dieser Thematik beschäftigen - einzugehen, werde ich mich beispielhaft auf zwei ausgewählte Arbeiten beschränken und an Hand dieser versuchen, die aufgeworfene Frage zu beantworten. Zum einen handelt es sich dabei um die relativ wenig beachtete Einzelfallstudie von Sussmann mit dem Titel "Außerschulische Politische Bildung. Langfristige Wirkungen" (Sussmann, 1985) und die dazu vergleichsweise aktuelle Untersuchung von Rothe "Schüler und Politik. Eine vergleichende Untersuchung bayerischer und hessischer Gymnasialschüler" (Rothe, 1993).[157]

Wenden wir uns nun zunächst dem außerschulischen Bereich der politischen Bildung und damit beispielhaft der von Sussmann mittels Einzelinterviews in Form von 'Leitfadengesprächen' - ein Instrument der Datenerhebung, das der Grundtechnik 'Befragung'[158] zugerechnet werden kann (vgl. Schnell u.a., 1989, S.291) - ermittelten langfristigen Wirkungen hinsichtlich *allgemeiner Erinnerungen, affektiver Effekte, politischer Aktivitätsimpulse* und dem *empfundenen Nutzen* von Seminaren des 'Landeskuratoriums Bayern Unteilbares Deutschland' zu. Das spezifische Lernziel die-

---

156) Einen Überblick hierzu bietet u.a. Hilligen "Zu empirischen Untersuchungen über Voraussetzungen, Ergebnisse und Wirksamkeit des politischen Unterrichts" (Hilligen, 1985, S.260-263) und Siebert "Zur Wirksamkeit politischer Bildungsarbeit" (Siebert, 1990, S.436-441). Letzterer beschäftigt sich vor allem mit empirischen Analysen der außerschulischen politischen Bildung.
157) Es kann und soll hier nicht darum gehen, die beiden eben genannten Studien in ihrer gesamten Breite vorzustellen und zu behandeln. Vielmehr richtet sich das Interesse, neben einer kurzen Beschreibung der Vorgehensweise, vor allem auf die stichpunktartige Zusammenfassung der für unsere Fragestellung wichtig erscheinenden Untersuchungsergebnisse.
158) Neben der 'Befragung' charakterisiert Schnell die 'Beobachtung' und die 'Inhaltsanalyse' als zwei weitere Grundtechniken der Datenerhebung. (vgl. Schnell u.a, 1989, S.291-386)

ses untersuchten Einzelfalls bestand darin, "an dem konkreten Inhalt der historischen Entwicklung in Europa und der Teilung Deutschlands nach dem Zweiten Weltkrieg die Fähigkeit zu rationalem Urteilen im politischen Bereich zu vermitteln und einzuüben" (Sussmann, 1985, S.109).

Die untersuchte Population im Rahmen dieser Wirkungsanalyse setzt sich aus den ehemaligen Teilnehmern fünf aufeinander folgender Seminarkomplexe, die jeweils aus drei Veranstaltungen bestehen, zusammen, unabhängig davon, ob ein Teilnehmer an allen drei Wochenendveranstaltungen, die einen Seminarkomplex bilden, teilgenommen hat oder nicht. Die erste Wochenendveranstaltung des ersten Seminarkomplexes begann dabei am 24.10.1964, der fünfte und letzte Komplex am 6.10.1967. (vgl. ebd., S.37)

Aus den unterschiedlichsten Gründen konnten nach 10 bis 14 Jahren von diesen insgesamt 132 - abzüglich des Untersuchungsleiters 131 - damals im Durchschnitt ca. 19 Jahre alten Teilnehmern der fünf Seminarkomplexe, die sich zumeist aus Schülern, Studenten und Soldaten aus der Offiziersschule Neubiberg zusammensetzten, nur noch 50 Personen für ein Interview[159] gewonnen werden, wobei sechs dieser Gespräche telefonisch und 45 persönlich geführt wurden. Das erste Interview fand am 21. April und das letzte am 14. Dezember 1978 statt. (vgl. ebd., S.48/49)

Die Auswertung der Interviews, die sich sowohl in zeitlicher als auch in finanzieller Hinsicht als sehr aufwendig erwiesen (vgl. ebd., S.99)[160], bringen nach Sussman, stichpunktartig zusammengefaßt, bei den Probanden folgende Ergebnisse hinsichtlich langfristiger Wirkungen der 10 bis 14 Jahre zurückliegenden politischen Bildungsmaßnahme zutage:

1. Besser als die Inhalte - nur eine partielle Merkfähigkeit feststellbar - behalten die Teilnehmer die in den Seminaren eingesetzten Methoden und den Referenten in *allgemeiner Erinnerung*.

2. Die Mehrzahl der interviewten Teilnehmer hat für die eigene *Wissensaneignung* vor allen Dingen Methodisches gelernt, erst in zweiter Linie Grundlagenwissen. Außerdem wurde nach eigener Einschätzung auf dem Seminar sehr viel mehr gelernt als in der Schule.

3. Das Ziel, zu einer *rationalen Urteilsfindung* im politischen Bereich zu befähigen, konnte nicht erreicht werden, auch wenn sich viele Teilnehmer noch an dieses Lernziel des Seminars erinnern können. Darüber hinaus wurde eine *Einstellungsänderung* in der Einschätzung der Teilnehmer durch das Seminar nicht erreicht.

---

159) Ein solches offenes Interview, das dieser empirischen Analyse zugrunde liegt und für das ein umfassender Leitfaden entwickelt wurde - vgl. Sussmann, 1985, S.30/31 -, dauert durchschnittlich 50 Minuten und die angefertigte Niederschrift hat einen durchschnittlichen Umfang von ca. 17 Seiten.

160) Anzumerken bleibt, daß Sussmann in Anbetracht der von ihm verwendeten aufwendigen methodischen Vorgehensweise, an Hand der Ergebnisse der Einzelfallstudie auch einen Fragenkatalog konstruiert, der unter Berücksichtigung bestimmter Vergleichbarkeitskriterien als Prüfungsinstrumentarium für andere vergleichbare Seminare verwendet werden kann. (vgl. Sussmann, 1985, S.98-100)

4. Die meisten Teilnehmer wollen von dem Seminar keinen im nachhinein noch erkennbaren *Aktivitätsimpuls* ausgehen sehen.
5. Einhellig sagen die Teilnehmer, der größte *Nutzen* der Veranstaltung liege darin, das komplexe Gebiet der Politik ein wenig durchschauen zu können. Ein weiterer Nutzen ist darüber hinaus in Schule und Universität zu verzeichnen, wobei es nicht ausschließlich das Wissen ist, das den ehemaligen Teilnehmern nützt, häufig eher die vom Seminar auch in den Vordergrund gestellte Methode, sich selbst Informationen zu beschaffen und diese zu bewerten.
6. Eine *gemeinschaftsbildende Wirkung* unter den Seminarteilnehmern ist nicht auszumachen. (vgl. Sussmann, 1985, 109-112)

Ungeachtet dessen, daß nicht alle gewünschten Wirkungen bei den ehemaligen Teilnehmern der untersuchten Seminarreihe festzustellen sind, kann dennoch ohne die Ergebnisse der vorliegenden Analyse zu stark zu strapazieren und mögliche andere Einflüsse auszuschließen, ganz generell festgehalten werden, daß gerade auf dem Gebiet der methodischen Fähigkeiten - ein Gesichtspunkt, der in dieser Veranstaltungsreihe ja ausdrücklich im Vordergrund stand - tatsächlich eine 'langfristige Wirkung' bei den Teilnehmern erzielt werden konnte. Ein Ergebnis, das meiner Ansicht nach gerade aufgrund der mehr als ein Jahrzehnt zurückliegenden Seminarreihe beeindruckt und die polemische These von Noll - zumindest für den außerschulischen Bereich - stark relativiert, ihr vielleicht sogar widerspricht.

Nach den empirischen Feldforschungen in den 60er und 70er Jahren ist die von Rothe und seinen Mitarbeitern als 'schriftliche Befragung' konzipierte[161], 1991 durchgeführte, 1992 ausgewertete und ein Jahr später veröffentlichte Studie "Schüler und Politik", auf die ich nachfolgend kurz eingehen werde, eine der wenigen Untersuchungen neueren Datums, die sich mit der politischen Sozialisationsinstanz Schule, insbesondere mit deren Bedeutung und Wirksamkeit im Laufe des politischen Sozialisationsprozesses beschäftigt.[162] Im Rahmen dieser bayerische und hessische Schüler vergleichenden Studie, der eine Grundgesamtheit von ca. 4500 Gymnasialschülern aus beiden Ländern (vgl. Rothe, 1993, S.187/188), vornehmlich "der zehnten Klassen und der Jahrgänge zwölf und dreizehn" (ebd., S.19), zugrunde liegt, stehen für Rothe drei große Fragenkomplexe im Mittelpunkt des Interesses:
"1. Was wissen Schüler über Politik und Gesellschaft?
  2. Welche politischen Einstellungen und Werthaltungen zeigen sie?

---

[161] In diesem Zusammenhang muß noch erwähnt werden, daß eigens für diese Untersuchung ein standardisierter, 75 Items umfassender Fragebogen entwickelt wurde. (vgl. Rothe, 1993, S.189-200)
[162] Rothe selbst erklärt diese gegenwärtig - trotz vieler offener Fragen - doch sehr geringe empirische Forschungstätigkeit zum einen mit der kaum vorhandenen Forschungskapazität und zum anderen mit der großen Mühe solider empirischer Forschung. (vgl. Rothe, 1993, S.11)

3. Welche Einflußfaktoren und Quellen spielen bei der Entwicklung dieses Wissens und bei der Ausprägung der Werthaltungen eine Rolle?" (ebd., S.21)

Diese drei Untersuchungsschwerpunkte betrachtend und die eigene Fragestellung bedenkend, werde ich mich nachfolgend lediglich mit dem dritten Bereich auseinandersetzten und hier insbesondere die von Rothe selbst aufgeworfene Frage nach der "Bedeutung der Schule und des Sozialkundeunterrichts für den Erwerb Politischen Wissens und für die Politische Bildung" (ebd., S.137) beleuchten.[163]

Für die Beantwortung dieser Fragestellung können dabei laut vorliegender Studie insgesamt Daten und Aussagen aus vier verschiedenen Quellen herangezogen werden: Erstens aus dem Vergleich der 41 in die Untersuchung einbezogenen Schulen untereinander, des weiteren aus der Selbsteinschätzung der Schüler über die Quelle ihrer politischen Kenntnisse, drittens aus den Ergebnissen des Vergleichs der beiden Länder und nicht zuletzt aus der Konfrontation von Schülern mit Sozialkundeunterricht und solchen ohne. (vgl. ebd., S.137)
Im Hinblick auf die Auswertung dieser vier Datenquellen, ergibt sich dabei, thesenartig zusammengefaßt, folgendes Bild:
1. Als Ergebnis vielfacher Gegenüberstellungen einzelner Schulen mit vergleichbarem Umfeld, aus gleichen Regionen und Ländern und mit Mittelwerten für die soziale Zusammensetzung der Schüler, aber mit unterschiedlichen Werten für 'Politische Bildung' und 'Politisches Wissen' zeichnet sich ab, daß die Schulen ganz offensichtlich einen Einfluß auf die Schüler bezüglich der beiden hier interessierenden Kategorien haben (vgl. ebd., S.137ff.).[164]
2. Der Schule wird im Rahmen der Selbsteinschätzung durch die Schüler durchaus eine Rolle als politischer Sozialisationsfaktor zugeschrieben, wobei diese von den Probanden weniger als Quelle für politisches Wissen, sondern eher als wichtiger Bestandteil für die Ausprägung der Dimension 'Politische Bildung' angesehen wird. (vgl. ebd., S.142/143)
3. Der Ländervergleich, und damit "der gewaltige Unterschied von neunfach häufigerem Sozialkundeunterricht in Hessen gegenüber Bayern" (ebd., S.149), der dadurch zustande kommt, daß in Hessen bereits vom fünften Schuljahr an jedes Jahr ein bis zwei Stunden Sozialkunde unterrichtet werden, schlägt sich in keinem meßbaren Ergebnis nieder. (vgl. ebd., S.144ff.)[165]

---

[163] Die beiden hier verwendeten Wortkombinationen "Politisches Wissen" und "Politische Bildung" stellen im Rahmen dieser Studie zwei Kategorien dar, denen im Fragebogen jeweils spezielle Items zugeordnet wurden. Erstere steht für politisch-gesellschaftliche Kenntnisse (vgl. Rothe, 1993, S.34/35) und letztere für politische Einschätzungen und Werthaltungen (vgl. ebd., S.47/48).
[164] Dieser Einfluß liegt laut Rothe "offensichtlich weniger auf der allgemeinen Ebene von Lehrplänen und Stundenanteilen des Fachs Sozialkunde als vielmehr auf der Ebene schulinterner und schulspezifischer Faktoren" (Rothe, 1993, S.140).
[165] Rothe glaubt dies - mit Verweisen auf die kognitive Entwicklungspsychologie - damit erklären zu können, daß ein sinnvolles politisches Lernen erst mit dem Eintritt in ein bestimmtes Entwicklungs-

4. Schüler, "die an Kursen im Fach Sozialkunde teilnehmen, [verfügen] eindeutig über ein besseres politisches Wissen und bessere Werte in *Politischer Bildung*" (ebd., S.157f., Hervorhebung von Rothe). Auffallend ist außerdem, daß dieser Zusammenhang mit zunehmender Ausdehnung und Intensität der Kurse - z.B. durch einen speziellen Leistungskurs 'Sozialkunde' in der 12. und 13. Klasse - noch stärker hervortritt. (vgl. ebd., 155-158)

Ganz allgemein gilt somit für den schulischen Bereich der politischen Bildungsarbeit ähnlich wie für den zuvor beleuchteten außerschulischen, daß zwar keine genau quantifizierbare Aussage bezüglich der Bedeutung und Wirksamkeit dieser politischen Sozialisationsinstanz im Verhältnis zu anderen, ebenfalls wichtigen politischen Lern- und Erfahrungsfeldern - Familie, Arbeit, Medien usw. - möglich erscheint, daß aber gleichfalls, und dies belegen die hier angesprochenen Untersuchungsergebnisse von Sussmann wie Rothe sehr eindrucksvoll, deshalb noch lange nicht von einer Bedeutungs-, Wirkungs- und Folgenlosigkeit der institutionalisierten politischen Bildungsarbeit gesprochen werden kann.

Ohne den umgekehrten Fehler zu begehen und die politische Bildung im Rahmen außerschulischer und schulischer Veranstaltungen überzubewerten, muß aufgrund dieser empirischen Resultate das eingangs erwähnte Urteil von Noll abgelehnt und verworfen werden. Vielmehr sollte meiner Meinung nach für eine realistischere Sicht plädiert werden, die das Leistungspotential der beiden besprochenen politischen Sozialisationsinstanzen weder idealisiert noch bagatellisiert. Ein Standpunkt also, der weder übertriebene Euphorie bezüglich des Machbaren suggerieren will, noch Resignation und Ohnmachtsgefühle - wegen vermeintlich geringer und schlecht meßbarer Erfolge der politischen Bildungsanstrengungen - für angebracht hält.

Faßt man an dieser Stelle - bevor in Kapitel 4 und 5 der Blick erneut auf den speziellen Lerngegenstand *Innere Einheit Deutschlands* gerichtet wird -, die vorgelegte Standortbeschreibung, die sich mit Lage, Aufgabe und Bedeutung der politischen Bildungsarbeit im vereinten Deutschland beschäftigt, zusammen, so ergibt sich folgendes Bild: Den vielfältigen Herausforderungen und fundamentalen Problemlagen, die für 'ein menschenwürdiges Leben' und 'Überleben' heute und in absehbarer Zukunft wichtig erscheinen, steht eine institutionalisierte politische Bildungsarbeit gegenüber, die in ihrer Leistungsfähigkeit und Bedeutung als ein politischer Sozialisationsfaktor neben vielen anderen, häufig fälschlicherweise unterschätzt wird und deren Lage bzw. 'Realsituation' sich derzeit ähnlich unbefriedigend darstellt wie in den achtziger Jahren.

---

alter und eine gewisse Reifestufe möglich wird. Ab diesem Zeitpunkt aber, den er irgendwo zwischen dem 9. und 10. Schuljahr vermutet, unterscheiden sich die beiden Länder bezüglich der Stundenzahl für Sozialkunde praktisch nicht mehr.

Diese ungünstige Situation für die politische Bildung hat sich auch dadurch nicht grundlegend verändern können, daß von vielen Seiten seit Beginn der neunziger Jahre wiederholt gefordert wird - gerade in Anbetracht der herausragenden Problemlagen und der einmaligen Chance im Rahmen der vereinigungsbedingten 'Neukonstituierung' der politischen Bildung im Osten -, auch einen Neuanfang im Westen zu wagen und auf diese Weise u.a. die unzureichenden Rahmenbedingungen für die politische Bildung zu verbessern. Vielmehr besteht gegenwärtig die Gefahr, daß die gleichen Fehler und Unzulänglichkeiten, die im Westen seit Jahren im Bereich der politischen Bildungsarbeit an der Tagesordnung sind und zu dem viel zitierten "katastrophalen Mißstand" (Fischer, 1981, S.27) geführt haben, sich auch im Osten etablieren.

Dieser Trend, der auf gesamtstaatlicher Ebene wenig Anlaß zur Hoffnung gibt, könnte meiner Ansicht nach nur mit Hilfe wirklich ernstgemeinter politischer Initiativen - die sich derzeit nicht abzeichnen - umgekehrt werden. Politische Aktivitäten, die der politischen Bildungsarbeit nicht nur verbal, sondern real einen höheren Stellenwert verleihen müßten, indem sie die gegenwärtig zum Teil destruktive 'Realsituation' der institutionlisierten politischen Bildung nachhaltig verbessern.

Ob die politische Bildung - diese Standortbeschreibung vor Augen - dennoch bereit und in der Lage ist, sich einem fachdidaktisch legitimierten und von vielen Seiten als gesellschaftlich so relevant angesehenen Themenbereich wie dem Schlüsselproblem *Innere Einheit Deutschlands* zu stellen und, wenn ja, in welchem Maße, soll nachfolgend untersucht werden.

4. Die *Innere Einheit Deutschlands* als Gegenstand der politischen Bildungsarbeit in der Schule - eine Auswertung bayerischer und brandenburgischer Lehrpläne der Schulen der Sekundarstufe I und der Berufsschule

4.1 Anlage und Umfang der angestrebten Untersuchung

Wie in Kapitel 1 bereits angedeutet, stehen im Laufe der nun folgenden Ausführungen drei für die Analyse wichtige Gesichtspunkte im Mittelpunkt des Interesses: Zum einen die notwendige Charakterisierung und Beschreibung der hier verwendeten inhaltsanalytischen Arbeitsweise[166], des weiteren die präzise Klärung der Begrifflichkeit, Funktion und Bedeutung des Daten- bzw. Untersuchungsmaterials für den politischen Unterricht und nicht zuletzt die Benennung und Erörterung des empirisch-methodischen Problems, die Validität und Reliabilität der Untersuchung - "zwei Gütekriterien von zentraler Bedeutung" (Schnell u.a., 1989, S.146) - im Forschungsprozeß angemessen zu berücksichtigen.

An dieser Stelle bleibt wichtig, anzumerken, daß die im Laufe der Erläuterungen getroffenen allgemeingültigen Aussagen bezüglich des Datenmaterials in Punkt 4.3.1 bzw. 4.3.2, den bayerischen und brandenburgischen Besonderheiten entsprechend, noch näher spezifiziert werden müssen. Dies ist schon allein deshalb unumgänglich, weil die in Deutschland bestehende Kulturhoheit der Länder zu einer von Bundesland zu Bundesland divergierenden Ausgestaltung des Bildungswesens und damit auch der Lehrpläne geführt hat und somit von keiner einheitlichen Bedeutung des Untersuchungsmaterials für den politischen Unterricht gesprochen werden kann. Ein Umstand, der, wie noch zu zeigen sein wird, aber gerade für die Aussagekraft der Untersuchungsergebnisse - für die Schlußfolgerung vom jeweiligen Lehrplan auf den Unterricht selbst - von erheblicher Bedeutung ist.

4.1.1 Methodisches Vorgehen

Bereits der Begriff "Inhalt" macht deutlich, daß die sozialwissenschaftliche Methode der Inhaltsanalyse sich i.w.S. mit "Kommunikationsinhalte[n] (face-to-face-Kommunikation

---

[166] Die nachfolgenden Ausführungen, die keinesfalls den Anspruch einer umfassenden Darstellung der inhaltsanalytischen Methode erheben - siehe dazu u.a. Merten, 1983; Rust, 1983; Früh, 1991 - wollen vielmehr nur einige wesentliche inhaltsanalytische Charakteristika benennen und anschließend die Vorgehensweise, wie sie im Laufe der hier angestrebten Analyse Verwendung findet, näher beschreiben.

Kapitel 4: Die Innere Einheit Deutschlands als Gegenstand der schulischen politischen Bildung

und Massenkommunikation), sofern sie in irgendeiner Weise manifest [...] abgebildet werden können" (Deetjen, 1985, S.165) und damit mit Texten[167] aller Art beschäftigt, wobei davon auszugehen ist, daß "jeder beliebige Text - Zeitungsartikel, Werbetexte, Flugblätter, Schulbücher, Gesprächsprotokolle, [...] usw." (Müller, 1984, S.457) - zum Gegenstand einer solchen Analyse werden kann.

Des damit bereits angedeuteten Rückgriffs auf kommunikationstheoretische Grundlagen, um die Inhaltsanalyse zu beschreiben, bedienen sich viele Autoren, die sich mit dieser Variante der empirischen Sozialforschung beschäftigen - vgl. u.a. Müller, 1984, S.459-461; Deetjen, 1985, S.164-166; Saldern, 1989, S.14-31; Früh, 1991, S.38-47; Rustemeyer, 1992, S.14/15 usw. Sie benutzten dabei zumeist ein in seiner Grundstruktur relativ einfaches und unkompliziertes Kommunikationsmodell[168] (siehe Abb. 1), an Hand dessen sie die bereits genannten Gegenstände und möglichen Ziele der Inhaltsanalyse ableiten und beide Komponenten zueinander in Verbindung setzen.

Abb. 1: Kommunikationsmodell:

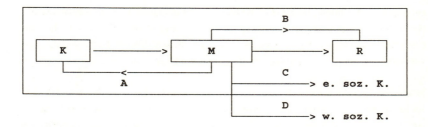

K	:= Kommunikator
M	:= Mitteilung (meist schriftlich fixierter Inhalt)
R	:= Rezipient
e. soz. K.	:= enger soziale Kontext
w. soz. K.	:= weiter sozialer Kontext
A, B, C, D	:= mögliche Schlußfolgerungen

---

167) Auch wenn es sich zweifellos größtenteils um Texte handelt, die einer Inhaltsanalyse unterzogen werden, weist Schnell darauf hin, daß ganz generell auch "Rundfunk und Fernsehsendungen, Filme usw." mittels dieser Methode untersucht werden können (vgl. Schnell u.a., 1989, S.370).

168) Es soll hier nicht der Eindruck erweckt werden, als könne mit Hilfe dieses Modells das Phänomen Kommunikation in seiner ganzen Komplexität erfaßt werden. Dieser Entwurf soll im Zusammenhang mit der Beschreibung der Inhaltsanalyse nur dazu dienen, das Phänomen der Nachricht, bzw. des Nachrichteninhalts, in der Kommunikation zu veranschaulichen. (vgl. Saldern, 1989, S.21f.).

Die erwähnten Veröffentlichungen beachtend, werden dabei meist drei oder vier mögliche Rückschlüsse oder Hauptziele der Inhaltsanalyse - wie sie in Abb. 1 mit den Buchstaben A, B, C und D gekennzeichnet sind - genannt:
A. Rückschluß vom Inhalt auf den Kommunikator
B. Rückschluß vom Inhalt auf den Rezipienten
C. Rückschluß vom Inhalt auf den engeren sozialen Kontext
D. Rückschluß vom Inhalt auf einen weiteren sozialen Kontext.

Diesen einfachen, dem Erklärungszweck dienenden Kommunikationsprozeß vor Augen, sieht Früh - der die Inhaltsanalyse als *"eine empirische Methode zur systematischen, intersubjektiv nachvollziehbaren Beschreibung inhaltlicher und formaler Merkmale von Mitteilungen"* (Früh, 1991, S.24, Hervorhebung von Früh) definiert - den eigentlichen Sinn jeder Inhaltsanalyse darin, unter einer bestimmten forschungsleitenden Perspektive Komplexität zu reduzieren. Der in dem Zusammenhang zwangsweise auftretende Informationsverlust durch Reduktion ist dabei aber keinesfalls als Nachteil zu sehen, sondern bildet vielmehr die Voraussetzung für einen Informationsgewinn, der auf anderem Wege nicht zu erzielen wäre. (vgl. ebd., S.40)

Dieser wesenhafte Sinn aller Inhaltsanalysen, nämlich die Komplexität der Textmenge auf eine ganz bestimmte Information zu reduzieren und mittels der gewonnenen Daten - wie in Abb 1. angedeutet - Rückschlüsse zu ziehen, kann auch im Rahmen der hier angestrebten Auswertung der komplexen Inhalte des in schriftlicher Form vorliegenden Untersuchungsmaterials 'Lehrplan' als Hauptanliegen bezeichnet werden.

In unserem speziellen Fall soll dabei mit Hilfe der 'Frequenzanalyse'[169] - eine der klassischen Formen der quantitativen Inhaltsanalyse (vgl. Bos u.a., 1989a, S.4) -, in der vorgegebene Textelemente von einzelnen Wörtern bis zu ganzen Sätzen oder Themen klassifiziert werden und die Häufigkeit ihres Vorkommens im Untersuchungsmaterial ausgezählt wird (vgl. Schnell u.a., 1989, S.371), die Frage beantwortet werden, ob und in welcher Form und Häufigkeit der Lerngegenstand *Innere Einheit Deutschlands* in der ausgewerteten Datenquelle Erwähnung findet.

Um dabei die angestrebte Analyse, wie von Früh in seiner Definition ganz allgemein für alle inhaltsanalytischen Arbeitsformen gefordert, systematisch und intersubjektiv nachvollziehbar zu gestalten, werden nachstehend die fünf grundlegenden Arbeitsschritte, wie sie Müller 1984 zusammengestellt hat - Bestimmung des relevanten Textmaterials, Festlegung der Untersuchungseinheiten, Entwicklung eines inhaltsanalytischen Kategorienschemas, die Zuordnung der Untersuchungseinheiten zu den Katego-

---

[169] Schnell bezeichnet die 'Frequenzanalyse' neben der 'Valenzanalyse', der 'Intensitätsanalyse' und der 'Kontingenzanalyse' als eine der gebräuchlichsten Formen der empirischen Inhaltsanalyse. (vgl. Schnell u.a., 1989, S.371)

rien, die Auswertung (vgl. Müller, 1984, S.462-464) -, angesprochen und bezüglich unserer Forschungsfrage erläutert.

1. Schritt: *die Bestimmung des relevanten Textmaterials.*

Die Forschungsfrage und die in Punkt 1.2.3 der vorliegenden Arbeit durchgeführte räumliche, zeitliche und fachliche Abgrenzung des hier interessierenden Untersuchungsgegenstandes "Schule" vor Augen, stellt der Lehrplan - ohne den Unterricht selbst besuchen zu müssen - als auszuwertende Datenquelle, die - verkürzt gesprochen - vom Kultusministerium (Kommunikator) in schriftlicher Form den betreffenden Politiklehrern (Rezipienten) mitgeteilt wird, eine adäquate Möglichkeit dar, zu prüfen, in welchem Maße die *Innere Einheit Deutschlands* seit der Wiedervereinigung zum Gegenstand des politischen Unterrichts geworden ist. Diese Schlußfolgerung - siehe Abb. 1/D - von der kommunizierten Mitteilung 'Lehrplan' auf den von den Lehrern arrangierten sozialen Kontext 'Unterricht' wird meines Erachtens vor allem deshalb möglich, weil die Lehrpläne nach wie vor als die wesentlichen "Planungsinstrumente" (Westphalen, 1985, S.13) für den Unterricht zu gelten haben und diese bis heute von den Lehrern - "was die Orientierung an den [...] obligatorisch oder fakultativ verordneten Unterrichtsinhalte[n] anbetrifft" (ebd., S.13) - ein hohes Maß an Verbindlichkeit verlangen.[170]

Dennoch wäre es schon allein aufgrund des unbestreitbar vorhandenen methodischen und didaktischen Gestaltungsfreiraums der Lehrer im Rahmen der Stoffvermittlung (vgl. Bittlinger, 1979, S.102/103) kurzsichtig, anzunehmen, es könnten im Laufe der Untersuchung diesbezüglich mehr als Tendenzaussagen[171] getroffen werden.

Dieser angestrebten Folgerung vom Lehrplan auf den sozialen Kontext 'Politikunterricht' liegt somit ein Erklärungsansatz zugrunde, der das individuelle Handeln des Lehrers, wie jede andere individuelle Handlung auch, als komplexes Produkt institutioneller, situationsbezogener und persönlichkeitsspezifischer Faktoren (vgl. Büschges, 1985, S.16) beschreibt und dabei den Lehrplan als wichtigen institutionellen Einflußfaktor betrachtet, der den Lehrer bei der Inhaltsauswahl dieser unterrichtsvorbereitenden (Handlungs-)Entscheidung erheblich beeinflußt, was wiederum unmittelbare Auswirkungen auf die thematische Gestaltung der Unterrichtssituation hat.

Anzumerken bleibt, daß neben dieser Schlußfolgerung vom genannten Untersuchungsmaterial auf den politischen Unterricht ein weiterer Rückschluß von der analysierten Datenquelle auf den Kommunikator (Kultusministerium) - siehe Abb. 1/A - angestrebt

---

170) Weitere Argumente, die eine mögliche Schlußfolgerung vom Lehrplan auf den Unterricht nahelegen, werden in Punkt 4.1.2 angesprochen.
171) 'Tendenzaussage' soll heißen, daß die hier vorgenommene inhaltsanalytische Auswertung nichts über die genaue methodische und didaktische Umsetzung der Lehrplaninhalte aussagen kann - man denke nur an den erwähnten Gestaltungsfreiraum des Lehrers -, daß aber sehr wohl mit Hilfe dieser Datenquelle festzustellen sein wird, ob und in welchen thematischen Facetten die Lehrer generell die Vereinigungsproblematik im Politikunterricht behandeln werden.

wird. Hierbei soll geklärt werden, ob das betreffende Kultusministerium und damit die jeweilige Landesregierung von Bayern und Brandenburg, d.h. die für die Lehrplangestaltung in diesen beiden Ländern politisch verantwortlichen Instanzen, explizit die innere Einheit zu einem Gegenstand der politischen Bildung in der Schule machen wollen oder nicht.

2. Schritt: *Die Untersuchungseinheiten werden bestimmt*.
Dieser Schritt legt für den weiteren Verlauf der Analyse die Texteinheiten, einzelne Wörter, Wortkombinationen, Sätze usw. fest, die dann der definierten Kategorie bzw. den Unterkategorien zugeordnet werden. Das "Problem der Einheitenfestlegung" (Rustemeyer, 1992, S.21) besteht nun darin, diese so auszuwählen, daß es zu einer systematischen und intersubjektiv nachvollziehbaren Gesamtbeschreibung der jeweils interessierenden Bedeutungsaspekte kommt (vgl. ebd., S.13).
In unserem speziellen Fall, bei dem alle möglichen Unterrichtsgegenstände, -inhalte und -themen gesucht werden, die unter den Oberbegriff *Innere Einheit Deutschlands* subsumiert werden können, wird für die angestrebte Analyse die Untersuchungseinheit des Halbsatzes und Satzes festgelegt unter Berücksichtigung des charakteristischen Aufbaus der untersuchten Datenquelle, im Hinblick auf die allgemeine Formulierung der Unterrichtsgegenstände, -inhalte und -themen in Form ganzer Sätze oder Halbsätze.

3. Schritt: *Die Entwicklung eines inhaltsanalytischen Kategorienschemas*.
Wie Schnell formuliert, besteht "die wesentlichste Entscheidung bei einer Inhaltsanalyse [...] in der Entwicklung eines Kategorienschemas" (Schnell u.a., 1989, S.373, Hervorhebung von Schnell) und Müller weist explizit daraufhin, daß "diese Entscheidung [...] immer nur im Zusammenhang mit der Forschungsfrage und den daraus abgeleiteten Hypothesen begründet werden" (Müller, 1984, S.462) kann. Diese herausragende Bedeutung des Kategorienschemas für die inhaltsanalytische Forschung ist i.w.S. damit zu erklären, daß mit Hilfe dieser Maßnahme endgültig festgelegt wird, wie die vorhandene Datenmenge reduziert, d.h. die Vielzahl von Aussagen mit Hilfe von Abbildungsregeln durch eine wesentlich kleinere Menge von Aussagen repräsentiert wird (vgl. Huber, 1989, S.32) und damit "die Beschreibung des *manifesten Inhalts*" (Bos u.a., 1989a, S.4, Hervorhebung von Bos) vorgenommen werden soll.

Die Forschungsfrage bedenkend, kann die oberste Kategorie der anstehenden inhaltsanalytischen Aufbereitung der Lehrpläne nur der als Problem, Prozeß und Ziel charakterisierte Lerngegenstand *Innere Einheit Deutschlands* sein.
Dieses, von mir in Kapitel 1 entwickelte und in Kapitel 2 fachwissenschaftlich legitimierte, theoretische Konstrukt steht dabei, wie bereits ausführlich besprochen, für alle denkbaren vereinigungsbedingten Facetten wirtschaftlicher, politischer, gesellschaftli-

cher, rechtlicher, sozialer usw. 'Probleme' und 'Konflikte', die den Prozeß der inneren Einheit i.w.S. belasten und damit das Zusammenwachsen, d.h. die 'Integration' der beiden zwar formal vereinten, aber durch eine über 45 Jahre andauernde unterschiedliche Entwicklung auseinandergelebten Gesellschaften erschweren und behindern. Anders ausgedrückt kann dieses Konstrukt als ein gesellschaftlich relevantes 'Schlüsselproblem' - siehe zusammenfassend Punkt 3.2.3 der vorliegenden Arbeit - definiert werden, ein Aufgabenfeld also, dem sich eine *problem- und zukunftsorientierte* politische Bildungsarbeit stellen muß, zumal dann, wenn sie sich, wie hier geschehen, der *Zeit- und Zukunftsdiagnose* als Instrument der Inhaltsauswahl verschrieben hat (vgl. Punkt 3.2.1). Darüber hinaus werden mit dieser Kategorie aber auch all jene Inhalte und Themen zusammengefaßt, die den problem- und konfliktbeladenen 'Prozeß' der inneren Einheit beschreiben und auf diese Weise den am Politikunterricht beteiligten Personen Informationen liefern, die für eine adäquate Problem- und Konflikterkennung wichtig sind und eine Einordnung bereits bekannter vereinigungsbedinter Schwierigkeiten in einen größeren Gesamtzusammenhang überhaupt erst ermöglichen.

Im Hinblick auf diese oberste Kategorie, die anschließend in vier Unterkategorien unterteilt wird, muß der Vollständigkeit halber noch einmal ausdrücklich betont werden, daß jede weiterführende Definition dieses speziellen Lerngegenstandes schon allein deshalb sinnlos erscheint, weil ein Lerngegenstand - wie in Kapitel 1 erörtert - ein vielschichtiges Problem- und Konfliktfeld umschreibt und auf diese Weise einen möglichen Aufgabenkomplex für die politische Bildung fixiert, der auf keinen Fall abschließend, und alle möglichen Unterrichtsgegenstände, -inhalte und -themen bedenkend, definiert werden kann.

Bei den vier verwendeten Unterkategorien, die aus dem spezifischen Aufbau des Untersuchungsmaterials Lehrplan abgeleitet werden und von Cremer bereits 1992 im Rahmen einer umfassenden Inhaltsanalyse der Lehrpläne des Fachs Sozialkunde/Politische Bildung der fünf "neuen" Bundesländer eingesetzt wurden (vgl. Cremer, 1992)[172], handelt es sich um die vier Lernfelder *'Gesellschaft'*, *'Wirtschaft*, *'Eine Welt'* und *'Verfassungsmäßige Ordnung'* und damit um ein grundlegendes Raster für die Einordnung von Unterrichtsinhalten (vgl. brdbg. Lehrplan, 1991a, S.13). Ein Schema, unter das die Gesamtheit der "inhaltlichen Schwerpunkte" (Cremer, 1992, S.547) und damit letztlich alle denkbaren, in den Lehrplänen erwähnten Unterrichtsgegenstände, -inhalte und -themen subsumiert werden können.[173]

---

172) Cremer geht in seiner Untersuchung nicht komplexitätsreduzierend vor, sondern katalogisiert lediglich alle untersuchten Lehrpläne nach inhaltlichen Schwerpunkten.
173) An dieser Stelle wird besonders deutlich, daß das hier verwendete Kategoriensystem, insbesondere die vier Unterkategorien, wie von Rustemeyer prinzipiell gefordert, nicht nur theoriegeleitet, d.h. in Abhängigkeit von der Fragestellung erarbeitet wird - was weitgehend für die oberste Kategorie *In-*

Der Forderung nach Intersubjektivität und Systematik verpflichtet, müssen im folgenden diese vier Unterkategorien - auf die Fragestellung und damit auf die bereits erörterte oberste Kategorie abgestimmt - so exakt und trennscharf wie möglich definiert werden, wobei ich ganz allgemein davon ausgehe, daß es eine vollständige, unanfechtbare und abgeschlossene Definition nicht geben kann. Ein solches Unterfangen ist schon allein deshalb unmöglich, weil jeder Begriff, der seinerseits zur Beschreibung eines anderen - hier zur weiteren Erörterung der Unterkategorien - herangezogen wird, ebenfalls wieder erklärungsbedürftig wäre und somit der Versuch, eine absolut eindeutige Definition zu erzeugen, immer in einen nicht enden wollenden Definitionsregreß einmünden würde.

Neben dieser definitionstechnischen Schwierigkeit muß außerdem darauf hingewiesen werden, daß die gedanklichen Einheiten, die die vier verwendeten Unterkategorien benennen, in der wissenschaftlichen Diskussion je nach Standpunkt, Position und Problemstellung höchst unterschiedlich definiert werden und somit die hier im Sinne unserer Fragestellung vorzulegende Deutung, wie es Sontheimer formuliert, nur "eine Interpretation unter anderen möglichen" (Sontheimer, 1993, S.9) sein kann.

Die Problematik des Definitionsvorgangs bedenkend, werden im weiteren Verlauf der Untersuchung im Anschluß an den Versuch, den Bedeutungsgehalt verbal zu beschreiben, jeder der vier Unterkategorien - als erklärende Ergänzung - Indikatoren[174] beigeordnet, die auf der Objektseite (Text) den jeweiligen, verbal umschriebenen Bedeutungsgehalt noch weiter erhellen sollen (vgl. Früh, 1991, S.83)[175]. Darüber hinaus wird versucht, indem der Definition noch eine weitere Komponente hinzugefügt wird, nämlich die von Cremer genannten Themenbereiche, die er selbst aus den von ihm untersuchten Lehrplänen abgeleitet hat und mit Hilfe derer er die vier Kategorien beschreibt[176], ein noch besseres Verständnis für die vier Lernfelder zu erzeugen.

Cremer geht bei dieser Art der Kategorienklärung davon aus, daß man alle Lehrpläne für den politischen Unterricht, egal welchen Bundeslandes und welcher Schulart, zunächst in vier grobe Lernfelder, die in vielen Lehrplänen ja ausdrücklich genannt

---

nere Einheit Deutschlands zutrifft -, sondern auch in Verbindung mit dem vorliegenden Textmaterial. (vgl. Rustemeyer, 1992, S.22)

174) Früh definiert Indikatoren als "empirische Äquivalente für nicht direkt sinnlich wahrnehmbare Sachverhalte" (Früh, 1991, S.81). So wären beispielsweise die Begriffe Heiterkeit, Lachen, Humor usw. Indikatoren für das Konstrukt "Freude".

175) Im Kontext unserer Forschungsfrage kann es sich bei der Zuordnung der Indikatoren zu den verbal definierten Bedeutungsgehalten keinesfalls um eine vollständige Aufzählung handeln. Vielmehr geht es darum, mit Hilfe der Indikatoren eine weiterführende Ergänzung zu der theoretischen bzw. verbalen Definition bereitzustellen und damit die intersubjektive Nachprüfbarkeit der Auswertung zu erhöhen.

176) Cremer verzichtet in seiner Untersuchung - zugunsten der Zuordnung von Themenbereichen - völlig auf die Form der theoretischen, also verbalen Definition und auf die hilfreiche Benennung von Indikatoren.

Kapitel 4: Die Innere Einheit Deutschlands als Gegenstand der schulischen politischen Bildung 105

werden, unterteilen kann, diese wiederum in einzelne Themenbereiche und schließlich auf einer dritten Ebene die Themenbereiche in spezifische Unterrichtsinhalte (vgl. Cremer, 1992, S.545-532), wobei letztere, formuliert in Halbsätzen oder Sätzen, in unserem speziellen Fall die Untersuchungseinheiten markieren.

Diese drei genannten Bestandteile der Kategorienbestimmung, *verbale Definition, Benennung von Themenbereichen und mögliche Indikatoren*[177], werden nun herangezogen, um den Bedeutungsgehalt der vier Unterkategorien so eindeutig wie möglich zu bestimmen und damit der Forderung nach Systematik und intersubjektiver Nachprüfbarkeit der Inhaltsanalyse gerecht zu werden.

Die Unterkategorie *'Gesellschaft'* steht für alle in den Lehrplänen aufzufindenden Untersuchungseinheiten, die sich unter dem Blickwinkel der inneren Einheit mit den vielfältigen Formen menschlichen Zusammenlebens, möglicher Lebensformen und der Lebensgestaltung beschäftigen und dabei den Menschen selbst, der permanent den verschiedensten sozialen Veränderungen, Problemen und Konflikten ausgesetzt ist (sozialer Wandel) und somit einen lebenslangen Lernprozeß durchläuft (Sozialisation), als individuell handelndes Wesen und als Rollenträger charakterisieren.

Cremer faßt unter diesem Lernfeld folgende Themenbereiche zusammen: Familie, Schule, Freizeit, Zusammenleben/Toleranz/Randgruppen, Sucht und Suchtgefahr, Jugendliche/Jugendschutz, Berufswahl, gesellschaftliche Probleme, Sozialisation. (vgl. Cremer, 1992, S.547-559)[178]

Mögliche Indikatoren, die unter die Kategorie 'Gesellschaft' im hier definierten Sinne fallen würden, wären z.B.: die Mauer in den Köpfen der Menschen, das Zusammenleben und Zusammenwachsen von Menschen aus gegensätzlichen Systemen, soziale Veränderungen in Ostdeutschland, West-Ost-Gefälle in Deutschland, die veränderten Rollenanforderungen in Deutschland, der Umschwung von der Einheitseuphorie zum Syndrom des verlorenen Lebens, die gewandelten und neuen Anforderungen in der Schule usw.

Die Unterkategorie *'Verfassungsmäßige Ordnung'* steht i.w.S. für all die Unterrichtsgegenstände, -inhalte und -themen, die sich unter dem Gesichtspunkt der Wiedervereinigung problem- und konfliktorientiert mit dem Grundgerüst des politischen Systems auf Bundes-, Landes- und Kommunalerebene - auch mit dem politischen System der ehemaligen DDR - auseinandersetzen, wobei hier das Konstrukt "politisches System" den

---
177) Anzumerken bleibt, daß die im folgenden beispielhaft angeführten Indikatoren im Rahmen einer Voruntersuchung der Lehrpläne - eines sogenannten Pretests -, bei der die Unterkategorien bezüglich ihrer Validität und Reliabilität getestet wurden, gewonnen werden.
178) Es soll nicht der Eindruck erweckt werden, als seien damit alle möglichen unter dieses Lernfeld fallenden Themenbereiche genannt. Vielmehr handelt es sich dabei um all jene, die Cremer der ihm vorliegenden umfassenden Datenquelle entnommen hat und die die Kategorie 'Gesellschaft', wie sie im Politikunterricht der fünf "neuen" Länder behandelt wird, umschreibt.

politischen Entscheidungs- und Mitwirkunsprozeß und dabei insbesondere die an diesem Zusammenspiel beteiligten Institutionen und Personen beschreibt: die Staats- bzw. Verfassungsorgane, des weiteren die Bürgerschaft und nicht zuletzt den informierenden, vermittelnden und einflußnehmenden Komplex der Öffentlichkeit, die Massenmedien, Parteien, Bürgerinitiativen, Verbände usw.

Nach Cremer wird diese Kategorie in den Lehrplänen mit folgenden Themenbereichen umschrieben: Deutschland/BRD/DDR/Einheit, Verfassungsmäßige Ordnung der Bundesrepublik, Grundrechte/Recht, Parteien/Verbände/Wahlen/Willensbildung, das Land ..., Kommune, Medien, Gewalt/Terrorismus/Extremismus. (vgl. Cremer, 1992, S.559-586)

Denkbare Indikatoren, die unter die Unterkategorie 'Verfassungsmäßige Ordnung' subsumiert werden müssen, wären beispielsweise: Die Partei hat immer recht - Anspruch und Wirklichkeit des DDR-Systems, politische Hoffnungen und Illusionen der DDR-Bürgerinnen und Bürger, Probleme des Übergangs in ein anderes politisches System, die Rolle der Bürgerbewegungen vor und nach der Wende, Deutsche Vereinigung - politische Probleme des Zusammenwachsens der beiden Teile Deutschlands, Gründe des Scheiterns des Sozialismus in der DDR usw.

Die Unterkategorie '*Wirtschaft*' soll all die Unterrichtsgegenstände, -inhalte und -themen zusammenfassen, die unter dem Aspekt der formal vollzogenen inneren Einheit die Grundstruktur der laufenden Produktions- und Konsumvorgänge in Deutschland oder der ehemaligen DDR und die dazugehörigen ordnungspolitischen Rahmenbedingungen - das marktwirtschaftliche und das planwirtschaftliche Modell - beleuchten, die beiden ungleichen Ordnungsrahmen gegenüberstellen, jeweilige Stärken und Schwächen herausarbeiten und insbesondere den in den "neuen" Bundesländern noch andauernden Transformationsprozeß, - von der Planwirtschaft zur sozialen Marktwirtschaft - und die damit einhergehenden Probleme, Schwierigkeiten und Konflikte der Menschen behandeln.

Diese Kategorie wird in den Lehrplänen durch folgende Themenbereiche repräsentiert: Umweltschutz, Wirtschaft, Arbeit und Soziales, Finanzen, Landwirtschaft. (vgl. Cremer, 1992, S.609-627)

Potentielle Indikatoren, die dieser Kategorie hinzugerechnet werden müssen, sind zum Beispiel: Der Zusammenbruch der zentralistischen Planwirtschaft, Wirtschafts-, Währungs- und Sozialunion, Probleme des wirtschaftlichen Umbruchs, Aufgaben und Grenzen der Treuhand (Sanierung, Abwicklung, Privatisierung, ...), Einsicht in Gründe des Scheiterns der sozialistischen Planwirtschaft usw.

Die Unterkategorie '*Eine Welt*', die im Gegensatz zu den vorhergehenden drei Kategorien die nationalstaatliche Ebene verläßt, steht für die Gesamtheit der in den Lehrplänen aufzufindenden Untersuchungseinheiten, die sich mit allen nur denkbaren strukturellen Problemen und im Laufe des Vereinigungsprozesses auftauchenden Konflikten einer über die nationalen Grenzen hinwegreichenden Zusammenarbeit bzw. Verflechtung der Einzelstaaten befassen, d.h. mit der Einbindung dieser in internationale und globale Zusammenhänge unter dem spezifischen Blickwinkel der inneren Einheit Deutschlands.

Das soeben verbal definierte Lernfeld 'Eine Welt' wird nach Cremer mittels der nachfolgenden Themenbereiche charakterisiert: Eine Welt/Entwicklungshilfe, Frieden/Abrüstung/Sicherheit/Terrorismus, Europa/EG. (vgl. Cremer, 1992, S.587-607) Beispielhaft seien einige Indikatoren genannt, die mit dieser Kategorie in Verbindung gebracht werden: Die Auswirkungen der Wiedervereinigung auf internationale Beziehungen, Deutschlands neue Rolle in Europa und der Welt nach der wiedererlangten vollen Handlungsfreiheit, Bedeutung der Verträge bei Wiederherstellung der deutschen Einheit und daraus folgende internationale Abkommen, Abzug der »Freunde«[179] [aus den "neuen" Bundesländern], verordnete Völkerfreundschaft in der DDR, Beurteilung der Wiedervereinigung Deutschlands durch seine Nachbarn usw.

4. Schritt: *die Zuordnung der Untersuchungseinheiten zu den Kategorien*.
Nachdem das relevante Textmaterial bestimmt, die Untersuchungseinheiten festgelegt und das zu messende theoretische Konstrukt definitorisch abgegrenzt und in Unterkategorien zerlegt wurde, kann die Zuordnung - siehe Punkt 4.3 - der Untersuchungseinheiten zu den vier Kategorien erfolgen, wobei nicht vergessen werden darf, daß aufgrund der spezifischen Sprachkompetenz und des jeweiligen Sprachverständnisses des Codierers bzw. Verfassers immer ein gewisser Spielraum bei der Identifikation und Zuordnung der Untersuchungseinheiten verbleibt (vgl. Früh, 1991, S.113). Ein Umstand, der "eine repräsentative oder gar »absolut richtige« (bzw. in diesem Sinne »objektive«) Textanalyse" (ebd.) unmöglich macht.

Nichtsdestotrotz erscheint der Vorwurf nicht gerechtfertigt, es handle sich deshalb bei der hier eingesetzten Methode um eine beliebige, unsystematische, nicht kritisierbare bzw. überprüfbare Forschungsstrategie. Eine solche Schlußfolgerung wäre meines Erachtens schon allein wegen der vorgelegten systematischen und ausführlichen Beschreibung und Offenlegung der Selektions- und Klassifikationsstrategie abwegig. Auch Huber bemerkt in Bezug auf die Inhaltsanalyse entsprechend, es gibt "keine "gute" oder "schlechte", keine "harte" oder "weiche" Forschung, sondern [...] nur methodische Strenge oder Schlamperei" (Huber, 1989, S.41).

---

179) Gemeint sind hier die in der ehemaligen DDR stationierten russischen Streitkräfte (ca. 550000 Soldaten), deren Abzug im Rahmen internationaler Bemühungen ausgehandelt und erst am 1. September 1994 - nach fast vier Jahren - vollständig abgeschlossen wurde.

5. Schritt: *die Auswertung*.
Die inhaltsanalytischen Arbeitsschritte abschließend, wird in Gliederungspunkt 4.4 - die Forschungsfrage bedenkend - mittels der Häufigkeitsauszählung der Inhalte und einer detaillierten Betrachtung der identifizierten Untersuchungseinheiten die weiter oben bereits ausführlich angesprochene Schlußfolgerung von der kommunizierten Mitteilung 'Lehrplan' auf den Kommunikator - das jeweilige Kultusministerium - und auf den weiteren sozialen Kontext - den von den Lehrern (Rezipienten) gestalteten Politikunterricht - gezogen. Des weiteren werden die erarbeiteten Analyseergebnisse in einen größeren Gesamtzusammenhang gestellt und diskutiert, was u.a. auch die Erörterung der in Punkt 4.3.3 vorgenommenen vergleichenden Gegenüberstellung der Ländererergebnisse einschließt, so daß in diesem letzten Verfahrensschritt - wie für eine praxisnahe Inhaltsanalyse üblich - die "qualitative Interpretation [die] quantitative Analyse ergänzt" (Bos u.a., 1989a, S.8).

Bevor in Punkt 4.1.3 ein grundlegendes empirisch-methodisches Problem der Inhaltsanalyse aufgezeigt und erörtert wird, wird nachfolgend kurz auf die allgemeine Begrifflichkeit, Funktion und Bedeutung des Textmaterials 'Lehrplan' für den politischen Unterricht über das bisher Gesagte hinaus - siehe 1. Verfahrensschritt - eingegangen, ohne in dem Zusammenhang die länderspezifischen Besonderheiten vorwegzunehmen.

4.1.2 Die Datenquelle - Begrifflichkeit, Funktion und Bedeutung

Versucht man die hier verwendete Datenquelle 'Lehrplan'[180], die im Laufe der bisherigen Darstellung als nicht zu unterschätzende, den Lehrer in seiner Unterrichtsvorbereitung stark beeinflussende, institutionelle Vorgabe beschrieben wurde, näher zu charakterisieren, um auf diese Weise die weiter oben aufgeworfene These zu untermauern, es handle sich bei diesem Textmaterial um eine adäquate Möglichkeit zu prüfen, in welchem Maße die *Innere Einheit Deutschlands* zum Gegenstand des politischen Unterrichts geworden ist, stößt man unweigerlich auf ein grundlegendes Problem: für das hier interessierende Untersuchungsmaterial existieren eine Vielzahl - je nach vertretenem wissenschaftlichen Standpunkt[181] verschieden -, zum Teil synonym, zum Teil

---

[180] Blankertz definiert den Lehrplan ganz allgemein als "geordnete Zusammenfassung von Lerninhalten, die während eines vom Plan angegebenen Zeitraumes [...] vom Lernenden angeeignet und verarbeitet werden sollen" (Blankertz, 1977, S.118).

[181] Die Grundaussagen der theoretischen Diskussion um Lehrpläne, i.w.S. um schulische Bildungsprogramme, werden bis heute von zwei akademischen Richtungen bestimmt. Auf der einen Seite vertreten durch Saul Benjamin Robinsohn (1919-1972), ab 1968 Direktor des Max-Planck-Instituts für Bildungsforschung, der den Curriculumbegriff 1969 wieder in die pädagogische Debatte einführt und auf der anderen Seite durch Herwig Blankertz, neben Klafki und Mollenhauer (Weniger-Schule) Mitbegründer der Emanzipatorischen Pädagogik (vgl. König u.a., 1983, S.82), der in den 70er Jah-

abweichend voneinander gebrauchte Bezeichnungen, wie etwa Rahmenrichtlinien, Lehrplan, Rahmenlehrplan, Rahmenplan, offener Lehrplan, Curriculum, Rahmencurricula, curricularer Lehrplan, Richtlinien usw.

Ohne an dieser Stelle auf all diese Begriffe im einzelnen eingehen zu können - ein Unterfangen, das den Rahmen dieser Arbeit sprengen würde -, wird bei näherer Betrachtung der "drei Grundbegriffe" (Westphalen, 1985, S.12) "Lehrplan", "Richtlinien" und "Curricula", die wie alle anderen Bezeichnungen auch "derzeit nicht trennscharf voneinander abgrenzbar sind" (Sandfuchs, 1987, S.19), deutlich, daß es deren "wesentlichste und gemeinsame Aufgabe [...] ist, daß sie Entscheidungen über die Ziele und Inhalte von Unterricht mitteilen" (Westphalen, 1985, S.14).[182] Hacker geht noch darüber hinaus und bezeichnet die inhaltlichen Vorgaben für den Unterricht gar als "die Hauptfunktion des Lehrplans" (Hacker, 1986, S.520). Diese elementare Aufgabe der Lehrpläne im Hintergrund, hebt Mickel bereits 1971 in einer Studie 'Lehrpläne und politische Bildung' deren grundlegende "Bedeutung für Unterricht und Erziehung" hervor, spricht in Anlehnung an ein OECD-Dokument[183] vom Lehrplan als dem Kern jedes durchorganisierten Unterrichtssystems mit Implikationen für das Lehren und Lernen (vgl. Mickel, 1971, S.5) und läßt außerdem - die geschichtlichen Zusammenhänge und das Schulwesen der Bundesrepublik Deutschland nach 1945 vor Augen - kaum einen Zweifel an deren praktischer Wirksamkeit (vgl. ebd., S.9).

Die auf diese Weise angedeutete weitreichende Bedeutsamkeit für den Unterricht der meist als Verwaltungsvorschriften von den zuständigen Kultusministerien (Kommunikatoren) erlassenen Lehrpläne (Mitteilungen), die für die Lehrer (Rezipienten) den "Dreh- und Angelpunkt" ihrer pädagogischen und didaktischen Arbeit markieren (vgl. Westphalen, 1985, S.131), kann nur damit erklärt werden, daß diese in Form institutioneller Planungsvorgaben teils verbindlich, teils empfehlend, teils vorschlagend die Unterrichtstätigkeit bestimmen, d.h. direkt die inhaltlich-thematischen Handlungsspielräume der Lehrer abstecken und auf diese Weise indirekt das inhaltliche Unterrichtsangebot in einem speziellen Fach oder einer Fächergruppe (weiter sozialer Kontext) beeinflussen (vgl. Falckenberg, 1986, S.50).[184]

---

ren die Curriculumdiskussion kritisch begleitet und diesbezüglich auch eigene Vorschläge unterbreitet. (vgl. Arbeitsgruppe, 1994, S.260)

182) Die Unmöglichkeit eines exakt abgegrenzten Gebrauchs der Einzelbegriffe vor Augen, und um die Durchgängigkeit und Übersichtlichkeit der Arbeit zu gewährleisten, verwende ich weiterhin den Ausdruck "Lehrplan" - im Sinne der Definition von Blankertz - als Oberbegriff bzw., wie es Sandfuchs formuliert, als "Überbegriff" (Sandfuchs, 1987, S.19), wenn es darum geht, die zu analysierende Datenquelle näher zu beschreiben.

183) Er bezieht sich hier auf das OECD-Dokument STP (66) 15, Scale 2, vom 16.9.1966 - Bericht über Lehrplanreform und Entwicklung des Bildungswesens - herausgegeben vom Sekretariat der ständigen Konferenz der Kultusminister der Länder.

184) Gerade dieser unterschiedliche Grad an Verbindlichkeit, den die Lehrpläne aufweisen - eines der wesentlichsten Unterscheidungsmerkmale überhaupt (vgl. Westphalen, 1985, S.12) -, wird im Rahmen der Auswertung der Analyseergebnisse in Punkt 4.4 eine wesentliche Rolle spielen, denn je verbind-

An dieser Stelle muß noch einmal ausdrücklich betont werden, daß die hier getroffene Feststellung - die nachfolgend noch ein Stück weiter beleuchten werden soll -, der Lehrplan sei für die inhaltliche Gestaltung von Unterricht und somit auch für den politischen Unterricht von grundlegender, ja herausragender Bedeutung, erst die notwendige Voraussetzung schafft für die Beantwortung unserer Fragestellung mittels des hier vorgeschlagenen und oben erläuterten methodischen Ansatzes.

Als rechtliche Grundlage für die meist als Verwaltungsvorschriften erlassenen Lehrpläne gelten dabei i.w.S. neben Art 7 Abs.1 GG, der die staatliche Schulhoheit festschreibt, Art. 30, 70ff. und 142 GG, aus denen folgt, daß das Schulwesen Ländersache ist (vgl. Weiler, 1989, S.9), darüber hinaus die jeweiligen Länderverfassungen selbst und nicht zuletzt die länderspezifischen Schulgesetze.

Aus diesem rechtlichen Rahmen, der den bereits kurz erwähnten pädagogischen Freiraum[185] der Lehrer absteckt, folgert Thieme, daß neben den Schulbuchentscheidungen auch die Lehrpläne prinzipiell nicht zur Disposition der Lehrer stehen und diese grundsätzlich politisch zu treffenden Entscheidungen[186] von diesen nur auszufüllen, in gewisser Weise zu interpretieren und teilweise zu ergänzen sind. (vgl. Thieme, 1988, S.70). Diese rechtlich begründete Schlußfolgerung von Thieme untermauert meiner Ansicht nach erneut, welches entscheidende Gewicht dem Lehrplan als einem institutionellen Einflußfaktor im Rahmen der Unterrichtsgestaltung durch die Lehrer zukommt.

Die beiden Endpunkte eines Kontinuums benennend, verkörpert, so gesehen, die von Land zu Land divergierende politische Entscheidung 'Lehrplan' - hinsichtlich seiner Struktur und Bedeutung für den Unterricht - entweder ein *pauschales Angebot zur Unterrichtsplanung*, das von übergeordneten Globalzielen ausgeht und dem Lehrer ein Sammelpaket von Stoffen an die Hand gibt, die dieser selbständig aufteilen und verwenden kann, oder eine *ganz konkrete Planungsvorgabe*, "die von begründeten, präzis formulierten, zusammenhängenden und nachweislich erfüllbaren Lernzielen ausgeht, diesen geeignete, genau bestimmte Lerninhalte und Unterrichtsverfahren zuordnet und schließlich Wege aufzeigt, wie die Erfüllung der Lernziele überprüft werden kann" (Westphalen, 1978, S.25).

Die bisher nur theoretisch herausgearbeitete Bedeutung und Aufgabe des Lehrplans für den Unterricht, insbesondere sein Einfluß auf die Inhaltsauswahl, wird, speziell auf das hier interessierende Unterrichtsfach bezogen, auch durch eine vergleichsweise aktuelle

---

licher die Lehrpläne für die Lehrer gestaltet sind, umso nachvollziehbarer und überzeugender werden die Schlußfolgerungen auf den Unterricht selbst.

185) Nach Fauser kann der 'pädagogische Freiraum' heute "als verfassungsrechtlich stabilisiertes und gesetzlich abgesichertes Rechtsinstitut angesehen werden" (Fauser, 1986, S.133).

186) Vergleiche in dem Zusammenhang Gliederungspunkt 3.3, der sich mit diesem *politischen* Entscheidungsvorgang näher beschäftigt.

empirische Untersuchung der im März 1992 durchgeführten Befragung von ca. 600 Lehrern für das Fach Politische Bildung/Sozialkunde in den "neuen" Bundesländern (vgl. George u.a., 1992, S.523-541) untermauert und bestätigt[187]. So antworten immerhin 77% der 305 an der Untersuchung tatsächlich teilnehmenden Lehrer[188] auf die Frage "Was bestimmt die Auswahl der Inhalte in Sozialkunde/Politische Bildung?" "der Lehrplan" (vgl. ebd., S.534).

Neben der damit theoretisch bestimmten und empirisch bestätigten Planungsfunktion, die für die vorliegende Arbeit, d.h. für die Beantwortung der forschungsleitenden Fragestellung von immenser Wichtigkeit ist, nennt Sandfuchs, systematisch zusammengefaßt, die folgenden Aufgaben und Funktionen, die seiner Meinung nach, über die unterschiedlichsten theoretischen Sichtweisen hinweg, die entscheidenden Merkmale der Lehrpläne fixieren: "1. Lehrpläne sind bildungspolitische Programme". "2. Lehrpläne sind Instrumente staatlicher Bildungspolitik"; "3. Lehrpläne sind Planungshilfsmittel und didaktische Handlungsanweisungen für Lehrer"; "4. Lehrpläne stehen als Kulturdokumente ihrer Zeit zwischen Vergangenheit und Zukunft"; "5. Lehrpläne vermitteln zwischen Wissenschaft, Gesellschaft und Individuum" (Sandfuchs, 1987. S.20f.).

Im Gegensatz zu den ersten drei von Sandfuchs genannten Aspekten, die im Laufe der Ausführungen bereits angedeutet wurden und zweifellos die Aussagekraft der angestrebten inhaltsanalytischen Untersuchung erhärten, weil sie mehr oder weniger eindeutig auf den Zusammenhang von Lehrplan, Lehrer und Unterricht verweisen, benennt der 4. Gesichtspunkt - Lehrpläne sind Kulturdokumente - einen letzten bisher noch nicht näher erörterten, für uns jedoch ebenfalls wichtigen Gedanken, der nichts anderes anzeigen will, als daß die Lehrpläne geprägt sind von politischen und wissenschaftlichen Entwicklungen und daß sie Wandlungen der kulturellen und gesamtgesellschaftlichen Situation mehr oder minder deutlich widerspiegeln (vgl. Sandfuchs, 1987, S.21). Ein Zusammenhang, der, nach meinem Dafürhalten, einen nicht zu unterschätzenden Hinweis dahingehend enthält, daß sich gerade in den hier untersuchten fachspezifischen Lehrplänen ein so herausragendes gesellschaftliches Ereignis wie der mit der Wiedervereinigung beginnende Prozeß der Verwirklichung der inneren Einheit als Lerngegenstand *Innere Einheit Deutschlands* wiederfinden müßte, ist dieser Prozeß doch mit vielfältigen politischen, gesellschaftlichen und wirtschaftlichen Schwierigkeiten, Problemen und Konflikten verbunden.

---

187) Die leitende Intention von George und Cremer war es, sich mittels dieser Untersuchung, die auf einer Studie von 1991 aufbaut (vgl. Cremer u.a., 1992a), "ein Situationsbild des Fachs Sozialkunde/Politische Bildung im Jahr 1992 machen zu können" (George u.a., 1992, S.523).
188) Dieses Sample von 305 Befragten - was der hohen Rücklaufquote von rund 50% der verschickten ca. 600 Fragebogen entspricht - ist für Cremer und George schon allein deshalb repräsentativ, weil "die befragten Personen Teilnehmer/innen eines offiziellen Studiums für das Fach Politische Bildung/Sozialkunde sind" (George u.a., 1992, S.523).

Diese allgemein gehaltenen Erläuterungen bezüglich der Datenquelle, die an späterer Stelle - die beiden untersuchten Länder betrachtend - noch spezifiziert werden, haben meiner Ansicht nach die wesentlichen Argumente aufgezählt und kurz erörtert, die eine Schlußfolgerung vom verwendeten Untersuchungsmaterial 'Lehrplan' auf den sozialen Kontext 'Unterricht' rechtfertigen und sinnvoll erscheinen lassen. Zumal wenn man, wie im Rahmen dieser Analyse geschehen, den 'Lehrplan' als äußerst wichtigen institutionellen Einflußfaktor begreift, der den Lehrer bei der von ihm zu treffenden Inhaltsauswahl, dieser unterrichtsvorbereitenden (Handlungs-)Entscheidung, reglementiert und auf diese Weise die Unterrichtsgestaltung selbst beeinflußt.

4.1.3 Validität versus Reliabilität - ein empirisch-methodisches Abwägungsproblem

Um dem möglichen Vorwurf entgegenzutreten, die Reliabilität[189] sei im oben beschriebenen Forschungsablauf ohne Angabe von Gründen vernachlässigt oder relativiert worden, wird an dieser Stelle das häufig auftretende empirisch-methodische Problem, die Validität[190] der Untersuchung gegen die Reliabilität abwägen zu müssen (vgl. Früh, 1991, S.95), respektive die Schwierigkeit, gleichzeitig eine möglichst hohe Gültigkeit und Zuverlässigkeit im Forschungsprozeß zu erzeugen, zunächst ganz allgemein angesprochen und nachfolgend beispielhaft an unserer Vorgehensweise erläutert.

Vorab muß festgehalten werden, daß sich die beiden eben genannten "Gütekriterien von zentraler Bedeutung" (Schnell u.a., 1989, S.146), die Zuverlässigkeit und die Gültigkeit einer Messung, bzw. die Existenz eines reliablen und validen Kategoriensystems, wechselseitig beeinflussen, wobei anzumerken bleibt, daß im Laufe der vorliegenden Arbeit das Kategoriensystem nicht nur mit Hilfe von theoretischen Vorüberlegungen entwickelt wurde, sondern in Anlehnung an Bos auch "als Prozeß in Auseinandersetzung mit dem [Untersuchungs-]Material" (Bos u.a., 1989a, S.8) selbst.
So gilt durchweg für alle quantitativen Meßverfahren, daß eine zufriedenstellende Validität u.a. die Reliabilität eines Verfahrens voraussetzt, daß aber andererseits eine "hohe Reliabilität keineswegs die Validität der Befunde garantiert" (Huber, 1989, S.38). Dementsprechend formuliert Früh als Groborientierung für die Inhaltsanalyse, "daß in

---

189) "Als "Reliabilität" oder "Zuverlässigkeit" kann das Ausmaß bezeichnet werden, in dem wiederholte Messungen eines Objektes mit einem Meßinstrument die gleichen Werte liefern" (Schnell u.a., 1989, S.147, Hervorhebung von Schnell) oder anders ausgedrückt, erfaßt sie "den Grad der Genauigkeit einer Messung, und zwar unabhängig von der Frage, ob inhaltlich auch das beabsichtigte Merkmal gemessen worden ist" (Wittenberg, 1991, S.27).
190) "Unter "Validität" (Gültigkeit) eines Meßinstruments versteht man das Ausmaß, in dem das Meßinstrument tatsächlich das mißt, was es messen sollte." (Schnell u.a., 1989, S.150, Hervorhebung von Schnell)

der Regel eine Verbesserung der Validität zu Lasten der Reliabilität vorzuziehen ist" (Früh, 1991, S.103). Anders ausgedrückt kann ein kompromißloses Beharren und eine Überbewertung der Zuverlässigkeit einer ausschließlich quantitativen Orientierung oftmals nichts anderes produzieren "als methodisch abgesicherten Unsinn" (Huber, 1989, S.39).

Im hier diskutierten Zusammenhang hätte beispielsweise der Versuch, die Reliabilität mittels der computerunterstützten Inhaltsanalyse (cui)[191] zu erhöhen, auf diese Weise gar eine "100% Durchführungsobjektivität bei der Codierung der Texte" (Wittenberg, 1991, S.43) zu erreichen, zwar mit Sicherheit die Zuverlässigkeit der Analyse enorm gesteigert, aber ungeachtet dessen der Validität der Untersuchung in jedem Fall geschadet. Dies würde analog für eine konventionelle Inhaltsanalyse, auch "intellektuelle Inhaltsanalyse" (Züll u.a., 1991, S.14) genannt, gelten, bei der sich die manuelle Vercodung wie bei der cui nur auf die bloße Lokalisierung von vorher festgelegten Wörtern oder Wortkombinationen beschränken würde. Diese "kontextfreie Einwortvercodungen" (ebd., S.15) im Hintergrund, spricht Früh von "harten Indikatoren", mit denen man in der Regel zwar "eine hohe Verläßlichkeit erreichen kann", die aber meist zur Folge haben, "daß wesentliche Aspekte der untersuchten Texte ausgeklammert bleiben, weil sie nicht völlig eindeutig anhand explizit formulierbarer Regeln identifizierbar sind" (Früh, 1991, S.96).

Auf unser Forschungsvorhaben abgestellt, sind an dieser Stelle zwei wesentliche Gründe zu nennen, die ein gewisses Maß an Reliabilitätsrelativierung - im Gegensatz zu der gerade beschriebenen, denkbar hohen Ausprägung - nahelegen, um so ein valides Meßinstrumentarium zu erhalten, das tatsächlich mißt, was es zu messen vorgibt, nämlich, in welcher Häufigkeit und welchen verschiedenen Facetten der Lerngegenstand *Innere Einheit Deutschlands* in den untersuchten Lehrplänen für das Fach "Politische Bildung/Sozialkunde" Verwendung findet.
Ein erster wichtiger Aspekt ist dabei die in Kapitel 1 vorgelegte Definition des Begriffs "Lerngegenstand". Dieses Konstrukt wurde - verkürzt gesagt - als ein möglicher Aufgabenkomplex für die schulische und außerschulische politische Bildung beschrieben, aus dem einzelne Unterrichtsgegenstände, -inhalte und -themen für den Politikunterricht abgeleitet werden können, wobei ausdrücklich betont wurde, daß es falsch wäre, anzunehmen, ein vermeintlicher Lerngegenstand - wie z.B. die *Innere Einheit Deutschlands* - sei abschließend und erschöpfend in Form aller denkbaren Unterrichtsgegenstände, -inhalte und -themen zu charakterisieren. Diese zuletzt genannte Einschränkung zeigt,

---

[191] Bei der cui "werden im Gegensatz zur konventionellen Inhaltsanalyse die Textmerkmale mit Hilfe von Computerprogrammen identifiziert" (Züll u.a., 1991, S.14) - z.B. mit der Software TEXTPAC PC, MAX usw.-, wobei nicht unerwähnt bleiben darf, daß diese Verfahren im Prinzip "nur Worte zählen" (Saldern, 1989, S.28) können.

meiner Ansicht nach, mehr als deutlich, daß die in Punkt 4.1.1 vorgenommene Kategoriendefinition - sowohl der obersten Kategorie *Innere Einheit Deutschlands* als auch der vier Unterkategorien - nicht mehr als einen Bedeutungsrahmen angeben kann, in den der Codierer[192] aufgrund seiner Sprachkompetenz und der Kenntnis des gesamten Forschungskontextes die Untersuchungseinheiten einordnet.[193]
Allein aus diesem Grund schien an dieser Stelle eine Vorgehensweise abwegig zu sein, die versucht hätte, eine eindeutige Codieranweisung zu konstruieren, die Codierung womöglich auf einzelne Wörter oder Wortkombinationen zu beschränken. Auf diese Weise hätte nichts anderes bewirkt werden können, als die Reliabilität des Forschungsprozesses zu Lasten der Validität zu erhöhen. Der Lerngegenstand *Innere Einheit Deutschlands* würde aber bei einer derartigen, die Reliabilität überbetonenden inhaltsanalytischen Arbeitsweise nicht in der hier beabsichtigten umfassenden und ausführlich beschriebenen Tragweite identifiziert werden können.

Neben diesem Beweggrund ist des weiteren - im Hinblick auf die formale Ausgestaltung der Datenquelle - die zwingende Festlegung der Untersuchungseinheiten in Form ganzer Sätze oder Halbsätze zu nennen, die im Gegensatz zu einzelnen Wörtern oder vordefinierten Wortkombinationen dem Codierer viel eher einen gewissen Interpretationsspielraum eröffnet, ja geradezu nahelegt und damit die Zuverlässigkeit in gewisser Weise relativiert. Die angestrebte Aussagekraft und damit das Validitätskriterium der Analyse vor Augen, ist es in unserem Fall jedoch unbedingt angebracht - schon aus formalen Überlegungen - Sätze und Halbsätze als Untersuchungseinheiten zu markieren, anstatt sinnleere Daten durch die methodische Strenge einer Einwortverkodung zu erarbeiten und durch das damit verbundene Minimieren jedes Interpretationsspielraums die Reliabilität und demnach die Qualität der gesamten Untersuchung vordergründig zu erhöhen.

Daß die soeben begründete, beabsichtigte und wohlüberlegte Relativierung der Reliabilität zugunsten einer möglichst hohen Validität der Untersuchung nicht dazu geführt hat, die grundsätzlich wichtige Zuverlässigkeit der Analyse zu vernachlässigen - "ohne Sicherung der Reliabilität [...] bleiben auch scheinbar gültige [...] Befunde mehr oder weniger zufällig" (Huber, 1989, S.39) -, sondern im Laufe der empirischen Analyse

---

192) Wird im weiteren Verlauf der Untersuchung vom Codierer gesprochen, derjenigen Person, der die Zuordnung der Untersuchungseinheiten zu den Kategorien obliegt - siehe in Punkt 4.1.1 den 4. Verfahrensschritt -, so handelt es sich hierbei um den Verfasser selbst.

193) Ohne das Postulat der intersubjektiven Nachprüfbarkeit entwerten zu wollen, soll die spezifische Sprachkompetenz und das im Laufe der Arbeit erworbene Kontextwissen des Verfassers, diese interpretative oder qualitative Komponente des Verfahrens, sinnvoll das quantitative Element der Inhaltsanalyse ergänzen. Dies erfolgt ganz im Sinne von Huber, der schreibt: "In der Praxis gibt es keine ausschließlich quantitative Inhaltsanalyse. Qualitative und quantitative Verfahren müssen ergänzend benutzt werden, wobei einmal das Gewicht mehr auf den interpretativen, ein anderes mal mehr auf den quantifizierenden Beiträgen liegen kann" (Huber, 1989, S.42).

selbstverständlich ein hohes Maß an Zuverlässigkeit angestrebt wurde, soll die nachfolgende Aufzählung von Maßnahmen, die zur Reliabilitäts- und Validitätssicherung eingesetzt wurden, belegen.

- Um eine hohe Reliabilität und Validität der Kategorien zu erwirken, wurden zum einen *Pretests* (Voruntersuchungen) und *Probecodierungen* in den Forschungsprozeß eingebaut, wobei diese Qualitätssicherungsinstrumente u.a. bei Bos und Tarnai (1989a, S.8-11), Schnell (1989, S.114) und Früh (1991, S.91, Abb.5) Erwähnung finden.

- Des weiteren wurde *eine zweiteilige Entwicklung des Kategoriensystems* realisiert - auf der einen Seite mittels theoretischer Vorüberlegungen und zum andren in Anlehnung an Bos "als Prozeß in Auseinandersetzung mit dem [Untersuchungs-]Material" (Bos u.a., 1989a, S.8) selbst -, um so die Zuverlässigkeit und Gültigkeit nachhaltig zu steigern.

- Die Reliabilität wird überdies dadurch gesichert, daß *die Gliederung der "Lehrpläne" häufig mit den vier genannten Lernfeldern übereinstimmt*, so daß bei der Vercodung - der manuellen Zuordnung der Untersuchungseinheiten zu den vier operational definierten Unterkategorien - schon rein aus formalen Kriterien reliabilitätsbelastende Zuordnungsfehler fast ganz ausgeschlossen werden können.

- Ein vierter Aspekt, der ebenfalls zur 'Reliabilitätssicherung' beiträgt, ist darin zu sehen, daß dem Verfasser, bzw. Codierer, das im Rahmen der gesamten Arbeit *angeeignete Detail- und Kontextwissen* und die im Laufe der Pretests bzw. Probecodierungen[194] erworbene Zuordnungsroutine hilft, den zugegebenermaßen vorhandenen Interpretationsspielraum nicht nach irgendeinem beliebigen Vorverständnis, sondern ganz im Sinne der Forschungsperspektive auszufüllen.

- Nicht zuletzt steigern die *drei Komponenten der operationalen Definition* - verbale Beschreibung, Benennung von möglichen Indikatoren und Themenbereichen -, dieser erhöhte Definitionsaufwand, die Reliabilität und Validität des Kategoriensystems und damit die Qualität der gesamten Untersuchung.

---

194) Die Pretests bzw. Probecodierungen kommen letztlich einer *intensiven Codiererschulung* gleich, die häufig dann als Reliabilitätssicherungsinstrument eingesetzt wird, wenn sehr große Textmengen von vielen Hilfskräften manuell ausgewertet werden müssen oder ganz allgemein der Verfasser der Studie die Inhaltsanalyse nicht selbst ausführt.

4.2 Die Situation der politischen Bildung in der Schule

Nachdem im vorhergehenden Abschnitt das methodische Vorgehen beschrieben und das im Rahmen der angestrebten Analyse auftretende Abwägungsproblem - Validität versus Reliabilität - eingehend diskutiert wurde und darüber hinaus das hier interessierende Untersuchungsmaterial 'Lehrplan' hinsichtlich der Begrifflichkeit, Funktion und Bedeutung für den Unterricht vorgestellt wurde, wird nachfolgend - bevor in Punkt 4.3 die inhaltsanalytische Auswertung durchgeführt wird - die Situation der politischen Bildung in der Schule geschildert.

In Punkt 4.2.1 geht es dabei zunächst, ohne bisher Gesagtes zu wiederholen[195], um die verschiedenen Komponenten, die eine Beschreibung der staatlichen Institution[196] Schule - die Giesecke als "politisch-soziales Lernfeld" (Giesecke, 1993, S.88) bezeichnet und Schiele als gewichtiges, nicht zu unterschätzendes "Erfahrungsfeld für die Jugendlichen" (Schiele, 1991b, S.268) - als bedeutende[197] 'mehrdimensionale politisch-soziale Erfahrungswelt' rechtfertigen. Diese für alle Schulen allgemein gültige Darstellung, die vor allem ein Bewußtsein für die *Komplexität* und *Mehrdimensionalität* dieser politischen Sozialisationsinstanz über den Politikunterricht hinaus wecken will, legt dabei die bereits 1974 von Mickel formulierte und heute häufig unbeachtete These zugrunde, "politische Bildung [in der Schule] geht nicht vom politischen Unterricht allein aus" (Mickel, 1974, S.230).[198]

In Punkt 4.2.2 wird diese Sichtweise, die den Blickwinkel erweitert und die Möglichkeit eröffnet, spätere Analyseergebnisse in einen größeren Gesamtzusammenhang zu stellen, wieder auf "das Kernstück der Schule" (Giesecke, 1993, S.88), den Unterricht selbst, reduziert und hier insbesondere auf den "Mittelpunkt der Politischen Bildung

---

195) Zu denken wäre an dieser Stelle u.a. an Punkt 1.2 der vorliegenden Arbeit und hier insbesondere an die definitorische Unterscheidung von schulischer und außerschulischer Bildung, des weiteren an die Einflußmöglichkeiten bildungspolitischer Kommissionen auf die Konkretisierung von schulischen Lerninhalten - herausgearbeitet in Punkt 2.3 -, drittens an Punkt 3.1 und nicht zuletzt an die in Punkt 3.3 dokumentierte Bedeutung der schulischen politischen Bildung für den politischen Lern- und Erfahrungsprozeß der Menschen.

196) Die angesprochene "Staatlichkeit" kommt letztlich im Beamten- und Schulrecht, den jeweiligen Schulgesetzen der Bundesländer, der bildungspolitischen Auseinandersetzungen um Rahmenrichtlinien und der Schulbuchzulassung zum Ausdruck. (vgl. Ackermann, 1989, S.31)

197) Daß die *Bedeutung* der Schule als politisch-soziale Erfahrungswelt zugenommen hat, kann zum einen damit begründet werden, daß weitaus mehr Jugendliche erheblich längere Zeit ihres Lebens in der Schule verbringen, des weiteren, daß sie von ihr intensiver tangiert werden als früher (vgl. Geiger, 1985, S.279) und nicht zuletzt damit, daß sich die Schule heute nicht mehr nur in unterrichtsspezifischen Veranstaltungen erschöpft, sondern ihr Angebot für die Schüler enorm erweitert hat.

198) Wie wichtig gerade derzeit eine solche umsichtige und öffnende Auffassung ist, zeigt u.a. eine Broschüre des brandenburgischen Ministeriums für Bildung, Jugend und Sport, in der die Schulen eben nicht mehr nur als 'Lernorte' für Unterrichtswissen beschrieben werden, sondern charakterisiert werden als komplexer "Lern- und Lebensort", als "lebensnahe Schule" und als "Begegnungsort für viele" (vgl. Brdbg. Min. f., 1995a, S.8-11).

[...] das Unterrichtsfach »Politik«" (Fischer, 1993, S.21), wobei dabei die grundlegenden Anforderungen an eine vom Lehrer gestaltete sachgemäße und professionelle Lehrer-Schüler-Interaktion dargelegt und die tatsächlichen Gegebenheiten und Schwierigkeiten vor Ort veranschaulicht und diskutiert werden sollen.
Im Anschluß an diese über die Ländergrenzen hinweg gültigen Aussagen, werden in Gliederungspunkt 4.2.3 - die Kulturhoheit der Bundesländer bedenkend - die spezifischen Entwicklungen im Bereich des öffentlichen Schulwesens und ganz speziell die Rahmenbedingungen des politischen Unterrichts in Bayern und Brandenburg erörtert, um auf diese Weise ein länderspezifisches Problembewußtsein zu schaffen und vorhandene Unterschiede deutlich herauszustellen. Ein Unterfangen, das für die spätere Deutung und Interpretation der Untersuchungsergebnisse unabdingbar erscheint.

4.2.1 Die Institution Schule - eine komplexe und mehrdimensionale politisch-soziale Erfahrungswelt

Daß die politische Bildungsarbeit in der Schule zweifellos zum politischen Lern- und Erfahrungsprozeß junger Menschen beiträgt, ja eine politische Sozialisationsleistung erbringt, auf die nach Lange auch der demokratische Staat nicht verzichten kann (vgl. Lange, 1986, S.88), wurde bereits in Punkt 3.3 grundsätzlich anhand der von Rothe durchgeführten Untersuchung "Schüler und Politik" (Rothe, 1993) bestätigt. Ein Umstand, der aber nicht darüber hinwegtäuschen kann und soll, daß es "im einzelnen schwer festzustellen [ist], wer die wirksamsten Impulse für die politische Erziehung und Bildung [in der Schule] gibt" (Mickel, 1974, S.230).
Geht man also, wie Mickel und Rothe oder wie es Hornstein formuliert, davon aus, daß die Schule in jedem Fall ein Ort ist, "an dem politisch relevante Verhaltensorientierungen und -muster gelernt werden" (Hornstein, 1990, S.164), kann dennoch nicht mit letzter Sicherheit gesagt werden, ob das politisch-soziale Lernen in der Schule nur dem gezielten Unterrichtsangebot im jeweiligen Fach[199] zu verdanken ist oder ebenso durch andere, bisher nicht erwähnte Schulveranstaltungen und schulische Betätigungsfelder[200] angestoßen wird. Die Arbeitsgruppe Bildungsbericht am Max-Planck-Institut betont in dem Zusammenhang ausdrücklich, daß die Fülle der Aktivitäten, die das Schulleben

---

199) Zu denken wäre an dieser Stelle - was bereits mehrmals erwähnt wurde - nicht nur an das Unterrichtsfach Politische Bildung/Sozialkunde, sondern auch an die Idee, politische Bildung als "Unterrichtsprinzip aller Fächer" (vgl. u.a. Schmiederer, 1975, S.44-58; Sander, 1985, S.7-33) zu begreifen.
200) Die Gesamtheit der angebotenen Schulveranstaltungen und schulischen Betätigungsfelder - letztlich alle Maßnahmen, die nicht unmittelbar den Unterricht betreffen - kennzeichnen nach Giesecke "das Schulleben" (Giesecke, 1993, S.98), wobei diese Maßnahmen i.w.S. auch als soziale Lernmöglichkeiten für die Schüler aufgefaßt werden können.

kennzeichnen: Schülerzeitungen, Schulvereine, Neigungsgruppen, Schulfeiern usw., "dieser Spielraum politischen Tuns" (Fischer 1993, S.21), wie es Fischer bezeichnet, "als Ergänzung des systematischen Lernens im Unterricht" (Arbeitsgruppe, 1994, S.244) zu verstehen ist und diesen schulischen Arbeitsgebieten häufig explizit die Funktion beigemessen wird, eine pädagogische Substitution verlorener unmittelbarer Erfahrungen[201] der Schüler zu ermöglichen (vgl. ebd., S.244).

Die nachfolgende Aufzählung will alle derartigen Betätigungsfelder und Veranstaltungen, die meines Erachtens i.w.S. der politisch-sozialen Erfahrungswelt Schule hinzugerechnet werden müssen und somit die Situation der politischen Bildung in der Schulen in ihrer Gesamtheit mitbestimmen, überblicksartig zusammenstellen und stichpunktartig beschreiben. Ohne auf diese Weise die besondere Stellung des politischen Unterrichts als bedeutsamen Teilbereich politischer Sozialisation (vgl. Wallraven, 1986, S.241), gar als den entscheidenden Faktor aller schulischen politischen Bildungsanstrengung relativieren oder in Frage stellen zu wollen, vermittelt dieser kurze Abriß, meiner Ansicht nach, besonders eindringlich, um welche komplexe und mehrdimensionale politisch-soziale Lern- und Erfahrungswelt es sich bei der Institution Schule tatsächlich handelt.

- *Organisation und Teilnahme an gesellschaftspolitisch motivierten Studienfahrten und schulischen Aktionstagen:*

Ob ein oder mehrtägig angelegt, lassen gesellschaftspolitisch motivierte, von Fachlehrern organisierte und begleitete Studienfahrten - zum Beispiel die Fahrt zu einem Konzentrationslager, der Besuch einer Gerichtsverhandlung oder einer Strafvollzugsanstalt, eine Grenzlandfahrt unter der Führung von Zöllnern oder dem Bundesgrenzschutz, die Exkursion zu einer Müllsortier, -beseitigungs oder -verbrennungsanlage, die Studienreise ins Ausland[202] usw. - bei den teilnehmenden Schülern eine politisch bildende Wirkung erwarten.

Gleiches gilt auch für schulische Aktionstage, wie beispielsweise das Erstellen eines Biotops im Schulhof, die Organisation und Vorbereitung von Schulfesten, das Anlegen einer Obst- und Streuwiese auf dem Schulgelände, die Aktion 'Sauberer Schulhof', Mülltrennung und -vermeidung usw., alles ausnahmslos Vorhaben, die direkt oder indirekt politisches 'Lernen am Gegenstand'[203] intendieren.

Alles in allem können solche, das Schulleben in seiner Gesamtheit mitbestimmende Studienfahrten und Aktionstage den Schülern helfen, gesamtgesellschaftliche Probleme und

---

201) Gemeint sind z.B. ein Mangel an Erfahrungsmöglichkeiten im Wohnquartier, der Rückgang spontaner Nachbarschaftskontakte, die weitgehend vollzogene Trennung von Erwachsenen- und Kinderwelt usw. (vgl. Arbeitsgruppe, 1994, S.244).
202) Vor der Wiedervereinigung war das Ziel solcher Studienreisen - neben England, Frankreich und Italien - nicht selten die Deutsche Demokratische Republik.
203) 'Lernen am Gegenstand' meint hier nichts anderes, als daß Jugendliche, aber auch bereits Kinder in Fälle oder Aktionen - die möglichst nahe an die Realität heranreichen - verwickelt werden, in denen von ihnen eine Entscheidung, eine Begründung, eine Verantwortungsübernahme gefordert wird (vgl. Oser u.a., 1992, S.145).

Herausforderungen unserer Zeit zu erkennen, gegebenenfalls Lösungswege zu erarbeiten und, wie im Laufe der Aktionstage implizit beabsichtigt, die handlungsorientierte Umsetzung der Lösungswege zu erproben.

- Engagement in der Schülervertretung:
Die Organisationsformen der Schülervertretung bzw. der Schülermitverwaltung (SMV), die gewählten Klassensprecher, der Schülerrat (Klassensprecherversammlung), sowie der oder die, vom Schülerrat zu wählenden Schulsprecher - eine Grundsstruktur, die sich praktisch in allen Bundesländern nicht unterscheidet - (vgl. Thieme, 1988, S.49/50), geben dem Schüler die Chance, sich im Rahmen der Lebenswelt Schule zu engagieren und bieten, im Gegensatz zum politischen Unterricht, die "Gelegenheit zu unmittelbarem Handeln" (Mickel, 1974, S.239). Die dabei zu bewältigenden Aufgaben - "Durchführung gemeinsamer Veranstaltungen, Übernahme von Ordnungsaufgaben, die Wahrnehmung schulischer Interessen der Schüler und die Mithilfe bei der Lösung von Konfliktfällen" (BayEUG, Art.62 Abs.1, 1994) - und die diesbezüglich der SMV zur Verfügung stehenden Rechte - Informationsrecht, Vermittlungsrecht, Beschwerderecht usw. (vgl. ebd., Abs.2) - schaffen ein weiträumiges Betätigungs- und Aktionsfeld, in dem der Schüler u.a. mit Diskussions- und Abstimmungstechniken konfrontiert wird, lernen muß, Mehrheitsentscheidungen zu akzeptieren, Einsicht in das langwierige Zustandekommen eines zufriedenstellenden Beschlusses erhält usw. Diese und andere im Rahmen der SMV-Arbeit erdenklichen politisch-sozialen Erfahrungsquellen werden bei den teilnehmenden Schülern fast zwangsläufig einen wie auch immer gearteten politisch-sozialen Lerneffekt auslösen.

- Teilnahme an freiwilligen Arbeitskreisen:
Eine Befragung von knapp 1000 Schulleitern allgemeinbildender Schulen, die das Max-Planck-Institut Mitte der achtziger Jahre zum Thema "Schulleben" durchgeführt hat, ergab, daß das Angebot von Arbeitsgemeinschaften - in denen Schüler unter Anleitung von Lehrern, Eltern oder anderem sachkundigen Personal ihren Interessen nachgehen können - von mehr als 80% der in die Erhebung einbezogenen Schulen angeboten wurden. Die durchschnittliche Anzahl solcher Veranstaltungen - Theater, Sport, Technik usw. - schwankt dabei in den untersuchten Schulen zwischen 6 und 20. (vgl. Arbeitsgruppe, 1994, S.247). Die auf den ersten Blick nicht unbedingt erkennbare, aber dennoch nicht ausgeschlossene politisch bildende Wirkung solcher Arbeitskreise sollen zwei fiktive Beispiele begründen.
Ein Arbeitskreis 'Theaterspiel', der ein politisch-gesellschaftliches Problemstück vorbereitet, kann dann einen solchen Effekt auslösen, wenn der Schüler seine Rolle richtig verkörpert - was allein durch die Freiwilligkeit der Teilnahme anzunehmen ist - und er sich deshalb persönlich und mit vollem Einsatz mit den Handlungsmotiven und Ent-

scheidungen der darzustellenden Person auseinandersetzt (vgl. Mickel, 1974, S.237). Ein anderes Beispiel wäre die Arbeitsgemeinschaft 'Technik', die sich nicht nur mit der Herstellung von mechanischen und technischen Gegenständen beschäftigt und die Möglichkeiten und Chancen technischer Entwicklungen im allgemeinen hervorhebt, sondern ebenso intensiv die damit verbundenen Gefahren und Risiken erörtert und diskutiert.

- Kooperation mit Trägern außerschulischer politischer Bildungsarbeit:
Faulde[204] begründet die Notwendigkeit einer intensiven institutionellen und inhaltlichen Zusammenarbeit der schulischen und außerschulischen politischen Bildung mit folgenden Argumenten: Erstens ist die Schule mit der pädagogischen Bewältigung der vielschichtigen gesellschaftlichen Probleme und den Herausforderungen einer veränderten Lebenswelt allein überfordert, zumal wenn man bedenkt, daß die politische Bildung in der Schule nur eine Randstellung einnimmt. Des weiteren muß davon ausgegangen werden, daß die Eltern den Schwierigkeiten von Jugendlichen häufig hilflos gegenüberstehen und nicht zuletzt können auch die Träger außerschulischer Jugendbildung aufgrund ihrer Struktur und Arbeitsweise nur punktuelle und kurzzeitige Maßnahmen ergreifen. (vgl. Faulde, 1993, S.49)
Einen ausführlichen Abriß schulischer und außerschulischer Kooperationsmodelle im Bereich der politischen Bildung - der einen ersten Einblick hinsichtlich der Dimensionen und Ausbreitung solcher Projekte erbringt - bietet u.a. Schillo. Zum einen mit dem Aufsatz "Warum Kooperation? Aktuelle Entwicklungen in Schule, Jugendarbeit und Gesellschaft" (Schillo, 1993a, S.9-39, insbesondere S.34-39) und zum anderen mit dem ebenfalls 1993 vorgelegten Bücherverzeichnis "Bisherige Praxismodelle - Eine kommentierte Literaturauswahl" (Schillo, 1993b, S.175-185).

- Mitarbeit in der Schülerzeitung:
Die Schülerzeitung, die von Böhm im Wörterbuch der Pädagogik "als periodisch erscheinendes Informations- und Diskussionsblatt [...], von Schülern für Schüler [...]" (Böhm, 1994, S.611) beschrieben wird, aber im Gegensatz zu den weiter oben erwähnten Arbeitskreisen im Schulleben weit weniger selbstverständlich anzutreffen ist (vgl. Arbeitsgruppe, 1994, S.247), bietet den Schülern aufs neue die Gelegenheit, direkt am Gegenstand zu lernen, wobei allein der bloße Kontakt und Umgang mit dem Zeitungswesen einen politischen Aspekt enthält, beispielsweise die Ausübung von Macht. So haben die Redakteure der Schülerzeitung die zentrale, verantwortungsvolle und höchst demokratische Aufgabe, Daten und Informationen zu gewinnen und diese anschließend sachbezogen, möglichst unparteiisch und wahrheitsgetreu für die Mit-

---

204) Joachim Faulde war Mitglied der Projektgruppe "Zusammen Lernen", die zwischen 1988 und 1992 in Zusammenarbeit mit 15 Bildungsstätten der AKSB versucht hat, "Möglichkeiten und Grenzen einer Zusammenarbeit zwischen Schulen und Einrichtungen der außerschulischen Jugendbildung in freier Trägerschaft im Bereich der politischen Bildung zu klären" (Faulde, 1993, S.50).

schüler bzw. Leser der Zeitung aufzuarbeiten.[205] Auf diese Weise kann zum Beispiel ein mögliches Informationsdefizit bei den Mitschülern geschlossen werden oder ganz grundsätzlich das Interesse und die Aufgeschlossenheit für einen Sachverhalt von schulpolitischer oder gesamtgesellschaftlicher Brisanz geweckt werden.

- *Die Umorganisation der Schule zu einer gerechten Gemeinschaft (Just Community):*
Der Kerngedanke der Kohlbergschen Moralerziehung "ist die Idee der Just Community: Moralische Entwicklung durch moralisches Handeln und Entscheiden; Demokratie lernen durch Praxis der Demokratie" (Oser u.a., 1992, S.87).[206] Anders ausgedrückt: Angestrebt wird eine Schule, in der demokratische Teilhabe und faire Konfliktlösungen zusammengehen mit einem Engagement für die soziale Gemeinschaft und mit rücksichtsvollem und fürsorglichen Umgang untereinander (vgl. ebd., S.15f.).[207] Dieses Modell, das dem Schüler neben der Entwicklung der moralischen Urteilskompetenz i.w.S. auch die Chance bietet, politisch-soziale Erfahrungen zu sammeln und zu lernen, demokratische Abstimmungsmechanismen und Konfliktlösungsinstrumente zu erproben, ist in letzter Konsequenz zwar nur an drei Versuchsschulen in Deutschland[208] etabliert, doch finden sich einzelne Teilbereiche und Komponenten dieses Entwurfs auch an anderen Schulen wieder. Derartige Komponenten, die das spezifische Schulleben, die politisch-soziale Erfahrungswelt 'Schule', tiefgreifend verändern können, sind zum Beispiel: ein *Schulparlament* bzw. eine Gemeinschaftsversammlung, die schulweite Konfliktthemen berät und versucht, sie zu lösen; besondere *Zusammenkünfte der Schüler* auf Jahrgangsebene, um drängende Probleme anzusprechen und zu behandeln; ein *Vermittlungsausschuß*, der Schwierigkeiten zwischen Schülern untereinander oder zwischen Schülern und Lehrern aufgreift und, indem er eigene Lösungsvorschläge erarbeitet, versucht, diese zu schlichten usw.

---

205) Die Rechte und Pflichten der Redaktion - freie Meinungsäußerung, eine grundsätzlich faire Berichterstattung usw. - regelt das jeweilige Landesschulgesetz. Siehe für Bayern BayEUG Art.63 Abs.1 bis 4 und für Brandenburg SRG §43 Abs.1 bis 3.
206) Alle Modelle und Projekte, die die Schule quasi als "politische Lebensgemeinschaft im Kleinen" zu organisieren versuchen, gehen nach Röhrig im Grunde genommen bis auf die theoretischen Überlegungen von Heinrich Stephani (1761-1850) und Fichte (1762-1814) zurück (vgl. Röhrig, 1964, S.205).
207) Eine ausführliche Beschreibung des von Lawrence Kohlberg (1927-1987) - Prof. an der Harvard-Universität in Cambridge - theoretisch ausgearbeiteten und von ihm in etlichen Schulversuchen praktisch erprobten und weiterentwickelten Modells der 'Just Community' findet sich bei Oser und Althof, 1992, Kap. 10, 11 und 12.
208) Deutsche Versuchsschulen sind die Gutenberg-Schule in Langenfeld, das Gymnasium am Wirteltor in Düren und die Hauptschule in Hamm.

4.2.2 Der Politikunterricht - zwischen fachdidaktischem Anspruch und schulischer Wirklichkeit

Um die angestrebte Situationsbeschreibung vor einer Verkürzung zu bewahren, wurde im vorhergehenden Abschnitt die Schule als komplexe und mehrdimensionale politischsoziale Erfahrungswelt bzw. vielschichtige politische Sozialisationsinstanz charakterisiert. Diese den Blickwinkel aufbrechende und erweiternde Sichtweise im Hintergrund, wenden wir uns nun aufs Neue dem Zentrum der schulischen politischen Bildungsarbeit, *dem Politikunterricht*, zu, der von den in Punkt 4.2.1 beschriebenen Komponenten des Schullebens - was die schulspezifischen politisch-sozialen Bildungsanstrengungen anbelangt - zwar unterstützt wird, aber von diesen in keinem Fall ersetzt werden kann.

Im Mittelpunkt dieser Betrachtung steht dabei zunächst der "bis heute in der Politikdidaktik [...] allgemein akzeptiert[e]" (Sander, 1992, S.20) 'Beutelsbacher Konsens', der "Kriterien im Sinne von *Mindestanforderungen*" (Wehling, 1992, S.133, Hervorhebung von Wehling) benennt, die an jede Form der demokratischen politischen Bildung und somit auch an den politischen Unterricht selbst, die unterrichtsspezifische Lehrer-Schüler-Interaktion und -Kommunikation[209], zu stellen und so weit wie möglich zu erfüllen sind. An dieser Idealvorstellung, diesem zustimmungswürdigen Postulat anknüpfend, wird anschließend versucht, eine Skizze der tatsächlich vorherrschenden Unterrichtssituation zu erarbeiten, um auf diese Weise den theoretischen Anspruch mit der Wirklichkeit zu konfrontieren oder, allgemeiner formuliert, die Situationsbeschreibung zu intensivieren und damit das bereichsspezifische Problembewußtsein weiter zu vertiefen.

Das große Verdienst von Hans-Georg Wehling ist darin zu sehen, daß er 1977 als Ergebnis einer 1976 stattgefunden Tagung der baden-württembergischen Landeszentrale für politische Bildung in Beutelsbach - die der Klarstellung von Positionen und der Erkundung von Konsensmöglichkeiten diente - trotz bestehender Kontroversen[210] die Übereinstimmung der teilnehmenden Fachdidaktiker in drei Punkten festgehalten hat. Diese drei nachfolgend zitierten didaktischen Grundsätze - die nach Abschluß der Tagung erst formuliert und daher von den Tagungsteilnehmern nicht selbst abgestimmt und formell verabschiedet wurden (vgl. Gagel, 1994a, S.219) - gelten nach wie vor "als

---

209) Ohne eine klare Unterscheidung vorzunehmen, wird in Anlehnung an Roth "jedes zwischenmenschliche Verhalten, selbst in der Erweiterung auf soziale Gruppen [...], als soziale Interaktion und Kommunikation bezeichnet" (Roth, 1980, S.51), wobei in unserem Zusammenhang das zwischenmenschliche Verhalten nur auf den sozialen Kontext Unterricht, insbesondere den Politikunterricht, beschränkt bleibt. Einen weiterführenden Überblick zur schulischen Kommunikations- und Interaktionsforschung gibt neben Roth (1980, S.56-89) auch die von Biermann herausgegebene Aufsatzsammlung "Interaktion, Unterricht, Schule" (Biermann, 1985).
210) Siehe hierzu auch Punkt 2.1 der vorliegenden Arbeit.

"essentials" politischer Bildung, denen bislang kein Fachdidaktiker ernsthaft widersprochen hat" (Kuhn u.a., 1990, S.36/Anm. 14):[211]

1. *Überwältigungsverbot.* Es ist nicht erlaubt, den Schüler - mit welchen Mitteln auch immer - im Sinne erwünschter Meinungen zu überrumpeln und damit an der »Gewinnung eines selbständigen Urteils« zu hindern [...]. Hier genau verläuft nämlich die Grenze zwischen Politischer Bildung und *Indoktrination*. Indoktrination aber ist unvereinbar mit der Rolle des Lehrers in einer demokratischen Gesellschaft und der - rundum akzeptierten - Zielvorstellung von der Mündigkeit des Schülers.
2. Was in Wissenschaft und Politik *kontrovers* ist, muß auch im Unterricht *kontrovers* erscheinen. Diese Forderung ist mit der vorgenannten aufs engste verknüpft, denn wenn unterschiedliche Standpunkte unter den Tisch fallen, Optionen unterschlagen werden, Alternativen unerörtert bleiben, ist der Weg zur Indoktrination beschritten. Zu fragen ist, ob der Lehrer nicht sogar eine *Korrekturfunktion* haben sollte, das heißt, ob er nicht solche Standpunkte und Alternativen besonders herausarbeiten muß, die den Schülern [...] von ihrer politischen und sozialen Herkunft her fremd sind. [...]
3. Der Schüler muß in die Lage versetzt werden, eine *politische Situation* und seine *eigene Interessenlage zu analysieren*, sowie nach Mitteln und Wegen zu suchen, die vorgefundene politische Lage im Sinne seiner Interessen *zu beeinflussen*. Eine solche Zielsetzung schließt in sehr starkem Maße die Betonung *operationaler Fähigkeiten* ein, was aber eine logische Konsequenz aus den beiden vorgenannten Prinzipien ist. [...]" (Wehling, 1977, S.179f., Hervorhebung von Wehling)

Dieses häufig als "Minimalkonsens" (Gagel, 1993, S.28) beschriebene fachdidaktische Postulat, mit dem jeder Fachlehrer in der wissenschaftlichen Hochschulausbildung konfrontiert wird und das Gagel u.a. als "Sammlung von Regeln" versteht, "wie im Unterricht über politische Probleme pädagogisch diskutiert werden soll" (Gagel, 1994a, S.220), wendet sich prinzipiell an die drei elementaren Komponenten jeder Unterrichtssituation, nämlich an den Lerngegenstand, die Schüler und den Lehrer.
So wird der *Lehrer* aufgerufen, seinen Wissens- und Erfahrungsvorsprung nicht zu verabsolutieren und ihn den Schülern aufzuzwingen. Des weiteren müssen die *Lerngegenstände* und die daran abzuleitenden - in Wissenschaft und Politik kontrovers diskutierten - Unterrichtsinhalte kontrovers dargestellt werden. Ferner soll der *Lernende oder Schüler* nie nur als Adressat oder Objekt angesehen werden, sondern immer auch als politisches Subjekt mit dem Anspruch, daß seine persönlichen Erfahrungen, Interessen und

---

[211] Wenn man bedenkt, daß dieser Konsens für so unterschiedliche wissenschaftstheoretische, politische und auch didaktische Positionen wie denen von Schmiederer, Fischer, Giesecke, Grosser, Sutor bis hin zu Hornung steht (vgl. Wehling, 1977, S.178), ist die angedeutete Übereinstimmung um so erstaunlicher.

Einsichten als authentische, aber kontroverse Realität aufgegriffen und verarbeitet werden. (vgl. Cremer u.a., 1992b, S.137)

Der Beutelsbacher Konsens, der damit, wie gezeigt, die drei wesentlichen Elemente der Lehrer-Schüler-Interaktion verbindet, kann dennoch nicht darüber hinwegtäuschen, daß es letztlich allein dem jeweiligen Lehrer obliegt - der im Schnittpunkt der unterrichtsbestimmenden Dimensionen steht (vgl. Sutor, 1984b, S.104) -, ob dieses theoretische Regelwerk, das auf einer vergleichsweise hohen Abstraktionsebene angesiedelt ist und kein konkretes Handlungskonzept darstellt, sondern vielmehr ein erstrebenswertes Ideal (vgl. Wehling, 1992, S.131), der Unterrichtssituation bzw. der jeweiligen Lerngruppe entsprechend[212] nutzbar gemacht wird oder nicht. Des weiteren gibt Wehling zu bedenken, daß gerade in der unterrichtsbezogenen Konkretisierung bzw. praxisbezogenen Umsetzung dieser Grundsätze durch den Lehrer die eigentlichen Schwierigkeiten[213] dieses Konzepts liegen (vgl. ebd., S.131).

Diesem in Politikdidaktik und Methodik bis heute als zustimmungswürdig und erstrebenswert geltenden fachdidaktischen Postulat, das für die Lehrer in den "neuen" Bundesländern[214] ebenso Geltung beansprucht wie für die in den "alten" Ländern, steht meiner Ansicht nach eine schulische Praxis, ja eine Unterrichtswirklichkeit gegenüber, die weit von diesem theoretisch-didaktischen Anspruch entfernt ist.
Nachfolgende Auflistung, die diese These zugleich erläutern und untermauern soll und eine Situationsbeschreibung des Politikunterrichts über die in Punkt 3.1 genannten Gesichtspunkte hinaus darstellt, benennt für die gegenwärtige Unterrichtspraxis typische Defizite und Unzulänglichkeiten, die den Anspruch des Beutelsbacher Konsenses konterkarieren.
- *Die methodische Verarmung des Politikunterrichts:*
Hilligen beklagt im Rückgriff auf empirische Studien explizit die methodische "Verarmung des Unterrichts" und die kommunikative Dominanz der Lehrer[215] (vgl.

---

212) Welche Konsequenzen die Umsetzung dieser Regeln für die Lehrer - unter Bezugnahme auf die politisch (fast) homogene, politisch heterogene und uninteressierte oder nicht-spontane Lerngruppe - nach sich ziehen, faßt Reinhardt in dem Artikel "Kontroverses Denken, Überwältigungsverbot und Lehrerrolle" (vgl. Reinhardt, 1988, 65-73) zusammen.
213) Wo Indoktrination beginnt, in welchem Umfang Kontroversen dargestellt werden müssen und wie weit das Schülerinteresse tatsächlich zu berücksichtigen ist, sind alles Schwierigkeiten und Fragen, die nur am Einzelbeispiel geklärt werden können (vgl. Wehling, 1992, S.131).
214) Schörken betont in dem Zusammenhang eindringlich, "was die Schüler in der ehemaligen DDR vor allem anderen benötigen, ist ein neuer Unterrichtsstil mit erheblich mehr Schülerinitiative, Selbstermutigung, Freiräumen des Lernens" (Schörken, 1991, S.42) usw. und Denkewitz bemerkt, nur die Lehrer werden erfolgreich sein, "die sich inhaltlich wie methodisch gründlich mit der Forderung auseinandersetzen, daß jegliche Form der Indoktrination untersagt ist" (Denkewitz, 1992, S.353).
215) Gerade die 'kommunikative Dominanz' der Lehrer und die festzustellende 'methodische Verarmung' widersprechen eindeutig der oben skizzierten Idealvorstellung einer Lehrer-Schüler-Interaktion und hier vor allem dem von Wehling aus dem Beutelsbacher Konsens abgeleiteten Anspruch, "daß Selb-

Hilligen, 1985, S.225). Darüber hinaus gibt er an anderer Stelle zu bedenken, daß der Politikunterricht heute meist dadurch gekennzeichnet ist, daß "Dimensionen, die einmal zum selbstverständlichen »Handwerkszeug« der Lehrenden gehörten: daß etwa die Bearbeitung von Situationen, Fällen [...] auf eine zwar flexible, aber strukturierte Sequenz von Schritten angewiesen ist; daß Fertigkeiten im Umgang mit Materialien eingeübt werden müssen; [...]" (Hilligen, 1990, S.337), vernachlässigt werden. Hilligen lokalisiert somit einen unterrichtsinternen und lehrerbezogenen Problembereich, der von Geiger schon 1985 erkannt wurde, nämlich mit welchem Einsatz und auf welche Art und Weise Politik in der Schule von den Lehrern vermittelt wird (vgl. Geiger, 1985, S.277).

- Das Problem der Schülermotivation:
Ein weiteres Defizit ist darin zu sehen, daß die Schüler dem Unterrichtsfach Politische Bildung/Sozialkunde sehr wenig Interesse und Motivation entgegenbringen. Ein Umstand, den Brauner mit dem folgendem Satz kommentiert: "Schüler interessieren sich nicht für Politik!" (Brauner, 1985, S.273). Dieser Sachverhalt[216], der die unterrichtsspezifische Lehrer-Schüler-Interaktion belastet - wie soll von den Lehrern das Schülerinteresse berücksichtigt werden, wenn sich die Schüler nicht in den Unterricht einbringen wollen -, wird auch von einer Lehrerbefragung in den "neuen" Bundesländern[217] bestätigt. So empfinden es 56,1% der befragten Lehrer als *schwer* und 7,9% sogar als *sehr schwer*, die Schüler im Politikunterricht zu motivieren (vgl. Cremer u.a., 1992a, S.48/49.)

- Das Theorie-Praxis Problem:
Der Politikunterricht leidet unter dem überaus gestörten Verhältnis zwischen Fachdidaktik und Lehrerhandeln. Ein Phänomen, das vor allem dazu geführt hat, daß von den Lehrern die entscheidenden didaktischen Fragen nach dem "Was", "Warum", "Wozu" und "Wie" (vgl. Hilligen, 1985, S.21) nicht mittels didaktischer Erkenntnis - beispielsweise der Arbeiten von Hilligen, Schmiederer, Giesecke, Sutor usw. - beantwortet werden, sondern vielmehr nur nach Lehrplan und Schulbuch. Diese geringe fachdidaktische Orientierung, das Nicht-Wahrnehmen wissenschaftlicher Erkenntnis durch die Lehrer,

---

ständigkeit und Eigenarbeit des Schülers Vorrang haben müssen vor Formen des Belehrens [...]" (Wehling, 1977, S.180).
216) Beachtenswert bleibt, daß nicht nur eine geringe Schülermotivation diagnostiziert wird, sondern auch außerhalb der Schule ein gestörtes "Verhältnis von Jugendlichen zu politischem Engagement" (Schierholz, 1991a, S.5). Schierholz spricht in dem Zusammenhang gar von einer erkennbaren Zunahme "politischer Apathie", "Resignation" und "politischen Entfremdungserscheinungen" (ebd.) bei Jugendlichen. (vgl. weiterführend die Artikel von Otten, 1991 und Heitmeyer, 1991)
217) Im Rahmen dieser 1990/1991 durchgeführten Untersuchung, die eine Bestandsaufnahme des Jahres 1991 darstellt und 1992 in erweiterter Form noch einmal wiederholt wurde (vgl. Anm. 187 der vorliegenden Arbeit und George u.a., 1992, S.523-541), wurden insgesamt 478 Lehrer befragt. (vgl. Cremer u.a., 1992a, S.47-52)

birgt dabei nach Harms die Gefahr einer negativen Auswirkung auf den Unterricht selbst (vgl. Harms u.a., 1992, S.62). Dieser Zustand - "zwischen Fachdidaktik und Unterrichtspraxis besteht keine Verbindung mehr" (ebd.) - wird dabei zum einen der Fachdidaktik selbst zugeschrieben (vgl. Reinhardt, 1995, S.45) und zum anderen dem mangelnden Interesse der Lehrer, wobei Harms und Breit die zuletzt genannte These durch eine 1989 von ihnen durchgeführte Umfrage unter 881 westdeutschen Sozialkundelehrern (vgl. Harms u.a., 1992) bestätigt sehen. Dieser Studie zufolge stehen "die Lehrer/-innen der Didaktik des politischen Unterrichts und deren Vertretern in den Hochschulen nicht ablehnend, sondern gleichgültig gegenüber" (ebd., S.62).

- Das Ausbildungsdefizit der Lehrer:[218]
Richter prangert vehement "die wachsende Isolierung des Studiums von der schulischen Praxis [an]" (Richter, 1993, S.167) und spricht ausdrücklich davon, daß die hochschulinterne fachwissenschaftliche Ausbildung der Sozialkundelehrer "eben *nicht* jenes praktische Handlungswissen und jene auf die Schule bezogene Handlungskompetenz vermittelt, die Lehrer brauchen, um den Anforderungen der schulischen Praxis gerecht werden zu können" (ebd., Hervorhebung von Richter). Gerade der Beutelsbacher Konsens ist meiner Ansicht nach ein besonders markantes Beispiel für eine solche abstrakte, idealisierte und hoch wissenschaftliche Erkenntnis, die dem Studenten im Laufe seiner Hochschulausbildung zwar vermittelt wird, die aber mit der schulischen Praxis, dem eigentlichen Handlungsfeld des angehenden Lehrers viel zu wenig in Verbindung gesetzt wird und deshalb bei diesem kein oder zumindest nur ein geringes Handlungswissen erzeugt. Ein Gesichtspunkt, der sich auf die zu gestaltende Unterrichtssituation geradezu negativ auswirken muß.
Ein weiterer Aspekt, der dieses Ausbildungsdefizit gar noch verstärkt, liegt nach Weißeno darin begründet, daß den angehenden Lehrern durch unterschiedlich qualifizierte Fachleiter in der Ausbildung oder über verschiedenartig informierte Kollegen und Kolleginnen auch Enttäuschungen, Vorurteile und Ängste über die Verwendbarkeit von wissenschaftlichem Wissen vermittelt wird (vgl. Weißeno, 1995, S.946).

- Die allgemein geringe Wertschätzung des Fachs:
Bereits 1984, auf dem 2. Bundeskongreß für politische Bildung in Berlin, betont Brauner - in Anlehnung an eine Auswertung von Lehrerberichten -, daß Politische Bildung/Sozialkunde nach wie vor ein unbeliebtes Fach ist und in der Rangfolge der Fächer am Ende erscheint (vgl. Brauner, 1985, S.273). Diese fachspezifische Misere der geringen Wertschätzung wird wiederum von der schon erwähnten Studie von Harms be-

---

218) Dieses Defizit ist sehr eng mit dem vorhergehenden 'Theorie-Praxis Problem' verbunden.

stätigt: "Auffallend ist die Überzeugung der Lehrer/innen, das Fach genieße insgesamt ein geringes Ansehen bei Kollegen, Eltern usw." (Harms u.a., 1992, S.60).[219]

Wie die angesprochene *methodische Verarmung* des Politikunterrichts, das *Problem der Schülermotivation*, das *Theorie-Praxis-Problem* und das *Ausbildungsdefizit der Lehrer* markiert auch der letztgenannte Aspekt der geringen *Wertschätzung des Fachs* zunächst eine für die gegenwärtige Unterrichtspraxis typische und nicht zu unterschätzende Unzulänglichkeit und trägt außerdem dazu bei, die überaus schlechte Lage, das herrschende Defizit zwischen didaktisch-theoretischem Anspruch und Wirklichkeit im Unterrichtsfach Politische Bildung/Sozialkunde hervorzuheben und zu begründen.

Bevor im Anschluß - über die allgemein gültige Situationsbeschreibung hinaus - auf die länderspezifischen Besonderheiten der bayerischen und brandenburgischen Unterrichtssituation eingegangen wird, um somit die Bestandsaufnahme abzurunden, kann folgendes Resümee als Zusammenfassung aller bisher erarbeiteten Einzelergebnisse fixiert werden:
Den vielfältigen epochalen Herausforderungen und fundamentalen Problemlagen, die für 'ein Überleben' und ein 'menschenwürdiges gutes Leben' heute und in absehbarer Zukunft wichtig erscheinen (vgl. Punkt 3.2 der vorliegenden Arbeit), steht einerseits eine in ihrer Bedeutung häufig unterschätzte, (vgl. 3.3), als komplexe und mehrdimensionale politisch-soziale Erfahrungswelt verkannte (vgl. 4.2.1) politische Sozialisationsinstanz Schule gegenüber, die aber andererseits den eigentlichen Mittelpunkt all ihrer zielgerichteten politischen Bildungsarbeit, *den Politikunterricht*, nicht nur die grundlegenden Rahmenbedingungen (vgl. 3.1) betreffend vernachlässigt[220], sondern, wie gezeigt, auch erhebliche Defizite und Mängel hinsichtlich der fachdidaktischen Ausgestaltung der unterrichtsspezifischen Lehrer-Schüler-Interaktion (vgl. 4.2.2) aufweist. Alles in allem gilt daher nach wie vor: es steht "schlecht [...] um die Sache der politischen Bildung in bundesdeutschen Schulen" (Rothe, 1989a, S.17).

---

219) Neben dem geringen Stundendeputat werden für diese Misere folgende Punkte verantwortlich gemacht: das Eingebundensein in das schulische Leistungslernen, Skandale in der Politik, Unglaubwürdigkeit der Politiker, Mißbrauch des Fachs durch die Politik usw. (vgl. Harms u.a., 1992, S.60 und Brauner, 1985, S.273).
220) Beispielhaft sei hier erinnert an die geringe Stundenzahl, die unbefriedigende Lehrplangestaltung (vgl. Punkt 2.3), das fachfremde Personal, die rückläufige Lehrereinstellung, die fehlenden Finanzmittel, die schlechte Ausstattung mit geeigneten Unterrichtsmaterialien usw.

4.2.3 Landesspezifische Entwicklungen

Die bislang dargelegten, bundesweit gültigen Aussagen im Hintergrund, wenden sich die nachfolgenden Ausführungen nun dem aktuellen Entwicklungsstand der politischen Bildung im jeweiligen Schulsystem[221] der beiden hier interessierenden Bundesländer Bayern und Brandenburg zu, wobei, die Forschungsfrage vor Augen, nur die Unterrichtsfächer in die angestrebte Bestandsaufnahme einbezogen werden, in denen "Politik wirklich vorkommt und unter didaktisch reflektierten Zielbestimmungen der politischen Bildung unterrichtet werden soll" (Rothe, 1989b, S.47). In Bayern ist dies das Fach "Sozialkunde", in Brandenburg das Fach "Politische Bildung".

Untergliedert in die wichtigsten Schulformen, soll dabei zunächst, um den spezifischen Stellenwert des Fachs zu ermitteln, nach den von der Politik vorgegebenen Rahmenbedingungen, d.h. dem stundenmäßigen Umfang und der Häufigkeit gefragt werden, mit der das jeweilige Unterrichtsfach in die charakteristische Schulstruktur der zu analysierenden Länder eingebunden ist. Des weiteren werden die allgemeinen Zieldimensionen[222] des Fachs markiert und besonders signifikante landesspezifische Gegebenheiten und vorhandene Problemlagen herausgearbeitet und diskutiert.

Anzumerken bleibt, daß die nachstehenden Ausführungen explizit nicht den Anspruch erheben, ein geschlossenes und alle Komponenten umfassendes Bild der jeweiligen Schulsysteme zu skizzieren[223], sondern vielmehr nur solche Aspekte kurz ansprechen werden, die aus der Sicht des Verfassers für seine Fragestellung aufschlußreich, für den Gesamtzusammenhang bedeutsam und den u.a. angestrebten Ländervergleich unabdingbar sind.

4.2.3.1 Das Fach Sozialkunde im bayerischen Schulsystem

Das Beibehalten althergebrachter Strukturen zeigt sich in Bayern, das nach dem zweiten Weltkrieg wie kein anderes Bundesland versuchte, die bildungspolitischen Einflüsse und

---

221) Die Entwicklung des staatlichen Schulsystems betrachtend, ist vorab besonders auffallend und beachtenswert, daß trotz der drei herausragenden historischen Zäsuren im 20. Jahrhundert - 1918, 1945 und 1989 - "die Linien der organisatorischen, mental[en] und habituellen Kontinuität" (Oelkers, 1995, S.11) dennoch unverkennbar sind.

222) Festzuhalten bleibt, daß weiterführende Aussagen über die Zieldimension hinaus, die ebenfalls aus den Lehrplänen abgeleitet werden können, wie die Strukturierung der Inhalte, die Verbindlichkeit der Vorgaben für die Lehrer usw., die für die Auswertung der Analyseergebnisse (4.4) durchaus wichtig erscheinen, erst im Abschnitt 4.3, im Rahmen der inhaltsanalytischen Auswertung der Lehrpläne, angesprochen werden sollen.

223) Es werden ausdrücklich nur die Schulformen berücksichtigt, die in die spätere Analyse in Punkt 4.3 einbezogen werden: In Bayern sind dies Hauptschule, Realschule, Gymnasium - bis zur 10. Klasse - und Berufsschule, in Brandenburg neben den drei letztgenannten Schularten noch die Gesamtschule.

Bemühungen der Besatzungsmacht zu unterbinden (vgl. Böhm, 1994, S.68) und schulpolitisch eindeutig den B-Ländern zuzuordnen ist (vgl. Anm. 28 der vorliegenden Arbeit), bis heute an der ablehnenden Haltung gegenüber der Schulart Gesamtschule[224] und dem damit verbundenen, relativ rigiden Festhalten an dem dreigliedrigen Schulsystem, einem schulischen Organisationsprinzip[225], das den Schülern nach dem Besuch der vierjährigen Grundschule, je nach vorliegendem Leistungsstand drei mehr oder weniger starr von einander getrennte allgemeinbildende Schulen bereitstellt, als da sind Hauptschule, Realschule und Gymnasium.[226]

Bayern geht damit bis in die Gegenwart hinein - ohne eine gewisse "Weiterentwicklung des gegliederten bayerischen Schulwesens" (Bay. Staatsmin. f., 1994c, S.5) leugnen zu wollen - von der Überlegung aus, "daß eine individuelle Förderung wegen der großen Streuungsbreite der Begabungen [...] nur im Rahmen der jeweiligen Schulart voll zum Tragen kommen muß, wenn nicht die mehr theoretisch begabten Schüler unterfordert und die mehr praktisch begabten, theoretisch aber schwächeren Schüler überfordert [...] werden sollen" (Rauscher, 1986, S.17).

Die schon Anfang der 70er Jahre beginnende und bis heute immer wieder aufflammende prinzipielle Diskussion um die Hauptschule, die sich zwischen den zwei Polen "Überholter Restposten der Geschichte" (Geißler, 1978, S.63) bzw. einer "Theorie vom Absterben der Hauptschule" (Struck, 1979, S.116) und der Vorstellung von einer "zukunftsträchtige[n] Institution" (Geißler, 1978, S.63) bewegt, wurde in Bayern, obwohl auch hier der Trend zu einer höher qualifizierenden Schulausbildung zweifellos anhält, für die letztgenannte Alternative entschieden. Als "eine der tragenden Säulen

---

224) Allein die überaus geringe Anzahl von nur *vier* Gesamtschulen (vgl. Bay. Staatsmin. f., 1994c, S.104), lange Zeit gab es gar nur eine in Bayern (vgl. Gagel, 1994a, S.196), bringt meiner Ansicht nach die negative Einstellung zu dieser Schulform mehr als deutlich zum Ausdruck.

225) Die folgende Abbildung ist eine stark vereinfachte Skizze des für Bayern typischen dreigliedrigen Schulsystems, auch vertikal gegliedertes Modell genannt:

Vergleiche weiterführend die ausführliche und detaillierte, alle möglichen Übergänge und Querverbindungen berücksichtigende Abbildung, "Schullaufbahn in Bayern" (Bay. Staatsmin. f., 1994b, S.7-10).

226) Nicht berücksichtigt werden an dieser Stelle die verschiedenen Formen der bayerischen Förderschulen (Schulen für Behinderte und Kranke) - ehemals Sonderschulen genannt - (vgl. BayEUG, Art.19 bis Art.24), deren Aufgabe darin besteht, "Kinder und Jugendliche, die behindert oder von Behinderungen bedroht, krank oder [...] in ihrem Leistungsvermögen beeinträchtigt sind und deshalb sonderpädagogischer Förderung bedürfen" (ebd., Art.19 Abs.1) zu erziehen, zu unterrichten, zu beraten und zu fördern. (vgl. u.a. Bay. Staatsmin. f., 1994c, S.66-77)

des gegliederten Schulwesens" (Bay. Staatsmin. f., 1994c, S.5)[227] soll diese Schulart, die die Jahrgangsstufen 5 mit 9 umfaßt, dabei ihr "unverwechselbares Profil" (Bay. Staatsmin. f., 1994b, S.12) durch ein lebens- und berufsbezogenes Lernen erhalten (vgl. ebd.).
Ziel des hier interessierenden Unterrichtsfachs Sozialkunde im Fächerkanon der Hauptschule, das in der Stundentafel in den Klassen 8 und 9 jeweils mit *einer* Wochenstunde erscheint (vgl. Bay. Staatsmin. f., 1991, S.1060), "ist der sachlich informierte, zu politischem Urteil befähigte und auf die verantwortliche Teilnahme am öffentlichen Leben vorbereitete Bürger" (bay. Lehrplan, 1985, S.419).

Die Realschule, die generell an die 6. Klasse Hauptschule anschließt und sich von der 7. bis zur 10. Jahrgangsstufe erstreckt[228], richtet ihr Bildungsangebot, das zwischen dem der Hauptschule und dem des Gymnasiums angesiedelt ist, an jene "jungen Menschen, die an theoretischen Fragen interessiert sind und zugleich praktische Fähigkeiten und Neigungen haben" (Bay. Staatsmin. f., 1994b, S.17). Eine Schulform, die in den letzten 45 Jahren - nicht zuletzt vom Niedergang der Hauptschule profitierend (Arbeitsgruppe, 1994, S.458) - in Bayern wie im gesamten übrigen Bundesgebiet auch expandierte[229] und nach 1989 auch in den fünf "neuen" Bundesländern etabliert wurde. Der Politikunterricht im Fach Sozialkunde findet in der Realschule, die im Schuljahr 1992/93 von etwas mehr als 128500 bayerischen Schülern besucht wurde (vgl. Bay. Staatsmin. f., 1994c, S.80/Tab. F1), lediglich in der letzten Jahrgangsstufe *eine* Stunde pro Woche statt (vgl. Bay. Staatsmin. f., 1991, S.1060). Rothe hebt in dem Zusammenhang bereits 1989 deutlich hervor, daß Bayern damit im Vergleich zu allen anderen westlichen Bundesländern - was die Gesamtzahl der wöchentlichen Sozialkundestunden bzw. den Politikunterricht anbelangt - weit abgeschlagen an letzter Stelle rangiert (vgl. Rothe, 1989a, S.13). Eine Aussage, die nach Weidinger auch heute, die "neuen" fünf Bundesländer in den Vergleich mit einbezogen, uneingeschränkt weiter aufrecht erhalten werden kann (vgl. Weidinger, 1995, S.338, Tab. 2).
Das Hauptziel dieser zeitlich äußerst knapp bemessenen, schulischen politischen Bildungsanstrengung liegt nun darin, die Schüler zu befähigen, "aus einer grundsätzlichen Kenntnis der gesellschaftlichen und politischen Prozesse heraus fähig zu werden, selbst als Erkennende, als Urteilende und als Handelnde daran teilzuhaben" (bay. Lehrplan, 1993, S.48).

---

[227] Die wichtige Stellung dieser Schulart in Bayern wird schon allein an ihrer hohen Schülerzahl deutlich, so besuchten 1993 in der Jahrgangsstufe 8 immerhin noch 37,8% der gesamten Schüler die Hauptschule (vgl. Bay. Staatsmin. f., 1994c, S.112/Tab. I2).
[228] Beachtenswert ist, daß der im Schuljahr 1992/93 begonnene Versuch mit einer 'sechsstufigen' - direkt mit der fünften Klasse beginnenden - Realschule nicht nur über 1994 hinaus fortgesetzt wird, sondern daß darüber hinaus noch eine Erweiterung dieses Schulexperiments beschlossen wurde. (vgl. Bay. Staatsmin. f., 1994c, S.78)
[229] So stieg in Bayern die Zahl der Realschulen von 174 im Jahr 1955 auf aktuell 327 - davon 203 öffentliche und 124 private - Schulen an. (vgl. Bay. Staatsmin. f., 1994c, S.81/Tab. F1/F2)

Die Unter- und Mittelstufe bzw. die ersten sechs Klassen des Gymnasiums, das generell auf der Grundschule aufbaut und bis zur Erlangung der allgemeinen Hochschulreife die Jahrgangsstufen 5 mit 13 umfaßt (vgl. Bay. Staatsmin. f., 1994b, S.22)[230], bilden zusammen die dritte Komponente des allgemeinbildenden Schulangebots in Bayern, das wie die Haupt- und Realschule auch der Sekundarstufe I zuzurechnen ist. Ohne die gymnasiale Oberstufe - Sekundarstufe II - in die Betrachtung mit einzubeziehen, stellt sich die Lage für den Politikunterricht in der Unter- und Mittelstufe des Gymnasiums ähnlich dar wie für die Realschule. Mit nur einer Wochenstunde Sozialkunde in der 10. Klasse bildet Bayern hier erneut im Vergleich zu allen anderen Bundesländern das Schlußlicht, wenn es um die Häufigkeit und die stundenmäßige Ausstattung des Politikunterrichts geht (vgl. Rothe, 1989a, S.13 und Weidinger, 1995, S.339, Tab. 5).

Dieser einstündige Politikunterricht in der 10. Klasse ist dabei zum einen dem für die gesamte gymnasiale Schulausbildung gültigen Bildungsziel verhaftet, "die Fähigkeit der Schüler [zu fördern], sich mit politischen Sachverhalten selbständig und rational auseinanderzusetzen und zu eignen fundierten Urteilen zu gelangen" (bay. Lehrplan, 1991, S.1384), zum anderen dem speziellen Bestreben unterworfen, elementare Begriffe, die die Grundlage für den Sozialkundeunterricht in der Oberstufe bilden, einzuführen und zu vermitteln (vgl. ebd., S.1385).

Zusammenfassend kann damit für das politische Bildungsangebot der bayerischen Haupt-, Realschule und der ersten sechs Klassen des Gymnasiums festgehalten werden, daß der Stellenwert des Fachs "Sozialkunde" - bezogen auf die Anzahl der Jahre, die das Fach unterrichtet wird, und den jeweiligen Stundenumfang - nicht nur als gering zu bewerten ist (siehe Abb. 2), was allgemein erwarten werden konnte[231], sondern im Vergleich zu allen anderen Bundesländern gar den niedrigsten aller Werte erreicht.

---

230) Bayern unterscheidet im Gymnasium ausdrücklich zwischen der Unterstufe - Jahrgangsstufen 5 bis 7 - der Mittelstufe - Jahrgangsstufen 8 bis 10 - und der Oberstufe - Jahrgangsstufen 11 bis 13 -, wobei letztgenannte wiederum unterteilt ist, in eine Vorbereitungsphase - 11. Klasse - und eine zweijährige Kursphase - 12. und 13. Klasse. (vgl. Bay. Staatsmin. f., 1994b, S.25)
231) Zu erwarten vor allem deshalb, weil alle bisherigen Aussagen zur Lage der schulischen politischen Bildung - vor allem in Gliederungspunkt 3.1 und 4.2 - derart negativ ausgefallen sind.

Abb. 2: Wochenstunden im Fach Sozialkunde in den einzelnen Jahrgängen der Sekundarstufe I in Bayern:[232]

Schulform \ Jahrgang	5	6	7	8	9	10
Hauptschule				1	1	
Realschule						1
Gymnasium						1

Diese Sachlage und die eher allgemein und in Abwehr "emanzipatorischer" Überlegungen (vgl. Rothe, 1989b, S.56) formulierten Ziele des Politikunterrichts vor Augen, spricht Rothe für Bayern gar von "der faktischen Nichtexistenz des Fachs Sozialkunde an allgemeinbildenden Schulen" (ebd., S.62).

Wie in Kapitel 1 bereits beschrieben, ist die Berufsschule in Deutschland als ein Teil des 'dualen Berufsbildungssystems' die einzige Pflichtschule der gesamten Sekundarstufe II und für viele Jugendliche und junge Erwachsene - 1993 zählt Bayern allein mehr als 275000 Berufsschüler (vgl. Bay. Staatsmin. f., 1994c, S.117/Tab. K1) - meist der letzte Ort, an dem sie mit der schulischen politischen Bildung konfrontiert werden.
Auf den ersten Blick stellt sich dabei die Lage für das Fach Sozialkunde an den beruflichen Schulen in Bayern, das die "jungen Menschen befähigen [will], in politischen Fragen rational zu urteilen" (bay. Lehrplan, 1992, S.1), besser dar als an den drei vorher untersuchten Bildungsstätten, da hier zumindest in allen Jahrgangsstufen - von der 10. bis zur 12. Klasse - Politikunterricht *einstündig* erteilt wird. Analysiert man jedoch diese vergleichsweise guten Rahmenbedingungen etwas genauer, so wird sehr schnell deutlich, daß "Themen der Arbeits- und Wirtschaftswelt [...] einen breiten Raum" (Bay. Staatsmin. f., 1991, S.1062) in der Berufsschule einnehmen, häufig Unterrichtsgegenstände, die mit dem im Lehrplan angegebenen Ziel und unserer Definition von politischer Bildung wenig gemeinsam haben. Ein Sachverhalt, der die auffallend gute quantitative Stundenausstattung des Politikunterrichts in der Berufsschule stark relativiert.
Darüber hinaus wird nach Böttcher die spezifische Situation bzw. der Stellenwert der politischen Bildung in der Berufsschule noch dadurch belastet - was meiner Ansicht nach auch für Bayern gilt -, daß Sozialkunde nicht nur von den Betrieben, sondern auch

---

[232] Diese drei Schulformen der Sekundarstufe I wurden im Jahr 1993 zusammengenommen von 92% der bayerischen Schüler - darunter 37,8% Haupt-, 27% Realschüler und 27,2% Gymnasiasten - in der Jahrgangsstufe 8 besucht. (vgl. Bay. Staatsmin. f., 1994c, S.112/Tab. I2)

von der Schulleitung häufig "als »notwendiges Übel«, »verlorene Zeit«, als »irrelevant im Sinne der Prüfung«, als »Laborfach«, als »letztes Rad am Wagen« angesehen" (Böttcher, 1985, S.291) wird, ein Zustand, der geradezu zur Zweckentfremdung der Politikstunde durch die Lehrer zugunsten anderer, dem Anschein nach "wichtigerer" Fächer auffordert, häufig aber auch eine Vorgehensweise, zu der die Berufsschullehrer wegen der hohen Zahl ausfallender Unterrichtsstunden[233] - aufgrund des akuten, zukünftig noch zunehmenden Lehrermangels (vgl. Lange, 1995, S.VI/13) - und des gleichwohl zu vermittelnden prüfungsrelevanten Stoffes keine Alternative sehen.

4.2.3.2 Das Fach Politische Bildung im brandenburgischen Schulsystem

Brandenburg, das bildungspolitisch den A-Ländern zuzuordnen ist[234] und bei der Neugestaltung des Ostdeutschen Schulwesens den "eigenwilligsten Weg" (Rudolph I., 1993, S.286) aller "neuen" Bundesländer eingeschlagen hat, unterscheidet sich in seiner Schulstruktur[235] ganz erheblich von dem eben beschriebenen, relativ starren dreigliedrigen Bildungssystem in Bayern.

Ohne die Förderschulen (vgl. SRG §16) zu berücksichtigen, belegen die folgenden Gesichtspunkte diese landesspezifische Unterschiedlichkeit der Schulsysteme aufs deutlichste:

---

233) So wird heute bereits "für nahezu jeden zehnten Berufsschüler [...] die von den Kultusministern empfohlene Mindeststundenzahl von acht pro Woche nicht erreicht" (Lange, 1995, S.VI/13).

234) Auch in den "neuen" Ländern findet man Anhaltspunkte, vor allem wenn man "das Schulsystem Brandenburgs mit dem der anderen Länder vergleicht" (Gagel, 1994a, S.199), die auf die politische Orientierung der jeweiligen Landesregierung schließen lassen.

235) Die nachfolgende Abbildung ist eine grobe Skizze des sowohl nach dem Prinzip der Stufigkeit - horizontal - wie auch nach dem Prinzip der Gliedrigkeit - vertikal - organisierten (vgl. Klemm u.a., 1992, S.59) brandenburgischen Schulsystems:

11. bis 13. Klasse (Sekundarstufe II)	Sek. II*		
7. bis 10. Klasse (Sekundarstufe I)	Gesamtschule	Gymn.	Realschule
1. bis 6. Klasse (Primarstufe)	Grundschule		

*) Sek. II steht hier für alle möglichen Schulformen der Sekundarstufe II, z.B. die gymnasiale Oberstufe, die Berufsschule usw., die in Brandenburg besucht werden können. Vergleiche zu dieser Skizze weiterführend die ausführliche Abbildung "Schule im Land Brandenburg" (Brdbg. Min. f., 1995b, S.12).

Zum einen umfaßt die für alle Schüler gemeinsame Grundschule nicht wie in 14 weiteren Bundesländern (vgl. Arbeitsgruppe, 1994, S.299), darunter auch in Bayern, die 1. bis 4. Jahrgangsstufe, sondern wie in Berlin "die Klassen 1 bis 6" (SRG §6 Abs.2). Des weiteren ist das Schulwesen in Brandenburg eine Kombination aus Schulformen des gegliederten Systems - Gymnasium (ebd. §8) und Realschule (ebd. §9) - und der integrierten Schulform Gesamtschule (ebd. §7), wobei letztgenannte quasi "Eckstein" (Klemm u.a., 1992, S.60) der gesamten brandenburgischen Schulstruktur ist. Der wesentliche Unterschied zu Bayern besteht nun aber nicht nur darin, daß die Gesamtschule in Brandenburg faktisch Regelschule[236] ist und die Hauptschule in dieser Schulstruktur nicht vorkommt, sondern daß die drei weiterführenden Schulen der Sekundarstufe I - Realschule, Gesamtschule und Gymnasium - nicht nur um einen möglichen Schulwechsel zu erleichtern, nach dem gleichen Lehrplan unterrichten, sondern alle drei Schulformen nach Abschluß der 10. Klasse auch gleichwertige Schulabschlüsse vergeben (vgl. Brdbg. Min. f., 1994b, S.10). Diese Form des "horizontal wie vertikal durchlässige[n] Bildungsangebot[s]" (Brdbg. Min. f., 1995a, S.20) eröffnet - auf eine Art und Weise wie dies in Bayern nicht vorgesehen ist - den brandenburgischen Schülern nach erfolgreichem Abschluß der Sekundarstufe I in einer der drei Schulen den Weg zu allen möglichen Schularten der Sekundarstufe II, bzw. berechtigt sie, alle denkbaren Abschlüsse, einschließlich der allgemeinen Hochschulreife, zu erwerben (vgl. SRG §7 Abs.4, §8 Abs.4, §9 Abs.4).

Die Stundentafel der Klassen 5 und 6 der Grundschule - die in unsere Untersuchung einbezogen werden müssen, weil sie nach der hier zugrunde liegenden Definition bereits der Sekundarstufe I hinzuzurechnen sind[237] - sieht folgende Fächer vor: Deutsch, Mathematik, 1. Fremdsprache, den Lernbereich Naturwissenschaft (Physik, Biologie, Technik) und auch den Lernbereich Gesellschaftslehre (Erdkunde, Geschichte, Politische Bildung[238]) (vgl. Brdbg. Min. f., 1995b, S.3).
Diese Zusammenfassung der für die Grundschule relevanten Unterrichtsfächer bringt eine grundlegende landesspezifische Besonderheit zum Vorschein, nämlich daß der Politikunterricht in der 5. und 6. Jahrgangsstufe - was ebenso für die Realschule, das Gymnasium und die Gesamtschule gilt - als Einzelfach in Brandenburg zwar vor-

---

236) Die herausragende Bedeutung der integrierten Gesamtschule für Brandenburg wird zunächst daran deutlich, daß dieses Land im Vergleich zu allen anderen Bundesländern mit Abstand die meisten derartigen Schulen eingerichtet hat, nämlich 310 im Schuljahr 1991/92 (vgl. Arbeitsgruppe, 1994, S.525) und zum zweiten an der Schülerverteilung: 61% der brandenburgischen Schüler besuchen demnach die Gesamtschule, nur 12% die Realschule und 25% das Gymnasium (vgl. Klemm u.a., 1992, S.69).
237) Vergleiche hierzu Kap. 1.
238) Generell kann festgehalten werden, daß in der Grundschule wie in allen anderen Schulformen auch das Fach "Politische Bildung" in seiner heutigen Form seit Herbst 1992 unterrichtet wird. (vgl. Brdbg. Min. f., 1993, S.16)

kommt[239], daß dieses Fach aber, was die zur Verfügung stehende Unterrichtszeit anbelangt, nicht gesondert angegeben wird, sondern immer nur in Verbindung mit dem Lernbereich Gesellschaftslehre erscheint (vgl. u.a. Brdbg. Min. f., 1993, S.18/19; Brdbg. Min. f., 1994b, S.13/15/17). Darüber hinaus bleibt wichtig, anzumerken, daß allen brandenburgischen Schulen, die den Lernbereich Gesellschaftslehre unterrichten, im Rahmen der notwendigen Schulreform, dem Übergang von der bildungspolitischen "Einheitlichkeit zur Vielfalt" (Rudolph I., 1993, S.276), ein hohes Maß an Eigenverantwortung zuerkannt wurde. Diese kommt u.a. darin zum Ausdruck, daß die jeweiligen Schulen innerhalb der vom Ministerium "vorgegebenen Stundentafel Schwerpunkte setzen [dürfen]" (brdbg. Lehrplan, 1991a, Vorwort und brdbg. Lehrplan, 1991b, Vorwort), eigenverantwortlich entscheiden können, ob alle Einzelfächer der Gesellschaftslehre von einem Lehrer oder von verschiedenen Lehrern betreut und ob der jeweilige Fachunterricht epochal[240] oder fortlaufend veranstaltet werden soll.

All diese schulformübergreifenden Gestaltungsmöglichkeiten und -freiräume bezüglich des Lernbereichs Gesellschaftslehre vor Augen, kann dennoch für die Gegenwart davon ausgegangen werden, daß die grundschulspezifische Umsetzung dieses Lernbereichs in der 5. und 6. Jahrgangsstufe eine relativ einheitliche Gewichtung der drei Einzelfächer erfährt und daß die Form des epochalen Unterrichts zwar erprobt wird, aber im großen und ganzen noch wenig Verbreitung findet[241]. Diesen Sachverhalt berücksichtigend, kann somit festgehalten werden, daß dem Fach Politische Bildung in der 5. und 6. Klasse Grundschule *eine* Schulstunde pro Woche zur Verfügung steht.
Ziel des damit im Gegensatz zu Bayern (vgl. Abb. 2) zeitlich relativ gut ausgestatteten Politikunterrichts in der Jahrgangsstufe 5 und 6 ist es - indem er sich "nachdrücklich auf konkrete Lebenssituationen der Schülerinnen und Schüler bezieht" (brdbg. Lehrplan, 1991a, S.4) -, Voraussetzungen für die spätere Behandlung solcher nationaler und internationaler Entwicklungen, Wandlungsprozesse und globaler Gefährdungen zu schaffen, die "ein neues politisches Denken und Handeln des einzelnen und der Gesellschaft" (ebd., S.4) verlangen.

---

239) Daß die drei Fächer Erdkunde, Geschichte und Politische Bildung, obwohl sie im Lernbereich Gesellschaftslehre zusammengefaßt sind und in Brandenburg fächerübergreifender Unterricht generell möglich ist (vgl. brdbg. Lehrplan, 1991a, S.2 und brdbg. Lehrplan, 1991b, S.2), dennoch bis heute ihre Eigenständigkeit als Einzelfächer weitgehend behalten haben, zeigt allein schon die Tatsache, daß es für jedes Fach nach wie vor *einen* separaten Lehrplan gibt.
240) Der Begriff "epochal" will sagen, daß in Brandenburg grundsätzlich die Möglichkeit besteht, z.B. im ersten Drittel eines Schuljahrs nur Geschichte zu unterrichten, im zweiten Drittel nur Erdkunde und im letzten Drittel nur Politische Bildung.
241) Eine Einschätzung, die am 31. Mai 1995 auf meine telefonische Anfrage hin auch vom zuständigen Referat für Grundschulangelegenheiten im Ministerium für Bildung, Jugend und Sport in Potsdam bestätigt wurde.

Neben dieser grundschulspezifischen politischen Bildungsarbeit wurde in Brandenburg in allen weiteren Klassen der hier interessierenden, die Jahrgangsstufen 7 mit 10 umfassenden, allgemeinbildenden Schulen im Rahmen des Lernbereichs Gesellschaftslehre das Fach Politische Bildung als für alle Schüler verbindliches Pflichtfach eingerichtet. Wie bereits angedeutet, richtet sich der Politikunterricht dabei an ein und demselben bis heute gültigen "schulformübergreifend angelegt[en]" (brdbg. Lehrplan, 1991b, Vorwort) Rahmenplan für die Sekundarstufe I aus.

Aufbauend auf der Grundschule, ist das erklärte Ziel dieser Bildungsanstrengung, die mehr und mehr dazu übergeht, "sich an den Standards der Wissenschaft zu orientieren" (Brdbg. Min. f., 1993, S.19), "den Heranwachsenden Orientierungshilfe in der komplexen gesellschaftlichen Wirklichkeit [zu] sein" (brdbg. Lehrplan, 1991b, S.5). Außerdem will der Unterricht im Fach Politische Bildung, indem er sich - im Gegensatz zu Bayern - an Qualifikationen, die dem emanzipatorischen Grundgedanken[242] folgen, ausrichtet, einen Beitrag "zur Bewertung und Bewältigung von Lebenssituationen" (ebd., S.6) leisten.

Die für die Umsetzung dieser Zielvorstellung verfügbare Unterrichtszeit je Schulform und Jahrgangsstufe entspricht dabei gegenwärtig, bei 'fächerübergreifendem Unterricht' durch ein und dieselbe Lehrkraft, einem Drittel der für den gesamten Lernbereich Gesellschaftslehre vorgesehenen Zeitbudget - siehe dazu Abb. 3 (vgl. Brdbg. Min. f., 1994a, S.454/456/457).

Abb. 3: Stundenanteil des Fachs Politische Bildung am Lernbereich Gesellschaftslehre in den einzelnen Jahrgängen der Sekundarstufe I in Brandenburg:

Schulform \ Jahrgang	5	6	7	8	9	10
Grundschule	1	1				
Realschule			1,3	0,66	1,3	1
Gymnasium			1,3	0,66	1	1
Gesamtschule			1,3	0,66	1,3	1

---

242) Emanzipation verstanden als "Befreiung von Unmündigkeit" gilt in Brandenburg in allen hier untersuchten Schulen, auch in der Berufsschule, "als Richtwert des politischen Lernens" (brdbg. Lehrplan, 1991a, S.5; brdbg. Lehrplan, 1991b, S.5 und brdbg. Lehrplan, 1991c, S.12). Gemeint ist ein Lernprozeß, in dem Schüler die komplexer werdende Welt besser begreifen, sich nicht blind in die Gegebenheiten fügen und bereit und fähig werden, Selbst- und Mitbestimmung in Politik und Gesellschaft zu praktizieren. (vgl. ebd.)

Bei 'Unterrichtung der Einzelfächer' - Politische Bildung, Geschichte und Erdkunde -, einer Organisationsform die - wenn sich die jeweilige Fachkonferenz der Schule dazu entschließt - für den Lernbereich Gesellschaftslehre in der Sekundarstufe I ebenfalls möglich ist, ergibt sich im Gegensatz zu der eben genannten Stundenverteilung folgende - in Abb. 4 zsammengefaßte - seit dem Schuljahr 1994/1995 verbindliche Zeitaufteilung (ebd., S.455/456/457).

Abb. 4: Wochenstunden im Unterrichtsfach Politische Bildung in den einzelnen Jahrgängen der Sekundarstufe I in Brandenburg:

Schulform \ Jahrgang	5	6	7	8	9	10
Grundschule	1	1				
Realschule			2		1	1
Gymnasium			2		1	1
Gesamtschule			2		1	1

Vergleicht man dieses Schaubild und das vorhergehende mit Abb. 2 im Gliederungspunkt 4.2.3.1, so wird besonders anschaulich, welch hohen Stellenwert dem Politikunterricht in Brandenburg in der Sekundarstufe I gegenüber Bayern eingeräumt wird. Brandenburg nimmt damit, was die Einbeziehung des Politikunterrichts in die einzelnen Schuljahrgänge und die zeitliche Ausstattung anbelangt, im Verhältnis zu allen deutschen Bundesländern eine Spitzenstellung ein (vgl. Rothe, 1989a, S.13 und Weidinger, 1995, S.338-340, Tab. 2, 3, 4).

Die für die Berufsbildung relevanten Gesetze der Bundesrepublik - in erster Linie das Berufsbildungsgesetz (BBiG) und die Handwerksordnung - und damit das in den "alten" Ländern charakteristische duale System der Berufsausbildung wurde bereits im Juli 1990 in der DDR, also wenige Woche vor deren Auflösung, in Kraft gesetzt (vgl. Arbeitsgruppe, 1994, S.621). Auf dieser politischen Entscheidung aufbauend, sieht heute auch das brandenburgische Schulsystem für "Schülerinnen und Schüler, die in einem Ausbildungsverhältnis stehen" (SRG §12 Abs.6 Satz 1), die Berufsschule als einzige Pflichtschule der Sekundarstufe II - "Berufsschulpflicht" (SRG §27 Abs.2 Satz 1) - vor.

Ausgehend von der Überlegung, daß Jugendliche, die in der Berufsausbildung stehen, hautnah erleben, daß Wirtschaft und Politik verzahnt sind[243], schuf man in Brandenburg, im Vergleich zu Bayern und vielen anderen Bundesländern, kein Einzelfach für den Politikunterricht, sondern den "Unterrichts'zwilling' Politische Bildung/Wirtschaftslehre" (Brdbg. Min. f., 1993, S.20), ein Fach, das mit zwei Stunden pro Woche in allen drei Jahrgängen - von der 11. bis zur 13. Klasse - ausgestattet ist und im wesentlichen die gleichen Ziele verfolgt wie in den vorher behandelten Schulen der Sekundarstufe I das Unterrichtsfach 'Politische Bildung' (vgl. brdbg. Lehrplan, 1991c, S.11/12).

Der damit in den beiden letzten Gliederungspunkten vermittelte Einblick in die Entwicklungslinien, bzw. die aktuelle Verfassung der politischen Bildung im bayerischen und brandenburgischen Schulsystem, der die gesamten bisherigen Ausführungen zur Lage und Situation der politischen Bildung in der Schule abrundet und vervollständigt, bildet zusammen mit diesen nicht nur das notwendige Hintergrundwissen und die Basis für die nachfolgende Lehrplananalyse, insbesondere für die daran anschließende Auswertung der Untersuchungsergebnisse, sondern ist ebenso entscheidende wie unentbehrliche Voraussetzung für das im 6. Kapitel angestrebte Plädoyer für eine zielgerichtete politische Bildungsanstrengung als konkreten Beitrag zur Vollendung der inneren Einheit.

4.3 Der Lerngegenstand *Innere Einheit Deutschlands* in den untersuchten Lehrplänen

Es wird nun, wie in Punkt 4.1.1 eingehend und ausführlich beschrieben, die angestrebte empirische Analyse durchgeführt. Diese komplexitätsreduzierende, zunächst ohne Wertung vorgenommene Aufbereitung des Untersuchungsmaterials 'Lehrplan' verfolgt dabei das Ziel, die Unterrichtsgegenstände, -inhalte und -themen zu isolieren und zu erfassen, die den vier vordefinierten Unterkategorien - 'Gesellschaft', 'Wirtschaft, 'Eine Welt' und 'Verfassungsmäßige Ordnung' - und damit der hier im Vordergrund stehenden obersten Untersuchungskategorie, dem Lerngegenstand *Innere Einheit Deutschlands*, zuzuordnen sind.

Den Gliederungspunkten 4.3.1 und 4.3.2, die der jeweiligen Lehrplananalyse vorangestellt sind, kommt dabei im Rahmen der nachfolgenden Datenerfassung die für die spätere Auswertung wichtige Aufgabe zu, die in Punkt 4.1.2 getroffenen allgemein gültigen Aussagen bezüglich des Datenmaterials den bayerischen und brandenburgischen Be-

---

[243] Spürbar wird diese 'Verzahnung' für den Auszubildenden z.B. dann, wenn ein Industriestandort umfassend gefördert wird, finanzschwache Unternehmen unterstützt werden, die Bereitstellung von betrieblichen Ausbildungsplätze staatlich begünstigt wird usw.

sonderheiten entsprechend zu spezifizieren - vor allem was die Verbindlichkeit der Lehrplanvorgabe für die Lehrer anbelangt. Anders ausgedrückt geht es hier darum, die Frage zu beantworten, ob in Bayern und Brandenburg der Lehrplan eher als *pauschales Angebot zur Unterrichtsplanung* konzipiert ist oder als *ganz konkrete Planungsvorgabe für die Lehrer*.[244] Im Anschluß an diese grundlegenden Ausführungen wird die eigentliche Lehrplananalyse für die betreffenden Schulen durchgeführt, wobei vor der jeweiligen schulformbezogenen Darstellung der Zuordnungsergebnisse einleitend noch einige Hinweise zum Aufbau und zur charakteristischen Ausgestaltung des jeweiligen Untersuchungsmaterials[245] angefügt werden.

Die Datenerfassung abschließend, bilden die für Bayern und Brandenburg vorgelegten Zusammenfassungen der Einzelergebnisse gemeinsam mit der ausgearbeiteten Gegenüberstellung der Länderresultate die Grundlage für die in Punkt 4.4 angestrebte Auswertung, Beurteilung und Einordnung der zentralen Untersuchungsergebnisse.

4.3.1 Bayerische Lehrpläne für das Fach Sozialkunde

Die in Punkt 4.1.1 theoretisch abgeleitete und mittels der empirischen Untersuchung von George (vgl. George u.a., 1992) bestätigte prinzipielle Bedeutung und Aufgabe des Lehrplans für den Unterricht, insbesondere seinen Einfluß auf die Inhaltsauswahl, wird in Bayern noch dadurch erhärtet, daß alle in die nachfolgende Analyse einbezogenen Lehrpläne explizit die Verbindlichkeit der dort genannten Unterrichtsziele und Unterrichtsinhalte für den Lehrer hervorheben. Dieser Zustand der schriftlich fixierten Gültigkeit der Unterrichtsgegenstände, -inhalte und -themen kommt dabei in den betreffenden Sozialkundelehrplänen wie folgt zum Ausdruck:

Der *Hauptschullehrplan* "enthält verbindliche 'Lernziele/Lerninhalte' sowie unverbindliche 'Hinweise zum Unterricht'" (bay. Lehrplan, 1985, S.253). In den Vorbemerkungen zu den Fachlehrplänen der *Realschule* heißt es: "Alle Aussagen im Lehrplan sind Teil der **verbindlichen** Vorgaben für den Unterricht. Anregungen oder Beispiele sind als solche bezeichnet" (bay. Lehrplan, 1993, S.160, Hervorhebung Bay. Staatsmin. f.). Für das *Gymnasium* gilt ähnliches: "Alle Aussagen im Lehrplan sind Teil der verbindlichen Vorgaben für den Unterricht, der den Schülern zugedacht ist. Ausführungen, die nur Anregungen oder Beispiele geben sollen, sind [...] als solche gekennzeichnet" (bay. Lehrplan, 1991, S.1383). Am ausführlichsten formuliert in dieser Hinsicht der Sozial-

---

244) Wie bereits mehrfach angesprochen, ist diese Feststellung vor allem dann von höchster Wichtigkeit, wenn, wie in Gliederungspunkt 4.4 beabsichtigt, eine Schlußfolgerung vom Lehrplan (Mitteilung) auf den Unterricht (weiterer sozialer Kontext) - siehe Abb. 1/D - angestrebt wird.
245) Diese zusätzlichen Informationen vervollständigen i.w.S. die Ausführungen in Punkt 4.2.3.1 und 4.2.3.2, die sich mit der spezifischen Entwicklung des Unterrichtsfachs 'Politische Bildung' in Brandenburg und dem Fach 'Sozialkunde' in Bayern beschäftigten.

kundelehrplan für die *Berufsschule*: "Die Ziele und Inhalte bilden zusammen mit den Prinzipien des Grundgesetzes [...], der Verfassung des Freistaates Bayern und des Bayerischen Gesetzes über das Erziehungs- und Unterrichtswesen die verbindliche Grundlage für den Unterricht und die Erziehungsarbeit" (bay. Lehrplan, 1992, S.2).

Ohne leugnen zu wollen, daß auch den Lehrkräften in Bayern ein 'pädagogischer Freiraum' zuerkannt wird bzw. eine gewisse *"Entscheidungsautonomie des Lehrers"* (Fauser, 1986, S.134, Hervorhebung von Fauser) vorgesehen ist, legen diese eben getroffenen Aussagen in Verbindung mit Art. 59 Abs.1 Satz 2 BayEUG: "Sie [die Lehrkräfte] haben [...] die Lehrpläne und Richtlinien für den Unterricht und die Erziehung zu beachten" nichtsdestotrotz die weitgehende inhaltliche Verbindlichkeit der "in Bayern als Verwaltungsvorschriften erlassen[en]" (Falckenberg, 1986, S.50) Lehrpläne fest. Folgerichtig spricht auch Wenger in seinem Kommentar zum BayEUG - den 'pädagogischen Freiraum' der Lehrer behandelnd - nicht von einer inhaltlichen, sondern nur von einer "Gestaltungsfreiheit oder weitgehende[n] Methodenfreiheit" (Wenger, 1994, S.60) der bayerischen Lehrer.

Zusammenfassend dargestellt belegen somit die beiden hier zitierten landesspezifischen Quellen - die bayerischen Lehrpläne und die gesetzlichen Bestimmungen für das 'Bayerische Erziehungs- und Unterrichtswesen' (BayEUG) - aufs deutlichste, welch entscheidendes Gewicht und hoher Stellenwert dem Lehrplan in Bayern - konstruiert als gezielte Planungsvorgabe für die Lehrer[246] - zukommt. Ein institutioneller Einflußfaktor also, der die bayerischen Sozialkundelehrer bei der von ihnen zu treffenden Handlungsentscheidung, der unterrichtsvorbereitenden Inhaltsauswahl, reglementiert und auf diese Weise die Unterrichtsgestaltung, den Politikunterricht selbst, erheblich beeinflußt.

Die landesspezifische Schulstruktur beachtend und die Tatsache berücksichtigend, daß alle hier in die Untersuchung einbezogenen bayerischen Schularten über eigene Lehrpläne für das Fach Sozialkunde verfügen, wird nachfolgend die Lehrplananalyse jeweils getrennt für Haupt-, Realschule, Gymnasium und Berufsschule durchgeführt. Anzumerken bleibt, daß bei der jeweiligen Benennung der schulspezifischen Untersuchungsergebnisse immer auch einige Angaben zum individuellen Aufbau, zur Struktur und Ausgestaltung des jeweils bearbeiteten Untersuchungsmaterials gemacht werden sollen.

---

246) Es soll hier nicht der Anschein erweckt werden, als wären die bayerischen Lehrpläne ausschließlich an die Lehrer gerichtet. Sie sprechen darüber hinaus auch die "Schülerinnen und Schüler, Mütter und Väter [...] und [...] die interessierte Öffentlichkeit" (bay. Lehrplan, 1993, S.6) an.

4.3.1.1 Die Hauptschule

Der noch im Schuljahr 1994/1995 für die bayerischen Hauptschulen gültige Lehrplan, der bereits im September 1985 veröffentlicht und im Schuljahr 1986/87 an allen Hauptschulen zur Erprobung eingeführt wurde (vgl. bay. Lehrplan, 1985, S.249) und schließlich 1987/88 endgültig in Kraft trat[247], besteht aus drei wesentlichen Komponenten:
Zunächst aus den 'Leitgedanken', die Aussagen zum Auftrag der Hauptschule, zur Erziehung, zum Unterricht und zum Schulleben enthalten (vgl. ebd., S.251-253), "nichts weniger also als die Beschreibung dessen, was Hauptschule [...] sein soll" (Plößl, 1986, S.25). Einen weiteren wichtigen Bestandteil bilden die - den Fachlehrplänen vorgelagerten - 'Vorbemerkungen', die u.a. für das betreffende Unterrichtsfach darüber Auskunft geben sollen, welche Ziele und Aufgaben zu verfolgen sind, grundlegende didaktische und methodische Hinweise ansprechen usw. Die dritte, hier alles entscheidende Komponente bilden die Fachlehrpläne, die durchweg zusammengesetzt sind aus einer Übersicht über die Lernziele und Themenbereiche des betreffenden Fachs[248] und dem jeweiligen Fachlehrplan selbst.
Ein solcher Lehrplan - z.B. der zu untersuchende Lehrplan für das Unterrichtsfach Sozialkunde (vgl. bay. Lehrplan, 1985, S.421-425) - besteht seinerseits wiederum aus zwei Teilen. Zum einen aus einer linken Spalte, die mit den Lernzielen und -inhalten den für den Lehrer verbindlichen Teil des Lehrplans benennt und zum anderen aus einer rechten Spalte, die die unverbindlichen Hinweise zum Unterricht enthält.

Wie nicht anders zu erwarten, muß als Ergebnis der empirischen Analyse des 1985 vorgestellten, gegenwärtig noch immer für die 8. und 9. Jahrgangsstufe der bayerischen Hauptschule gültigen Sozialkundelehrplans registriert werden, daß in dieser Planungsvorgabe *keine* Unterrichtsgegenstände, -inhalte und -themen zu entdecken sind, die den vier vordefinierten Unterkategorien - 'Gesellschaft', 'Wirtschaft', 'Verfassungsmäßige Ordnung' und 'Eine Welt' - und damit dem Lerngegenstand *Innere Einheit Deutschlands* zugeordnet werden können.

Bevor im Anschluß der Lehrplan für das Fach Sozialkunde an den bayerischen Realschulen zum Thema gemacht wird, muß bereits an dieser Stelle - was zu einem späteren

---

247) Allein die Tatsache, daß der noch heute gültige Hauptschullehrplan in Bayern bereits fünf Jahre vor der Wiedervereinigung veröffentlicht wurde und seit dieser Zeit keine grundlegende Änderung erfuhr, läßt bereits an dieser Stelle die nachfolgende Lehrplananalyse nahezu sinnlos erscheinen.
248) Vergleiche beispielhaft die dem Fachlehrplan Sozialkunde zugehörige "Übersicht" (bay. Lehrplan, 1985, S.420).

Zeitpunkt noch ausführlich diskutiert werden soll[249] - vor einer auf den ersten Blick zwar plausiblen, nach Ansicht des Verfassers aber voreiligen, zugleich falschen und keineswegs beabsichtigten Schlußfolgerung gewarnt werden: daß infolge des vorliegenden Einzelergebnisses - der gesuchte Lerngegenstand bleibt im Hauptschullehrplan unberücksichtigt - ausschließlich davon auszugehen ist, der Themenkomplex innere Einheit werde im Politikunterricht dieser Schulform nie und nimmer behandelt, bzw. finde dort in keinem Fall Berücksichtigung.

4.3.1.2 Die Realschule

Der nachstehend aufbereitete, 1993 erstmals veröffentlichte Fachlehrplan Sozialkunde, der wie der gesamte Lehrplan für die vierstufige bayerische Realschule in den vorhergehenden Jahren überarbeitet wurde, tritt zunächst am 1. August 1994 nur für die 7. und 8. Jahrgangsstufe und erst ein Jahr später am 1. August 1995 für die Jahrgangsstufen 9 und 10 in Kraft (vgl. bay. Lehrplan, 1993, S.1). Zusammen mit den 25 weiteren Fachlehrplänen, die generell "die Ziele und Inhalte der Unterrichtsfächer im einzelnen" (ebd., S.6) verdeutlichen sollen, ist dieser auf der untersten bzw. der 'vierten Ebene' des gesamten Lehrplanpakets anzusiedeln.

Die drei weiteren, für die Gesamtstruktur ebenfalls wichtigen Komponenten setzten sich aus den folgenden Teilen zusammen: Aus einer 'ersten Ebene', die Ziel, Anspruch, Auftrag und Bildungsangebot der Realschule benennt (vgl. ebd., S.7-16), aus einer 'zweiten', die zugleich fächerübergreifende wie auch fachspezifische Bildungs- und Erziehungsziele anspricht und die Profile der Unterrichtsfächer beschreibt (vgl. ebd., S.17-59) und einer 'dritten Ebene', die die Rahmenpläne[250] für jeden der vier Schuljahrgänge beinhaltet (vgl. ebd., S.61-448).

Für die schulformspezifische Ausgestaltung der Fachlehrpläne, die sich von der Aufmachung der Hauptschullehrpläne wesentlich unterscheidet - was insbesondere auch beim Vergleich der beiden Sozialkundelehrpläne anschaulich wird -, ist charakteristisch, daß für jeden Lehrplanabschnitt zunächst Ziele beschrieben werden und daran anschließend die dazugehörigen Inhalte. Letztgenannte werden dabei zum einen aus der Sicht des Fachs dargestellt - zumeist in Begriffen, Fakten, Themenbereichen und Daten - und

---

249) Verwiesen sei hier auf Gliederungspunkt 4.4 und damit auf die Auswertung der zentralen Untersuchungsergebnisse.
250) Die Aufgabe der Rahmenpläne an den bayerischen Realschulen besteht darin, "die Ziele und Inhalte der verschiedenen Fächer als zusammengehöriges Ganzes sichtbar werden" (bay. Lehrplan, 1993, S.6) zu lassen.

zum anderen in Form von Denkweisen, Prozessen, Wertvorstellungen und stofflicher Präzisierung aus der Sicht des Lehrens und Lernens. (vgl. ebd., S.160)

Als Resultat der Lehrplananalyse muß auch für den Sozialkundelehrplan der Realschule - der dem mit einer Wochenstunde ausgestatteten, nur in der 10. Klasse vorgesehenen Politikunterricht zugrunde liegt - konstatiert werden, daß dieser weder am Lerngegenstand *Innere Einheit Deutschlands* abgeleitete Unterrichtsgegenstände, -inhalte und -themen einschließt, noch im Rahmen der unverbindlichen Hinweise die Vereinigungsproblematik explizit anspricht.

Faßt man an dieser Stelle, einem Zwischenergebnis gleich, die Resultate für die Haupt- und Realschule zusammen, so werden in Bayern - orientiert man sich *nur* an den beiden Lehrplänen für das Fach Sozialkunde - über 64% der Schüler der Sekundarstufe I[251] in keiner Weise mit dem fundamentalen Schlüsselproblem bzw. dem Lerngegenstand *Innere Einheit Deutschlands* im Politikunterricht konfrontiert.

4.3.1.3 Das Gymnasium

Der im Amtsblatt des Bayerischen Staatsministeriums für Unterricht, Kultus, Wissenschaft und Kunst im Dezember 1991 erstmals publizierte und für den einstündigen Politikunterricht der 10. Klasse am 1. August 1992 in Kraft getretene Fachlehrplan Sozialkunde (vgl. bay. Lehrplan, 1991, S.1381) ist, wie der soeben behandelte Sozialkundelehrplan der Realschule, auf der 'vierten Ebene' des betreffenden Gesamtlehrplans[252] verankert.
Ein geringfügiger formaler Unterschied zu diesem besteht lediglich in der internen Strukturierung. So teilt der gymnasiale Fachlehrplan im Gegensatz zum vergleichbaren Lehrplan der Realschule, nachdem er zunächst die Ziele für die jeweiligen Lehrplanabschnitte ebenfalls beschreibt, die Unterrichtsinhalte der Form nach erkennbar in zwei Bestandteile auf. Eine linke Spalte, welche die Inhalte nur aus der Sicht des Fachs darstellt und eine rechte Spalte, die diese allein aus der Sicht des Lehrers und Lernens darlegt (vgl. ebd., S.1382).

Analog zu den vorher untersuchten Fachlehrplänen der bayerischen Haupt- und Realschule muß dem Sozialkundelehrplan des Gymnasiums, der vorgibt, für die 10. und

---

251) Im Jahr 1993 besuchten zusammen genau 64,8% der bayerischen Schüler - in der Jahrgangsstufe 8 - die Haupt- und Realschule. (vgl. Bay. Staatsmin. f., 1994c, S.112)
252) Grundsätzlich gilt, daß sich der Aufbau des in vier Ebenen unterteilten gymnasialen Gesamtlehrplans von dem der Realschule in keiner Weise unterscheidet.

damit letzte Klasse der Mittelstufe "eine ausführliche Darstellung der Ziele und Inhalte des Fachunterrichts" (ebd., S.1382) zu enthalten, ebenfalls ein uneingeschränkt negatives Analyseergebnis bescheinigt werden. So finden sich in diesem Lehrplan - der meines Erachtens, wie die beiden vorhergehenden Planungsvorgaben auch, über institutionenkundliche Unterrichtsstoffe nicht hinauskommt - *keine* Anhaltspunkte, die auch nur im entferntesten auf den Lerngegenstand *Innere Einheit Deutschlands*, diese oberste Kategorie meiner Lehrplananalyse, verweisen würden.

4.3.1.4 Die Berufsschule

Das für die drei Schularten der Sekundarstufe I in Bayern ausnahmslos negative Ergebnis der Lehrplananalyse im Hintergrund, wenden sich die nachfolgenden Ausführungen nun dem im Schuljahr 1992/1993 an den bayerischen Berufsschulen zunächst zur Erprobung in Kraft gesetzten, heute allgemein gültigen Sozialkundelehrplan zu. Dieser Fachlehrplan, der den seit 1977 geltenden Sozialkundelehrplan der Berufsschule ablöst, weicht dabei in Aufbau und Ausgestaltung in mancherlei Hinsicht von den drei zuvor untersuchten Datenquellen ab.

Nach einer relativ umfangreichen Einführung, die zunächst den "Inhalt des Lehrplans" anreißt (vgl. bay. Lehrplan, 1992, S.1), daran anschließend den "Aufbau" und die "Verbindlichkeit des Lehrplans" kenntlich macht (vgl. ebd., S.2), mit der Beschreibung der "Lernziele" fortfährt (vgl. ebd., S.2/3) und nicht zuletzt "fachliche, didaktisch-methodische und organisatorische Hinweise" für den Lehrer anspricht (vgl. ebd., S.4), schließt sich erst der eigentliche Lehrplan - aufgegliedert in die drei berufsschulspezifischen Jahrgangsstufen - an. Dieser sieben elementare Inhaltsbereiche[253] umfassende Fachlehrplan, der dem mit einer Wochenstunde pro Jahrgangsstufe versehenen Politikunterricht der Berufsschule zugrunde liegt, setzt sich dabei - siehe Abb. 5 - aus drei, auch formal voneinander getrennten Teilen zusammen: Einer linken Spalte, die strukturiert nach den sieben eben erwähnten Themenbereichen jeweils die dazugehörigen 'Lernziele' enthält, welche die Richtung angeben sollen, in der ein Lernfortschritt bei den Schülern angestrebt wird (vgl. ebd., S.2); einer mittleren Spalte, die diesen insgesamt 47 Lernzielen entsprechende - als 'Lerninhalte' bezeichnete - Unterrichtsinhalte markiert und einer rechten Spalte, die im Gegensatz zu den beiden soeben genannten,

---

253) Diese elementaren Bereiche setzten sich zusammen zum einen aus den vier Themenkomplexen, die in der 10. Klasse zu behandeln sind: "Arbeit und Beruf", "Politik der sozialen Sicherheit und Sozialpolitik", "Interessenswahrnehmung in Staat und Gesellschaft" und "Recht in Alltag und Beruf". Ferner aus dem einzigen Bereich, der in der 11. Klasse zu bearbeiten ist: "Die staatliche Ordnung der Bundesrepublik Deutschland [...]" und nicht zuletzt aus den beiden Komponenten "Wirtschaftspolitik" und "Internationale Beziehungen", die die Themengrundlage der 12. Klasse bilden. (vgl. bay. Lehrplan, 1992, Inhaltsangabe)

für den Lehrer verbindlichen Komponenten des Lehrplans, den unverbindlichen Teil, die als Anregungen gedachten 'Hinweise zum Unterricht' enthält.

Abb. 5: Aufbau des bayerischen Sozialkundelehrplans für die Berufsschule:

LERNZIELE	LERNINHALTE	HINWEISE ZUM UNTERRICHT

Die Lehrplananalyse dieses dreispaltig strukturierten, drei Jahrgangsstufen umfassenden Sozialkundelehrplans der bayerischen Berufsschule bringt folgendes grundsätzliche Resultat hervor: Alles in allem können in drei der insgesamt sieben in den drei Berufsschuljahren zu behandelnden Themenkomplexen solche Untersuchungseinheiten lokalisiert werden, die eindeutig dem Lerngegenstand *Innere Einheit Deutschlands* zuzurechnen sind: in einem Fall nur in den unverbindlichen Hinweisen und in den beiden anderen Fällen von den jeweiligen Lernzielen unmittelbar angedeutet, sowohl in der Rubrik 'Lerninhalte' als auch in der Rubrik 'Hinweise zum Unterricht'.

Bevor eine verbale Fixierung und im Anschluß daran eine zahlenmäßige Zusammenfassung - siehe Abb. 6 - der soeben lediglich allgemein angedeuteten Analyseergebnisse vorgenommen wird, bleibt - um an späterer Stelle eine tiefgreifende Auswertung der Analyseergebnisse zu ermöglichen - wichtig, anzumerken, daß alle Fundstellen dahingehend gekennzeichnet werden, ob es sich um verbindliche 'Lerninhalte' (Li) oder nur um unverbindliche 'Hinweise zum Unterricht' (H) handelt.[254]

- Sozialkunde, Jahrgangsstufe 10:
In der gesamten 10. Klasse findet sich nur im Rahmen des Lernzieles 1.6 - "Einsicht in Bedeutung und Wirkung arbeitsmarktpolitischer Maßnahmen" (S.10) - in der Spalte unverbindliche 'Hinweise zum Unterricht' *ein* Unterrichtsgegenstand, der sich unmittelbar auf die Vereinigungsthematik bezieht: der "Hinweis auf spezifische Merkmale des Arbeitsmarkts in den neuen Ländern" (S.10, H), eine Untersuchungseinheit, die zweifellos der hier verwendeten Unterkategorie 'Wirtschaft' zugeordnet werden muß.

- Sozialkunde, Jahrgangsstufe 11:
Innerhalb zweier Lernziele, die direkt die Vereinigungsthematik implizieren, können Indikatoren, die alle vier Unterkategorien repräsentieren, zumindest in einer, wenn

---

254) Um unnötige Wiederholungen zu vermeiden, werden im Laufe der nachfolgenden verbalen Fixierung der Untersuchungsergebnisse alle betreffenden Untersuchungseinheiten im Berufsschullehrplan nur noch mit der entsprechenden Seitenzahlen zitiert und darüber hinaus mit Hilfe der Kürzel Li (Lerninhalt) und H (Hinweis zum Unterricht) gekennzeichnet.

nicht gar in beiden zu den Lernzielen gehörigen Lehrplanspalten - den jeweiligen 'Lerninhalten' und den 'Hinweisen zum Unterricht' - registriert werden. Zum einen im Lernziel 5.4 "Überblick über politische, wirtschaftliche und soziale Entwicklungen im geteilten und vereinten Deutschland sowie über daraus entstandene Probleme" (S.27) und im Lernziel 5.6[255] "Einsicht in Gründe des Scheiterns des Sozialismus".

Nachfolgend werden die isolierten Untersuchungseinheiten - den betreffenden Unterkategorien zugeteilt - überblicksartig benannt, wobei immer zunächst die Lerninhalte und daran anschließend, falls vorhanden, die direkt zugeordneten 'Hinweise' abgedruckt werden sollen.

--Die Unterkategorie 'Gesellschaft': [256]

* Deutsche Vereinigung - [...] gesellschaftliche und psychologische Probleme des Zusammenwachsens der beiden Teile Deutschlands (S.27, Li)

* Leben im Sozialismus (S.29, Li)
   * Hinweis auf Spitzelsystem (Stasi-Akten)
   * Heranziehen von Zeugenberichten (S.29, H)

-- Die Unterkategorie 'Verfassungsmäßige Ordnung':

* Deutsche Vereinigung - politische [...] Probleme des Zusammenwachsens der beiden Teile Deutschlands (S.27, Li)
   * Hinweis auf die Diskussion über eine Änderung des Grundgesetzes zu Beginn der 90er Jahre (S.27, H)
   * Hinweis auf den [...] Einigungsvertrag (S.27, H)

* Ideologische Grundlagen des Sozialistischen Herrschaftssystems in der DDR (1949 - 1990), besonders die behauptete Vorbestimmtheit der geschichtlichen Abläufe, der Wahrheitsanspruch der Partei (S.28, Li)
   * Hervorhebung des Widerspruchs vom Wortlaut der DDR-Verfassung, insbesondere Art. 1, und der politischen Praxis (S.28, H)

* Aufbau des Staatsapparats nach dem Grundsatz der Gewaltenkonzentration (Verfassungen, politischer Prozeß, Herrschaftsmonopol der SED, Funktionen der Blockparteien, der Verbände, der Medien) (S.28f., Li)

---

255) Dieses Lernziel 5.6, das im Lehrplan mit einem * gekennzeichnet wird, ist nicht unmittelbar für den Lehrer verbindlich, sondern stellt eine Art Zusatzprogramm dar, das herangezogen werden kann, "wenn mehr Unterrichtsstunden zur Verfügung stehen, die Inhalte des Grundprogramms den Schülern bereits [...] bekannt sind, in anderen Unterrichtsfächern in der Berufsschule behandelt wurden oder aber in kürzerer Zeit als vorgesehen behandelt werden konnten" (bay. Lehrplan, 1992, S.3).
256) Die Untersuchungseinheiten werden wie im jeweiligen Lehrplan vorgegeben zitiert, d.h. zum Teil mit und zum Teil ohne Satzzeichen.

-- Die Unterkategorie 'Wirtschaft':

* Deutsche Vereinigung - [...] wirtschaftliche [...] Probleme des Zusammenwachsens der beiden Teile Deutschlands (S.27, Li)
* Hinweis auf den Vertrag über die Währungs-, Wirtschafts- und Sozialunion (S.27, H)

* Ausbeutung und Zerstörung natürlicher Ressourcen (S.29, Li)

-- Die Unterkategorie 'Eine Welt':

* Hinweis auf den [...] Zwei-plus-vier-Vertrag, die KSZE-Vereinbarungen (S.27, H)

- Sozialkunde, Jahrgangsstufe 12:

In diesem Schuljahr verweist nur das Lernziel 6.2[257], "Einsicht in Gründe des Scheiterns der sozialistischen Zentralverwaltungswirtschaft" (ebd., S.35) auf den Lerngegenstand; hier beschäftigen sich insbesondere die zwei daneben stehenden Lerninhalte mit der Unterkategorie 'Wirtschaft':

* Zentralverwaltungswirtschaft bzw. Sozialistische Planwirtschaft am Beispiel der DDR (S.35 Li)

* Merkmale (insbesondere Kollektiveigentum, staatliche Zentralplanung), Defizite (insbesondere Verwaltungsaufblähung, Fehlplanung) (S.35, Li)

In der nachfolgenden Übersicht werden die soeben für die drei Jahrgänge der Berufsschule verbal fixierten Analyseergebnisse zahlenmäßig aufbereitet zusammengefaßt, wobei die klassenspezifischen - den vier Kategorien zugeordneten - dreistelligen Eintragungen in Abb. 6 wie folgt zu lesen sind:
Die erste Stelle steht für die Anzahl der Untersuchungseinheiten, die im Lehrplan in der Spalte 'LERNINHALTE' identifiziert werden. Demgegenüber markiert die zweite Stelle die Anzahl der Fundstellen, die in der Spalte 'HIMWEISE ZUM UNTERRICHT' festzustellen sind, die dritte Stelle schließlich steht für die Gesamtzahl der lokalisierten Untersuchungseinheiten, die sich auf den Lerngegenstand *Innere Einheit Deutschlands* - die jeweilige Kategorie betreffend - beziehen.

---

257) Für dieses Lernziel 6.2 gilt der gleiche Sachverhalt wie für Lernziel 5.6 in Anm. 255 beschrieben.

Abb. 6: Ergebniszusammenfassung der Lehrplananalyse für die bayerische Berufsschule:[258]

Klasse	Unterkategorien			
	Gesell.	Verf. O.	Wirt.	E. Welt
10	-/-/-	-/-/-	-/1/1	-/-/-
11	2/2/4	3/3/6	2/1/3	-/1/1
12	-/-/-	-/-/-	2/-/2	-/-/-

4.3.1.5 Zusammenfassung der Teilergebnisse

Die Datenerfassung für Bayern abschließend, integriert die nachfolgende Zusammenschau in Abb. 7 unkommentiert alle bisherigen Teilergebnisse, die im Rahmen der Untersuchung der bayerischen Sozialkundelehrpläne erarbeitet wurden. Ausdrücklich werden in der nachstehenden Übersicht all diejenigen Klassen nicht berücksichtigt, in denen ohnehin Sozialkunde nicht im Stundenplan vorgesehen ist.

---

[258] Die in Abb. 6 verwendeten Abkürzungen sind wie folgt zu lesen:
Gesell.   := Gesellschaft
Verf. O.   := Verfassungsmäßige Ordnung
Wirt.   := Wirtschaft
E. Welt   := Eine Welt
- := Dieses Zeichen deutet an, daß entweder in den betreffenden Spalten des Lehrplans keine adäquaten Fundstellen zu entdecken sind oder - an dritter Stelle stehend -, daß die Gesamtzahl der Fundstellen gleich Null ist.

Abb. 7: Ergebniszusammenfassung der Lehrplananalyse für Hauptschule, Realschule, Gymnasium und Berufsschule in Bayern:[259]

Schulart	Klasse	Unterkategorien			
		Gesell.	Verf. O.	Wirt.	E. Welt
SEKUNDARSTUFE I					
Hauptschule	8	-/-/-	-/-/-	-/-/-	-/-/-
	9	-/-/-	-/-/-	-/-/-	-/-/-
Realschule	10	-/-/-	-/-/-	-/-/-	-/-/-
Gymnasium	10	-/-/-	-/-/-	-/-/-	-/-/-
SEKUNDARSTUFE II					
Berufs-schule	11	-/-/-	-/-/-	-/1/1	-/-/-
	12	2/2/4	3/3/6	2/1/3	-/1/1
	13	-/-/-	-/-/-	2/-/2	-/-/-

4.3.2 Brandenburgische Lehrpläne bzw. Rahmenpläne für das Fach Politische Bildung

Versucht man, die weiter oben getroffenen, allgemein gültigen Aussagen hinsichtlich der Datenquelle für das Land Brandenburg zu konkretisieren, so muß, obwohl im Schulreformgesetz geschrieben steht, daß die erlassenen "Richtlinien und Lehrpläne, [...] die wesentlichen Ziele und Inhalte des Unterrichts bestimmen" (SRG §22), prinzipiell festgehalten werden, daß die bis heute gültigen brandenburgischen Lehrpläne[260] als *pauschale Angebote für die Unterrichtsplanung* anzusehen sind. Anders ausgedrückt, auf dem in Punkt 4.1.1 vorgestellten Kontinuum, auf dem sich alle länderspezifischen Lehrpläne zwischen den Endpunkten *konkrete und verbindliche Planungsvorgabe* und *pauschales Angebot für die Unterrichtsplanung* bewegen, müssen die im folgenden zu

---

259) Da, wie in den entsprechenden Gliederungspunkten angedeutet, neben dem Lehrplan der Berufsschule auch alle anderen bayerischen Lehrpläne verbindliche und unverbindliche Teilbereiche unterscheiden, sind alle Eintragungen in dieser Übersicht so zu verstehen wie in der vorhergehenden Abb. 6. Gleiches gilt auch für die verwendeten Abkürzungen.

260) Um die Übersichtlichkeit der Abhandlung zu gewährleisten, werden auch in den nachfolgenden Ausführungen die für Brandenburg gültigen 'vorläufigen Rahmenpläne' - Grundschule und Sekundarstufe I - bzw. die 'Hinweise für die Gestaltung des Unterrichts' - Sekundarstufe II, insbesondere Berufsschule - als Lehrpläne bezeichnet.

behandelnden Fachlehrpläne, im Gegensatz zu den Sozialkundelehrplänen in Bayern, mehr dem letztgenannten der beiden Pole zugeordnet werden.
Diese These wird zunächst dadurch bekräftigt, daß die "Ausbildungs- und Abschlußordnung der Sekundarstufe I" (AO-Sek. I), die die inhaltliche und methodische Gestaltung des Unterrichts behandelt, nicht nur die Lehrpläne als entscheidende Einflußfaktoren erwähnt, sondern zugleich "die Festlegungen der jeweiligen Fachkonferenzen und die Lernvoraussetzungen der Schülerinnen und Schüler" (AO-Sek. I §3 Abs.6). Neben dieser seit September 1992 geltenden Verordnung wird die gegenüber Bayern stark relativierte inhaltliche Verbindlichkeit der brandenburgischen Lehrpläne noch durch die folgenden Formulierungen - zitiert aus den anschließend zu bearbeitenden Fachlehrplänen - bestätigt:
So betont der Lehrplan für das Fach Politische Bildung der Grundschule: "Im Sinne der "Offenheit" des Rahmenplans verbietet sich eine verbindliche Festlegung von Themen und Inhalten. [...] Der Rahmenplan bietet damit ein hohes Maß an Offenheit und an pädagogischer, didaktisch-methodischer Freiheit" (brdbg. Lehrplan, 1991a, S.13). Ähnliches gilt für die Sekundarstufe I: "Die Rahmenpläne der einzelnen Fächer des Lernbereichs Gesellschaftslehre [somit auch für das Fach Politische Bildung] sind entsprechend offen konzipiert. Sie geben Lehrerinnen und Lehrern große didaktische und inhaltliche Entscheidungs- und Gestaltungsfreiheit" (brdbg. Lehrplan, 1991b, S.2). Dementsprechend hebt auch der Berufsschullehrplan für das Fach Politische Bildung/Wirtschaftslehre, der ausdrücklich an dem eben angeführten Lehrplan der Sekundarstufe I anknüpft, hervor: "Im Sinne der Offenheit [...] stellen die in den jeweiligen Themenbereichen aufgeführten Gegenstände, Inhalte und Probleme keine verbindlichen Vorgaben dar" (brdbg. Lehrplan, 1991c, S.19).

Zusammenfassend formuliert, belegen somit die beiden eben zitierten landesspezifischen Quellen, daß Brandenburg im Gegensatz zu Bayern den Lehrerinnen und Lehrern eben nicht nur Gestaltungs- und Methodenfreiheit zugesteht, sondern den 'pädagogischen Freiraum' darüber hinaus explizit auch auf inhaltliche Belange ausweitet.

Ohne den soeben für Brandenburg geschilderten Sachverhalt leugnen zu wollen, muß meiner Ansicht nach an dieser Stelle dennoch mit aller Entschiedenheit davor gewarnt werden, die Wichtigkeit der Fachlehrpläne für die Lehrer und damit für den Politikunterricht zu unterschätzen. Denn auch in Brandenburg kann das 'pauschale Planungsangebot' Lehrplan, wenn nicht als *der* dann doch zumindest als *ein* wesentlicher - wenn auch in seinem Gewicht abgeschwächter - institutioneller Einflußfaktor angesehen werden, der die jeweilige Lehrkraft bei der von ihr zu treffenden Handlungsentscheidung, der unterrichtsvorbereitenden Inhaltsauswahl, leitet und damit den Politikunterricht selbst beeinflußt.[261]

Der landesspezifischen Schulstruktur Rechnung tragend und die Tatsache berücksichtigend, daß nicht alle in die nachfolgende Untersuchung einbezogenen brandenburgischen Schulen über eigene Lehrpläne für das Fach Politische Bildung verfügen, wird die Lehrplananalyse zunächst für die Grundschule, daran anschließend gemeinsam für Realschule, Gesamtschule und Gymnasium und schließlich für die Berufsschule durchgeführt, wobei, die jeweilige Datenerfassung einleitend, auch hier einige Angaben über den individuellen Aufbau und die Ausgestaltung des vorliegenden Untersuchungsmaterials gemacht werden sollen.

4.3.2.1 Die Grundschule - Klassen 5 und 6

Wie alle anderen in Brandenburg heute gültigen Lehrpläne, die die alten Regelungen des sozialistischen Bildungsgesetzes ablösten (vgl. brdbg. Lehrplan, 1991a, Vorwort), tritt auch der Lehrplan für das Fach Politische Bildung in der für alle Schüler obligatorischen 5. und 6. Klasse Grundschule zu Beginn des Schuljahrs 1991/92 in Kraft. Dieser ausdrücklich als "Übergangslehrplan" (ebd.) konzipierte 'vorläufige Rahmenplan', der mit den Lehrplänen für Geschichte und Erdkunde den neu geschaffenen Lernbereich 'Gesellschaftslehre' repräsentiert und gleichzeitig an die Stelle des Lehrplans für das aufgelöste Fach 'Staatsbürgerkunde' tritt[262], setzt sich aus fünf wesentlichen Bestandteilen zusammen:
Einem erster Teil, der sich eingangs mit der schwierigen bildungspolitischen Ausgangslage in den "neuen" Ländern beschäftigt und hiernach die grundlegenden Ziele und Aufgaben des neu geschaffenen Unterrichtsfachs markiert. Auf diesen Ausführungen aufbauend, benennt der darauffolgende zweite Abschnitt zunächst ganz konkret einige 'Qualifikationen' bzw. Zieldimensionen, an denen sich das Fach Politische Bildung im hier verstandenen Sinne orientieren muß (vgl. ebd., S.6). Des weiteren wird ein Katalog von 'Schlüsselproblemen' dargeboten, der zusammen mit den Qualifikationen die Grundlage für die Entfaltung der Lernfelder und damit für die eigentliche Lehrplangestaltung bilden soll (vgl. ebd., S.7). Darüber hinaus werden im Rahmen des zweiten Abschnitts noch einige 'didaktische Prinzipien des Lehrens und Lernens' angespro-

---

261) Erklärend verwiesen sei in dem Zusammenhang auf Punkt 4.1.2 der vorliegenden Arbeit und hier insbesondere auf die zitierte Studie von George, bei der 77% der teilnehmen Lehrer aus den "neuen" Ländern *den Lehrplan* als den entscheidenden Faktor der Unterrichtsplanung bezeichnen (vgl. George u.a., 1992, S.534).
262) Vergleiche hierzu die in Punkt 3.1 vorgelegte Lagebeschreibung der politischen Bildung vor und nach der Wiedervereinigung.

chen[263], die den Lehrkräften einen Ansatzpunkt für das Planen, Gestalten und Analysieren von Lehr- und Lernprozessen bieten (vgl. ebd., S.6/7). Abschließend wird ein Überblick über verschiedene 'Lernverfahren und Methoden', die der Lehrer der jeweiligen Lernsituation entsprechend einsetzen kann, vorgestellt (vgl. ebd. S.9-11). Bevor im Rahmen der vierten, dem eigentlichen Lehrplan vorgeschalteten Komponente einige Angaben 'zum Umgang mit dem Lehrplan' gemacht werden (vgl. ebd., S.13), wird noch im dritten Abschnitt das sehr sensible Feld der 'Leistungsbewertung in der schulischen politischen Bildung' diskutiert (vgl. ebd., S.12).

Der an diese vier einleitenden Komponenten anschließende Fachlehrplan, der sich aus vier Lernfeldern - Gesellschaft, Wirtschaft, Demokratie und Eine Welt - zusammensetzt, ist seinerseits - siehe Abb. 8 - in drei Spalten untergliedert. Eine linke Spalte, die strukturiert nach den eben erwähnten vier Lernfeldern, adäquate 'Themenbeispiele' enthält. Des weiteren eine mittlere Spalte, die den speziellen 'Themenbeispielen' zugeordnete 'Inhalte und Probleme' markiert und eine rechte Spalte, die weiterführende 'Hinweise' beinhaltet. Letztgenannte implizieren aber in keinem Fall hier interessierende Unterrichtsgegenstände, -inhalte und -themen, sondern ausschließlich solche fächerübergreifende Informationen, die auf inhaltlich gleichgerichtete Themen in den Lehrplänen für Geschichte oder Erdkunde verweisen[264]. Aus diesem Grund werden bei der nachfolgenden Analyse auch nur die ersten beiden soeben beschriebenen Teile des Fachlehrplans - 'Themenbeispiele', 'Inhalte und Probleme' - einbezogen und die daneben stehenden 'Hinweise' vernachlässigt.

Abb. 8: Aufbau des brandenburgischen Lehrplans für das Fach Politische Bildung an der Grundschule:

Themenbeispiele	Inhalte und Probleme	Hinweise

Faßt man an dieser Stelle vor der detaillierten verbalen und zahlenmäßigen Fixierung der Resultate das Analyseergebnis in einem Satz zusammen, so ergibt sich folgendes Bild: *Zwei* der insgesamt 23 - in der 5. und 6. Jahrgangsstufe - vorgeschlagenen 'Themenbeispiele' beschäftigen sich eindeutig mit dem Lerngegenstand *Innere Einheit Deutschlands*. Fernerhin sind diesen beiden Themenbeispielen *zehn* 'Inhalte und Pro-

---

263) Diese Hinweise reichen vom Prinzip Schülerorientierung über Handlungs- und Problemorientierung, Kontroversität, Ganzheitlichkeit, Exemplarisches Lernen, Gegenseitiger Achtung im Unterricht bis hin zum Prinzip der Offenheit.
264) Verständlich vor allem dann, wenn man bedenkt, welch hohen Stellenwert Brandenburg dem fächerübergreifenden Unterricht - zumal in ein und demselben Lernbereich Gesellschaftslehre - einräumt.

bleme' beigeordnet, die sich ebenfalls explizit auf den gesuchten Untersuchungsgegenstand beziehen.

Bevor im Anschluß die verbale Fixierung der Analyseergebnisse - bei der die isolierten Untersuchungseinheiten den vier Unterkategorien zugeteilt werden - vorgenommen wird, muß vorab noch folgendes angemerkt werden: Zum einen, daß der vorliegende Lehrplan für das Fach Politische Bildung nicht wie in Bayern jede der beiden Klassen einzeln, sondern die 5. und 6. Jahrgangsstufe nur gemeinsam als eine 'Stufe' anspricht. Zum anderen werden nachfolgend die entsprechenden Fundstellen dahingehend gekennzeichnet, ob es sich um 'Themenbeispiele' (T) oder um 'Inhalte und Probleme' (I/P) handelt, um später eine differenzierte Auswertung der Resultate zu ermöglichen.[265]

- Die Unterkategorie 'Gesellschaft':

* Plötzlich ist die Mauer weg - nun ist alles anders. Auf dem Weg in eine neue Gesellschaft (S.15, T).
  * Gesellschaftlicher Wandel und Wandel des Bewußtseins der Menschen (neues Auto, weite Reisen, neues Konsumverhalten),
  * neues Geld,
  * Arbeitslosigkeit,
  * soziale Angst,
  * Hoffnung und neue Perspektiven
    (z.B. Privatisierung und Modernisierung der Betriebe, neue Investitionen und Kooperationspartner, Schulreform u.ä.) (S.15, I/P).[266]

- Die Unterkategorie 'Wirtschaft':

* Bei uns gibt es ein Arbeitsamt! Wandel der Wirtschaftssysteme/Folgen und Probleme (S.17, T).
  * Probleme des wirtschaftlichen Wandels am Beispiel der Region (Wohnort),
  * Arbeitslosigkeit (Kurzarbeit, Umschulung, ABM),
  * neue Betriebe,
  * neue Berufe,
  * neue Hoffnungen ... (S.17, I/P).

Nachstehend werden in der Abb. 9 die soeben verbal fixierten Analyseergebnisse für die Jahrgangsstufen 5 und 6 der Grundschule zahlenmäßig aufbereitet zusammengefaßt, wobei die klassenspezifischen, den vier Kategorien zugeordneten dreistelligen Eintragungen folgendermaßen zu erschließen sind:

---

265) Die lokalisierten Untersuchungseinheiten werden auch hier nur mit der jeweiligen Seitenzahl angegeben. Darüber hinaus gilt Anm. 256 der vorliegenden Arbeit entsprechend.
266) Die an dieser Stelle aufgeführten, auf den ersten Blick eher der Unterkategorie 'Wirtschaft' zugehörigen 'Inhalte und Probleme', wurden vor allem deshalb der Unterkategorie 'Gesellschaft' eingegliedert, weil sie von der zuständigen Lehrplankommission selbst explizit in das Lernfeld 'Gesellschaft' eingeordnet wurden.

Die erste Stelle steht für die Anzahl der Untersuchungseinheiten, die im Lehrplan in der Spalte 'Themenbeispiele' identifiziert werden und die zweite Stelle markiert die Anzahl der Fundstellen, die in der Spalte 'Inhalte und Probleme' festzustellen sind. Die dritte und letzte Stelle zählt die beiden vorherigen Eintragungen zusammen und steht somit für die Gesamtzahl der lokalisierten Untersuchungseinheiten, die sich auf den Lerngegenstand *Innere Einheit Deutschlands* - die jeweilige Kategorie betreffend - beziehen.

Abb. 9: Ergebniszusammenfassung der Lehrplananalyse für die brandenburgische Grundschule - Klassen 5 und 6:[267]

Klasse	Unterkategorien			
	Gesell.	Verf. O.	Wirt.	E. Welt
5/6	1/5/6	-/-/-	1/5/6	-/-/-

4.3.2.2 Die Gesamtschule, die Realschule und das Gymnasium

Der "schulformübergreifend angelegt[e]" (brdbg. Lehrplan, 1991b, Vorwort) Lehrplan für das Fach Politische Bildung, der die drei wesentlichen brandenburgischen Schularten der Sekundarstufe I - Gesamtschule, Realschule und Gymnasium - umfaßt, unterscheidet sich in Aufbau und Ausgestaltung nur unwesentlich von dem soeben bearbeiteten Fachlehrplan für die 5. und 6. Klasse Grundschule. Infolgedessen kann an dieser Stelle - ohne die formalen Erläuterungen wiederholen zu müssen -, auf die im vorhergehenden Gliederungspunkt einleitend getroffenen Aussagen verwiesen werden.

Diese formale Übereinstimmung der beiden Lehrpläne geht soweit, daß die spezifischen Besonderheiten, die die eigentliche Lehrplananalyse betreffen - wie die begründete Vernachlässigung der 'Hinweise', die stufenweise Zusammenfassung der Klassen und das auf diesen beiden Aspekten aufbauende Vorgehen bei der 'verbalen' und 'zahlenmäßigen' (Abb. 10) Fixierung der Untersuchungsresultate - ausnahmslos für die nachstehende Lehrplananalyse übernommen werden können.

Diesen Sachverhalt im Hintergrund, wird unverzüglich zunächst für die 7. und 8., anschließend für die 9. und 10. Klasse mit der Zusammenfassung der Untersuchungsresultate begonnen.[268]

---

[267] Alle Abkürzungen in Abb. 9 sind in gleicher Weise gebraucht wie in Abb. 6.
[268] Für die folgende Fixierung der Ergebnisse gilt Anm. 265 entsprechend.

- Politische Bildung, Jahrgangsstufen 7 und 8:

In einem Satz zusammengefaßt, gilt für diese beiden Jahrgangsstufen, daß sich *vier* der insgesamt 23 angeführten 'Themenbeispiele' und *30* 'Inhalte und Probleme' eindeutig mit dem Lerngegenstand *Innere Einheit Deutschlands* befassen, wobei 24 der 30 'Inhalte und Probleme' direkt den vier 'Themenbeispielen' zugeordnet werden können[269].

-- Die Unterkategorie 'Gesellschaft':

* Ossis und Wessis! Das Zusammenleben und Zusammenwachsen von Menschen aus gegensätzlichen Systemen (S.16, T).
  * Faktoren der unterschiedlichen Sozialisation,
  * die jeweilige Entwicklung und ihre Auswirkungen (z.B. auf das Selbstbewußtsein)
  * die Mauer in den Köpfen,
  * Sprachbarrieren,
  * veränderte soziale Schichtung,
  * der Wandel der Schule und
  * des Lehrer-Schüler-Verhältnisses (S.16, I/P).

-- Die Unterkategorie 'Verfassungsmäßige Ordnung':

* Wir sind das Volk! - Volksbewegungen und Parteien (S.20, T).

* 99,89% - Die Partei hat immer recht. Anspruch und Wirklichkeit des DDR-Systems (S.21, T).
  * Die Strukturen in der ehemaligen DDR,
  * Nationale Front,
  * Blockparteien,
  * Einheit von Partei und Staatsführung,
  * die Stasi als Staat im Staate,
  * Wahlen in der DDR,
  * das Verhältnis von Staat und Kirche,
  * Widerstand gegen die SED-Herrschaft,
  * politische Hoffnungen und Illusionen der DDR- Bürgerinnen und Bürger,
  * obrigkeitsstaatliches Denken und Untertanenmentalität,
  * Probleme des Übergangs in ein anderes System (S.21, I/P).

-- Die Unterkategorie 'Wirtschaft':

* die Aufteilung ostdeutscher Märkte (S.18, I/P).

* Eigentumsformen in der ehemaligen DDR (S.19, I/P).

* Verkauft und Verraten? Die wirtschaftlichen Folgen und Probleme der deutschen Einigung (S.19, T).
  * Systemwandel und die Folgen für die Arbeitswelt,
  * 'Kolonisierungstendenzen'?,
  * die Landwirtschaft in Brandenburg,

---

[269] Dieser Umstand ist nachfolgend daran zu erkennen, daß die betreffenden 'Inhalte und Themen' direkt - ohne eine Leerzeile einzufügen - den jeweiligen 'Themenbeispielen' angegliedert sind.

- Aufgaben des Mittelstandes
- die großen Industriestandorte in Brandenburg,
- ABM und andere Aufgaben des Arbeitsamtes (S.19, I/P).

-- Die Unterkategorie 'Eine Welt':

- die verordnete Völkerfreundschaft in der DDR,
- Abzug der Freunde,
- Gorbatschow und die Folgen,
- Öffnung der Mauer (S.22, I/P).

- Politische Bildung, Jahrgangsstufen 9 und 10:

Faßt man an dieser Stelle, erneut vor der exakten verbalen Wiedergabe der Resultate, das Ergebnis der Lehrplananalyse für die 9. und 10. Klasse zusammen, so kann festgehalten werden, daß sich *drei* der insgesamt 24 'Themenbeispiele' und *18* 'Inhalte und Probleme' deutlich erkennbar mit dem Lerngegenstand *Innere Einheit Deutschlands* auseinandersetzen. Dabei beziehen sich elf der besagten 18 'Inhalte und Probleme' direkt auf die drei isolierten 'Themenbeispiele'[270].

-- Die Unterkategorie 'Gesellschaft':

* Gleichheit oder Chancengleichheit im vereinigten Deutschland? Der Wandel der Gesellschaftsstrukturen (S.24, T).
   - Strukturwandel in Ostdeutschland,
   - Formen und Gründe sozialer Ungleichheit [...],
   - West-Ost-Gefälle in Deutschland, [...]
   - Gesellschaftspolitik (z.B. Verteilungs-, Vermögens-, Bildungspolitik) als Weg zur Chancengleichheit und größeren sozialen Gerechtigkeit (S.24, I/P).

-- Die Unterkategorie 'Verfassungsmäßige Ordnung':

* Unterschiedliche Funktion von Wahlen in autoritär-zentralistischen und in demokratischen Strukturen (S.28, I/P).

* Umgang mit Rechtsextremismus und Gewalttätigkeit in der ehemaligen DDR (S.29, I/P).

* Bürger für Bürger. Die Rolle der Bürgerbewegungen vor und nach der Wende (S.29, T).
   - Die 'gewaltlose Macht' breiter Bürgerbewegungen und die Überwindung von zentralistischen Strukturen,
   - Bürgerbewegungen als Träger parteiübergreifender Probleme und als Form einer neuen politischen Kultur,
   - Gruppeninteressen gegen Institutionen (S.29, I/P).

* Zensur in der ehemaligen DDR (S.30, I/P).

* Stalinismus in [...] der ehemaligen DDR (S.30, I/P).

---

270) Anm. 265 der vorliegenden Arbeit gilt entsprechend.

-- Die Unterkategorie 'Wirtschaft':

* Das Umwelterbe der zentralistischen Planwirtschaft (S.25, I/P).
* Wirtschafts-, Währungs- und Sozialunion? Zwischen Hoffnung und Realität - Probleme des wirtschaftlichen Umbruchs (S.25, T).
* Einheitseuphorie und politische und wirtschaftliche Rahmenbedingungen für den Neubeginn,
* Zusammenbruch der zentralistischen Planwirtschaft,
* Umbau der Wirtschaft zu einer sozialen Marktwirtschaft - soziale Auswirkungen,
* Aufgaben und Grenzen der Treuhand (Sanierung, Abwicklung, [...]) (S.25, I/P).

-- Die Unterkategorie 'Eine Welt':

* Auflösung von Blockkonfrontationen,
* Abbau traditioneller Feindbilder (S.31, I/P).

Abb. 10: Ergebniszusammenfassung der Lehrplananalyse für Gesamtschule, Realschule und Gymnasium in Brandenburg:[271]

Klasse	Unterkategorien			
	Gesell.	Verf. O.	Wirt.	E. Welt
7/8	1/7/8	2/11/13	1/8/9	-/4/4
9/10	1/4/5	1/7/8	1/5/6	-/2/2

Bevor im Anschluß die Datenerfassung für den letzten, in diese Studie einbezogenen brandenburgischen Fachlehrplan vorgenommen wird, muß an dieser Stelle nun auch für Brandenburg vor der falschen und nicht beabsichtigten Schlußfolgerung gewarnt werden, aufgrund der bislang vorliegenden Resultate ohne weiteres davon auszugehen, es könnten keine anderen als die eben isolierten, die *Innere Einheit Deutschlands* direkt zum Thema machenden Untersuchungseinheiten die Vereinigungsthematik aufgreifen und behandeln. Diese Feststellung wird meines Erachtens in Brandenburg im Gegensatz zu Bayern sogar noch dadurch intensiviert, daß hier die Schulen ausdrücklich in die Pflicht genommen werden, zu helfen, "die ökonomischen, sozialen, ökologischen, politischen und kulturellen Herausforderungen der deutschen Einheit zu meistern" (brdbg. Lehrplan, 1991b, S.4).

---

271) Wie bereits angedeutet, sind die jeweiligen Eintragungen in Abb. 10 in gleicher Weise zu verstehen wie für Abb. 9 beschrieben.

4.3.2.3 Die Berufsschule

Auch wenn die dem Lehrplan für das Fach Politische Bildung/Wirtschaftslehre an der Berufsschule vorgelagerten Komponenten bzw. Kapitel - 1. Ausgangsposition, Ziele und Aufgaben; 2. Qualifikationen und didaktische Konzeptionen; 3. Hinweise zur Leistungsbewertung und 4. Zum Umgang mit den "Hinweisen" - mit den Bestandteilen der beiden zuvor behandelten Lehrplänen identisch sind, finden sich dennoch bei näherer Betrachtung des eigentlichen Fachlehrplans für die Berufsschule einige wesentliche Unterschiede in Aufbau und interner Ausgestaltung, die vor der Fixierung der Analyseresultate aufgezeigt werden müssen:

Ein erster Gesichtspunkt besteht darin, daß dieser Lehrplan nicht nur wie die beiden zuvor analysierten brandenburgischen Fachlehrpläne in vier Lernfelder aufgegliedert ist, sondern darüber hinaus noch in 12 - auf die Lernfelder bezogenen - Themenbereiche. Ein weiteres Unterscheidungsmerkmal liegt darin, daß der Berufsschullehrplan, der zwar generell auch in drei Spalten gegliedert ist, nicht von 'Themenbeispielen' spricht, sondern von 'Gegenständen', siehe Abb. 11.

Abb. 11: Aufbau des brandenburgischen Lehrplans für das Fach Politische Bildung/ Wirtschaftslehre an der Berufsschule:

Gegenstand	Inhalte und Probleme	Hinweise

Ein dritter und letzter Aspekt ist darin zu sehen, daß den 'Hinweisen' hier eine etwas andere Aufgabe zukommt als in den beiden Lehrplänen zuvor. So beinhaltet dieser Gesichtspunkt keine Verweise auf Unterrichtsgegenstände in anderen Fächern, sondern teilt dem Lehrer vielmehr mit, welche Querverbindungen innerhalb des Berufsschullehrplans für das Fach Politische Bildung zwischen den einzelnen Themenbereichen erkennbar sind und wo sich gegebenenfalls inhaltliche Überschneidungen ergeben. Außerdem werden zu den jeweiligen Inhalten und Problemen passende Fallbeispiele, verwertbare Unterrichtsmaterialien usw. benannt und damit i.w.S. Vorschläge zur Unterrichtsgestaltung unterbreitet. Alles in allem enthalten damit die 'Hinweise' aber auch hier keine im Rahmen der Forschungsfrage interessierenden Untersuchungseinheiten und werden somit - wie schon bei den beiden Lehrplänen zuvor - bei der Analyse dieses Fachlehrplans abermals vernachlässigt.

Bevor im Anschluß die verbale Fixierung der Analyseresultate vorgenommen wird, müssen noch zwei Aspekte offengelegt werden. Zum einen, daß der vorliegende Lehrplan für das Fach Politische Bildung die drei ausbildungsbegleitenden Jahrgangsstufen der Berufsschule nicht wie in Bayern unterscheidet, sondern diese nur gemeinsam als eine 'Stufe' anspricht. Zum anderen, daß nachstehend alle isolierten Fundstellen dahingehend gekennzeichnet werden, ob es sich um einen 'Gegenstand' (G) oder um ein 'Inhalt und Problem' (I/P) handelt[272].

-- Die Unterkategorie 'Verfassungsmäßige Ordnung':

* Umgang mit Rechtsextremismus und Gewalttätigkeit in der ehemaligen DDR (S.28, I/P)

-- Die Unterkategorie 'Wirtschaft':

* Probleme des wirtschaftlichen Umbruchs (S.21, G)
    * Zusammenbruch der zentralistischen Planwirtschaft - Umbau der Wirtschaft zu einer sozialen und ökologisch orientierten Marktwirtschaft
    * z.B. soziale Auswirkungen,
    * Entwicklung von Technik und Produktion,
    * Sanierung,
    * Privatisierung,
    * Überführung,
    * Abwicklung,
    * Sicherung von Arbeitsplätzen,
    * von Ressourcen,
    * des ökologischen Gleichgewichts (S.21, I/P)

* DDR-Investitionsgesetz 90 (steuerfreie Rücklage) (S.22, I/P)

-- Die Unterkategorie 'Eine Welt':

* Friedliche Revolution 1989 und Vereinigungsprozeß
* Folgen und Zukunftsperspektiven am Beispiel Brandenburgs (S.30, I/P)[273]

Thesenartig zusammengefaßt, ergibt sich damit folgendes Bild: *Einer* der insgesamt 52 - für die dreijährige Berufsschule - vorgeschlagenen 'Gegenstände' und *14* 'Inhalte und Probleme' beschäftigen sich eindeutig mit dem Lerngegenstand *Innere Einheit Deutschlands*, wobei zehn der genannten 14 'Inhalte und Probleme' dem eben isolierten 'Gegenstand' beigeordnet sind.

---

272) Anm. 265 der vorliegenden Arbeit gelten entsprechend.
273) Diese beiden Unterrichtsgegenstände, -inhalte und -themen wurden vor allem deshalb der Unterkategorie 'Eine Welt' zugeordnet - was auf den ersten Blick nicht unbedingt einsichtig ist -, weil sie im Lehrplan selbst explizit dem Themenbereich 11: "Deutschland nach 45 im Spannungsfeld der Weltpolitik" eingegliedert wurden, der seinerseits wiederum dem Lernfeld 'Eine Welt' untergeordnet ist (vgl. brdbg. Lehrplan, 1991c, S.20).

Nachfolgend werden in Abb. 12 die verbal aufgezeichneten Resultate zahlenmäßig aufbereitet zusammengefaßt, wobei sich die den vier Kategorien zugeordneten, dreistelligen Eintragungen nur in einem Punkt von den in Abb. 9 und 10 gebrauchten unterscheiden: Die erste Stelle steht hier für die Anzahl der Untersuchungseinheiten, die in der Spalte 'Gegenstände' identifiziert werden können.

Abb. 12: Ergebniszusammenfassung der Lehrplananalyse für die brandenburgische Berufsschule:

Klasse	Unterkategorien			
	Gesell.	Verf. O.	Wirt.	E. Welt
10/11/12	-/-/-	-/1/1	1/11/12	-/2/2

4.3.2.4 Zusammenfassung der Teilergebnisse

Die Datenerfassung für Brandenburg abschließend, integriert die nachstehende Übersicht - ähnlich wie in Punkt 4.3.1.5 für Bayern - ohne weiteren Kommentar alle bisher erzielten Teilergebnisse, die im Rahmen der schulformbezogenen, fünf Schularten umfassenden Untersuchung der brandenburgischen Lehrpläne für das Fach Politische Bildung erarbeitet wurden.

Abb. 13: Ergebniszusammenfassung der Lehrplananalyse für Grundschule - Klassen 5 und 6, Gesamtschule, Realschule, Gymnasium und Berufsschule in Brandenburg :[274]

Schulart	Klasse	Unterkategorien			
		Gesell.	Verf. O.	Wirt.	E. Welt
SEKUNDARSTUFE I					
Grundschule	5/6	1/5/6	-/-/-	1/5/6	-/-/-
Gesamtschule Realschule	7/8	1/7/8	2/11/13	1/8/9	-/4/4
Gymnasium	9/10	1/4/5	1/7/8	1/5/6	-/2/2
SEKUNDARSTUFE II					
Berufsschule	11/12/13	-/-/-	-/1/1	1/11/12	-/2/2

4.3.3 Vergleichende Gegenüberstellung der Analyseergebnisse

Bevor im Anschluß, die inhaltsanalytischen Arbeitsschritte abschließend, die *Auswertung* der erhobenen Daten[275], die Schlußfolgerung von der kommunizierten Mitteilung 'Lehrplan' auf den Kommunikator (Kultusministerium) und auf den weiteren sozialen Kontext, den von den Rezipienten (Lehrern) gestalteten Politikunterricht vorgenommen wird und darüber hinaus die erarbeiteten länderspezifischen Analyseresultate verglichen und in einen größeren Gesamtzusammenhang gestellt werden, faßt die folgende Übersicht (Abb. 14) alle im Rahmen der Lehrplananalyse erfaßten Daten auf einen Blick zusammen.

Diese thematisch einheitliche Zusammenschau, die auf Abb. 7 und Abb. 13 basiert und im folgenden die Grundlage für die qualitative Interpretation der quantitativen Analyseergebnisse bildet, unterscheidet sich von den beiden soeben genannten Abbildungen in Art, Aufbau und Aussagekraft nur dadurch, daß hier auch für Bayern, wie in den brandenburgischen Lehrplänen explizit vorgesehen, immer zwei bzw. drei Jahrgangsstufen - die 5. und 6., die 7. und 8., die 9. und 10. Klasse der Sekundarstufe I und die Klassen 11, 12 und 13 für die Berufsschule - zu einer Einheit zusammengefaßt werden. Über-

---
274) Anzumerken bleibt, daß die Einteilung Sekundarstufe I und II hier nicht in der landesspezifischen, sondern in der der gesamten Arbeit zugrunde liegenden Weise gebraucht wird.
275) Wie in Gliederungspunkt 4.1 hervorgehoben, ist die 'Auswertung der Daten' als fünfter und letzter Verfahrensschritt integraler Bestandteil der Inhaltsanalyse.

dies konnte in Abb. 14 deshalb auf eine schulformspezifische Unterteilung der Sekundarstufe I verzichtet werden, weil in Brandenburg ohnehin schulformübergreifende Lehrpläne gelten und in Bayern in keiner der drei einbezogenen Schularten auch nur ein Unterrichtsgegenstand, -inhalt und -thema isoliert werden konnte.

Abb. 14: Gegenüberstellung der schulischen Analyseresultate für die in die Untersuchung einbezogenen Bundesländer Bayern und Brandenburg:

Länder	BAYERN				BRANDENBURG			
	SEKUNDARSTUFE I				SEKUNDARSTUFE I			
	Unterkategorien							
Klassen	Gesell.	Verf. O.	Wirt.	E. Welt	Gesell.	Verf. O.	Wirt.	E. Welt
5/6	-/-/-	-/-/-	-/-/-	-/-/-	1/5/6	-/-/-	1/5/6	-/-/-
7/8	-/-/-	-/-/-	-/-/-	-/-/-	1/7/8	2/11/13	1/8/9	-/4/4
9/10	-/-/-	-/-/-	-/-/-	-/-/-	1/4/5	1/7/8	1/5/6	-/2/2
	SEKUNDARSTUFE II				SEKUNDARSTUFE II			
11-13	2/2/4	3/3/6	4/2/6	-/1/1	-/-/-	-/1/1	1/11/12	-/2/2

4.4 Auswertung und Interpretation der zentralen Untersuchungsergebnisse

Das Resultat der Datenauswertung für Bayern voranstellend, muß der Institution Schule, insbesondere der hier interessierenden schulischen politischen Bildung im Fach Sozialkunde attestiert werden, daß sie sich der generellen "Verantwortung [der politischen Bildung] für das Zusammenwachsen der beiden Teile Deutschlands" (Ditz, 1991, S.66) in den ersten fünf Jahren der wiedererlangten staatlichen Einheit fast vollständig entzieht. So nimmt sie sich der epochalen Herausforderung, die "fehlende innere Einheit" (Korte, 1994a, S.48) zu überwinden, nicht, oder zumindest nur sehr unzureichend an und leistet somit - wenn überhaupt - nur einen sehr geringen Beitrag auf dem langen Weg zur Einheit.

Diese These wird zunächst dadurch erhärtet, daß trotz der fast vollständigen Überarbeitung der bayerischen Sozialkundelehrpläne seit der Wiedervereinigung[276] der Lerngegenstand *Innere Einheit Deutschlands*, bzw. die daran abgeleiteten Unterrichtsgegenstände, -inhalte und -themen nur in einem der vier untersuchten Lehrpläne[277] und auch dort nur am Rande[278] Eingang gefunden hat.

Die Forschungsfrage vor Augen, fällt damit der angestrebte Rückschluß von der Mitteilung Lehrplan auf den Kommunikator, das für das Erziehungs- und Unterrichtswesen in letzter Instanz zuständige Kultusministerium, eindeutig negativ aus: die Vereinigungsthematik wird von diesem bei der Lehrplangestaltung[279] de facto nicht berücksichtigt. Anders formuliert zeigt sich das "alte" Bundesland Bayern, dessen Schulstrukturen sich durch die Wiedervereinigung ja nicht grundsätzlich geändert haben, trotz "der anhaltenden Umbruchsituation, in der sich die Bundesrepublik Deutschland seit der Vereinigung [...] befindet" (Seiring, 1995, S.43) und der fachdidaktischen Legitimierung dieses Aufgabenfeldes nicht in der Lage, diesbezüglich Veränderungen im Rahmen der für die Lehrer bindenden Inhaltsvorgabe vorzunehmen.

Dieser Umstand in Verbindung mit der ausführlich erörterten weitgehenden inhaltlichen Verbindlichkeit der bayerischen Lehrpläne ermöglicht darüber hinaus einen nach meinem Dafürhalten überzeugenden Rückschluß vom jeweiligen Lehrplan auf die Unter-

---

276) Wie in Punkt 4.3.1.1 dokumentiert, wurde lediglich der Lehrplan für die Hauptschule seit 1990 noch nicht überarbeitet und in einer neuen Fassung vorgelegt.
277) Vergleiche hierzu Abb. 7.
278) Die Randstellung der Vereinigungsthematik im Lehrplan der Berufsschule wird schon allein daran ersichtlich, daß knapp über die Hälfte, genauer gesagt 9 von 17 die eindeutig dem Lerngegenstand *Innere Einheit Deutschlands* zuzurechnenden Untersuchungseinheiten nur als unverbindliches Zusatzprogramm in den Lehrplan aufgenommen wurden. In dem Zusammenhang sei des weiteren auf Anm. 255 und 257 verwiesen.
279) Zur Vorgehensweise bei der Lehrplangestaltung vergleiche Gliederungspunkt 2.3 der vorliegenden Arbeit.

richtssituation selbst. Demnach sind für den Politikunterricht der hier untersuchten Schulen der Sekundarstufe I - Haupt-, Realschule und gymnasiale Unter- und Mittelstufe - keine vereinigungsbedingten Inhalte und Themen vorgesehen. Nur in der Berufsschule sind in sehr begrenztem Umfang derartige Unterrichtsgegenstände im Politikunterricht verbindlich zu behandeln. Klammert man das Zusatzprogramm und die unverbindlichen Hinweise zum Unterricht jedoch aus, so wird auch die angedeutete thematische Begrenztheit in der Berufsschule überaus deutlich. Denn nur *ein* einziges, d.h. 3,45% aller 29 dem verbindlichen Teil des Lehrplans inhärenten 'Lernziele', dem seinerseits lediglich drei 'Lerninhalte' und drei unverbindliche 'Hinweise zum Unterricht' zugeordnet sind, bezieht sich unmißverständlich auf den hier untersuchten Gegenstandsbereich.

Infolgedessen erweisen sich die Lehrpläne für das Fach Sozialkunde in Bayern, indem sie den fachwissenschaftlich legitimierten und politisch geforderten Lerngegenstand *Innere Einheit Deutschlands* vernachlässigen, nach Sandfuchs auch nicht als "Kulturdokumente" (Sandfuchs, 1987, S.21), zumal sie die mit der Wiedervereinigung verbundenen epochalen politischen Entwicklungen, diese systemverändernde Wandlung der kulturellen und gesamtgesellschaftlichen Situation, "den vierten fundamentalen Umbruch in der deutschen Geschichte dieses Jahrhunderts"[280] (Glaeßner, 1993b, S.36), nicht ansprechen.

Wurden und werden die bayerischen Schüler dennoch vereinzelt und punktuell mit dem als vielschichtiges Problem, Prozeß und in der Ferne liegendes Ziel charakterisierten Lerngegenstand *Innere Einheit Deutschlands* konfrontiert - was zu keinem Zeitpunkt gänzlich ausgeschlossen werden kann[281] - so liegt es meines Erachtens ausschließlich an der Einsatzbereitschaft, dem Arbeitseifer und dem Interesse des jeweiligen Lehrers. Letztlich an seiner politischen, pädagogischen, didaktischen und methodischen Kompetenz, die vorhandenen Freiräume[282] zu nutzen.

Von einer gezielten und ernstzunehmenden, schulformübergreifend angelegten und landesweit einheitlichen politischen Bildungsanstrengung der bayerischen Schulen als konkreten Beitrag zur Vollendung der inneren Einheit kann dennoch in keinem Falle gesprochen werden. Eher von einer Fortschreibung der bereits 1989 für die alte Bundesrepublik festgestellten Tendenz der Entpolitisierung der politischen Bildung, d.h. "einem Fernhalten der Behandlung wirklicher Politik und politischer Fragen [wie sie

---

280) Glaeßner stellt die Wiedervereinigung in ihrer Bedeutung in eine Reihe mit den Ereignissen von 1918, 1933 und 1945. (vgl. Glaeßner, 1993b, S.36)

281) Vor der falschen und keineswegs beabsichtigten Schlußfolgerung, infolge der vorliegenden Einzelergebnisse ohne weiteres davon auszugehen, der Themenkomplex innere Einheit finde im Politikunterricht der betreffenden Schulform nie Verwendung, wurde bereits zu einem früheren Zeitpunkt gewarnt. Siehe hierzu Punkt 4.3.1.1.

282) Verwiesen sei an dieser Stelle auf Hilligen, der ausdrücklich darauf hinweist, daß "Freiheit im politischen Unterricht" in einem nicht geringem Maße als Funktion dieser vier genannten Kompetenzen des Lehrers anzusehen ist. (vgl. Hilligen, 1987, S.255)

die Vereinigungsthematik ohne Zweifel impliziert] aus dem Unterricht" (Rothe, 1989a, S.17).

Im folgenden seien die drei wesentlichen Gesichtspunkte genannt, die den Politiklehrern die Möglichkeit eröffnen und gleichsam für die Schüler die einzige Chance bieten, sich trotz der restriktiven Gestaltung der bayerischen Lehrpläne im Sozialkundeunterricht mit dem völlig unterrepräsentierten Lerngegenstand *Innere Einheit Deutschlands* auseinanderzusetzen.

- *Inhaltlich offen gestaltete Lernziele/Lerninhalte:* Im Lehrplan der Hauptschule, dem einzigen seit der Wiedervereinigung noch nicht überarbeiteten Sozialkundelehrplan in Bayern, ist explizit ein Lernziel/Lerninhalt vorgesehen, das/der für ein "bedeutsames, aktuelles Thema aus dem politischen Leben" (bay. Lehrplan, 1985, S.425) freigehalten ist. Zweifellos eine Gelegenheit, die Vereinigungsthematik oder besser gesagt ein daraus resultierendes aktuelles, tagespolitisch relevantes Problem in den Politikunterricht einfließen zu lassen.[283]

- *Zeitlicher Freiraum:* Zumindest der Form nach sind alle hier untersuchten bayerischen Lehrpläne so konzipiert und zeitlich bemessen, daß neben der notwendigen Zeit für das Erreichen der verbindlichen Ziele, der Darbietung und Erarbeitung des Lehrstoffes, dem erforderlichen Einüben und Wiederholen, ein Freiraum[284] verbleibt. (vgl. bay. Lehrplan, 1985, S.252 und 1991, S.1383 und 1993, S.160)

- *Pädagogischer Freiraum:* Wie bereits eingehend dargelegt, wird auch den Lehrkräften in Bayern ein gewisser 'pädagogischer Freiraum' zuerkannt, wobei nicht vergessen werden darf, daß sich dieser weniger auf eine inhaltliche als vielmehr auf eine "Gestaltungsfreiheit oder weitgehende Methodenfreiheit" (Wenger, 1994, S.60) der bayerischen Lehrer bezieht.

Trotz dieser meiner Ansicht nach weder zu bestreitenden noch überzubewertenden lehrerspezifischen Möglichkeiten gilt für Bayern: Die mehrdimensionale politische Sozialisationsinstanz Schule vernachlässigt nicht nur im bundesweiten Vergleich *den Politikunterricht* als den eigentlichen Mittelpunkt all ihrer zielgerichteten politischen Bildungsarbeit ganz erheblich[285], sondern sie spart im Laufe dieser ohnehin geringfügigen Be-

---

283) Ein Lernziel/Lerninhalt dieser Art findet sich aber lediglich im Sozialkundelehrplan der Hauptschule.
284) Wie groß dieser 'zeitliche Freiraum' - prinzipiell die Zeit, die bei einem einstündigen Fach über 28 Stunden hinausgeht - tatsächlich ausfällt, kann nicht mit letzter Sicherheit gesagt werden, da dieser von vielerlei Umständen beeinflußt werden kann. So z.B. vom jeweiligen Arbeitseifer und der Motivation des Politiklehrers, der Mitarbeit und dem Einsatz der zu betreuenden Schüler, den krankheitsbedingten Fehlzeiten des Lehrers, anderweitig bedingten Stundenausfällen usw.
285) Es sei hier noch einmal betont, daß bezogen auf die Anzahl der Jahre, die das Fach unterrichtet wird, und den jeweiligen Stundenumfang der Stellenwert des Sozialkundeunterrichts in Bayern nicht

mühungen auch die innere Einheit als Gegenstand der politischen Bildungsarbeit fast vollkommen aus. Die Schule in Bayern erweist sich damit einmal mehr als eine Institution, welche weithin an ihren Strukturen festhält, keine Antwort mehr zu geben vermag auf erhebliche Veränderungen in der Gesellschaft und deren Bedürfnissen und Anforderungen nicht mehr entspricht (vgl. Bohnsack, 1995, S.21).

Demgegenüber stellt sich im direkten Vergleich die Situation in dem "neuen" Land Brandenburg erheblich besser und differenzierter dar. In diesem Bundesland sind nicht nur die Rahmenbedingungen der schulischen politischen Bildung viel vorteilhafter gestaltet - man denke z.B. an die feste Verankerung des Politikunterrichts ab der 5. Klasse[286] -, sondern es ist darüber hinaus auch die breitgefächerte Behandlung[287] des Lerngegenstandes *Innere Einheit Deutschlands* vorgesehen und sichergestellt.

Besonders augenfällig wird der enorme länderspezifische Unterschied, wenn man die Resultate der Lehrplananalyse für die 5. bis einschließlich 10. Klasse in Brandenburg mit den entsprechenden Analyseergebnissen für die Schulen der Sekundarstufe I in Bayern vergleicht.[288]

Findet man in den einschlägigen Lehrplänen in Bayern *nicht eine* Untersuchungseinheit, die sich eindeutig auf den Lerngegenstand *Innere Einheit Deutschlands* bezieht, so sind dies in Brandenburg immerhin *neun*, d.h. 12,67% aller 71 in die betreffenden Lehrpläne aufgenommenen 'Themenbeispiele' und insgesamt 58 'Lerninhalte'[289]. Aufgegriffen werden dabei vor allem Themen, die bestehende Unterschiede zwischen Ost und West erörtern, die auf einzelne Folgen und Probleme der Einheit dezidiert eingehen und die die politischen, wirtschaftlichen und sozialen Gegebenheiten der ehemaligen DDR im Vergleich zur heutigen Bundesrepublik detailliert diskutieren.

Diese Untersuchungsergebnisse müssen meiner Meinung nach umso höher eingeschätzt werden, wenn man die Fülle der existentiellen Probleme, derer sich die institutionalisierte politische Bildung in der Schule annehmen könnte, in Betracht zieht[290] und darüber hinaus die zeitlichen Restriktionen bedenkt, die einer wirklich umfassenden Bearbeitung all dieser Aufgabenfelder im Wege stehen.

---

nur als gering zu bewerten (siehe Abb. 2) ist, sondern im Vergleich zu allen anderen Bundesländern gar den niedrigsten aller Werte erreicht. Vergleiche hierzu ausführlich Punkt 4.2.3.1.
286) Vergleiche hierzu die Abb. 3 und 4.
287) "Breitgefächert" soll heißen, daß die in die Studie einbezogenen brandenburgischen Lehrpläne allen vier verwendeten Unterkategorien zuzuordnende Unterrichtsgegenstände, -inhalte und -themen enthalten.
288) Siehe u.a. die Gegenüberstellung der Länderergebnisse in Abb. 14.
289) Die Fundstellen im Datenmaterial der gesamten Sekundarstufe I setzen sich wie folgt zusammen: Auf die Grundschule - Klassen 5 und 6 - entfallen zwei von 23 möglichen 'Themenbeispielen' (8,69%) zuzüglich zehn Fundstellen in der Rubrik 'Inhalte und Probleme'; auf die Jahrgangsstufen 7 bis 10, sieben von 48 'Themenbeispielen' (14,58%) und 48 'Inhalte und Probleme'.
290) Vergleiche hierzu beispielhaft den Punkt 3.2.3 der vorliegenden Arbeit entworfenen Problemkatalog oder Klafki, 1994a, S.56-60.

Dem Kommunikator bzw. Herausgeber der brandenburgischen Lehrpläne, dem Ministerium für Bildung, Jugend und Sport in Potsdam, kann somit zweierlei bescheinigt werden: Erstens, daß die mit der gesetzlich vollzogenen Einheit verknüpfte fundamentale Herausforderung von diesem erkannt wurde, was u.a. daran ersichtlich wird, daß die Schulen der Sekundarstufe I mit Nachdruck in die Pflicht genommen werden, zu helfen, "die ökonomischen, sozialen, ökologischen, politischen und kulturellen Herausforderungen der deutschen Einheit zu meistern" (brdbg. Lehrplan, 1991b, S.4). Zweitens, daß im Rahmen der notwendigen Neugestaltung der Lehrpläne "nach dem Ende der Staatsplanung" (Klemm u.a., 1992, S.11), im Gegensatz zu Bayern, die Vereinigungsthematik neben den vielen anderen wichtigen Aufgabenfeldern doch relativ ausführlich berücksichtigt wird.

Ohne den für Brandenburg bereits umfassend geschilderten Sachverhalt zu ignorieren, daß die untersuchten Lehrpläne lediglich als *pauschales Angebot für die Unterrichtsplanung* konzipiert sind und daher nicht die inhaltliche Verbindlichkeit beanspruchen wie in Bayern, muß an dieser Stelle abermals davor gewarnt werden, die von Beginn an intendierte Schlußfolgerung vom Lehrplan auf den Unterricht in ihrer Aussagekraft zu unterschätzen. Denn auch in Brandenburg kann das 'pauschale Planungsangebot' Lehrplan, wenn nicht als *der* alles entscheidende, dann doch zumindest als *ein* wesentlicher institutioneller Einflußfaktor angesehen werden, der die jeweilige Lehrkraft bei der von ihr zu treffenden Handlungsentscheidung, der unterrichtsvorbereitenden Inhaltsauswahl, leitet und damit den Politikunterricht beeinflußt.[291]
Auf die konkrete Unterrichtssituation bezogen, liegt es damit auch in Brandenburg in letzter Konsequenz an der jeweiligen Lehrkraft, in welchem Umfang die Vereinigungsthematik im Politikunterricht tatsächlich Verwendung findet. Der wesentliche Unterschied zu Bayern darf aber trotz allem nicht außer acht gelassen werden: Brandenburg favorisiert in der Sekundarstufe I nicht nur eine gezielte, schulformübergreifend angelegte und landesweit einheitliche politische Bildungsanstrengung, sondern bietet darüber hinaus dem jeweiligen Lehrer auch den nötigen Entscheidungsfreiraum bei der Umsetzung dieses Vorhabens. So kann dieser z.B. die vorgesehenen Lerninhalte ausweiten, der klassenspezifischen Situation entsprechend anpassen, wenn nötig diese auch verändern usw. Außerdem sieht der Lehrplan in Brandenburg bei der Auswahl von Unterrichtsinhalten auch die Verwendung didaktischer Prinzipien vor - wie z.B. Schülerorientierung, Problemorientierung, Gegenwarts- und Zukunftsbedeutung usw. (vgl. brdbg. Lehrplan, 1991b, S.7/8)[292] -, alles Möglichkeiten, die in Bayern keine derart hervorgehobene Erwähnung finden.

---

291) Zu diesem Punkt vergleiche Gliederungspunkte 4.1.2 und 4.3.2.
292) Welch herausragende Bedeutung gerade den didaktischen Prinzipien der Schüler- und Problemorientierung bei der Legitimierung des hier interessierenden Lerngegenstandes bzw. bei der Auswahl

In Brandenburg wird auf diese Weise eine politische Bildungsarbeit möglich, die - wie es Denkewitz ganz allgemein verlangt - "teilnehmerorientiert und teilnehmerzentriert" (Denkewitz, 1992, S.351) arbeiten kann.

Bevor, den Punkt 4.4 abschließend, noch kurz auf die Ergebnisse der Lehrplananalyse für die brandenburgische Berufsschule eingegangen wird, möchte ich an dieser Stelle - auch wenn die Frage nach dem 'Warum' nicht das eigentliche Ziel dieser Arbeit ist[293] - noch vor einem auf den ersten Blick zwar plausiblen, meiner Ansicht nach aber falschen und voreingenommen Erklärungsansatz im Bezug auf die bis dato beleuchteten landesspezifischen Forschungsergebnisse warnen.

Man könnte nämlich annehmen, daß das "neue" Land Brandenburg im Gegensatz zu Bayern schon allein aufgrund der unbestreitbaren stärkeren Betroffenheit der Menschen im Osten, was die Folgen und Probleme der Einheit anbelangt, diese Thematik im Politikunterricht viel gewissenhafter und detaillierter bearbeiten müßte. Ohne Anspruch auf Vollständigkeit seien nachfolgend zwei ganz entscheidende Gründe stichpunktartig benannt, die meiner Auffassung nach dieser Auslegung eindeutig widersprechen und auch für die "alten" Bundesländern fordern, sich auf den Lerngegenstand *Innere Einheit Deutschlands* einzulassen:

- "*Auch für die Westdeutschen hat der Alltag neue Seiten*" (Korte, 1994b, S.212, Hervorhebung vom Verfasser). Keupp formuliert in diesem Zusammenhang: "Klar dürfte sein, daß von der gesellschaftlichen Umwälzung [...] beide Teile Deutschlands betroffen sind" (Keupp, 1994, S.14). So haben die Ereignisse von 1989, die nach Heitmann eher einer Revolution gleichen als einer "Wende"[294] (vgl. Heitmann, 1994, S.31), für die Menschen im Westen neben der finanziellen Belastung, die "die westdeutsche Bevölkerung mit der höchsten Steuer- und Abgabenlast aller Zeiten befrachtet" (Miegel, 1992, S.683), noch weitere grundlegende Veränderungen bzw. Herausforderungen erzeugt.

Beispielhaft seien genannt: die noch heute meßbaren Wanderungsbewegungen von Ost nach West[295] und die damit verbundene neue Konkurrenzsituation auf dem Arbeits-

---

daran abgeleiteter Unterrichtsgegenstände, -inhalte und -themen zukommt, wurde in Kap. 2 eingehend dargelegt.

293) Wie in Kap. 1 ausführlich beschrieben, steht im Laufe dieser Arbeit die Frage im Mittelpunkt, ob der zunächst fachdidaktisch zu legitimierende Lerngegenstand *Innere Einheit Deutschlands* überhaupt zum Gegenstand der schulischen und außerschulischen politischen Bildung geworden ist. Die Frage nach der Begründung der Untersuchungsergebnisse - dem 'warum' - könnte, wenn überhaupt, nur eine Nachfolgestudie klären. Beispielsweise mittels der Befragung derjeniger Personen und Gruppen, die am Prozeß der Lehrplangestaltung beteiligt sind.

294) Heitmann verweist darauf, daß es sich hierbei nicht um einen gewaltsamen Umsturz handelte, sondern um "eine besondere Revolution", gleichsam um eine "friedliche Revolution". (vgl. Heitmann, 1994, S.31)

295) Diese im Vergleich zum Jahr 1989 - damals zogen mehr als 380000 Menschen von Ost nach West - zwar rückläufige, bis heute aber nicht zu unterschätzende Wanderungsbewegung bringt die Übersicht "Umzüge in Deutschland" (SZ, Nr. 171, 27.7.1995, S.23) deutlich zum Ausdruck: Demnach verlie-

markt; die notwendige Ausgestaltung der aus der Einheit erwachsenden neuen außenpolitischen Handlungsfreiheit; die zunehmende politische Orientierungslosigkeit und die damit verbundene Suche nach einer neuen Identität, denn durch die Wiedervereinigung ist "auch das bundesrepublikanische Selbstverständnis im Kern betroffen" (Korte, 1990, S.31), welches "auf dem materiellen Polster eines hohen Wohlstandes im innen- und außenpolitischen »Schutz« der Mauer bzw. des Ost-West-Konflikts" (Heitmann, 1995, S.135) entstand; des weiteren das bereits vor der inneren Einheit vorhandene und durch die Vereinigung noch verschärfte Sozialgefälle, anders ausgedrückt die "Zunehmende Polarisierung der materiellen Lebensbedingungen im vereinten Deutschland" (vgl. Zimmermann, 1995, S.5-17) usw., alles mögliche Unterrichtsgegenstände, -inhalte und -themen, die nicht nur die Menschen im Osten, sondern auch die Menschen im Westen betreffen.

- Echte Integration ist keine einseitige Angelegenheit.
Betrachtet man das im Rahmen dieser Arbeit mit dem Lerngegenstand *Innere Einheit Deutschlands* verknüpfte Ziel (vgl. Kapitel 1) bzw. die von Manfred Stolpe gehegte "Vision eines gleichberechtigten Zusammenwachsens beider Teile" (Stolpe, 1994, S.20), dann wird sehr schnell deutlich, daß es eben nicht darum gehen kann, daß der Osten seine Identität völlig preisgibt und ohne Einschränkung so werden muß wie die alte Bundesrepublik. Beide Seiten sollten sich vielmehr verständnisvoll aufeinanderzubewegen. So gesehen war auch der 3. Oktober 1990 zwar zunächst Endpunkt des formalen Einigungsprozesses, "aber gleichzeitig nur eine Etappe im Einigungsprozeß zwischen den Deutschen, an deren Ziel die »Innere Einheit« der Deutschen stehen soll" (Korger, 1993, S.251).

Im Gegensatz zu den beiden vorher beurteilten brandenburgischen Lehrplänen der Sekundarstufe I - dem Lehrplan der Grundschule und dem schulformübergreifend angelegten Lehrplan für die Realschule, Gesamtschule und das Gymnasium - wurde der Lerngegenstand *Innere Einheit Deutschlands* bei der Lehrplangestaltung für die Berufsschule nicht derart manifest berücksichtigt. Lediglich *einer*, d.h. 1,96% aller 52 für die dreijährige Berufsschule vorgeschlagenen 'Gegenstände' und 14 'Inhalte und Probleme' nehmen eindeutig auf die Vereinigungsthematik Bezug. Ein Ergebnis, das selbst noch unter dem für die bayerische Berufsschule liegt, zumindest dann, wenn man dessen als Zusatzprogramm vorgesehene Unterrichtsgegenstände, -inhalte und -themen nicht übergeht.
Des weiteren ist beim direkten Ländervergleich auffallend, daß die damit ohnehin relativ geringe Anzahl von Unterrichtsthemen in Brandenburg auch noch inhaltlich sehr ein-

---

ßen im Jahr 1992 199200 Menschen die "neuen" Länder in Richtung Westen, im Jahr 1993 172400 und 1994 immerhin noch ca. 160000 (vgl. ebd.).

seitig aufgeteilt ist. Werden in Bayern wenigstens alle vier Unterkategorien relativ ausgewogen angesprochen - 'Gesellschaft' vier, 'Verfassungsmäßige Ordnung' sechs, 'Wirtschaft' sechs Fundstellen und 'Eine Welt' eine - so ist demgegenüber in Brandenburg die Unterkategorie 'Gesellschaft' vollkommen vernachlässigt und die Unterkategorie 'Wirtschaft' überproportional stark belegt. Genauer gesagt mit 12 der insgesamt 15 isolierten Untersuchungseinheiten.[296]

Zusammenfassend kann der einzigen in die Studie einbezogenen Pflichtschule der gesamten Sekundarstufe II, der Berufsschule, in den beiden Bundesländern Bayern und Brandenburg, bescheinigt werden, daß sowohl das Fach 'Politische Bildung/Wirtschaftslehre' in Brandenburg als auch das Fach 'Sozialkunde' in Bayern die innere Einheit als Gegenstand der politischen Bildungsarbeit weitgehend ignoriert. Obwohl die Lage, wie eben gezeigt, in Bayern zunächst noch etwas besser erscheint, gilt diese Aussage vor allem dann auch hier, wenn man die als Zusatzprogramm vorgesehenen Unterrichtsgegenstände, -inhalte und -themen unberücksichtigt läßt[297].

Außer den Schulen der Sekundarstufe I in Brandenburg nimmt sich damit keine der übrigen in die Untersuchung einbezogenen Schulen - weder Haupt-, Realschule, gymnasiale Unter- und Mittelstufe und Berufsschule in Bayern, noch die Berufsschule in Brandenburg - des Schlüsselproblems *Innere Einheit Deutschlands* gezielt an und versucht diesem in Form einer ernstzunehmenden und ausgewogenen politischen Bildungsanstrengung gerecht zu werden.
Somit bleibt, aufgrund der bislang erarbeiteten Ergebnisse, festzustellen, daß der Einschätzung von Claußen, der "Politischen Bildung [werde] im Vereinigungsprozeß [...] ein fulminanter Beitrag zum Zusammenwachsen der politischen Kulturen in Deutschland zugesprochen" (Claußen, 1995a, S.144), von Seiten der schulischen politischen Bildung keineswegs entsprochen wird. Vielmehr führen uns die Resultate der Inhaltsanalyse gerade für das "alte" Bundesland Bayern deutlich vor Augen, daß der eigentliche Kernbereich der Schule bzw. des hier analysierten Fachs, das didaktische Angebot, ungeachtet der fundamentalen Veränderungen der gesamtgesellschaftlichen Situation, sich kaum unterscheidet von früheren Zeiten. So schließen auch die Lehrpläne Variationen eher aus und erscheinen zu keinem Zeitpunkt wie eine ständige Lernleistung des Systems (vgl. Oelkers, 1995, S.9).

---

296) Vergleiche hierzu erneut Abb. 14.
297) Ein Vorgehen, das aufgrund der überaus schlechten Lage der politischen Bildung in der Berufsschule bzw. dem geringen Stellenwert, der in diesem Kontext von dem Fach Sozialkunde eingenommen wird - vgl. u.a. Punkt 4.2.3.1 der vorliegenden Arbeit -, völlig angebracht erscheint.

5. Die *Innere Einheit Deutschlands* als Gegenstand der außerschulischen politischen Bildungsarbeit - eine Analyse des Bildungsangebots parteinaher Stiftungen in Bayern und Brandenburg für den Zeitraum von 1990-1995

5.1 Anlage und Umfang der angestrebten Untersuchung

Den Aufbau und die Reichweite der nachstehenden Teilanalyse betrachtend und das generelle Ziel im Hintergrund, stets die intersubjektive Nachprüfbarkeit der gesamten Untersuchung zu gewährleisten, müßten im Laufe der nun folgenden Ausführungen - analog zu Gliederungspunkt 4.1 - im Grunde genommen die drei nachstehenden Aspekte erneut angegangen werden: Zunächst die Charakterisierung der im Forschungsprozeß eingesetzten inhaltsanalytischen Arbeitstechnik, des weiteren die exakte Klärung der Funktion und Bedeutung des zu analysierenden Datenmaterials und zuletzt die Markierung des empirisch-methodischen Problems, zwischen den zentralen Gütekriterien der Messung, der Reliabilität und der Validität, abwägen zu müssen.

Aufgrund der unverkennbaren inhaltlichen Überschneidungen, die sich somit zu den einleitenden Ausführungen in Kapitel 4 ergeben würden und um unnötige Wiederholungen zu vermeiden, wird an dieser Stelle auf die entsprechenden Ausführungen in Punkt 4.1 verwiesen. Insbesondere was die eingehende Charakterisierung und Definition der inhaltsanalytischen Arbeitsweise (vgl. 4.1.1) und die Erörterung des empirisch-methodischen Abwägungsproblems[298] (vgl. 4.1.3) anbelangt. Demgemäß werden nachfolgend in Form der fünf elementaren inhaltsanalytischen Arbeitsschritte, wie sie Müller 1984 zusammengestellt hat (vgl. Müller, 1984, S.461-464 und Punkt 4.1.1 der vorliegenden Arbeit), lediglich solche Gesichtspunkte ausführlicher behandelt, die sich von den bisher getroffenen Aussagen wesentlich unterscheiden. Dies sind hauptsächlich solche Angaben, die sich speziell mit dem hier interessierenden Untersuchungsgegenstand, den "parteinahen Stiftungen", und der verwendeten Datenquelle, den jeweiligen "Bildungsprogrammen" aus den letzten fünf Jahren, beschäftigen.

---

[298] Die Übereinstimmung zu dem in Punkt 4.1.3 dargelegten Sachverhalt, die Schwierigkeit, gleichzeitig eine möglichst hohe Gültigkeit und Zuverlässigkeit im Forschungsprozeß zu erzeugen, geht so weit, daß selbst die zur Reliabilitäts- und Validitätssicherung eingesetzten Maßnahmen, bis auf eine Ausnahme, auf die anstehende Analyse übertragen werden können. Lediglich der dritte Aspekt im Maßnahmenkatalog (vgl. 4.1.3) gilt explizit nur für die Datenquelle "Lehrplan".

Kapitel 5: Die Innere Einheit Deutschlands in der außerschulischen politischen Bildung

1.Schritt: *die Bestimmung des relevanten Textmaterials.*

Die in Punkt 1.2.3 begründete Auswahl der parteinahen Stiftungen, auch "Parteistiftungen" genannt (vgl. u.a. Arnim, 1993, S.293), aus der Fülle der Anbieter außerschulischer politischer Bildungsarbeit und die Forschungsfrage vor Augen, stellen die jeweiligen Bildungsprogramme als auszuwertende Datenquelle, die - kurz gesagt - von den betreffenden Stiftungen (Kommunikatoren) in schriftlicher Form den Bürgern (Rezipienten) als "Ankündigungen über geplante Handlungen" (Sussmann, 1985, S.32) mitgeteilt werden[299], eine treffende Chance dar, zu ergründen, in welchem Ausmaß die Vereinigungsthematik in den ersten fünf Jahren der staatlichen Einheit zum Gegenstand dieser spezifischen Art der außerschulischen politischen Bildung geworden ist. Eine Vorgehensweise, die auch Hufer[300] bei der Auswertung von Programmen nordrhein-westfälischer Volkshochschulen nutzt, um festzustellen, inwieweit hier im Jahr 1991 die Themen 'Deutsche Einigung' und 'europäische Integration' zum Gegenstand der politischen Bildungsanstrengung geworden sind (vgl. Hufer, 1993).

Ein wesentlicher Unterschied zur vorher genutzten Datenquelle "Lehrplan" liegt nun gerade darin begründet, daß im Falle der Schule noch eine dritte Instanz (Lehrer) - ausgestattet mit einem mehr oder weniger großen inhaltlichen Gestaltungsfreiraum - zwischen den eigentlichen Adressaten der politischen Bildungsanstrengung (Schüler) und den Kommunikator (Kultusministerium) tritt. Demgegenüber wendet sich die politische Bildungsarbeit, die Vieregge bereits 1977 als "das Herzstück der inländischen Aktivitäten" (Vieregge, 1977b, S.29) der politischen Stiftungen bezeichnet, mit ihrem Bildungsangebot direkt an die interessierten Bürger bzw. an ihre "Kunden" (ebd., 1979a, S.110). Somit ist der Rezipient dieser Mitteilung im Gegensatz zur Schule gleichzeitig das direkte Ziel bzw. der eigentliche Adressat der betreffenden politischen Bildungsanstrengung.

Diesbezüglich bleibt anzumerken, daß die Bildungsprogramme im Gegensatz zur Datenquelle "Lehrplan" auch keine Planungsinstrumente darstellen, die neben anderen Faktoren die jeweiligen Leiter einer politischen Bildungsveranstaltung bei der veranstaltungsvorbereitenden Handlungsentscheidung beeinflussen. Sie sind bereits das Ergebnis der Handlungsentscheidung bzw. der jeweiligen Planung und Vorbereitung des Veranstaltungsprogramms. Anders formuliert repräsentieren diese Programme die relativ verbindliche Ankündigung einer in der Zukunft liegenden Handlung, ein Angebot, das zunächst dem um diesbezügliche Information bemühten Bürger unterbreitet wird und bei entsprechender Nachfrage in der Regel auch umgesetzt wird. Ein Umstand, der es uns ermöglicht, bei der abschließenden Auswertung und Interpretation der Untersu-

---

299) Vergleiche hierzu auch das in Abb. 1 vorgelegte Kommunikationsmodell.
300) Dr. Klaus-Peter Hufer ist Fachbereichsleiter für Geistes- und Sozialwissenschaften an der Kreisvolkshochschule Viersen und Lehrbeauftragter an der Fachhochschule Niederrhein in Mönchengladbach.

chungsergebnisse allein mittels der Schlußfolgerung von der analysierten Mitteilung auf den Kommunikator - siehe Abb. 1/A - festzustellen, ob die *Innere Einheit Deutschlands* seit der gesetzlich vollzogenen Einheit zum Gegenstand der politischen Bildungsarbeit der parteinahen Stiftungen geworden ist oder nicht.

Trotz alledem wäre es übertrieben zu behaupten, Programm und Inhalt wären immer kongruent, das im Bildungsprogramm der jeweiligen Stiftung Angebotene würde mit den tatsächlich durchgeführten Veranstaltungen völlig übereinstimmen.
Eine Auffassung, die schon deshalb unbegründet erscheint, da zum einen die inhaltliche Umsetzung mit den jeweiligen Vorgaben bzw. dem Veranstaltungsangebot nicht zwingend identisch ist und zum anderen, weil nicht mit letzter Sicherheit gesagt werden kann, ob im Laufe eines Jahres alle im Programm vorgesehenen Angebote auch umgesetzt werden oder in welchem Umfang noch zusätzliche bzw. außerplanmäßige Veranstaltungen in das jeweilige Bildungsprogramm aufgenommen werden. (vgl. Sussmann, 1985, S.32/33)
Wegen dieser grundsätzlichen Problematik zwischen 'Programm und Inhalt', wie sie Sussmann 1985 in der von ihm vorgelegten Studie "Außerschulische Politische Bildung: Langfristige Wirkungen" formuliert, müssen im Anschluß noch drei weitere grundlegende Sachverhalte fixiert werden, die für die angestrebte Inhaltsanalyse und die damit einhergehende Auswertung der Untersuchungsergebnisse wichtig erscheinen.
Erstens, daß es im Rahmen dieser Untersuchung *nicht* um die präzise inhaltliche Rekonstruktion einzelner oder einer Reihe von Bildungsveranstaltungen[301] geht, sondern um die grundsätzliche Frage, ob und in welcher Art und Weise die Planer und Veranstalter außerschulischer politischer Bildungsarbeit, insbesondere die Parteistiftungen in Bayern und Brandenburg, der historischen Situation 'Wiedervereinigung' begegnen, inwiefern sie *thematisch* reagieren auf die hieraus erwachsenen vielschichtigen Schwierigkeiten und Probleme. Ein komplexes Aufgabenfeld, das sich als "langwieriger und komplizierter [erweist] als der politische Akt zur deutschen Einstaatlichkeit" (Donner, 1995, S.965).
Mit Blick auf dieses Forschungsanliegen und den relativ langen Zeitraum - 1990 bis 1995 -, über den sich die Untersuchung erstreckt, stellen die 'Bildungsprogramme' die einzig zugängliche[302] und darüber hinaus noch aussagekräftige und gehaltvolle Daten-

---

301) Eine solche inhaltliche Rekonstruktion von Bildungsveranstaltungen wäre letztlich nur "durch teilnehmende Beobachter und durch Ton- oder Video-Bandmitschnitte" (Sussmann, 1985, S.34) zu gewährleisten. Eine Forschungsstrategie, die aber schon allein aufgrund des bereits Geschichte gewordenen Untersuchungszeitraums und der unzähligen Bildungsveranstaltungen, die in die Analyse einbezogenen werden, nicht zu verwirklichen ist.
302) Im Laufe der schriftlich und telefonisch geführten, aber auch persönlich vorgebrachten Anfragen bei den betreffenden parteinahen Stiftungen, bzw. den zuständigen Landesbüros, kristallisierte sich sehr bald heraus, daß über diesen langen Zeitraum weder mit einer Liste der tatsächlich durchgeführten Veranstaltung zu rechnen war, noch mit der Einsichtnahme in erstellte Berichte über den jeweiligen

quelle dar; denn wenn auch von keiner völligen inhaltlichen Übereinstimmung zwischen den angekündigten und den tatsächlich durchgeführten Veranstaltungen auszugehen ist, so doch zumindest von einer thematischen. Zumal eine um Beteiligung und Glaubwürdigkeit bemühte politische Bildungsarbeit es sich schon allein gegenüber dem umworbenen 'Kunden', der wegen der freiwilligen Teilnahme ja erst zu einem Veranstaltungsbesuch animiert werden muß[303], nicht leisten kann, daß sich eine im Programm angekündigte und kurz beschriebene Veranstaltung wie z.B. "Aufgabe Integration - Wege zur inneren Einheit" (FES/Bay./1993) nicht tatsächlich mit der Vereinigungsthematik i.w.S. auseinandersetzt und willkürlich vom Thema abweicht.

Zweitens gilt auch hier, was bereits für die Datenquelle "Lehrplan" eindringlich betont wurde, daß im Laufe der inhaltsanalytischen Auswertung der Bildungsprogramme nur 'Tendenzaussagen'[304] getroffen werden können. Ein Hinweis, der deutlich macht, daß mittels dieses Datenmaterials - neben der soeben ausgeschlossenen umfassenden und lückenlosen inhaltlichen Rekonstruktion - auch nichts über die methodische und didaktische Umsetzung der Programmangebote ausgesagt werden kann[305]. Sehr wohl wird aber mit Hilfe dieser Datenquelle festzustellen sein, ob und in welchen thematischen Facetten die Parteistiftungen bei der Planung und Vorbereitung ihrer Veranstaltungsangebote der letzten fünf Jahre den Lerngegenstand *Innere Einheit Deutschlands* einbezogen haben.

Die Frage ist letztlich, ob sich die eingangs geäußerte Erwartung erfüllt, daß sich gerade im politischen Bildungsangebot der Parteistiftungen, die sich mehr als alle anderen Träger außerschulischer politischer Bildungsarbeit aus eben dieser Bildungsarbeit heraus legitimieren (vgl. Langguth, 1993, S.38), Veranstaltungsthemen wiederfinden müßten, die auf den Lerngegenstand *Innere Einheit Deutschlands* verweisen. Wenn dies nicht der Falle ist, dann ist dies ein unmißverständliches Zeichen dafür, daß man sich einer der fundamentalen Herausforderungen der Gesellschaft entzieht, nicht einmal den Versuch unternimmt, einen Beitrag auf dem Weg zur inneren Einheit, diesem "langwierige[n] politische[n] und pädagogische[n] Prozeß mit Schwierigkeiten" (Donner, 1995, S.971), zu leisten. Dies würde schließlich der These von Hanusch widersprechen, daß "politische Bildung eine Vorreiterin in diesem Prozeß [der inneren Einigung] ist" (Hanusch, 1992, S.10).

Veranstaltungsverlauf. Von Seiten der Stiftungen wurden dabei als Gründe die fehlende Dokumentation, technische Probleme und der enorme Arbeitsaufwand genannt.
303) Sussmann spricht in dem Zusammenhang auch von der wichtigen und nicht zu unterschätzenden "Werbungsfunktion" (Sussmann, 1985, S.32) der Programme.
304) Vergleiche hierzu auch Anm. 171 der vorliegenden Arbeit.
305) Spezifische Gründe hierfür wären z.B.: die Möglichkeit, daß im Laufe einer Veranstaltung mehr auf die jeweiligen Anliegen der Teilnehmer eingegangen wird als ursprünglich vorgesehen; daß aufgrund einer aktuellen, bei der Programmplanung nicht vorhersehbaren politischen Entwicklung die didaktisch-methodische Umsetzung geändert wird; daß der Veranstaltungsleiter vor Ort gewisse Gestaltungsfreiheiten nutzt usw.

Ohne den noch folgenden inhaltsanalytischen Arbeitsschritten vorgreifen zu wollen, soll *drittens* bereits hier darauf hingewiesen werden, daß die für die Arbeit der parteinahen Stiftungen zur Verfügung stehende Zeit[306] dazu führen *kann*, daß im Rahmen einzelner Veranstaltungen nicht eine, sondern mehrere Klassen vereinigungsbedingter Probleme und Konflikte zum Thema gemacht werden. Ein Umstand, der es beinahe unmöglich macht, eine eindeutige Zuordnung der davon betroffenen Veranstaltungen zu ein und derselben vordefinierten Unterkategorie vorzunehmen. Beispielsweise läßt ein Wochenendseminar mit dem so offen konzipierten Titel "Zu aktuellen Fragen der Einheit Deutschlands" (HSS/Bay./1994) zwar ausnahmslos Themen erwarten, die i.w.S. den Lerngegenstand *Innere Einheit Deutschlands* betreffen. Diese lassen sich aber nicht allein auf eine Unterkategorie beziehen. Ein Sachverhalt, der sich bei näherer Betrachtung der dazugehörigen Programmbeschreibung auch bestätigt. So wird im Rahmen dieser Veranstaltung neben einem gesellschafts-[307] und einem wirtschaftspolitischen Thema[308] auch ein Gegenstand erörtert, der eindeutig die nationalstaatliche Ebene verläßt[309].

2. Schritt: *die Untersuchungseinheiten werden bestimmt.*
Im Rahmen dieses Verfahrensschritts, in dem die Texteinheiten - einzelne Wörter, Wortkombinationen, Sätze usw. - zu bestimmen sind, die im Verlauf der inhaltsanalytischen Bearbeitung des verwendeten Textmaterials den vordefinierten Kategorien zugeordnet werden, bleibt unbedingt zu bedenken, daß diese Auswahl so vorzunehmen ist, daß es zu einer systematischen, intersubjektiv nachvollziehbaren Gesamtbeschreibung der jeweils interessierenden Bedeutungsaspekte kommt (vgl. Rustemeyer, 1992, S.13). Was in unserem speziellen Fall nichts anderes meint, als daß all jene Veranstaltungsangebote lokalisiert werden sollen, die auf den als Problem, Prozeß und Ziel definierten und fachdidaktisch legitimierten Lerngegenstand *Innere Einheit Deutschlands* verweisen.
Den allgemeinen Aufbau des Datenmaterials beachtend und der von allen politischen Stiftungen favorisierten Abfassung der Veranstaltungsangebote in Form ganzer Sätze oder Halbsätze Rechnung tragend, wird analog zu Kapitel 4 auch für die nachfolgende inhaltsanalytische Auswertung der Bildungsprogramme die Untersuchungseinheit des Halbsatzes und Satzes fixiert.

---

306) Die zeitliche Dauer reicht von wenigen Stunden - beispielsweise einer Abendveranstaltung -, einem Tag, einem Wochenende - meist von Freitag Abend bis Sonntag Mittag - bis hin zu einer Woche, wobei letztgenannte Veranstaltungsdauer eher die Ausnahme ist.
307) "Wege zur Einheit. Die Deutschen auf der Suche nach Identität; über die 'Aufarbeitung' unterschiedlicher Geschichte" (vorgesehener Programmpunkt der eben zitierten Veranstaltung).
308) "Der Kraftakt. Von der Befehlswirtschaft zum Markt in sozialer Verantwortung" (ebd.).
309) "Die Verantwortung. Deutschland in Europa - Gegenwart und Zukunft in einer gewandelten Welt mit neuen Risiken und Herausforderungen" (ebd.).

3. Schritt: *Die Entwicklung eines inhaltsanalytischen Kategorienschemas.*
Wegen der herausragenden Bedeutung des Kategorienschemas für die inhaltsanalytische Forschung, muß an dieser Stelle erneut auf Gliederungspunkt 4.1.1 und dabei im besonderen auf die Benennung und Beschreibung der obersten Kategorie verwiesen werden. Des weiteren auf die sowohl theoriegeleiteten, d.h. in Anlehnung an die Fragestellung, als auch in Verbindung mit dem vorliegenden Textmaterial konzipierten Unterkategorien und auf den Versuch, deren Bedeutungsgehalt mittels *verbaler Definition, Benennung von Themenbereichen* und *möglichen Indikatoren* so weit wie möglich offenzulegen. Denn nachdem die Forschungsfrage für beide Untersuchungsgegenstände - auf der einen Seite die Schulen (Kapitel 4), auf der anderen Seite die parteinahen Stiftungen (Kapitel 5) - im Grunde genommen identisch ist und sich bei einer Reihe von Pretests bzw. Probekodierungen herauskristallisierte, daß dieses Kategoriensystem auch den Anforderungen der nun zugrunde liegenden Datenquelle genügt, wird das in Kapitel 4 präzis beschriebene und dort im Rahmen der Lehrplananalyse empirisch erprobte vierteilige Kategoriensystem auch für die im folgenden anzugehende Inhaltsanalyse übernommen.

Allerdings wird in Anbetracht der in *Schritt 1* angesprochenen Problematik, der nicht ausgeschlossenen inhaltlichen Vielfalt mancher zeitlich relativ großzügig ausgestatteter politischer Bildungsveranstaltungen, eine entscheidende Modifikation des übernommenen Kategoriensystems dahingehend vorgenommen, daß dieses um eine Unterkategorie erweitert wird. Eine *thematisch mehrdimensionale* Kategorie, die sich gerade dadurch von den vier weiteren Unterkategorien unterscheidet, daß dieser nur solche Untersuchungseinheiten zugeteilt werden, bei denen entweder aufgrund der offenen Formulierung des Veranstaltungstitels[310] oder durch die weiterführenden Informationen davon auszugehen ist[311], *daß sie sich mit zwei oder mehreren die Vereinigungsthematik betreffenden Themen auseinandersetzen und dabei gleichzeitig mindestens zwei der vier übrigen Unterkategorien tangieren.*

Zum besseren Verständnis wird für die nunmehr *fünf* Unterkategorien die dritte Komponente der Kategorienbeschreibung, die Zuordnung von Indikatoren, die, wie Früh es formuliert, auf der Objektseite (Text) den jeweils verbal beschriebenen Bedeutungsge-

---

310) Als erklärende Beispiele für derart offene Formulierungen, die eine eindeutige Zuordnung zu den vier bisher genutzten Kategorien unmöglich macht, seien die folgenden Seminarangebote genannt: Geschichte der deutschen Teilung - aktuelle deutschlandpolitische Diskussion (FNS/Bay./1991); Fällt auseinander, was zusammengehört? Über den inneren Zustand nach der deutschen Vereinigung (FNS/Bay./1993); Deutschland nach der Wahl - Reformkonzepte für das Zusammenwachsen von Ost und West (FES/Brdbg./1. Halbj./1995)
311) Als erklärendes Beispiel sei an dieser Stelle lediglich auf das in *Schritt 2* vorgestellte Wochenendseminar erinnert - "Zu aktuellen Fragen der Einheit Deutschlands" (HSS/Bay./1994) -, das in der erweiterten Programmvorschau Themen benennt, die ausdrücklich auf drei der vier bisher gebrauchten Unterkategorien verweisen (vgl. hierzu Anm. 307/308/309 der vorliegenden Arbeit).

halt noch weiter erhellen sollen (vgl. Früh, 1991, S.83), noch einmal vorgenommen, wobei nur solche Untersuchungseinheiten angegeben werden, die im Rahmen der stichprobenartig durchgeführten Voruntersuchungen bzw. Probekodierungen ermittelt worden sind.

Demnach fallen die folgenden exemplarisch aufgeführten Indikatoren im Sinne der verbalen Definition und Benennung von Themenbereichen unter die Kategorie *'Gesellschaft'*: "Das Versagen der deutschen Intellektuellen nach der Wiedervereinigung" (FNS/Bay./1. Halbj./1995); "Deutschland nach vier Jahren Deutsche Einheit. Zur Situation der Senioren" (KAS/Brdbg./1994); "Gewalt und Aggression in Deutschland einig Vaterland. Zum schwierigen Umgang mit Freiheit" (HSS/Bay./1994) usw.

Indikatoren, die der Unterkategorie *'Verfassungsmäßige Ordnung'* zuzuordnen sind, wären beispielsweise: "Verfassungsrecht und der Einigungsvertrag" (KAS/Brdbg./1993); "Was bleibt vom Sozialismus" (FES/Bay./1991); "Die PDS und ihre Verantwortung für die Vergangenheit" (KAS/Brdbg./1993) usw.

Der Kategorie *'Wirtschaft'* zuzurechnende Indikatoren wären etwa: "Die rechtlichen Probleme bei der Klärung offener Vermögensfragen in den neuen Bundesländern" (FNS/Brdbg./1993); "Der Prozeß der deutschen Einigung. Verbraucher und Umwelt" (FES/Bay./1992); "Die Zukunft der ostdeutschen Stahlindustrie" (FES/Brdbg./1993) usw.

Indikatoren, die mit der Kategorie *'Eine Welt'* in Verbindung stehen, wären z.B.: "Das Verhältnis des vereinigten Deutschlands zu den osteuropäischen Nachbarn - zu den historischen [...] Aspekten der neuen Situation" (FES/Brdbg./1992); "Der Prozeß der deutschen Einigung. Die UdSSR - Ein Koloß kommt in Bewegung" (FES/Bay./1991); "Deutschlands neue Rolle in der Welt" (FNS/Brdbg./1994) usw.

Der fünften, neu hinzugekommen, mehrdimensional angelegten Unterkategorie[312] zuzuschreibende Indikatoren wären beispielsweise: "Aufgabe Integration - Wege zur inneren Einheit Deutschlands" (FES/Bay./1994)[313]; "Zu aktuellen Fragen der Einheit Deutschlands" (HSS/Bay./1994)[314]; Geschichte der deutschen Teilung - aktuelle deutschlandpolitische Diskussion (FNS/Bay./1991)[315] usw.

---

312) Die Bezeichnung *'thematisch mehrdimensional'* soll nachfolgend als Oberbegriff für die neu entwickelte fünfte Unterkategorie dienen.
313) Mit dem Verweis auf "die Ungleichzeitigkeit der industriellen Modernisierung, der Leistungsfähigkeit der beiden Volkswirtschaften" usw. tangiert die Programmankündigung explizit die Unterkategorie 'Wirtschaft'. Darüber hinaus werden mit der "Verschiedenartigkeit der Geschichte, der Lebensläufe, der eingespielten Lebensgewohnheiten der Menschen" usw. Themen angesprochen, die eindeutig die Unterkategorie 'Gesellschaft' berühren. (vgl. ebd.)
314) Vergleiche hierzu Anm. 311 der vorliegenden Arbeit.
315) Vergleiche weiterführend Anm. 310 der vorliegenden Arbeit.

4. Schritt: *Die Zuordnung der Untersuchungseinheiten zu den Kategorien.*
Neben dem Verweis auf die in Kapitel 4 hierauf Bezug nehmenden Aussagen, die ohne Ausnahme auf diesen Schritt übertragbar sind, muß der Vollständigkeit halber - der spezifischen Ausgestaltung der Datenquelle Rechnung tragend - noch auf einen bislang wohl angedeuteten, nicht aber direkt ausgeführten Sachverhalt aufmerksam gemacht werden.

Um die Validität der Untersuchung zu erhöhen, werden im Laufe der Zuordnung der Untersuchungseinheiten zu den fünf Kategorien, falls vorhanden und zugänglich, immer auch die weiterführenden, die Veranstaltung näher erklärenden Informationen hinzugezogen. Anders gesagt, werden die in Frage kommenden Bildungsangebote nicht losgelöst, sondern im Zusammenhang mit den beigefügten Inhaltsangaben analysiert. Denn wie es das bereits mehrmals zitierte Veranstaltungsbeispiel "Zu aktuellen Fragen der Einheit Deutschlands" (HSS/Bay./1994) eindeutig belegt, kann häufig nur auf diese Weise eine systematische und auch nachvollziehbare Einordnung eines fraglos dem Lerngegenstand *Innere Einheit Deutschlands* zugehörigen Bildungsangebots in die entsprechende Unterkategorie erfolgen. Letztlich repräsentieren nämlich genau diese begleitenden Informationen, die vor allem dann vorliegen, wenn die Dauer der betreffenden Seminare einen Tag überschreitet, die interessierenden, in Halbsätzen und Sätzen formulierten Veranstaltungsgegenstände, -inhalte und -themen, die lediglich unter einer plakativ formulierten Überschrift zusammengefaßt sind.

5. Schritt: *die Auswertung.*
Die Auswertung und Interpretation der Untersuchungsergebnisse in Gliederungspunkt 5.4 unterscheidet sich in ihrer Vorgehensweise von Punkt 4.4 lediglich darin, daß im Kontext der Parteistiftungen - was in *Schritt 1* ausführlich erläutert wurde - allein mittels der Schlußfolgerung von der analysierten Mitteilung auf den Kommunikator festzustellen sein wird, ob der Lerngegenstand *Innere Einheit Deutschlands* zum Gegenstand dieser speziellen Form außerschulischer politischer Bildungsarbeit geworden ist. Außerdem wird infolge der jährlich neu konzipierten Programmangebote auch eine Aussage dahingehend möglich, ob und gegebenenfalls wie sich in den ersten fünf Jahren der formal vollzogenen Einheit die Anstrengungen, bzw. Aktivitäten[316] der Parteistiftungen auf dem Weg zur inneren Einheit verändert haben.

Bevor in Gliederungspunkt 5.3 die Ergebnisse der soeben ausführlich erörterten inhaltsanalytischen Untersuchung vorgestellt und anschließend in Punkt 5.4 eingehend diskutiert werden, wird nachstehend noch auf Geschichte, Auftrag und Selbstverständnis der

---

316) Neben der thematischen Breite und der zeitlichen Ausstattung der Seminare soll die Anzahl der identifizierten Bildungsveranstaltungen, die sich mit der Vereinigungsthematik befassen, im Verhältnis zur Gesamtzahl der jeweils in die Untersuchung einbezogenen Seminare den Grad der Aktivität bzw. der Anstrengung der jeweiligen Stiftung markieren.

vier "politische[n] Voll-Stiftungen"[317] (Vieregge, 1990, S.164) eingegangen. Ein Unterfangen, das überblicksartig die wichtigsten Repräsentanten der im Bereich der außerschulischen politischen Bildungsarbeit aktiven parteinahen Stiftungen charakterisiert: von der christdemokratisch geprägten Konrad-Adenauer- (KAS) und Hanns-Seidel-Stiftung (HSS) über die sozialdemokratisch ausgerichtete Friedrich-Ebert-Stiftung (FES) bis hin zur Friedrich-Naumann-Stiftung (FNS), dem wohl bedeutendsten Vertreter liberaler Bildungsarbeit in Deutschland.[318]
Mittels dieser, den Blickwinkel erweiternden Darstellung wird versucht, einer zu engen Sichtweise vorzubeugen, welche die Analyseergebnisse nicht eingebettet in den sozialen Kontext, sondern von diesem losgelöst betrachten würde. So schafft, meiner Ansicht nach, gerade dieses Kontextwissen - in Verbindung mit der in Kapitel 3 vorgelegten allgemeinen Situationsbeschreibung - doch erst das nötige Fundament für eine sinnvolle Bewertung und Interpretation der empirischen Ergebnisse. Ferner stellt dieses noch zu erarbeitende Hintergrundwissen - ähnlich wie in Punkt 4.2 für die schulische Seite - eine ebenso entscheidende wie unentbehrliche Voraussetzung dar, um das in Kapitel 6 angestrebte "Plädoyer" überhaupt angehen bzw. vorlegen zu können.

5.2 Geschichte, Auftrag und Selbstverständnis der vier "politischen Voll-Stiftungen"

Generell müssen folgende Aufgabenfelder abgedeckt werden, will eine parteinahe Stiftung dem von Vieregge definierten Prädikat 'politische Voll-Stiftung' genügen:
"Politische Bildungsarbeit mit prinzipiell bundesweitem Anspruch; Studienförderung, einschließlich Graduiertenförderung [...]; Forschung [...]; Publikationswesen [...]; Internationale Arbeit [...]" (Vieregge, 1990, S.164). Fünf Betätigungsfelder, von denen im Rahmen dieser Studie - die forschungsleitende Fragestellung im Hintergrund - lediglich die Komponente "politische Bildungsarbeit" im Mittelpunkt des Interesses steht.

Bevor im Anschluß die traditionellen politischen Stiftungen - FES, FNS, HSS, KAS, die als einzige uneingeschränkt diese genannten Anforderungen erfüllen - näher charakterisiert werden, bleibt wichtig, anzumerken, daß diese strenggenommen die Bezeichnung "Stiftung"[319] als Namensbestandteil nicht formal korrekt gebrauchen. So

---

317) Was Vieregge mit dem Prädikat "politische Voll-Stiftungen" verbindet, wird u.a. im nachfolgenden Gliederungspunkt geklärt.
318) Um die Übersichtlichkeit der Arbeit zu gewährleisten, finden in den nun folgenden Gliederungspunkten allein die soeben markierten und bereits 1977 von Vieregge in seiner Dissertation gebrauchten Namenskürzel der parteinahen Stiftungen Verwendung (vgl. Vieregge, 1977a).
319) Dieser Terminus vermittelt im Grunde genommen den Eindruck, es werde von privater Seite - einem "Stifter" - ein Vermögen für einen bestimmten Zweck - dem "Stiftungszweck" - bereitgestellt. (vgl. BGB, §80ff.)

handelt es sich - mit Ausnahme der FNS - bei den parteinahen Stiftungen nicht um Stiftungen im Sinne des bürgerlichen Rechts, sondern um eingetragene Vereine[320], die sich in erster Linie eben nicht aus privaten Spenden, sondern aus Staatsmitteln[321] finanzieren (vgl. Arnim, 1993, S.293). Warum sich "die vier "großen" parteinahen Stiftungen" (Simon, 1985a, S.90), die den im Bundestag vertretenen Parteien SPD, FDP, CSU, CDU zuzuordnen sind, dennoch der Bezeichnung "Stiftung" bedienen, erklärt Langguth damit, daß man auf diese Weise versucht, deutlich zu machen, "daß die Aktivitäten auf das Gemeinwohl ausgerichtet sind" (Langguth, 1993, S.41).

Neben dieser Besonderheit soll des weiteren noch auf einen Sachverhalt verwiesen werden, der nach meinem Dafürhalten für die an späterer Stelle vorzunehmende Interpretation und Auswertung der Analyseresultate überaus wichtig erscheint, nämlich daß die parteinahen Stiftungen in Deutschland[322] zwar nach wie vor "als die zentralen Träger politischer Bildungsarbeit der Parteien" (Simon, 1985b, S.45) zu gelten haben, daß sie sich aber gegenüber diesen, was die Themen- und Referentenauswahl, d.h. die Planung und Durchführung der politischen Bildungsveranstaltungen anbelangt, bis heute eine weitgehende Autonomie erhalten konnten (vgl. Langguth, 1993, S.40/41 und Staudte-Lauber, 1993b, S.69).

Es gilt also bis in die Gegenwart hinein, daß die parteinahen Stiftungen "nicht als »Briefkasten-Institutionen« der Parteien, nicht als bloße Partei-Unternehmen« einzuordnen" (Vieregge, 1977a, S.282) sind, sondern als Organisationen, die eine "*relative Selbständigkeit*" (Vieregge, 1977b, S.29, Hervorhebung von Vieregge) gegenüber den ihnen nahestehenden Parteien entfalten. Oder wie es Börner - Vorsitzender der FES - formuliert: Auch wenn sich die Stiftungen zweifellos am Grundverständnis der ihnen jeweils nahestehenden Partei orientieren, ist ihr Ziel "nicht Parteischulung, sondern staatsbürgerliche Bildung" (Börner, 1995, S.14). Außerdem sind sie "keine Schmieden zur Härtung von Parteimeinungen, sondern Orte des freien Meinungsaustauschs" (ebd.).

Bevor nun auf die vier ausgewählten parteinahen Stiftungen, die als 'politische Voll-Stiftungen' eine spezifische Form der außerschulischen politischen Bildungsarbeit repräsentieren, eingegangen wird, muß - die einleitenden Bemerkungen abschließend - noch auf zwei formal wichtige Aspekte hingewiesen werden.
Erstens, daß die nachfolgenden Ausführungen nicht den Anspruch erheben, eine umfassende und erschöpfende Darstellung zu sein. Vielmehr liegt das erklärte Ziel dieses zu-

---

320) Vergleiche hierzu BGB §55 ff.
321) Die Größenordnung dieser staatlichen Zuwendungen bringt der folgende Vergleich deutlich zum Ausdruck: Betrugen im Jahr 1966 die finanziellen Mittel von Seiten des Staates - Globalzuschüsse und projektbezogene Zuwendungen - nicht mehr als 14 Mio. DM, so stiegen diese bis in das Jahr 1992 auf rund 670 Mio. DM an. (vgl. Arnim, 1993, S.293)
322) An dieser Stelle bleibt festzuhalten, daß es sich bei den Parteistiftungen um "eine deutsche Besonderheit" (Staudte-Lauber, 1993b, S.69) handelt, die es in der Form in keinem anderen Land gibt. Eine Institution gar um die uns "andere führende Länder [...] beneiden" (Herzog, 1995, S.9).

sammenfassenden Überblicks nur darin, solche Entwicklungslinien und Aspekte stichpunktartig zu skizzieren, die Informationen liefern für ein besseres Verständnis der Analyseergebnisse und für deren weiterführende Einordnung. Zweitens darf zu keinem Zeitpunkt der Umstand außer acht gelassen werden, daß derzeit keine wissenschaftliche Auseinandersetzung mit den parteinahen Stiftungen, diesem "relevanten Gegenstand der Parteienforschung" (Vieregge, 1977a, S.282), zu erkennen ist[323] und deshalb nachstehend vor allem zurückgegriffen werden muß auf Jahresberichte und Broschüren, i.w.S. auf veröffentlichte Selbstdarstellungen der jeweiligen Stiftungen, Abhandlungen von führenden Stiftungsmitarbeitern[324] usw. Alles in allem Publikationen, "die nicht zuletzt auf Werbewirksamkeit bedacht sind" (Simon, 1985a, S.90).

5.2.1 Die Friedrich-Ebert-Stiftung

Die FES, die "die älteste" (Bertelsmann, 1988, S.229) der vier großen parteinahen Stiftungen in Deutschland ist, wurde im März 1925 "durch den [SPD-]Parteivorstand" (Vieregge, 1990, S.165) als politisches Vermächtnis des am 28. Februar 1925 verstorbenen sozialdemokratischen Politikers Friedrich Ebert (geb. 1871) gegründet, wobei die gesammelten Grabspenden bei den Trauerfeierlichkeiten die erste Finanzierungsgrundlage bildeten (vgl. Staudte-Lauber, 1993a, S.74).

Ebert, der als erster frei gewählter deutscher Reichspräsident (1919-1925) als eigenes politisches Schicksal erfuhr, "daß die Mehrheit des Volkes von der Demokratie überzeugt sein muß, wenn sie Bestand haben soll" (Börner, 1995, S.12), regte bereits zu Lebzeiten den Aufbau einer Stiftung mit folgenden Zielen an:

Erstens die politische und gesellschaftliche Bildung von Menschen aus allen Lebensbereichen im Geiste von Demokratie und Pluralismus, des weiteren die Förderung begabter junger Menschen durch Stipendien und nicht zuletzt, einen Beitrag zu leisten zur internationalen Verständigung und Zusammenarbeit. (vgl. FES, 1995b)

Nach der Wiederbegründung[325] der FES im Jahr 1947 (vgl. FES, 1995b) und der Entschädigung für das verlorengegangene Vermögen von Seiten des Staates (vgl. Vieregge, 1977a, S.30) wurden diese drei gründungsspezifischen Aufgabenfelder erneut aufgegriffen und markieren somit bis heute, zusammen mit den beiden noch hinzugekommen

---

323) Vergleich hierzu ausführlich Kap. 1.
324) Stellvertretend seien hier erwähnt: Holger Börner, Vorsitzender der FES, Dr. Gerd Langguth, geschäftsführender Vorsitzender der KAS und Dr. Rudolf Sussmann, Leiter des Bildungswerks der HSS.
325) Anzumerken bleibt, daß die Nationalsozialisten im Jahr 1933 im Rahmen der Beseitigung des politischen, gesellschaftlichen und kulturellen Pluralismus` in Deutschland - der 'Gleichschaltung'-, auch die FES verboten haben.

Punkten "wissenschaftliche Forschung in eigenen Institutionen[326] [und] Förderung von Kunst und Kultur als Elemente lebendiger Demokratie" (FES, 1994b, S.4), deren gesamtes Tätigkeitsfeld. Ein Spektrum von Aufgaben, dem sich die FES in erster Linie gemeinwohlorientiert (vgl. Herzog, 1995, S.9) zuwendet. Die Nähe zu der Sozialdemokratischen Partei und der Gewerkschaftsbewegung - was Grundüberzeugung und Zielsetzung anbelangt - wurde nie verleugnet (vgl. Börner, 1995, S.16). Letztlich aber blieb die FES ausschließlich dem satzungsgemäßen Auftrag verpflichtet, "die demokratische Erziehung des deutschen Volkes und die internationale Zusammenarbeit im demokratischen Geiste zu fördern" (§2, Abs. 1 Satz 2 der Vereinssatzung, zitiert nach Vieregge, 1990, S.168).

Greift man aus den fünf benannten elementaren Aufgabenfeldern, die zugleich die fünf wichtigsten Geschäftsbereiche der FES repräsentieren (vgl. Organisationsplan der FES in FES, 1995a, S.64/65), das hier im Vordergrund stehende Sachgebiet der "Politischen Bildung" heraus, das seinerseits in drei Arbeitsbereiche untergliedert ist[327], so entsteht folgendes, auf das Berichtsjahr 1994 bezogene Bild: Trotz des weiter verringerten Personalbestands, was insbesondere die Bildungszentren und Außenbüros in Deutschland betrifft[328], und der seit Anfang der 90er Jahre rückläufigen finanziellen Zuwendungen[329] muß die Zahl der Bildungsveranstaltungen nicht zurückgenommen werden. Vielmehr ist eine Steigerung gegenüber dem Vorjahr zu verzeichnen, die sich auch bei der Anzahl der auf diese Weise angesprochenen Bürger bemerkbar macht (siehe Abb. 15).

---

326) Im Rahmen ihrer wissenschaftlichen Forschungstätigkeit konnte die FES u.a. die größte Spezialbibliothek zum Bereich deutsche und internationale Arbeiterbewegung aufbauen. Außerdem verfügt sie über ein Archiv, das eines der umfangreichsten Sammlungen von Dokumenten zur Geschichte der Arbeiterbewegung in Deutschland enthält (vgl. FES, 1995b).
327) Der Aufgabenschwerpunkt "Politische Bildung" setzt sich zusammen aus der "Akademie der Politischen Bildung" (APB), der Abteilung "Gesellschaftspolitische Informationen" (GPI) und dem Arbeitsbereich "Neue Bundesländer" (NBL). (vgl. u.a. FES, 1995a, S.10)
328) Zählt die FES in diesem Bereich 1991 noch 223 Mitarbeiter (gesamter Personalbestand 755) so sinkt diese Zahl 1992 auf 199 (742) und fällt 1993 weiter auf 181 Angestellte (719) (vgl. FES, 1994a, S.83 und FES, 1995a, S.69). Eine Tendenz, die sich durch das selbstgesteckte Ziels, bis Ende 1994 "mehr als 90 Inland-Personalstellen" (Burckhardt, 1994, S.12) abzubauen, weiter fortsetzt. So beläuft sich die Gesamtzahl der Mitarbeiter zum 31.12.1994 nur noch auf 670 (vgl. FES, 1995b).
329) So beträgt 1994 der Einnahmeverlust gegenüber dem Vorjahr - ähnlich wie 1993 im Vergleich zu 1992 - rund 10 Mio. DM. (vgl. Burckhardt, 1994, S.12 und ders., 1995, S.8)

Abb. 15: FES: Bundesweite Veranstaltungs- und Teilnehmerzahlen im Arbeitsfeld "Politische Bildung" 1993/94 - aufgeteilt nach Arbeitsbereichen:[330]

Arbeitsbereiche	Veranstaltungen 1993/1994	Teilnehmer 1993/1994
APB	1021/1150	30000/36500
GPI	836/950	21000/25000
NBL	610/700	28000/30700
Gesamt	2467/2800	79000/92200

Diese Vielzahl politischer Bildungsveranstaltungen, die ausdrücklich "alle[n] interessierten Bürger[n] angeboten" (FES, 1994a, S.22) werden, findet dabei entweder direkt in den *sechs* in der Programmvorbereitung und -durchführung relativ frei und selbständig agierenden Bildungszentren[331] statt oder an wechselnden Orten, organisiert und veranstaltet von einem der gegenwärtig *14* noch zusätzlich unterhaltenen Landes-, Regionalbüros und Akademien ohne Internat. Alles in allem 20 Einrichtungen, die auf die gesamte Bundesrepublik verteilt sind und im Selbstverständnis der FES fungieren als "Zentren politischer Bildung und Kommunikation in ihrer jeweiligen Region" (ebd., S.23).

Zwei der erwähnten sechs Bildungszentren, die Akademie Frankenwarte (Gesellschaft für Politische Bildung e.V.) und die Georg-von-Vollmar-Akademie[332], die ausschließlich in Bayern tätig sind und jedes Jahr eigene politische Bildungsprogramme vorlegen, werden als Repräsentanten einer sozialdemokratisch ausgerichteten politischen Bildungsarbeit quasi als 'Nebenstellen der FES' in Bayern mit in die Untersuchung einbezogen.

---

330) Dieser Abb. liegen die Jahresberichte der FES für 1993 (vgl. FES, 1994a, S.23) und 1994 (vgl. FES, 1995a, S.12) zugrunde.
331) Die sechs Akademien bzw. Bildungszentren setzten sich zusammen aus der in Baden-Württemberg ansässigen Fritz-Erler-Akademie (Freudenstadt), den beiden in Bayern eingerichteten Zentren Georg-von-Vollmar-Akademie (Kochel am See) und Akademie Frankenwarte (Würzburg) und den drei in Nordrhein-Westfalen tätigen Akademien Alfred-Nau- (Bergneustadt), Gustav-Heinemann- (Freudenberg) und der Kurt-Schumacher-Akademie (Bad Münstereifel).
332) Benannt nach Georg von Vollmar, dem ersten Vorsitzenden der Bayerischen Sozialdemokratie (1850-1922), nahm dieses Bildungszentrum bereits 1948 die politische Bildungsarbeit auf und arbeitet seit 1968/69 eng mit der FES zusammen (vgl. Georg-von-Vollmar-Akademie, 1994, S.56). Die Hauptaufgabe der grundsätzlich für alle Interessenten offenen Seminare sieht die Georg-von-Vollmar-Akademie dabei bis heute "in der Zusammenführung von Menschen, die von der Schicksalshaftigkeit der Politik in unserer Zeit bewegt sind" (ebd., S.1).

Beachtenswert bleibt, daß die bereits genannte Zahl von 14 Landes-, Regionalbüros und Akademien ohne Internat auch die *sieben* Außenstellen miteinschließt, die erst im Rahmen der Wiedervereinigung ins Leben gerufen wurden: die fünf Landesbüros in Erfurt, Leipzig, Magdeburg, Potsdam[333] und Schwerin und die beiden in Sachsen noch zusätzlich eingerichteten Büros in Chemnitz und Dresden. Mit diesen Neugründungen schafft die FES meiner Ansicht nach auch in den "neuen" Bundesländern erst die notwendigen infrastrukturellen Voraussetzungen, um *dem eigenen* Anspruch nach der Wiedervereinigung überhaupt gerecht werden zu können, d.h. um nun eine politische Bildungsarbeit vor Ort anzubieten, die u.a. "zur Integration der beiden Gesellschaften in Deutschland" (FES, 1994a, S.20) beitragen bzw. auf dem Weg zur inneren Einheit "Hilfestellung" (FES, 1993, S.5 und FES, 1994b, S.5) leisten will.

Ob sich dieses selbstgesteckte Ziel tatsächlich in der politischen Bildungsarbeit der FES widerspiegelt bzw. ob die soeben angeführten in Bayern und Brandenburg aktiven Außenstellen den Lerngegenstand *Innere Einheit Deutschlands* im Laufe der letzten fünf Jahre bei der Planung und Vorbereitung ihrer Bildungsprogramme - in Form verschiedener Veranstaltungsgegenstände, -inhalte und -themen - berücksichtigt haben, wird die in Gliederungspunkt 5.3 vorzulegende Darstellung der Anlyseresultate zeigen.

5.2.2 Die Friedrich-Naumann-Stiftung

"Die zweitälteste Stiftung" (Vieregge, 1977b, S.31), die FNS, wurde am 19. Mai 1958 und damit etwas mehr als 10 Jahre nach der Wiederbegründung der FES auf Anregung weiter Kreise der FDP vom damaligen Bundespräsidenten Theodor Heuss (1884-1963) gegründet[334] (vgl. Pabst, 1982, S.23). Benannt wurde sie nach Friedrich Naumann (1860-1919), der als Abgeordneter im Reichstag (1907-1918) und später als Mitglied der Weimarer Nationalversammlung (1919) sowie als Vorsitzender der Deutschen Demokratischen Partei (DDP) "für soziale Reformen im Sinne des Liberalismus eintrat" (Bertelsmann, 1988, S.230). Neben dieser politischen Tätigkeit war dabei eine seiner wichtigsten Initiativen, die die Gründung der FNS neben der generellen Aufgabe, "an der Entwicklung einer zeitgemäßen Programmatik des Liberalismus zu arbeiten" (Vieregge, 1977a, S.144), stark beeinflußte, die Errichtung der "Staatsbürgerschule" in Berlin (vgl. Pabst, 1982, S.24), die auf der Einsicht Naumanns basierte, daß

---

333) Diese einzige Außenstelle der FES in Brandenburg, die seit Anfang 1991 Konferenzen, Seminare, Gesprächskreise usw. veranstaltet, die sie den Bürgern in eigens dafür erstellten Programmen angekündigt und die auf diese Weise politisch bildend tätig wird, wird als Vertreter einer sozialdemokratisch ausgerichteten politischen Bildungsarbeit in Brandenburg mit in die Analyse einbezogen.

334) Zur Gründungs- und Entstehungsgeschichte der FNS siehe ausführlich Vieregge, der sich in seiner Dissertation "Parteistiftungen" schwerpunktmäßig mit der FNS (vgl. 1977a, S.133-167) auseinandersetzt.

"Erziehung zur Politik [...] nötig [ist], damit die Bürger ihre Fähigkeit zur Politik in tätiges Handeln umsetzen können" (Witte, 1994, S.12). "Nicht Parteischule sollte sie sein, sondern Stätte des offenen Dialogs zum Nutzen der jungen Demokratie" (ebd., S.13).

Dieses Vermächtnis Friedrich Naumanns im Hintergrund und die Tatsache bedenkend, daß Heuss, der die Gründung der FNS maßgeblich forcierte (vgl. Vieregge, 1977a, S.134), ein politischer Schüler Naumanns war[335], wurde als Stiftungszweck bzw. Hauptaufgabe der FNS formuliert - was bis heute Gültigkeit beansprucht: "allen Interessierten, insbesondere heranwachsenden Generationen, Wissen im Sinne der liberalen, sozialen und nationalen Ziele Friedrich Naumanns zu vermitteln, Persönlichkeitswerte lebendig zu erhalten und moralische Grundlagen in der Politik zu festigen" (§2 Abs. 2 der Satzung zitiert nach Vieregge, 1990, S.168). Eine Zielsetzung, die man in den Anfangsjahren versuchte, allein im Inland zu verwirklichen. Erst ab 1963 wurde schließlich damit begonnen, dieses Engagement auch auf das Ausland - vor allem auf Länder der Dritten Welt - auszudehnen (vgl. Vieregge, 1977a, S.133).

Neben den beiden somit bereits explizit angesprochenen Aufgabenbereichen - politische Bildungsarbeit und Internationale Tätigkeit - besetzt die FNS heute auch die drei weiteren Arbeitsfelder, die eine 'politische Voll-Stiftung' charakterisieren, wobei festgehalten werden kann, daß sowohl im Inland als auch im Ausland der Schwerpunkt all ihrer Bemühungen - bezogen auf die finanziellen Aufwendungen - eindeutig im Bereich der politischen Bildungsarbeit zu suchen ist.
Für die hier im Vordergrund stehenden Aktivitäten im Inland bringt die jedes Jahr aufs neue veröffentlichte Statistik - "Aufteilung der Inlandsmittel nach Aufgaben" - die Betonung dieses Bereiches deutlich zum Ausdruck[336]: Demnach rangieren in den Jahren 1991 bis 1994 die finanziellen Aufwendungen für Politische Bildungsmaßnahmen (durchschnittlich 15,55 Mio. DM) immer an erster Stelle, gefolgt von den Ausgaben für die Begabtenförderung (durchschnittlich 8,55 Mio. DM), den Mitteln für die Forschung (durchschnittlich 3,4 Mio. DM) und den Ausgaben für Publikationen und Öffentlichkeitsarbeit (durchschnittlich 1,6 Mio.). (vgl. FNS, 1992, S.98; FNS, 1993, S.128; FNS, 1994, S.137 und FNS, 1995, S.103)

---

335) Theodor Heuss war nicht nur bereits 1907 Wahlkampfleiter Naumanns, sondern rettete mit anderen Gesinnungsgenossen nach dessen Tod auch die verbliebenen Gelder - der Großteil war von der galoppierenden Inflation aufgezehrt worden -, die Robert Bosch zur Gründung der Staatsbürgerschule gestiftet hatte. 1920 wurden diese Mittel dann in die neu gegründete "Deutsche Hochschule für Politik" eingebracht, an der Heuss auch selbst bis 1933 lehrte. (vgl. Pabst, 1982, S.24 und Witte, 1994, S.5/13)

336) Die im folgenden vorgelegten Zahlen sind die errechneten Durchschnittswerte der Aufwendungen im Inland für die Jahre 1991 bis 1994, wobei anzumerken bleibt, daß trotz leichter Ausgabenschwankungen nie eine Veränderung der finanziellen Prioritäten, bezogen auf die vier Arbeitsbereiche, auftritt.

Folglich gilt auch für die FNS die von Langguth allgemein formulierte These, daß "die politische Bildungsarbeit den Kernbereich der politischen Stiftungen dar[stellt]" (Langguth, 1993, S.43).[337]

Analysiert man die spezifische Ausgestaltung dieses Kernbereichs, anders ausgedrückt, den regionalen Verbreitungsgrad bzw. die Reichweite der FNS noch etwas genauer, dann tritt die Besonderheit zu Tage, daß sie dem liberalen Prinzip der föderalen Struktur auch in der politischen Bildungsarbeit Rechnung trägt (vgl. Pabst, 1982, S.11). So unterhält die FNS heute, z.b. im Gegensatz zu den 20 Außenstellen der FES in Deutschland, nur *sechs* eigene inländische Außenstellen bzw. Bildungsstätten[338] und überläßt in den Bundesländern, in denen sie nicht selbst präsent ist, die regionale Bildungsarbeit *12* selbständigen liberalen Landesstiftungen, die letztlich für die FNS eigenverantwortlich die Arbeit von Landes- bzw. Regionalbüros übernehmen.

Aufgrund dieser föderalen Strukturierung der Bildungsarbeit, wird nachfolgend noch kurz auf die beiden in diese Untersuchung einbezogenen, in Bayern und Brandenburg tätigen Landesstiftungen eingegangen und zwar auf die in München ansässige Thomas-Dehler-Stiftung (TDS) und die von Potsdam aus agierende Karl-Hamann-Stiftung (KHS)[339]. Beide sind Repräsentanten einer liberalen Bildungsarbeit, die, wie die übrigen zehn liberalen Landesstiftungen auch, eng mit der FNS zusammenarbeiten bzw. vor Ort die Aufgaben der FNS im Geiste von Friedrich Naumann, Theodor Heuss und der jeweils namensgebenden Person - hier Thomas Dehler und Karl Hamann - übernehmen.

Thomas Dehler (1897-1967), Mitbegründer der FDP und später deren Bundesvorsitzender (1954-57), ist für die TDS vor allem deshalb Vorbild und Namensgeber geworden, weil sie mit ihm einen unbedingten Einsatz für den liberalen Rechtsstaat verbindet, den Kampf für eine freiheitliche Gesellschaftsordnung und das Eintreten für die Freiheit und Einheit der Nation (vgl. TDS, 1992, S.2). Diesem Vermächtnis verpflichtet, sah sich die FNS als eigentlicher Initiator der TDS - zunächst Thomas-Dehler-Institut genannt - vor allem deshalb 1971 zu deren Gründung veranlaßt, weil die CSU Anfang der 70er

---

[337] Festzuhalten bleibt, daß für diesen Kernbereich der Aktivitäten mit Hilfe des vorhandenen Informationsmaterials, das von Seiten der FNS zur Verfügung gestellt wurde, über die eben erwähnte finanzielle Ausstattung hinaus, keine weiterführenden Angaben hinsichtlich Veranstaltungs- und Teilnehmerzahlen möglich sind, d.h. eine der Abb. 15 vergleichbare Darstellung nicht vorgelegt werden kann.

[338] Die sechs eigenen Bildungszentren setzen sich zusammen aus dem Büro in Berlin, dem in Baden-Württemberg eingerichteten Haus Jakob (Konstanz), dem in Niedersachsen unterhaltenen Zentrum Zündholzfabrik (Lauenburg), den zwei in Nordrhein-Westfalen ansässigen Bildungsstätten Magarethenhof (Königswinter) und Theodor-Heuss-Akademie (Gummersbach) und der im Saarland betriebenen Villa Lessing (Saarbrücken).

[339] Wie im "Verzeichnis der Lehrpläne und Bildungsprogramme" bereits ausdrücklich erwähnt, werden in Brandenburg neben den Bildungsprogrammen der KHS auch die Veranstaltungsangebote berücksichtigt, die vom Berliner Büro der FNS, das seit Ende 1990 auch in den fünf "neuen" Ländern arbeitet (vgl. FNS, 1995, S.23), in diesem Bundesland angeboten werden.

Jahre die landeseigenen Mittel zur politischen Bildungsarbeit nur noch an landeseigene Institutionen - z.B. die HSS - vergeben wollte und nicht mehr an Organisationen, die zwar in Bayern tätig waren, aber ihren Sitz in einem anderen Bundesland hatten (vgl. Vieregge, 1977a, S.174).

Mit jährlich etwa 160 Veranstaltungen und einem Gesamtetat von rund 1,2 Mio. DM[340] (Stand 1993, vgl. TDS, 1993, S.1) bleibt dieses liberale Bildungswerk bis heute ausschließlich auf den Freistaat Bayern fixiert. Seine Bildungsarbeit setzt sich dabei aus drei Segmenten zusammen: Der Vermittlung von Grundkenntnissen, z.B. zu den Bereichen Liberalismus und Kommunalpolitik, der Vermittlung "handwerklicher" Fähigkeiten, z.B. Rhetorik, Pressearbeit, neue Medien usw. und nicht zuletzt der Durchführung von Veranstaltungen zu aktuellen und längerfristigen politischen Fragen (vgl. TDS, 1992, S.1). Die Veranstaltungsangebote, die jedem interessierten Staatsbürger zugänglich sind, sind letztlich nur an die satzungsgemäße Zielsetzung gebunden, "im Freistaat Bayern politische Bildungsarbeit auf liberaler Grundlage zu bestreiten" (TDS, 1993, S.1).

Die am 20. August 1991 in Potsdam gegründete Karl-Hamann-Stiftung[341] (vgl. KHS, S.5) erweitert mit ihrem Bildungsangebot, das prinzipiell "allen politisch Interessierten ohne Ansehen ihres politischen Standortes und ihrer politischen Meinung offensteht" (KHS, 1992, S.4), die bereits Ende 1990 einsetzenden Aktivitäten des Berliner Büros der FNS und damit die Basis für eine liberale Bildungsarbeit in Brandenburg. Ziel dieser politischen Stiftung, die damit, ähnlich wie die TDS in Bayern, als liberale Landesstiftung der FNS in Brandenburg fungiert, ist es, einen Beitrag zur Aufarbeitung der Geschichte des deutschen Liberalismus zu leisten, praxisbezogene Kenntnisse über aktuelle politische Zusammenhänge zu vermitteln und liberales Gedankengut zu verbreiten (vgl. KHS, S.5).

Diese komprimierte Beschreibung hinsichtlich Geschichte, Auftrag und Selbstverständnis der liberalen FNS und der sozialdemokratisch ausgerichteten FES im Hintergrund, wenden wir uns nun den zwei noch verbliebenen 'politischen Voll-Stiftungen', der HSS und der KAS, zu, die sich letztlich beide - wie die ihnen nahestehenden Parteien CDU und CSU auch - in ihrer politischen Grundauffassung gleichen und eine politische Bil-

---

340) Die enge Beziehung zur FNS wird u.a. auch daran erkennbar, daß dieses Budget neben staatlichen und privaten Quellen auch aus direkten Zuschüssen der FNS gespeist wird. (vgl. TDS, 1992, S.1)

341) Karl Hamann (1903-1973), ab 1949 Mitvorsitzender der Liberaldemokratischen Partei Deutschlands (LDP) und Minister für Handel und Versorgung der DDR, wurde 1954, weil er seine ablehnende Haltung gegenüber der Einheitsliste und den undemokratischen Wahlen in der DDR offen aussprach, in einem von Ulbricht inszenierten Schauprozeß zu lebenslanger Haft verurteilt. Hamanns Schlußwort lautete damals: "Ich ziehe die Autorität des Obersten Gerichts der DDR nicht in Zweifel, aber mein Gewissen ist für mich die höhere Instanz" (zitiert nach KHS, S.5). Auf Intervention Dehlers 1956 vorzeitig aus der Haft entlassen, gelang ihm 1957 die Flucht in den Westen. (vgl. ebd. und KHS, 1992, S.4)

dungsarbeit offerieren, die sich i.w.S. an christdemokratischen Wertvorstellungen orientiert.

5.2.3 Die Hanns-Seidel-Stiftung

Obwohl die Gründungsversammlung bereits am 7. November 1966 zusammentrat, wurde die HSS erst am 11. April 1967 mit der Eintragung in das Vereinsregister in München offiziell gegründet (vgl. HSS, 1992a, S.25). Damit ist sie die jüngste der vier in die Untersuchung einbezogenen parteinahen Stiftungen.

Als Vereinszweck galt damals wie heute "die Förderung der demokratischen und staatsbürgerlichen Bildung des deutschen Volkes auf christlicher Grundlage" (§2 Satz 1 der Vereinssatzung[342]), wobei nach Sussmann, dem derzeitigen Leiter des Bildungswerks, immer im Mittelpunkt der Bemühungen der "Bürger in der Demokratie [steht], der ein Recht darauf hat, authentisch informiert zu werden, auch und gerade über die politische Position der Partei" (Sussmann, 1992, S.183). Wie wichtig dabei die in der Satzung fixierte "christliche Grundlage" bzw. ein "Engagement im Geist des christlichen Humanismus" (Pirkl, 1992a, S.11) ist, bringt der amtierende Geschäftsführer der HSS, Manfred Baumgärtel, mit dem Satz auf den Punkt: "Wir sind Richtung, und wir geben Richtung!" (Baumgärtel, 1992, S.18), was nichts anderes meint, als daß sich die HSS nicht nur offen zu ihrer weltanschaulichen und politischen Orientierung, die in einem christlich sozialen Denken wurzelt, bekennt, sondern daß sie dies auch vermitteln will (vgl. ebd., S.10/11).

Mit dem 1901 geborenen und 1961 verstorbenen Hanns Seidel[343] - ehemaliger bayerischer Wirtschaftsminister (1947-1954), bayerischer Ministerpräsident (1957-1960) und langjähriger Vorsitzender der CSU (vgl. Groß, 1992, S.128) - wurde von der Gründungsversammlung ein Namenspatron gewählt, der nach Pirkl[344] "in sich auf vorbildhafte Weise politische Grundsatztreue, denkerische Kraft und praktisches Organisationstalent" (Pirkl, 1992a, S.13) vereint. Ein Mann, der darüber hinaus schon zu Lebzeiten versuchte, seine eigenen hohen politischen Ansprüche "auch im einzelnen Staatsbürger durch intensiven Ausbau und stete Verbesserung der politischen Bildungsarbeit zu fördern" (Pirkl, 1992b, S.9).

---

342) Die Vereinssatzung ist auszugsweise abgedruckt im Jahresbericht der HSS von 1990 (vgl. HSS, 1991, S.7). Nach dieser Vorlage wird hier zitiert.
343) Siehe zum Leben und Wirken Hanns Seidels ausführlich die 1992 von Groß als Dissertation vorgelegte politische Biographie "Hanns Seidel 1901-1961" (Groß, 1992).
344) Dr. Fritz Pirkl stand von 1967 bis zu seinem Tod am 19. August 1993 26 Jahre lang als 1. Vorsitzender an der Spitze der HSS. Er "prägte - neben dem Namenspatron Dr. Hanns Seidel und [...] Franz Josef Strauß - maßgeblich ihren Auf- und Ausbau" (HSS, 1994a, S.8).

Betrachtet man den aktuellen Organisationsplan der HSS (Stand 1.4.1995), der seit 1992 den veröffentlichten Jahresberichten beiliegt (vgl. HSS, 1993a; HSS, 1994a und HSS, 1995), dann wird sehr schnell deutlich, daß es sich auch hier um eine 'politische Voll-Stiftung' handelt. So werden neben der Zentralabteilung, die anfallende Verwaltungsaufgaben übernimmt, fünf weitere Abteilungen unterhalten, die sich mit den fünf von Vieregge präzisierten Aufgabenfeldern beschäftigen[345]. Es sind dies, die für Forschung und Publikation zuständige "Akademie für Politik und Zeitgeschehen" (Abteilung II); das "Bildungswerk" (Abteilung III) - verantwortlich für die politische Bildungsarbeit -; die beiden Institute für "Auswärtige Beziehungen" (Abteilung IV) und "Internationale Begegnung und Zusammenarbeit" (Abteilung V) und nicht zuletzt das "Förderungswerk" (Abteilung VI), welches u.a. die Koordination der Begabtenförderung übernimmt. Um diese Fülle von Aufgaben zu bewältigen, stehen der HSS zu Beginn der 90er Jahre dabei jährlich rund 100 Mio. DM an Zuschüssen zur Verfügung, die sich vor allem aus Bundes- und Landesmitteln zusammensetzten[346], und etwa 290 Mitarbeiter im In- und 60 im Ausland.

Greift man aus den fünf Geschäftsbereichen auch hier den Sektor der politischen Bildungsarbeit und damit das "Bildungswerk" heraus, das seinerseits in 11 separate, nach Themenschwerpunkten strukturierte Referate untergliedert ist, die sich i.w.S. mit der Planung, Vorbereitung und Durchführung der politischen Bildungsveranstaltungen beschäftigen, so fällt auf, daß die HSS im Inland nicht die Reichweite bzw. den Aktionsradius entfalten kann, wie die beiden schon beschriebenen Stiftungen und die im Anschluß noch zu erläuternde. So unterhält die relativ zentral geführte HSS (Vieregge, 1990, S.169) neben den zwei Bildungszentren in Bayern - Kloster Banz und Wildbad Kreuth[347] - im übrigen Bundesgebiet nur drei weitere Außenstellen - sogenannte Verbindungsstellen - in Berlin, Bonn und Leipzig. Auf diese Weise beschränken sich die politischen Bildungsaktivitäten auf Bayern, Nordrhein-Westfalen und die fünf "neuen" Bundesländer, wobei Brandenburg, Mecklenburg-Vorpommern und die Bundeshauptstadt von der Außenstelle Berlin betreut werden und die südlichen Länder - Sachsen, Sachsen-Anhalt und Thüringen - von der Verbindungsstelle in Leipzig (vgl. HSS, 1995, S.22).

---

345) Es soll hier nicht der Anschein erweckt werden als hätte die HSS diese fünf Tätigkeitsfelder von Anfang an besetzt. Vielmehr handelt es sich um einen Prozeß der Aufgabenerweiterung, der 1967 mit der Aufnahme der Bildungsarbeit beginnt und sein vorläufiges Ende 1990 in der Ausdehnung der internationalen Bemühungen auf Mittel-, Ost- und Südosteuropa findet (vgl. HSS, 1994b, S.6).
346) Die genaue Höhe und Zusammensetzung der Einnahmen zu Beginn der 90er Jahre kann den Jahresrechnungen entnommen werden, die den jeweiligen Jahresberichten beiliegen (vgl. HSS, 1991, HSS, 1992a, HSS, 1993a; HSS, 1994a und HSS, 1995).
347) Die Bildungsarbeit in Wildbad Kreuth wurde 1975, in Kloster Banz 1978 aufgenommen.

Kapitel 5: Die Innere Einheit Deutschlands in der außerschulischen politischen Bildung

Diesen gesamten Aktionsradius der HSS vor Augen, stellt die nachstehende Abb. - die Ausführungen zur HSS abschließend - überblicksartig für die fünf "neuen" Bundesländer und das "alte" Bundesland Bayern - letzteres eindeutig geographischer Schwerpunkt aller Bildungsmaßnahmen der HSS[348] - die Zahlen zusammen, die Auskunft über die 1993 und 1994 durchgeführten Veranstaltungen und die auf diese Weise erreichten Teilnehmer geben sollen, um an dieser Stelle einen noch tiefergehenden Einblick in das tatsächliche Ausmaß der politischen Bildungsaktivitäten dieser parteinahen Stiftung zu gewinnen.[349]

Abb. 16: HSS: Veranstaltungs- und Teilnehmerzahlen im Arbeitsfeld "Politische Bildung" 1993/1994 - aufgeteilt nach regionalen Schwerpunkten:[350]

	Veranstaltungen	Teilnehmer
regionaler Schwerpunkt	1993/1994	1993/1994
Bayern	704/663	27381/28041
Neue Bundesländer	300/265	8000/6523
Gesamt	1004/928	35381/34564

Die ebenfalls an christlichen Wertvorstellungen orientierte KAS, die die HSS nur in den ersten Jahren ihrer politischen Bildungsaktivitäten unterstützt bzw. eng mit dieser zusammengearbeitet hat, wird im Anschluß als vierte 'politische Voll-Stiftung' in Deutschland vorgestellt. Sie offeriert "als Parteistiftung der CDU" (Staudte-Lauber, 1993b, S.69) letztlich, wie die HSS, auch eine "Christdemokratische Bildungsarbeit".

---

348) Diese geographische Schwerpunktsetzung war auch der entscheidende Grund, warum die HSS, die bis heute bundesweit den niedrigsten Bekanntheitsgrad der vier 'politischen Voll-Stiftungen' hat, als Repräsentant einer christdemokratisch geprägten politischen Bildungsarbeit in Bayern mit in die Untersuchung einbezogen wurde.
349) Die Zahlen, die der Abb. 16 zugrundeliegen, wurden dem Jahresbericht von 1993 (vgl. HSS, 1994a, S.18 und S.22) und 1994 (vgl. HSS, 1995, S.17 und S.22) entnommen.
350) Eine weitergehende Spezifizierung des regionalen Schwerpunkts "neue Bundesländer", die es erlaubt hätte, für jedes einzelne Land die entsprechenden Daten vorzulegen, konnte aufgrund fehlender, unzugänglicher Informationen nicht vorgenommen werden.

5.2.4 Die Konrad-Adenauer-Stiftung

Die im Herbst 1964 gegründete KAS ging hervor aus dem Zusammenschluß der "Politischen Akademie Eichholz" - von Konrad Adenauer am 12. April 1957 eröffnet und getragen von der "Gesellschaft für christlich-demokratische Bildungsarbeit e.V."[351] (vgl. KAS, 1994b, S.42) - "und dem seit 1962 bestehenden Institut für Internationale Solidarität" (Vieregge, 1977b, S.32). Sie ist damit die einzige 'politische Voll-Stiftung' in Deutschland, die zum Zeitpunkt ihrer Gründung den Namen eines noch lebenden deutschen Politikers, den Konrad Adenauers (1876-1967) - von 1949 bis 1963 Bundeskanzler der Bundesrepublik Deutschland und von 1950-1966 Bundesvorsitzender der CDU -, annahm. Adenauer gilt bis heute, was Ideen, Werthaltung, Vision und "staatsmännische[s] Wirken" (Vogel, 1993, S.4) anbelangt, als Leitbild der KAS und bestimmt damit neben der generellen Bezugnahme auf "die Werte des Christentums und der christlich-demokratischen Bewegung" (KAS, 1995, S.20) deren Selbstverständnis maßgeblich mit.

Die wegen der weltweiten Veränderungen und Umbrüche seit 1989 auch für diese Stiftung unumgänglich gewordene Erweiterung der Aufgabenbereiche - neue Programme und Projekte in Ostdeutschland, in Mittel- und Osteuropa usw. (vgl. Kraft, 1993, S.6) - , überdies die Neubewertung der bislang als gesellschaftspolitisch relevant erachteten Themen, veranlaßten die KAS unter ihrem damaligen Vorsitzenden Bernhard Vogel[352] 1992 dazu, eine "innere Strukturreform" (Vogel, 1993, S.5), eine Neuorganisation der Stiftungsaktivitäten nach Kernfunktionen vorzunehmen. Nachdem diese Neustrukturierung der Aufgabenfelder noch im gleichen Jahr abgeschlossenen werden konnte, präsentiert sich die KAS heute als eine in fünf Aufgabenfelder gegliederte Parteistiftung: "Politische Bildung", "Forschung und Beratung", "Wissenschaftliche Dienste", "Internationale Zusammenarbeit" und "Verwaltung" (vgl. KAS, 1995, S.73). Fünf Geschäftsbereiche, mit Hilfe derer die KAS versucht, den folgenden acht Zielen gerecht zu werden:
Fortführung politischer Bildung als Daueraufgabe in der parlamentarischen Demokratie, Erforschung und Dokumentation der christlich-demokratischen Bewegung, Unterstüt-

---

351) Dieser Trägerverein ändert seinen Namen zunächst 1958 in "Politische Akademie Eichholz e.V." und schließlich im Herbst 1964 in "Konrad-Adenauer-Stiftung für politische Bildung und Studienförderung e.V." (vgl. KAS, 1994b, S.42).
352) Bernhard Vogel - seit 1988 Vorsitzender der KAS und seit Februar 1992 Ministerpräsident in Thüringen - wird 1995 von Günter Rinsche (CDU), Mitglied des Europaparlaments, offiziell als neuer Vorsitzender der KAS abgelöst. Anzumerken bleibt, daß Vogel, obwohl 1993 im Amt des Vorsitzenden bestätigt, schon kurze Zeit später, nach seiner Wahl zum Vorsitzenden der CDU in Thüringen, diese Tätigkeit ruhen läßt und deshalb Gerd Langguth zum geschäftsführenden Vorsitzenden der KAS gewählt wird (vgl. KAS, 1993, S.65), wobei letztgenannter diese Position auch unter Rinsche beibehält.

zung wissenschaftlicher Forschung, Förderung der europäischen Einigung, Unterstützung internationaler Verständigung, Hilfestellung für politisch verfolgte Demokraten, Begabtenförderung und nicht zuletzt Förderung von Kunst und Kultur (vgl. KAS, 1994a, S.2). Eine Vielzahl von Aufgaben, die noch über die von Vieregge benannten, für eine 'politische Voll-Stiftung' charakteristischen fünf Tätigkeitsfelder hinausgehen. Im Rahmen der Umsetzung dieses i.w.S. auch als Vereinszweck zu verstehenden Zielkatalogs, steht die KAS - wie andere vergleichbare Organisationen auch - zu Beginn der 90er Jahre vor dem Problem eines immer enger werdenden finanziellen Handlungsspielraums[353] - allein im Zeitraum 1993/1994 "15 Prozent weniger Bundeszuwendungen" (Langguth, 1995, S.4) -, der neben den gesellschaftspolitischen Umbrüchen eine weitere ernstzunehmende Herausforderung markiert. Eine Problematik, der die KAS, ähnlich wie die FES, mit dem Abbau von Planstellen - rund zehn Prozent aller Planstellen werden gestrichen -, einer konsequenten Sparpolitik in allen Geschäftsbereichen und weiteren Maßnahmen, wie z.B. der Einrichtung eines Evaluierungsreferates, zu begegnen versucht (vgl. ebd.).

Trotz dieser nicht zu unterschätzenden Schwierigkeiten und Probleme ist es der KAS dennoch gelungen - unter dem Motto "Intensivierung und Ausweitung" (KAS, 1995, S.20) -, die infrastrukturellen Voraussetzungen für eine politische Bildungsarbeit vor Ort, d.h. in räumlicher Nähe zu den Bürgern, nicht nur in den "alten" Bundesländer zu erhalten, sondern sie darüber hinaus auch in den "neuen" Bundesländer zu etablieren. So unterhält die KAS gegenwärtig neben den *zwei* großen Bildungszentren - Schloß Eichholz (Nordrhein-Westfalen) und Schloß Wendgräben (Sachsen-Anhalt)[354] - noch insgesamt *21* weitere, auf die gesamte Bundesrepublik verteilte Bildungszentren[355] und darüber hinaus noch *ein* Büro in Potsdam[356].

---

353) In absoluten Zahlen bemessen, beträgt der Haushaltsansatz, der sich prinzipiell "aus finanziellen Zuwendungen des Staates, Spenden, Teilnehmerbeiträgen und dem Erlös aus dem Verkauf von Publikationen" (KAS, 1994a, S.2) zusammensetzt, 1994 nur noch 198 Mio. DM und damit 27 Mio. DM weniger als noch 1993. Im Vergleich zu 1992 entspricht dies gar einem Minus von 37 Mio. DM.
354) Neben dem Ursprungsort aller politischen Bildungsaktivitäten der KAS - Schloß Eichholz - wird im Augenblick an der möglichst schnellen Fertigstellung einer zweiten großen Begegnungsstätte nordöstlich von Magdeburg - Schloß Wendgräben - gearbeitet. Dieses Bildungszentrum, in dem heute schon Veranstaltungen abgehalten werden, wird nach Abschluß aller Umbaumaßnahmen mit 41 Gästezimmern, mehreren Hörsälen, Arbeitsräumen, Kantine, Freizeit- und Fitnessräumen ausgestattet sein. (vgl. KAS, 1993, S.11 und KAS, 1995, S.21)
355) Neben Schleswig-Holstein, das von Hamburg aus mitversorgt wird, ist die KAS außer in Bayern, das wie gezeigt geographischer Arbeitsschwerpunkt der christdemokratisch geprägten HSS ist, in allen anderen Bundesländern mit mindestens einer Außenstelle präsent, auch in den Stadtstaaten Berlin, Bremen und Hamburg. (vgl. KAS, 1995, S.67/68)
356) In Brandenburg wird nur deshalb kein Bildungswerk eingerichtet, weil dieses Bundesland, was die politische Bildungsarbeit anbelangt, von Berlin aus mitbetreut wird, wo die KAS bereits seit 1976 tätig ist und nach dem Fall der Mauer 1989 ihr Engagement erheblich zu erweitern und auszubauen beginnt (vgl. KAS, 1993, S.13). Dies ist der *entscheidende* Grund dafür, warum in die nachfolgende Analyse einer "Christdemokratischen Bildungsarbeit" in Brandenburg neben den Angeboten des

Mit diesen 24 Einrichtungen verfügt die KAS über die meisten inländischen Außenstellen aller vier in die Untersuchung einbezogenen parteinahen Stiftungen. Ein weit verzweigtes, dezentral angelegtes Netz von Bildungseinrichtungen, das es der KAS trotz der erwähnten Schwierigkeiten ermöglicht, im Geschäftsjahr "1994 weit über 100000" (Kraft, 1995, S.6) Menschen anzusprechen, was gegenüber 1992 - damals waren es rund 85000 Teilnehmer in 2100 Veranstaltungen (vgl. KAS, 1994a, S.5) - einer Steigerung von über 30% entspricht.[357]

Alles zusammengenommen - finanzielle Ressourcen, Reichweite der Bildungstätigkeit, institutioneller Handlungsrahmen usw. - verfügt die KAS damit über ähnlich gute Voraussetzungen, wie die in ihrer Größenordnung etwa vergleichbare FES, eine politische Bildungsarbeit flächendeckend anzubieten, die nach Aussage ihres ehemaligen Vorsitzenden Vogel u.a. "dem besseren Verständnis der Deutschen untereinander dienen und von wo Impulse für die Gestaltung der Einheit ausgehen sollen" (Vogel, 1993, S.4), um auf diese Weise einen Beitrag "zur Verwirklichung der inneren Einheit Deutschlands" (KAS, 1995, S.21) zu leisten. Eine bis heute ungelöste fundamentale Herausforderung der Deutschen bzw. ein existentielles Schlüsselproblem der Gegenwart und absehbaren Zukunft, das es nach Langguth verdienen würde, von allen Trägern einer außerschulischen politischen Bildungsarbeit, damit auch den parteinahen Stiftungen, "in den Vordergrund" (Langguth, 1993, S.44) der Bemühungen gerückt zu werden.

Dieser, den Blickwinkel erweiternden und für die nachfolgenden Punkte grundlegenden Darstellung hinsichtlich Geschichte, Auftrag und Selbstverständnis der vier großen parteinahen Stiftungen, den ausgewählten Trägern einer außerschulischen politischen Bildungsarbeit, schließt sich nun die im Gliederungspunkt 5.1 ausführlich erläuterte inhaltsanalytische Auswertung der Bildungsprogramme an. Ein Arbeitsschritt, der zunächst ohne jede Wertung versucht, eine Antwort auf die Frage zu geben, ob und in welcher Art und Weise sich der von den beschriebenen Stiftungen meist selbst explizit als Herausforderung bzw. Aufgabe hervorgehobene Lerngegenstand *Innere Einheit Deutschlands* in den einbezogenen Bildungsprogrammen der ersten fünf Jahre nach der formal vollzogenen Einheit niederschlägt.

Mit diesen erhobenen Daten im Hintergrund, wird dann abschließend versucht, die von Börner 1995 zum 70. Gründungsjubiläum der FES getroffene Aussage, in der er den grundlegenden Anspruch aller parteinahen Stiftungen formuliert, den tatsächlichen Er-

---

Potsdamer Büros auch die Veranstaltungen aufgenommen werden, die in den letzten fünf Jahren, von Berlin aus aufgelegt wurden.
357) Analog zur FNS (vgl. Anm. 337) waren auch von Seiten der KAS, die Veranstaltungs- und Teilnehmerzahlen betreffend, keine detaillierteren Informationen zu bekommen, die es an dieser Stelle erlaubt hätten, eine der Abb. 15 und 16 vergleichbare Übersicht zu erstellen.

gebnissen und Gegebenheit gegenüberzustellen, um in einem Vergleich zu sehen, ob und inwiefern Ideal und Realität, Anspruch und Verwirklichung übereinstimmen. Diese kritische Betrachtung soll dann zu einem letzten Ausgangspunkt für das in Kapitel 6 angestrebte "Plädoyer" werden.

Börner geht von der außerordentlichen Bedeutung der Stiftungen aus im gesellschaftspolitischen Zusammenhang, wenn er meint: "Hätte es die Einrichtung der politischen Stiftungen nicht gegeben, so hätte man sie spätestens 1989 zu Beginn des Vereinigungsprozesses neu erfinden müssen - angesichts der großen Herausforderungen für unsere Demokratie und de[s] Zusammenfinden[s] der Deutschen" (Börner, 1995, S.14).

5.3 Der Lerngegenstand *Innere Einheit Deutschlands* im Bildungsangebot der parteinahen Stiftungen

Wie in Gliederungspunkt 5.1 bzw. 4.1 ausführlich erörtert, wird im folgenden die empirische Analyse, die komplexitätsreduzierende Aufbereitung des Datenmaterials, der politischen Bildungsprogramme vorgenommen. Im Laufe dieser systematischen und nachprüfbaren "Zuordnung der Untersuchungseinheiten zu den Kategorien" (4. Arbeitsschritt, vgl. Müller, 1984, S.464) wird dabei ausschließlich das Ziel verfolgt, all jene Veranstaltungsgegenstände, -inhalte und -themen zu isolieren und zu erfassen, die den fünf vordefinierten Unterkategorien - 'Gesellschaft', 'Wirtschaft', 'Verfassungsmäßige Ordnung', 'Eine Welt' und der neu hinzugekommenen Kategorie 'thematisch mehrdimensional' - und damit der obersten Analysekategorie, dem Lerngegenstand *Innere Einheit Deutschlands*, zuzuordnen sind.

Im Rahmen der nachfolgenden Ausführungen kommt dabei den einleitenden Gliederungspunkten 5.3.1 und 5.3.2 die bedeutende Aufgabe zu, die bisher eher allgemein gehaltenen Aussagen bezüglich Struktur, Tiefe und Ausmaß der in Bayern und Brandenburg von den jeweiligen parteinahen Stiftungen angebotenen politischen Bildungsveranstaltungen zu spezifizieren, um so bereits an dieser Stelle mögliche landes- und stiftungsspezifische Besonderheiten herauszuarbeiten, die für die abschließende Auswertung und Interpretation der zentralen Untersuchungsergebnisse durchaus wichtig erscheinen.[358]

---

[358] Anzumerken bleibt, daß die im Laufe der soeben kurz angedeuteten Ausführungen vorgelegten Zahlen, z.B. zu den Bildungsangeboten der einbezogenen Stiftung in einem Vergleichsjahr, allesamt auf der Grundlage der von den jeweiligen Parteistiftungen zur Verfügung gestellten Materialien, die auch die Datengrundlage für die inhaltsanalytische Auswertung bilden - in Bayern ausschließlich die orginal Bildungsprogramme bzw. Kopien derselben und in Brandenburg zum Teil im nachhinein erstellte Listen der Angebote - erarbeitet werden.

An diese grundlegenden Erläuterungen schließt sich die eigentliche Inhaltsanalyse der Bildungsprogramme an, wobei vor der jeweiligen, in die drei politischen Grundrichtungen gegliederten und sowohl verbal als auch zahlenmäßig vorgenommenen Darstellung der Zuordnungsergebnisse einleitend noch einige Hinweise zum Aufbau und zur charakteristischen Ausgestaltung des betreffenden Untersuchungsmaterials angefügt werden. Diese Angaben sollen vor allem darüber Aufschluß geben, inwieweit zu den jeweiligen Veranstaltungsangeboten Informationen bzw. Kurzbeschreibungen vorliegen, die die Zuordnung zu den einzelnen Unterkategorien erleichtern, also dazu beitragen, die beiden zentralen Gütekriterien der Messung, die 'Reliabilität' und die 'Validität', zu erhöhen.[359]

Analog zu Kapitel 4 schließt auch hier die rein zahlenmäßige Gegenüberstellung der Länderresultate, der die für Bayern und Brandenburg jeweils getrennt erstellten Zusammenfassungen der stiftungsspezifischen Einzelergebnisse zugrunde liegen, die Datenerfassung ab und bildet zusammen mit diesen die Basis für die in Punkt 5.4 angestrebte Auswertung, Interpretation und Einordnung der zentralen Untersuchungsergebnisse.

5.3.1 Das Bildungsangebot in Bayern

Das Ergebnis der folgenden Ausführungen vorwegnehmend, das im nachhinein erst begründet wird[360], lautet wie folgt: In Bayern, dem flächenmäßig größten Land der Bundesrepublik Deutschland und nach Nordrhein-Westfalen dem Land mit der höchsten Einwohnerzahl, bieten die drei vertretenen 'politischen Voll-Stiftungen', allen voran die HSS, aber auch die FES und die FNS (TDS)[361], den interessierten Bürgern nicht nur ein breitgefächertes und sehr umfangreiches Angebot an politischen Bildungsveranstaltungen an, sondern sie versuchen darüber hinaus trotz der besagten flächenmäßigen Ausdehnung, auch eine politische Bildungsarbeit vor Ort, in räumlicher Nähe zu den Interessenten, zu organisieren. Dabei ist allerdings nicht zu übersehen, daß gerade bei den Parteistiftungen, die eigene Bildungszentren unterhalten - FES und HSS (vgl. 5.2.1 und 5.2.4) -, eine gewisse Konzentrationstendenz der Bildungsangebote, was den Veranstaltungsort anbelangt, vorliegt.

---

359) Um Mißverständnissen vorzubeugen und die intersubjektive Nachprüfbarkeit der Arbeit zu erhöhen, sei an dieser Stelle angemerkt, daß fortan jeweils explizit angegeben wird, ob und in welcher Art und Weise derartige Kontextinformationen vorliegen.
360) Die an die Ergebnisdarstellung anschließende Argumentation wird exemplarisch für das Jahr 1994 vorgenommen, das letzte Jahr, das vollständig in die Untersuchung einbezogen wurde, wobei festzuhalten bleibt, daß die herausgearbeiteten Kernaussagen auch für die vorhergehenden Jahre gelten.
361) Wie in Punkt 5.2.2 ausführlich erläutert, fungiert die TDS, deren Bildungsarbeit sich ausschließlich auf Bayern konzentriert, in diesem Bundesland als Außenstelle der FNS.

Die parteinahe HSS, die, wie gezeigt, seit ihrer Gründung den geographischen Schwerpunkt all ihrer Bildungsaktivitäten in Bayern hat, ist in diesem Bundesland der mit Abstand zahlenmäßig größte und inhaltlich vielseitigste Anbieter politischer Bildungsveranstaltungen. So weist das Jahresprogramm 1994 nicht weniger als 467 Angebote aus, die in erster Linie den Bürgern des Freistaates gelten[362]. Alles Veranstaltungen, die den folgenden sieben Themenschwerpunkten und den jeweils zugeordneten Seminarreihen entnommen sind[363]:

"*1. Grundfragen politischen Handelns*" - u.a. Seminare zur Medienpolitik, politischen Presse und Öffentlichkeitsarbeit, Versammlungs- und Diskussionspraxis, Rhetorik; "*2. Wirtschaft, Recht und Soziales*" - u.a. Veranstaltungen für Betriebsräte, Jugend- und Auszubildendenvertreter, des weiteren zur Energie-, Rechts-, Sozial-, Verkehrspolitik; "*3. Alt und Jung in Familie und Gesellschaft*" - u.a. Seminare zur Familien-, Frauen-, Schulpolitik und Vereinspraxis; "*4. Zeitgeschichte, Ideen und Ideologie*" - u.a. Veranstaltungen zur Aufarbeitung des SED-Unrechts, zur Ideengeschichte, Seminare zu aktuellen Fragen der Einheit Deutschlands, zu Kirche und Politik; "*5. Europa-, Außen- und Sicherheitspolitik*" - u.a. Veranstaltungen zur Entwicklungs-, Sicherheits-, Verteidigungspolitik; "*6. Kommunalpolitik, Agrarpolitik und ländlicher Raum*" - u.a. Seminare zur Agrar-, Kommunalpolitik, zu Kultur und Brauchtum, zur Regionalgeschichte; "*7. Journalistische Nachwuchsarbeit*" - Veranstaltungen zum Bilder-, Fernseh-, Hörfunk-, Zeitungsjournalismus. (vgl. HSS, 1993b, S.4/5)

Diese breitgefächerten und umfangreichen Bildungsangebote der HSS, in erster Linie die Wochenendseminare betreffend, finden dabei in den beiden Bildungszentren Wildbad Kreuth und Kloster Banz statt. Nur ein Drittel - meist zeitlich kürzere Veranstaltungen - werden regional verteilt angeboten, z.B. in den Städten München, Nürnberg, Würzburg, Augsburg, Hof, Pleinfeld usw. Ein Verteilungsschlüssel, der bei der HSS selbst kritisch gesehen, aber auch verteidigt wird. So schreibt Sussmann 1992 rückblickend auf die 25 jährige Geschichte der HSS: "Eine der Stärke der parteinahen HSS war [es] gerade, an sehr vielen Orten in Bayern präsent zu sein" (Sussmann, 1992, S.186). Gleichzeitig rechtfertigt er die unverkennbare und eher noch zunehmende Tendenz der räumlichen Konzentration der Bildungsangebote als fast unumgänglich, weil häufig eben nur in den Bildungszentren die geeignete Infrastruktur vorhanden ist, aufwendige

---

362) An dieser Stelle bleiben ausdrücklich all jene Veranstaltungsangebote unberücksichtigt, die unter der Rubrik "In den neuen Ländern" zusammengefaßt sind und damit zweifellos vornehmlich Bürger aus eben diesen Bundesländern ansprechen, auch wenn ein Teil dieser Veranstaltungen nicht in den "neuen" Ländern selbst, sondern in Bayern - meist in Wildbad Kreuth oder in Kloster Banz - abgehalten wird. Zum zweiten werden auch die in den sieben weiteren Abschnitten des Jahresprogramms ausgewiesenen Seminare, die als Veranstaltungsort eine Stadt in den fünf "neuen" Ländern benennen, vernachlässigt.

363) Diese zweistufige Einteilung des Jahresprogramms in Themenfelder (1.Stufe) und Seminarreihen (2.Stufe) wird 1994 zum erstenmal vorgenommen. In den Jahren zuvor wurden die Seminarreihen nur einzeln in alphabetischer Reihenfolge aufgelistet und nicht weiter zusammengefaßt.

oder länger dauernde Veranstaltungen überhaupt durchführen zu können (vgl. ebd., S.187).

Diesen Zwiespalt im Hintergrund - eine nur auf wenige Orte konzentrierte Bildungsarbeit anzubieten, andererseits sich bis heute dem Ziel verpflichtet zu haben, an möglichst vielen Orten präsent zu sein - wird von Seiten der HSS bereits seit mehreren Jahren versucht, die politische Bildungsarbeit wieder stärker flächendeckend zu gestalten bzw. der Konzentrationstendenz zumindest ein Stück weit entgegenzuwirken. Dies war auch der Hauptgrund, warum bereits 1988 ein "Referentendienst" eingerichtet wurde, der es den Menschen bei entsprechender Nachfrage ermöglichen soll, "kurzfristig Bildungsveranstaltungen der HSS "vor Ort" [...] besuchen" (HSS, 1993b, S.9) zu können, der des weiteren das Seminarangebot durch "aktuelle Sonderseminare" zu ergänzen sucht und darüber hinaus sachkundiges Personal für "Fremdveranstaltungen" vermittelt (vgl. ebd.).

Ähnlich wie die HSS verfolgt auch die FES das Ziel, indem sie neben den zwei Akademien mit Internat - der Akademie Frankenwarte (Würzburg) und der Georg-von-Vollmar-Akademie (Kochel am See) - noch zusätzlich zwei Regionalbüros in München und Regensburg unterhält, in Bayern die unbestreitbaren Vorteile[364] zweier gut ausgestatteter Bildungszentren zu kombinieren mit den notwendigen infrastrukturellen Voraussetzungen für eine politische Bildungsarbeit 'vor Ort'. Sie betreibt also letztlich vier Standorte, die ihr dazu verhelfen sollen, in Bayern so weit wie möglich flächendeckend präsent zu sein, wobei auch hier nicht vermieden werden kann, daß die Zahl der angebotenen Veranstaltungen, die Angebotstiefe und die Form der Ankündigung von Außenstelle zu Außenstelle, vor allem zwischen den beiden Regionalbüros und den Bildungszentren, stark variieren.

Letzteres war neben der fehlenden Dokumentation auch der Hauptgrund, warum die beiden Regionalbüros nicht in die Untersuchung aufgenommen wurden, denn im Gegensatz zu den beiden Akademien, wird von diesen - was schon allein mit den geringeren finanziellen, materiellen und personellen Möglichkeiten zu erklären ist - kein derart umfangreiches und ausführliches Programmangebot vorgelegt und veröffentlicht. Vielmehr handelt es sich hier nur um Einzelveranstaltungen, die je nach Bedarf, regionaler Interessenlage und umworbener Zielgruppe angekündigt und organisiert werden.[365]

---

364) Ganz allgemein gelten als Vorteile eines Bildungszentrums: die vielfältigen technischen Hilfsmittel, von der Tafel bis zum funktionsfähigen Studio für Rhetorikseminare, die vor Ort für die Bildungsarbeit zur Verfügung stehen; die festangestellten und geschulten Mitarbeiter; die Möglichkeit ohne Rücksicht auf Öffnungszeiten auch abends oder gar nachts arbeiten zu können; die vorhandenen Übernachtungsmöglichkeiten usw. (vgl. Sussmann, 1992, S.187).
365) So führt beispielsweise das Regionalbüro München zwar pro Jahr etwa 25 bis 30 Veranstaltungen in München und im gesamten oberbayerischen Raum durch, diese erscheinen aber weder in einem eigens erstellten Jahresprogramm noch werden sie - auch nicht in Auszügen - im Gesamtprogramm der FES veröffentlicht (vgl. FES, 1993, S.10).

Die Georg-von-Vollmar-Akademie verfügt von den zwei in der nachfolgenden Analyse mitberücksichtigten bayerischen Bildungszentren der FES nicht nur über die größere Anzahl von Bildungsangeboten - 76 im Gegensatz zu 45 Seminaren der Akademie Frankenwart[366] -, sondern auch über die inhaltlich komplexere Themenpalette und das aufwendiger gestaltete Programmheft. So enthält das Jahresprogramm der Georg-von-Vollmar-Akademie, das die angekündigten Seminare nicht wie die HSS zu Themenschwerpunkten zusammenfaßt, sondern sie nach Schlagworten sortiert - 1994 insgesamt 55 an der Zahl[367] -, 76 jeweils relativ ausführlich beschriebene Veranstaltungsangebote zu einer Vielzahl von Themen: von Afrika, Alpen, Arbeitslosigkeit, Ausländerpolitik, dem Prozeß der deutschen Einheit über Gentechnik, Innere Sicherheit, Islam, Kommunalpolitik, Massenmedien bis hin zu Wohnungspolitik, Zeitgeschichte und Zukunft der Industriegesellschaft, um nur einige Schlagworte zu nennen (vgl. Georg-von-Vollmar-Akademie, 1993, S.6/7). Demgegenüber offeriert die Akademie Frankenwarte ihr zahlenmäßig geringeres und weniger abwechslungsreiches Bildungsangebot inhaltlich in keiner Weise sortiert - was für den Interessenten eine gewisse Unübersichtlichkeit zur Folge hat -, maximal für ein halbes Jahr, zum Teil nur für vier Monate im voraus zusammengefaßt und bei weitem mit weniger Hintergrundinformationen[368] versehen.

Die dritte in Bayern aktive Stiftung, die FNS, die durch die TDS vertreten wird, unterscheidet sich in ihrem politischen Bildungsangebot in drei wesentlichen Aspekten von den zwei bislang erörterten Parteistiftungen: Erstens strebt sie das Prinzip der dezentral arrangierten Bildungsmaßnahmen, einer politischen Bildungsarbeit vor Ort nicht nur an, sondern sie hat dies auch am weitreichendsten verwirklicht. Ferner unterhält die TDS in Bayern kein Bildungszentrum und kann aufgrund dessen auch deren unbestreitbare Vorteile nicht nutzen. Drittens, was letztlich aus den beiden vorhergehenden Gesichtspunkten resultiert, organisiert sie in den meisten Fällen ausschließlich Veranstaltungen, die einen Abend, einen halben oder maximal einen ganzen Tag Zeit in Anspruch nehmen und nur in den wenigsten Fällen mehrtägige Veranstaltungen[369].

---

366) Aufschlußreich bleibt, daß es sich bei diesen insgesamt 121 Veranstaltungen der FES in den beiden bayerischen Bildungszentren fast ausschließlich um Wochenendseminare oder um Veranstaltungen handelt, die drei oder mehr Tage Zeit in Anspruch nehmen. Tagesveranstaltungen oder Abendseminare bilden somit die absolute Ausnahme.
367) Es soll hier nicht der Anschein erweckt werden, als würden diese 55 Schlagworte, die die Seminarthemen im Programmheft einleitend strukturieren, alle auf verschiedene Veranstaltungen hinweisen, denn zum Teil stehen einzelne Schlagworte bzw. Wortkombinationen auch für ein und dasselbe Angebot. So findet sich z.B. die Veranstaltung "Frauen im Nationalsozialismus" unter dem gleichnamigen Schlagwort, aber auch unter dem Stichwort "Frauenseminare" wieder (vgl. Georg-von-Vollmar-Akademie, 1993, S.6/7 und S.24).
368) Auf diesen Gesichtspunkt wird, wie bereits angedeutet, vor der jeweiligen inhaltsanalytischen Aufbereitung des Datenmaterials noch einmal eingegangen.
369) So sind nur 39 der 149 angebotenen Seminare der TDS und damit 26,17% als Veranstaltungen deklariert, die länger als einen Tag dauern, wobei es sich hierbei meist um Wochenendseminare handelt.

Die große Stärke der TDS, von der 1994 insgesamt *149* Veranstaltungen, in zwei Halbjahresprogrammen zusammengefaßt, angeboten werden[370], liegt somit ohne Zweifel darin begründet, den Bürgern in Bayern räumlich gesehen am weitesten entgegenzukommen bzw. den größten Aktionsradius zu entfalten. Ein Sachverhalt, der vor allem darauf zurückzuführen ist, daß in Bayern von Seiten der TDS sechs Aktionszentren - Unterfranken (Würzburg), Mittelfranken (Nürnberg), Oberfranken (Bayreuth), der Oberpfalz (Störnstein), Ostbayern (Landshut) und Schwaben (Augsburg) (vgl. TDS, 1993, S.11) - betrieben werden, so daß sich auf Landesebene fortsetzt, was sich auf Bundesebene für die FNS bereits herauskristallisiert hat: die föderale Organisation der Bildungsarbeit (vgl. Pabst, 1982, S.11). Dieses Organisationsprinzip schafft für die TDS die grundlegende Voraussetzung, auch 1994 nicht nur in den großen bayerischen Zentren - u.a. München, Nürnberg, Würzburg, Augsburg, Regensburg - mit Veranstaltungen präsent zu sein, sondern ebenfalls in kleineren Städten und Gemeinden, wie z.B. in Aschaffenburg, Bad Tölz, Bayreuth, Beilngries, Erbendorf, Feucht, Kaufbeuren, Lichtenfels, Neumarkt, Schwandorf, Weiden, Windischeschenbach usw.

Das erarbeitete Grundlagenwissen im Hinblick auf die vier parteinahen Stiftungen im Hintergrund, und die soeben vorgelegten landesspezifischen Aussagen hinsichtlich Struktur, Ausmaß und Reichweite der angebotenen Veranstaltungsprogramme vor Augen, wenden wir uns nun - die Forschungsfrage bedenkend - der inhaltsanalytischen Auswertung dieser Bildungsprogramme und damit jeweils einem Anbieter einer christdemokratischen (HSS), sozialdemokratischen (FES) und liberalen Bildungsarbeit (TDS) in Bayern zu, wobei anzumerken bleibt, daß vor der jeweiligen Benennung der stiftungsspezifischen Untersuchungsergebnisse immer auch einige Angaben zum individuellen Aufbau, der Ausgestaltung und zur inhaltlichen Ausführlichkeit des jeweils bearbeiteten Untersuchungsmaterials bzw. der vorhandenen Hintergrundinformationen gemacht werden sollen.

5.3.1.1 Christdemokratische Bildungsarbeit

Betrachtet man vorweg das Inhaltsverzeichnis der berücksichtigten Jahresprogramme, die von der HSS jeweils am Ende eines Jahres für das darauffolgende Jahr vorgelegt werden, so fällt auf, daß dieses in den letzten fünf Jahren mehrmals erweitert bzw. um-

---

[370] Die Zahl der angebotenen "liberalen Bildungsveranstaltungen" entspricht damit - rechnet man neben den zwei Bildungswerken auch die beiden Regionalbüros der FNS mit ein - in etwa der der "sozialdemokratischen".

Kapitel 5: Die Innere Einheit Deutschlands in der außerschulischen politischen Bildung 201

gestaltet wurde. Ist es 1990 nur in zwei Teile untergliedert, in "Seminarreihen"[371] - 29 an der Zahl - und "Allgemeine Informationen"[372], so wird es bereits 1991 um den Punkt "Politische Grundseminare für Bürger in den neuen Ländern" erweitert. 1992 werden darüber hinaus noch spezielle Seminarangebote aufgenommen, die vom "Referat für journalistische Nachwuchsförderung" und dem für "Medienpolitik und Informationstechnik" angeboten werden. Schließlich erfolgt im Jahr 1994 eine völlige Neustrukturierung des Jahresprogramms dahingehend, daß nun neben den "Allgemeinen Informationen", ein nach acht Gruppen thematisch zusammengefaßtes bzw. geordnetes Programmangebot veröffentlicht wird, wobei diesen acht Themenfeldern (1. Gliederungsstufe) 1994 insgesamt 45 und 1995 48 einzelne Seminarreihen (2. Gliederungsstufe) zugeordnet sind.[373] (vgl. HSS/Bay./1990-1995)[374]

Ohne diesen ständigen Wandel der Jahresprogramme ignorieren zu wollen, der neben der Programmerweiterung nicht zuletzt zu einer besseren Übersichtlichkeit der Programmhefte geführt hat, ist für die nachfolgende Analyse ausschlaggebend, daß die angebotenen 'Seminarreihen' nach wie vor den *Kernbestandteil* der Jahresprogramme bilden. Außerdem ergeben sich für diese - was Aussagekraft und Informationstiefe anbelangt - im Untersuchungszeitraum keine wesentlichen Veränderungen. So werden 1990 wie 1995, um nur ein Beispiel zu nennen, im Rahmen der Seminarreihe "Kommunalpolitik" zunächst detailliert Aufgabe, inhaltlicher Schwerpunkt, Ziel und angesprochener Teilnehmerkreis gekennzeichnet und anschließend die Seminartermine und Veranstaltungsorte bekanntgegeben (vgl. HSS/Bay./1990/S.26 und HSS/Bay./1995/S.76).

Diese strukturellen Gegebenheiten hinsichtlich Informationstiefe und Ausgestaltung der Bildungsprogramme vor Augen, bilden im Anschluß die den Seminarreihen im jeweiligen Jahresprogramm beigeordneten Erläuterungen die wesentliche Text- bzw. Analy-

---

371) Der Begriff "Seminarreihe" steht im Sinne der HSS für eine Gruppe von Bildungsveranstaltungen, die sich mit einer ganz bestimmten Thematik, einem politischen Aufgabenkomplex - von dem sie i.w.S. abgeleitet werden - auseinandersetzen, z.B. Seminare zur Agrar-, Außen-, Kommunal-, Sicherheits-, Verkehrspolitik usw. Dieses Konstrukt, das nur von der HSS zur Strukturierung der Bildungsprogramme eingesetzt wird - was u.a. auf die Fülle der Einzelveranstaltungen zurückzuführen ist - fungiert darüber hinaus auch in den meisten Fällen als Titelzeile für die jeweils zusammengefaßten Seminare.
372) Der Abschnitt 'Allgemeine Informationen' setzt sich u.a. zusammen aus Hinweisen zur Nutzung des Jahresprogramms, zu den Teilnehmerbedingungen, zu dem 1988 eingerichteten Referentendienst, zu den beiden Bildungszentren usw.
373) Vergleiche hierzu die in Punkt 5.3.1 vorgelegten Ausführungen zum Jahresprogramm 1994, wo abgesehen von der Rubrik "In den neuen Ländern" alle weiteren Themenschwerpunkte und einige der dazugehörigen Seminarreihen exemplarisch aufgeführt wurden.
374) Um die Übersichtlichkeit und Geschlossenheit der Arbeit zu gewährleisten, werden im Rahmen der folgenden Ausführungen, die sich mit der Darstellung der bayerischen und brandenburgischen Analyseergebnisse beschäftigen, die Bildungsprogramme nur noch nach dieser eben gebrauchten und im Anhang festgehaltenen Art und Weise zitiert. Außerdem werden bei der verbalen Fixierung der identifizierten Untersuchungseinheiten, analog zu Kap. 4, nur noch die jeweiligen Seitenzahlen markiert und die Fundstellen - wie in den analysierten Programmen vorgegeben - zum Teil mit und zum Teil ohne Punkt am Satzende zitiert.

segrundlage, um die aufgeworfene Fragestellung - auf die HSS bezogen - zu beantworten, ob und in welcher Art und Weise der Lerngegenstand *Innere Einheit Deutschlands* zum Thema dieses spezifischen Trägers außerschulischer politischer Bildungsarbeit geworden ist.

Über dieses Textmaterial hinaus kann im Fall der HSS des weiteren auf eine Anzahl von einzelnen, inhaltlich noch ausführlicheren Programmankündigungen zurückgegriffen werden, die vor allem für länger dauernde Veranstaltungen zusätzlich zu der Ankündigung in den Jahresprogrammen erstellt und an mögliche Interessenten einige Wochen vor dem jeweiligen Veranstaltungstermin verteilt werden[375]. Dieses weiterführende Datenmaterial, das alle Programmpunkte eines Seminars detailliert auflistet und fraglos die Zuordnung der Untersuchungseinheiten zu den fünf Unterkategorien erleichtert, liegt zumeist dann vor, wenn bereits aus dem jeweiligen Jahresprogramm eindeutig hervorgeht, daß es sich bei der betrachteten Seminarreihe bzw. den dazugehörigen Veranstaltungen um Untersuchungseinheiten handelt, die eindeutig dem hier interessierenden Lerngegenstand zuzuordnen sind.

Die Inhaltsanalyse der in Bayern von der HSS angebotenen Bildungsprogramme für den Zeitraum 2. Halbjahr 1990 bis einschließlich 1. Halbjahr 1995 bringt folgendes grundsätzliches Resultat hervor[376]: Es können für jedes Jahr Untersuchungseinheiten lokalisiert werden, die eindeutig dem Lerngegenstand *Innere Einheit Deutschlands* zuzurechnen sind, wobei der prozentuale Anteil dieser Veranstaltungen, die den Vereinigungsprozeß i.w.S. beinhalten, bezüglich der Gesamtzahl der jeweils im Untersuchungszeitraum angebotenen Veranstaltungen schwankt zwischen dem maximal erreichten Wert von *18,14%* (2. Halbjahr 1990) und dem minimalen Wert von *4,55%* (1. Halbjahr 1995).

Bevor für jedes Jahr im einzelnen die verbale Fixierung und im Anschluß daran eine komprimierte rein zahlenmäßige Zusammenfassung - siehe Abb. 17 - der soeben lediglich allgemein angedeuteten Analyseresultate erfolgt, bleibt wichtig, anzumerken, daß alle identifizierten Fundstellen, d.h. die im jeweiligen Jahresprogramm angebotenen

---

375) Der Kooperationsbereitschaft von Dr. Rudolf Sussmann, Leiter des Bildungswerks, ist es zu verdanken, daß mir im Rahmen dieser Untersuchung von Seiten der HSS solche weiterführenden Programmangebote exemplarisch für einzelne Seminarreihen zur Verfügung gestellt wurden. Die in Frage kommenden und noch vorhandenen Materialien für die letzten fünf Jahre wurden dabei auf meine Anfrage hin vor allem von Georg W. Waltenberger, Referent der HSS, zusammengestellt und kommentiert.

376) Es sei an dieser Stelle noch einmal ausdrücklich darauf hingewiesen, daß im Rahmen der inhaltsanalytischen Aufbereitung der Jahresprogramme nur die Veranstaltungsangebote berücksichtigt wurden, die für die Menschen in Bayern zugänglich sind. Ausgeklammert bleiben damit all die Seminare, die vornehmlich die Bürger der "neuen" Bundesländer als Zielgruppe fixieren. Letztere sind im Programmangebot meist extra ausgezeichnet oder geben als Veranstaltungsort eine Stadt in den fünf "neuen" Bundesländern an. (vgl. hierzu auch Anm. 362 der vorliegenden Arbeit)

Veranstaltungen, die sich eindeutig mit der Vereinigungsthematik befassen, in der nachfolgenden Auflistung mit einem "J" für Jahresprogramm gekennzeichnet werden. Die daneben als Begründung für die jeweilige Zuordnung zu den fünf Kategorien herangezogenen und deshalb im Anschluß ebenfalls mit aufgeführten Hinweise und Erläuterungen werden dahingehend markiert, ob sie direkt dem Jahresprogramm entstammen (J) oder einem der vorliegenden Einzelprogramme (E). Fernerhin wird, wenn es sich um Indikatoren handelt, die der Unterkategorie 'thematisch mehrdimensional' zugeordnet werden müssen, immer in Klammern hinzugefügt - soweit dies aus dem vorliegenden Informationsmaterial explizit hervorgeht -, welche der vier weiteren Kategorien[377] im Laufe dieser Veranstaltungen direkt angesprochen werden.

- Programmangebot der HSS im 2. Halbj. 1990 (HSS/Bay./2. Halbj./1990):

Im gesamten 2. Halbjahr 1990 beziehen sich *39* von insgesamt *215* angebotenen Veranstaltungen, das sind *18,14%*, bzw. *vier* von *29* Seminarreihen[378] unmittelbar auf die Vereinigungsthematik. Anders ausgedrückt: War auch zum Zeitpunkt der Erstellung und Veröffentlichung dieses Jahresprogramms Ende 1989 die rasche Wiedervereinigung im Oktober 1990 noch gar nicht abzusehen, so muß dennoch davon ausgegangen werden, daß sich diese Seminare - was sich schon allein aus der Konzeption ablesen läßt[379] - im zweiten Halbjahr 1990 für die interessierten Bürger mehr und mehr zu einem Forum entwickelten, das es ihnen unter qualifizierter Leitung ermöglichte, u.a. über den Weg zur formalen Einheit und deren Folgen kritisch zu reflektieren, sich über Unterschiede in der Entwicklung der beiden deutschen Staaten zu informieren und erste auftretende Probleme und Unstimmigkeiten zu erörtern. Ein weiteres Indiz für diese These ist darin zu sehen, daß die erst 1988 begonnenen und 1990 zum letzten Mal durchgeführten DDR-Studienreisen und die dazugehörigen Vor- und Nachbereitungsseminare, die zusammen mit 23 Veranstaltungen den größten Teil dieser 39 Angebote bilden, schon 1991 konzeptionell und thematisch in "Seminare zur Deutschen Wiedervereinigung" (DeuWi) umgestaltet wurden.

So gilt meiner Ansicht nach schon für jene Zeit - kurz vor und nach der formal vollzogenen Einheit -, daß diese Bildungsangebote i.w.S. der Verwirklichung der inneren Einheit dienten, selbst wenn der Lerngegenstand *Innere Einheit Deutschlands* im hier definierten Sinn bei der ursprünglichen Planung dieser Veranstaltungen noch keineswegs in seiner gesamten Tragweite abzuschätzen war.

---

377) Um dies zu kennzeichnen wird auf die folgenden Abkürzungen zurückgegriffen: 'Verfassungsmäßige Ordnung' ('Verf. O.'), 'Gesellschaft' ('Gesell.'), 'Wirtschaft' ('Wirt.'), 'Eine Welt' ('E. W.').
378) In dieser und den im folgenden diesbezüglich vorgelegten Zahlen sind die Seminarreihen, die vor allem die Menschen in den "neuen" Ländern ansprechen, nicht mehr enthalten.
379) Diese Annahme wird nach meinem Dafürhalten durch die nachfolgend vorgelegten Veranstaltungstitel und geplanten Inhalte mehr als belegt.

Diese 39 identifizierten Untersuchungseinheiten müssen dabei ausnahmslos der Unterkategorie 'thematisch mehrdimensional' zugeordnet werden. Ein Vorgehen, das zum einen - zumal bei den einwöchigen Studienreisen und den zwei Wochenseminaren - schon allein mit der Länge der Veranstaltungen, die auf eine Vielzahl von Themen und Inhalten hinweist, zu erklären ist. Zum anderen legen die vorhandenen Informationen den Schluß nahe, daß hier bereits kurz vor und nach der gesetzlich vollzogenen Einheit von Seiten der HSS die Möglichkeit geboten wurde, sich dieser Thematik der aktuellen innerdeutschen Entwicklung aus den verschiedensten Richtungen zu nähern. Es handelt sich dabei um die nachstehenden Angebote:

* *Zwei* Wochenseminare zur Deutschland- und Ostpolitik (S.10, J)
    * Die Beiträge bieten umfassende Informationen über Hintergründe, Ursachen und Folgen der Teilung Deutschlands sowie über die aktuelle politische Situation und die Lage der Bevölkerung in der DDR ('Gesell.'). (vgl. ebd.)
    * Themen sind u.a.: Umbruch im Osten - Politische Entwicklung in den Staaten des Warschauer Pakts und die Zukunft Deutschlands ('E. W.'); Von der Herrschaft der SED zum Pluralismus ('Verf. O.') usw. (E)

* *13* Wochenendseminare zur Vorbereitung der Deutschlandpolitischen Studienreisen nach Berlin und in die DDR (S.11/12, J)
    * Es sollen u.a. Kenntnisse vermittelt werden zu weltanschaulichen, politischen und sozialen Unterschieden und bestehenden Gemeinsamkeiten ('Gesell.'); zur Lebens- und Rechtsordnung der Deutschen in Ost und West ('Verf. O.') usw. (vgl. S.11, J)

* *14* einwöchige Deutschlandpolitische Studienreisen nach Berlin (West und Ost) (S.13/14, J)
    * Möglichkeit, sich vor Ort ein realistisches Bild über Lage in West- und Ostberlin zu verschaffen - u.a. Stadtrundfahrten, Referate und Diskussionsrunden mit Fachleuten zur politischen Situation usw. (vgl. S.13, J)

* *10* einwöchige Deutschlandpolitische Studienreisen in die DDR (mit Nachbereitungsseminar) (S.15, J)
    * Besuch mehrerer Städte, Kontakte mit verschiedensten gesellschaftlichen Gruppen, Verbänden, der evangelischen und katholischen Kirche usw. (E)

- <u>Programmangebot der HSS im Jahr 1991 (HSS/Bay./1991):</u>

In diesem Programmheft, das erste, bei dem sich die HSS bereits bei der Planung - Ende 1990 - auf die neue Situation, die formal vollzogene Einheit und ihre Folgen, einstellen konnte[380] und damit i.w.S. auf den Lerngegenstand *Innere Einheit Deutschlands*, können *53* Indikatoren oder *fünf* der *39* Seminarreihen erfaßt werden, die zwei

---

[380] Es ist dies, wie bereits zu einem früheren Zeitpunkt angedeutet, auch das erste Jahr, in dem zum einen ein gesondertes Angebot - eine spezielle Seminarreihe - für die Bürger der "neuen" Länder aufgenommen wird und zum anderen viele Programmangebote mit dem Zusatz versehen werden: "vorwiegend für Bewohner der neuen deutschen Bundesländer". Es handelt sich dabei meist um Grundseminare, z.B. zur Energie- und Umweltpolitik, zum politischen System Deutschlands usw., zwar alles Maßnahmen, die ohne Zweifel einen Beitrag dahingehend leisten, den Menschen aus den "neuen" Ländern einen schnelleren Einstieg in die neuartigen Verhältnisse zu ermöglichen, aber für die Bürger in Bayern keine Chance bieten, sich mit der Vereinigungsthematik auseinanderzusetzen. Der Grund, warum diese auch nicht in die Analyse einbezogen wurden.

der fünf vordefinierten Unterkategorien zuzuordnen sind und den Menschen in Bayern die Gelegenheit bieten, sich mit der Vereinigungsthematik systematisch zu beschäftigen. Dies entspricht einem Anteil von *14,44%* an den *367* in diesem Jahr von der HSS angebotenen Veranstaltungen.

-- Die Unterkategorie 'Eine Welt':

* *Fünf* Wochenend- und *zwei* Wochenseminare zur Außenpolitik (S.8, J)
  * Die Außenpolitik der Deutschen wird wieder durch ein souveränes Deutschland als einheitlicher Rechtsstaat repräsentiert. Nicht mehr die Erlangung der deutschen Einheit ist zentraler Zielpunkt, sondern ihr dauerhafter Erhalt unter sich schnell ändernden Bedingungen in Europa und in der Welt. Ziel ist es, eine Bestandsaufnahme vorzunehmen und bestehende Einschätzungen und vorherige Bewertungen zu überprüfen. (vgl. ebd.)

* *Fünf* Wochenend- und *drei* Wochenseminare zur Europapolitik (S.13, J)
  * Mit der Vereinigung der beiden Teile Deutschlands hat sich u.a. auch Europa auf dem Weg zur wirtschaftlichen und politischen Einigung verändert. Geht der Territorialzuwachs Europas zu Lasten seiner Flexibilität? (vgl. ebd.)

* *Zwei* Informationstage, *sechs* Wochenend- und *drei* Wochenseminare zur Sicherheits-, Verteidigungs- und Abrüstungspolitik (S.44, J)
  * Es soll u.a. der militärpolitische Status des vereinten Deutschland dargestellt und die künftige Struktur und Organisation sowie Auftrag und Selbstverständnis der gesamtdeutschen Bundeswehr erläutert werden. (vgl. ebd.)

-- Die Unterkategorie 'thematisch mehrdimensional':

* *Vier* Wochenendseminare zur Deutschlandpolitik (S.10, J)
  * Um aus den Ergebnissen und Erfahrungen der ehemaligen DDR zu lernen und um gleichzeitig vor neuen sozialistischen Experimenten zu warnen, sind die zentralen Themen dieser Seminare der Teilung Deutschlands nach 1945 und ihren Folgen gewidmet, wobei völkerrechtliche ('E. W.') und verfassungsrechtliche Aspekte ('Verf. O.') besonders berücksichtigt werden. (vgl. ebd.)

* *23* Wochenendseminare zur innerdeutschen Entwicklung - Geschichte, Gegenwart und Zukunft (S.18, J)
  * Es wird in diesen Seminaren versucht, sich thematisch-analytisch eingehend mit der Entwicklung im innerdeutschen Verhältnis in Vergangenheit, Gegenwart und Zukunft auseinanderzusetzen. (vgl. ebd.)
  * Themen sind u.a.: Probleme in den Köpfen - zur psychisch-emotionalen Befindlichkeit der Deutschen von West bis Ost nach der Wiedervereinigung ('Gesell.'); Die Vergänglichkeit der Institutionen - NVA, DVP, MfS, SED ('Verf. O.'); Sicherheit im Wandel - Rechtspflege und Marktwirtschaft ('Wirt.'); DDR - Ein gescheitertes Experiment - Von den Strukturen der Herrschaft im realen Sozialismus bis zur Gegenwart ('Verf. O.'); Ein Blick nach Thüringen - Fahrt in das grüne Herz Deutschlands ('Gesell.') usw. (E)

- Programmangebot der HSS im Jahr 1992 (HSS/Bay./1992):

In diesem Jahr verweisen *9,27%* der *399* Angebote und damit *37* Indikatoren, anders ausgedrückt, *vier* der nunmehr *38* Seminarreihen, direkt auf den Lerngegenstand *Innere Einheit Deutschlands*, genauer gesagt auf zwei der fünf Unterkategorien, nämlich erneut auf die Kategorie 'Eine Welt' und 'thematisch mehrdimensional'.

-- Die Unterkategorie 'Eine Welt':

* *Drei* Wochenend-, *ein* Wochenseminar und *eine* einwöchige Studienfahrt zur Außenpolitik (S.8, J)
    * Die Überwindung der deutschen Teilung bedeutet für unser Volk auch eine ungeteilte Vereinigung mit Geschichte und Politik im europäischen Rahmen - ein Ereignis, dessen wir uns, wie die politischen Reaktionen zeigten, erst langsam, mit emotionalen Schwierigkeiten belastet, bewußt werden können. Die damit verbundenen Fragen und Problemkreise erfordern ebenso Grundsatzanalysen zu einer Konzeption deutscher Außenpolitik wie eine Betrachtung der aktuellen außenpolitischen Fragestellungen. (vgl. ebd.)

* *Vier* Wochenend-, *drei* Wochenseminare und *zwei* Informationstage zur Sicherheits-, Verteidigungs- und Abrüstungspolitik (S.44, J)
    * Die Wiedervereinigung Deutschlands als ein Faktor unter vielen, der die sicherheitspolitische Lage fundamental verändert hat. (vgl. ebd.)
    * Themen sind u.a.: Deutschlandpolitik nach der Vereinigung - Perspektiven für Deutschlands zukünftige Rolle in Europa im Rahmen von Nato, WEU und KSZE; Neue Aufgabenfelder für die Bundeswehr - Neue Herausforderungen für die deutsche Sicherheitspolitik nach der Wiedervereinigung usw. (P)

-- Die Unterkategorie 'thematisch mehrdimensional':

* *Drei* Wochenendseminare zur Deutschlandpolitik (S.10, J)
    * Divergierende Erwartungen im Osten wie im Westen Deutschlands und Schwierigkeiten im Umgang miteinander verlangsamen den innerdeutschen Integrationsprozeß. Um Legendenbildung und Verzerrungen vorzubeugen, müssen die Altlasten des Sozialismus möglichst umfassend dargestellt und aufgearbeitet werden, wobei auch ein Fazit der verfehlten Wirtschafts- und Sozialpolitik ('Wirt.') und ihrer Folgeprobleme für die deutsche Vereinigung gezogen werden soll. (vgl. ebd.)
    * Themen sind u.a.: Sind wir wirklich schon ein Volk? - Die mentale Überwindung der Spaltung Deutschlands scheint noch nicht abgeschlossen ('Gesell.'); Von der Sozialistischen Kommandowirtschaft zur Sozialen Marktwirtschaft - Fazit der verfehlten Wirtschafts- und Sozialpolitik ('Wirt.'); Deutschlandpolitik nach der Vereinigung - Perspektiven für Deutschlands zukünftige Rolle in Europa ('E. W.') usw. (E)

* *20* Wochenendseminare zur innerdeutschen Entwicklung - Geschichte, Gegenwart und Zukunft (S.18, J)
    * Es wird in diesen Seminaren versucht, sich thematisch-analytisch eingehend mit der Entwicklung im innerdeutschen Verhältnis in Vergangenheit, Gegenwart und Zukunft auseinanderzusetzen. (vgl. ebd.)
    * Themen sind u.a.: Wir sind ein Volk - Videodokument zu den Wochen der Entscheidung ('Gesell.'); DDR - Ein gescheitertes Experiment - von den Strukturen der Herrschaft im realen Sozialismus bis zur Gegenwart ('Verf. O.'); Das Leben in der DDR bis zur Wende u. die Perspektiven seit 1989 - Der neue Anfang in Politik, Wirtschaft und Gesellschaft ('Gesell.', 'Verf. O.', 'Wirt.') usw. (E)

- Programmangebot der HSS im Jahr 1993 (HSS/Bay./1993):

In einem Satz zusammengefaßt, gilt für dieses Jahr, daß sich *vier* Seminarreihen von *40* und damit *33* der *420* offerierten Veranstaltungen, das entspricht *7,86%*, mit dem Lerngegenstand *Innere Einheit Deutschlands*, genauer mit drei der fünf Unterkategorien befassen.

Kapitel 5: Die Innere Einheit Deutschlands in der außerschulischen politischen Bildung

-- Die Unterkategorie 'Wirtschaft':

* *Sechs* Volkswirtschaftliche Spezialseminare[381] (Wochenendseminare) (S.55, J)
  * Die Umstellung von der sozialistischen Planwirtschaft auf eine soziale Marktwirtschaft erfordert von der Bevölkerung in den neuen Bundesländern weiterhin große Anstrengungen, die von westdeutscher Seite mit erheblichen Transferleistungen unterstützt werden. Die Wahrung und die Steigerung der internationalen Wettbewerbsfähigkeit sind unabdingbare Voraussetzungen für einen erfolgreichen Aufholprozeß in den neuen Bundesländern. Die Sicherung der Standortqualität ist gleichermaßen Herausforderung für den Staat, die Unternehmen und andere gesellschaftliche Gruppen. Die volkswirtschaftlichen Seminare versuchen dieser Thematik gerecht zu werden. (vgl. ebd.)

-- Die Unterkategorie 'Eine Welt':

* *Vier* Wochen- und *drei* Wochenendseminare zur Außenpolitik (S.12, J)
  * Die Reichsgründung von 1871 und die Verträge zur Deutschen Einheit besitzen eine Gemeinsamkeit: Sie führten zu einer deutschen Außenpolitik, die damals wie heute neu bestimmt werden muß. Das vereinte Deutschland als der bevölkerungs- und wirtschaftlich stärkste Staat Mitteleuropas ist heute im Gegensatz zur Zeit Bismarcks und seiner Nachfolger ein gleichberechtigtes Mitglied in einem System internationaler Bindungen. Vor diesem Hintergrund müssen wir unsere Außenpolitik neu bestimmen, was auch stets eine Beziehung zu unsrer Vergangenheit mit einschließt. (vgl. ebd.)

-- Die Unterkategorie 'thematisch mehrdimensional':

* *Vier* Wochenendseminare zu aktuellen Fragen der Einheit Deutschlands[382] (S.14, J)
  * Die Hauptaufgabe der Politik wie auch aller Bürger wird für lange Zeit die mentale Vollendung der Einheit Deutschlands bleiben. (vgl. ebd.)
  * Themen sind u.a.: Spaltung in den Köpfen? Mentale und psychosoziale Folgen von totalitärer Herrschaft in Deutschland und Europa ('E. W.'); Der Kraftakt - Von der Befehlswirtschaft zum Markt in sozialer Verantwortung ('Wirt.'); Die Verantwortung - Deutschland in Europa - Gegenwart und Zukunft in einer gewandelten Welt mit neuen Risiken und Herausforderungen ('E. W.') usw. (E)

* *16* Wochenendseminare mit dem Titel: Die Einheit Deutschlands - Geschichte, Gegenwart und Zukunft (S.15, J)
  * In diesen Seminaren werden wir uns eingehend mit der Entwicklung im innerdeutschen Verhältnis in Vergangenheit, Gegenwart und Zukunft auseinandersetzen. (vgl. ebd.)
  * Themen sind u.a.: Fahrt nach Thüringen, mit der Vermittlung authentischer Erfahrungen durch Bewohner der neuen Bundesländer ('Gesell.') (vgl. ebd.); Vergangenheit bis Gegenwart - die Bundesrepublik Deutschland und ihr Verfassungsauftrag ('Verf. O.'); Rückschau und Ausblick - Das Leben in der DDR bis zur Wende und Perspektiven seit November 1989. Der neue Anfang in Politik, Wirtschaft und Gesellschaft ('Gesell.', 'Verf. Ordnung', 'Wirt.') usw. (E)

- Programmangebot der HSS im Jahr 1994 (HSS/Bay./1994):

---

381) Die zwei ebenfalls in dieser Reihe angebotenen Grundseminare werden deshalb vernachlässigt, weil sie sich speziell an die Menschen wenden, die sich zunächst mit den Grundlagen der volkswirtschaftlichen Denkweise vertraut machen wollen (vgl. S.55, J).

382) Diese Seminarreihe löst die Reihe zur Deutschlandpolitik ab, so daß nun schon allein am Titel dieser Veranstaltungen zu erkennen ist, daß sie sich i.w.S. mit der Vereinigungsthematik beschäftigen und nicht erst an den beigefügten Informationen.

Faßt man an dieser Stelle das Ergebnis der inhaltsanalytischen Aufbereitung des Datenmaterials zusammen, so kann festgehalten werden, daß 1994 ursprünglich *26* Veranstaltungen in *zwei* der nunmehr *43* Seminarreihen, das sind *5,57%* der insgesamt *467* ausgewiesenen Angebote, deutlich erkennbar der Vereinigungsthematik gewidmet sind. Darüber hinaus müssen in diesem Jahr - auch wenn diesbezüglich keine Vorankündigungen im Jahresprogramm enthalten sind - die bayernweit von Ende Juli bis Anfang Oktober durchgeführten Sonder-Seminare "Vier Jahre Deutsche Einheit - Bilanz und Perspektiven" (HSS, 1995, S.19), die gesondert angekündigt wurden, mit einbezogen werden. Durch diese *31* Symposien, Seminare und Vortragsveranstaltungen erhöht sich die Zahl der für die Menschen in Bayern zugänglichen Veranstaltungsangebote auf *498*, die identifizierten Indikatoren auf *57* und damit ihr Anteil am Gesamtangebot auf *11,45%*. Bei diesen lokalisierten Veranstaltungen handelt es sich ausschließlich um Angebote, die der Unterkategorie 'thematisch mehrdimensional' zugeordnet werden müssen:

* *14* Wochenendseminare zur Aufarbeitung des SED-Unrechts[383] (S.56, J)
  * Für den Erfolg eines gemeinsamen demokratischen Aufbaus ist die Aufarbeitung von 40 Jahren SED-Herrschaft und DDR-Geschichte eine wichtige Voraussetzung. In diesen Seminaren werden wir uns eingehend mit der Entwicklung im innerdeutschen Verhältnis auseinandersetzen. (vgl. ebd.)
  * Themen sind u.a.: Die Vorgeschichte - vom zweiten Weltkrieg zur Spaltung Europas. Das Experiment DDR - Beispiel für gescheiterten Sozialismus ('Verf. O.'); Gegenwart und Zukunft, Politik, Wirtschaft und Gesellschaft in Deutschland in einer sich wandelnden Welt in "Ostsicht" und "Westsicht" ('Gesell.', 'Verf. O.', 'Wirt.', 'E. W.') usw. (E)

* *12* Wochenendseminare zu aktuellen Fragen der Einheit Deutschlands (S.57, J)
  * Eine wichtige Aufgabe der Politik wie auch der Bürger unseres Landes wird für lange Zeit die geistige Vollendung der Einheit bleiben. Mit aktualitätsbezogenen Seminaren soll die komplexe Problematik der deutschen Einheit hinsichtlich ihrer historischen, gegenwärtigen und künftigen Entwicklung anhand möglichst vieler Kriterien dargelegt und diskutiert werden. (vgl. ebd.)
  * Themen sind u.a. solche, wie sie in der selben Seminarreihe bereits 1993 angeboten wurden (vgl. hierzu (E) Auflistung 1993); des weiteren: Demokratische Bewußtseinsbildung nach Jahrzehnten der Diktatur ('Gesell.'); Zusammenwachsen an der Nahtstelle - politische, wirtschaftliche und kulturelle Aspekte ('Gesell.', 'Verf. O.', 'Wirt.') usw. (E)

* *31* Symposien, Seminare und Vortragsveranstaltungen zur Sonder-Seminarreihe "Vier Jahre Deutsche Einheit - Bilanz und Perspektiven" (HSS, 1995, S.19)
  * Ziel der Veranstaltungen war es, die Entwicklung seit 1989/90 im wiedervereinigten Deutschland zu rekapitulieren und damit interessierten Bürgern in Bayern insbesondere die bisherigen Erfolge beim Aufbauwerk in der Mitte und im Osten Deutschlands aufzuzeigen. (vgl. ebd.)

---

383) Im Rahmen der bereits beschriebenen und 1994 vorgenommenen völligen Neukonzeption des Bildungsangebots tritt die Seminarreihe "Aufarbeitung des SED-Unrechts" an die Stelle der vormals unter der Überschrift "Die Einheit Deutschlands - Geschichte, Gegenwart und Zukunft" zusammengefaßten Veranstaltungen. Diese bildet nun zusammen mit vier weiteren Seminarreihen - u.a. den Veranstaltungen "zu aktuellen Fragen der Einheit Deutschlands" - die Rubrik "Zeitgeschichte, Ideen und Ideologien".

- Programmangebot der HSS im 1. Halbj. 1995 (HSS/Bay./1. Halbj./1995):
Im 1. Halbjahr 1995 verweisen noch *4,55%* der *264* in Bayern von der HSS angebotenen Seminare und damit *12* Indikatoren oder *zwei* der nunmehr *46* Seminarreihen direkt auf den Lerngegenstand *Innere Einheit Deutschlands*, genauer gesagt auf die Unterkategorie 'thematisch mehrdimensional'. Es sind dies die folgenden Veranstaltungen:

* *Fünf* Wochenendseminare zur Aufarbeitung des SED-Unrechts (S.58, J)
    * Fünf Jahre nach dem Fall der Mauer in Deutschland ist die Notwendigkeit, sich mit der Realität der ehemaligen DDR auseinanderzusetzen, nicht geringer geworden - ja größer denn je. (vgl. ebd.)
    * Themen sind u.a.: Gegenwart und Zukunft und die "Mauer in den Köpfen" - Politik, Wirtschaft und Gesellschaft in einer sich wandelnden Welt in "Ostsicht" und "Westsicht" ('Gesell.', 'Verf. O.', 'Wirt.', 'E. W.); Vergangenheit bis Gegenwart - Die Bundesrepublik Deutschland und ihr Verfassungsauftrag ('Verf. O.'); Vom "Grenzland" zum "Zentrum" - Sichtbare und unsichtbare Effekte der Wiedervereinigung im Raum Thüringen, zu erkunden auf einer Fahrt nach Thüringen ('Gesell.', 'Wirt.') usw. (E)

* *Sieben* Wochenendseminare zu aktuellen Fragen der Einheit Deutschlands (S.59, J)
    * Die komplexe Problematik der deutschen Einheit soll mit aktualitätsbezogenen Seminaren in ihrer historischen, gegenwärtigen und künftigen Entwicklung anhand möglichst vieler Kriterien dargestellt und diskutiert werden. (vgl. ebd.)
    * Themen sind u.a.: Der Kraftakt Strukturwandel - Von der Befehlswirtschaft zur Verantwortlichkeit in der Sozialen Marktwirtschaft ('Wirt.'); Zurück in die Unmündigkeit? "Ostalgie" als Sehnsucht nach Geborgenheit? Spaltung in den Köpfen? ('Gesell.'); Wege zur Einheit als mühevoller Lernprozeß auf beiden Seiten ('Gesell.'); Die Hypotheken - Staatlicher Zentralismus, Rechtspositvismus, Staatssicherheitsdienst ('Verf. O.'); Die Verantwortung. Deutschland in Europa - Gegenwart und Zukunft in einer Welt mit neuen Risiken und Herausforderungen ('E. W.') usw. (E)

Nachstehend werden in Abb. 17 die soeben für die HSS verbal fixierten und für jedes Jahr gesondert angegebenen Fundstellen für den gesamten Untersuchungszeitraum auf einen Blick zahlenmäßig aufbereitet zusammengefaßt, wobei die jeweiligen Eintragungen in den drei Spalten folgendermaßen zu erschließen sind:
In der ersten Spalte, "Gesamtzahl d. Angebote", steht die Anzahl der im betreffenden Jahresprogramm angebotenen Bildungsveranstaltungen, die in die inhaltsanalytische Auswertung einbezogen wurden. In der zweiten Spalte, "Anteil der Indika. in %", wird der prozentuale Anteil der identifizierten Indikatoren, die eindeutig dem Lerngegenstand *Innere Einheit Deutschlands* zuzurechnen sind, an der Gesamtzahl der Angebote markiert. In der dritten Spalte werden schließlich die lokalisierten Fundstellen den entsprechenden Unterkategorien zugeordnet, wobei die fünf jeweils durch einen Schrägstrich (/) getrennten Abschnitte die fünf Unterkategorien in der folgenden Reihenfolge repräsentieren: 'Gesellschaft'/ 'Verfassungsmäßige Ordnung'/ 'Wirtschaft'/ 'Eine Welt'/ thematisch mehrdimensional'. Kann einer der Unterkategorien kein Indikator zugeordnet werden, so wird dies durch das Zeichen - gekennzeichnet.

Abb. 17: Ergebniszusammenfassung der Programmanalyse für den in Bayern ausgewählten Vertreter einer christdemokratischen Bildungsarbeit - die HSS:[384]

Untersuchungszeitraum	Hanns-Seidel-Stiftung		
	Gesamtzahl d. Angebote	Anteil der Indika. in %	Indikatoren je Unterkategorie
2. Halbj. 90	215	18,14	-/-/-/-/39
1991	367	14,44	-/-/-/26/27
1992	399	9,27	-/-/-/14/23
1993	420	7,86	-/-/6/7/20
1994	498	11,45	-/-/-/-/57
1. Halbj. 95	264	4,55	-/-/-/-/12

Bevor im Anschluß die Datenerfassung für die FES, Repräsentant einer sozialdemokratisch ausgerichteten politischen Bildungsarbeit, vorgenommen wird, muß schon an dieser Stelle - ähnlich wie für die schulische Seite auch[385] - vor einer auf den ersten Blick zwar plausiblen, nach Ansicht des Verfassers aber voreiligen, zugleich falschen und keineswegs beabsichtigten Schlußfolgerung gewarnt werden: aufgrund der vorliegenden Einzelergebnisse ohne weiteres davon auszugehen, es könnten keine anderen als die eben isolierten, die *Innere Einheit Deutschlands* direkt zum Thema machenden Untersuchungseinheiten bzw. Veranstaltungsangebote die Vereinigungsthematik aufgreifen und behandeln.

5.3.1.2 Sozialdemokratische Bildungsarbeit

Im Gegensatz zur HSS, die, wie gezeigt, ihr Bildungsprogramm im Untersuchungszeitraum mehrmals umgestaltet hat, präsentieren sowohl die Akademie Frankenwarte als

---

384) Wie im Rahmen der verbalen Fixierung der Resultate auch, sind in den Zahlen für 1994 die 31 Veranstaltungen enthalten, die als Sonder-Seminare "Vier Jahre Deutsche Einheit - Bilanz und Perspektiven" angeboten, im Programmheft aber noch nicht aufgeführt wurden.
385) Auf den folgenden Sachverhalt, der analog für den Untersuchungsgegenstand Schule gilt, wurde u.a. schon in Gliederungspunkt 4.3.1.1 für die bayerische und in Punkt 4.3.2.2 für die brandenburgische Seite eindringlich hingewiesen.

auch die Georg-von-Vollmar-Akademie - diese zwei in ihrer Programmauswahl relativ unabhängigen Außenstellen der FES in Bayern - in den letzten fünf Jahren ihr Bildungsangebot, was äußere Form und Anordnung der Einzelveranstaltungen anbelangt, fast unverändert.

So setzt sich die jährlich zwei oder dreimal erscheinende, in Form eines Faltblatts konzipierte Programmankündigung der Akademie Frankenwarte aus allgemein gehaltenen Hinweisen in eigener Sache - Teilnahmebedingungen, Leistungen und Kosten, Ziel der Akademie usw. - und einer nach Monaten geordneten Übersicht zusammen, die neben der Benennung der Veranstaltungsthemen, einiger weniger stichpunktartig formulierter Mitteilungen bezüglich des Seminarinhalts, gegebenenfalls der Markierung der anvisierten Zielgruppe, der Angabe des Veranstaltungstermins und der vorgesehenen Dauer, keine weiterführenden veranstaltungsspezifischen Informationen enthält[386]. Demgegenüber veröffentlicht die Georg-von-Vollmar-Akademie ein aufwendig gestaltetes, mehr als 50 Seiten umfassendes Jahresprogramm, das dem interessierten Bürger neben der nach Schlagworten sortierten Kurzfassung der Angebote - Inhaltsverzeichnis - und den allgemeinen Informationen[387], auch eine ausführliche und umfangreiche inhaltliche Darstellung der Einzelveranstaltungen an die Hand gibt, die es diesem ermöglicht, sich ein detailliertes Bild über Aufgabe, Umfang und Inhalt der einzelnen Seminarangebote zu verschaffen.

Ohne diese strukturellen Unterschiede der schriftlichen Programmankündigungen der beiden Akademien vernachlässigen zu wollen, ist für die nachfolgende inhaltsanalytische Aufbereitung dieses speziellen Datenmaterials ausschlaggebend, daß in beiden Fällen, sowohl bei der Georg-von-Vollmar-Akademie als auch der Akademie Frankenwarte, die offerierten Einzelveranstaltungen und die ihnen beigeordneten, einmal mehr und einmal weniger ausführlich gestalteten Hinweise den *Kernbestandteil*[388] der jeweiligen Bildungsprogramme darstellen. Dieser Mittelpunkt, der von den beiden Akademien (Kommunikatoren) ausgehenden Mitteilung "politisches Bildungsprogramm", das i.w.S. alle Bürger (Rezipienten) des jeweiligen Einzugsgebiets ansprechen will, ist dann auch die gemeinsame Text- bzw. Analysegrundlage, auf die im folgenden zurückgegriffen wird, wenn es darum geht, für die hier ausgewählten Repräsentanten einer sozial-

---

386) An dieser Stelle bleibt anzumerken, daß trotz dieser fraglos geringen Informationsbasis je Veranstaltung im Rahmen der Zuordnung der Untersuchungseinheiten zu den fünf vordefinierten Unterkategorien keine nennenswerten Schwierigkeiten und Probleme auftreten. Ein Sachverhalt, der vor allem auf die, wenn auch kurze, so doch eindeutige und prägnante Formulierung der Veranstaltungstitel zurückzuführen ist.
387) Dieser Teil des Jahresprogramms enthält u.a. "Informationen über die Georg-von-Vollmar-Akademie" - Entstehungsgeschichte und Entwicklung -, "Teilnahmebeiträge", "die Vorstellung der Mitarbeiter" usw. (vgl. z.B. Georg-von-Vollmar-Akademie, 1993, S.6)
388) Hier manifestiert sich der wesentliche Unterschied zur Programmgestaltung der HSS, bei der als *Kernbestandteil* der Bildungsprogramme die 'Seminarreihen' zu gelten haben (vgl. 5.3.1.1 insbesondere Anm. 371).

demokratischen Bildungsarbeit in Bayern die Frage zu beantworten, ob und in welchen thematischen Facetten die Vereinigungsthematik zum Gegenstand der politischen Bildungsaktivitäten gewordene ist.

Die Inhaltsanalyse der in Bayern von der FES in den Bildungszentren - Georg-von-Vollmar-Akademie (Kochel am See) und Akademie Frankenwarte (Würzburg) - angebotenen Bildungsprogramme für den Zeitraum 2. Halbjahr 1990 bis einschließlich 1. Halbjahr 1995 bringt folgendes grundsätzliches Resultat hervor[389]: Es können für jedes Jahr Untersuchungseinheiten lokalisiert werden, die eindeutig dem Lerngegenstand *Innere Einheit Deutschlands* zuzurechnen sind, wobei der prozentuale Anteil dieser Veranstaltungen, die den Vereinigungsprozeß i.w.S. beinhalten, bezüglich der Gesamtzahl der jeweils im Untersuchungszeitraum angebotenen Seminare schwankt zwischen dem maximal erreichten Wert von *27,20%* (1991) und dem minimalen Wert von *3,57%* (1. Halbjahr 1995).

Vor der ausführlichen verbalen und zahlenmäßigen Fixierung der soeben in einem Satz zusammengefaßten Resultate bleibt festzuhalten, daß nur im ersten Fall - der detaillierten verbalen Nennung - alle identifizierten Fundstellen dahingehend gekennzeichnet werden, ob sie dem Programm der Akademie Frankenwarte entstammen (F) oder dem der Georg-von-Vollmar-Akademie (G), um so auf der einen Seite eine differenzierte Betrachtung der Einzelergebnisse zu ermöglichen, andererseits aber die Übersichtlichkeit der laufenden Darstellung und der abschließenden Ergebniszusammenfassung - siehe Abb. 18 - für die beiden letztlich doch ein und der selben 'politischen Voll-Stiftung' zuzurechnenden Träger einer sozialdemokratischen Bildungsarbeit in Bayern nicht unnötig zu gefährden.[390]

<u>- Programmangebot der FES im 2. Halbj. 1990 (FES/Bay./2. Halbj./1990):</u>
In diesem Halbjahr verweisen zwei von 18 Seminaren der Akademie Frankenwarte und 12 der 46 Veranstaltungen der Georg-von-Vollmar-Akademie und damit zusammengenommen *14* Indikatoren bzw. *21,88%* der insgesamt *64* Angebote i.w.S. auf den Lerngegenstand *Innere Einheit Deutschlands*[391], genauer gesagt auf alle fünf vordefinierten Unterkategorien.

---

389) Anm. 376 der vorliegenden Arbeit gilt entsprechend.
390) Anm. 374 der vorliegenden Arbeit gilt entsprechend.
391) Warum an dieser Stelle davon ausgegangen wird, daß die im folgenden genannten Bildungsangebote i.w.S. der Verwirklichung der inneren Einheit dienen, obwohl zum Zeitpunkt der Erstellung und Veröffentlichung dieser Programmangebote Ende 1989 die rasche Vereinigung im Oktober 1990 doch noch gar nicht abzusehen war, kann dem entsprechenden Abschnitt in Gliederungspunkt 5.3.1.1 entnommen werden.

-- Die Unterkategorie 'Gesellschaft':

* BRD - DDR. Vergleich der Gesellschaftsordnungen[392]. *Zwei* fünftägige Seminare: Übungen zur freien Rede - Politik und Sprache in beiden deutschen Staaten (S.46, G)
  * Vom Konzept zur freien Rede - effektiver werden bei Vortrag und Diskussion. (vgl. ebd.)

-- Die Unterkategorie 'Verfassungsmäßige Ordnung':

* *Ein* fünftägiges Seminar: Funk und Fernsehen in beiden deutschen Staaten. Rückblick und Ausblick auf das Spannungsfeld: Kontrolle der Politik durch Medien - Kontrolle der Medien durch Politik (F)

* BRD - DDR. Vergleich der Gesellschaftsordnungen. *Ein* fünftägiges Seminar: Rock und Popmusik im Seminar: Rockmusik als Vermittler politischer Missionen in der Musikszene beider deutscher Staaten (S.18, G)
  * Die moderne Musik ist ein Medium, über das sich politische Herrschaftsinteressen und gesellschaftspolitische Ansprüche an die Hörer vermitteln lassen. Der Vergleich zwischen Ost und West ist da sicher interessant. (vgl. ebd.)

* BRD - DDR. Vergleich der Gesellschaftsordnungen. *Zwei* fünftägige Seminare: Glasnost und die Röhre? Informationssendungen im DDR-Fernsehen (S.23, G)
  * Ideologische und rechtliche Grundlagen des Fernsehens in Ost und West, Pressefreiheit in beiden deutschen Staaten usw. (vgl. ebd.)

-- Die Unterkategorie 'Wirtschaft':

* *Ein* Wochenendseminar BRD - DDR - Schwerpunkt: Basiswissen Ökonomie - neue wirtschaftspolitische Konzeptionen und ihre Ergebnisse (F)

* BRD - DDR. Vergleich der Gesellschaftsordnungen. *Ein* fünftägiges Seminar: Zukunft der Industriegesellschaft (S.14, G)
  * Ständige Verlängerung der Lebenszeit; Arbeitszeitverkürzung: mehr Freizeit, mehr Tourismus, mehr Umweltbelastung; Trends, die dem Streit der Ideologie zwischen den Systemen bei uns und in der DDR neue Perspektiven geben. (vgl. ebd.)

-- Die Unterkategorie 'Eine Welt':

* BRD - DDR. Vergleich der Gesellschaftsordnungen. *Ein* fünftägiges Seminar: Glasnost und Perestroika in der UdSSR (S.28, G)
  * Der Moskauer Frühling bleibt nicht auf die UdSSR allein beschränkt - in anderen Ländern des Warschauer Paktes fordern immer mehr Bürger Veränderungen und Offenheit. Während Ungarn und Polen auf Reformkurs sind, verharren die DDR und Rumänien auf starren Positionen. (vgl. ebd.)

---

392) Bei dieser einleitenden Angabe handelt es sich um eine der Wortkombinationen bzw. Schlagworte, denen die Veranstaltungen im Inhaltsverzeichnis zugeordnet sind. Dieses von der Georg-von-Vollmar-Akademie genutzte Ordnungskriterium, das die Identifizierung der betreffenden Indikatoren enorm erleichtert, wird auch nachfolgend bei der Auflistung der relevanten Untersuchungseinheiten mit angegeben.

-- Die Unterkategorie 'thematisch mehrdimensional':[393]

* BRD - DDR. Vergleich der Gesellschaftsordnungen. *Zwei fünftägige Veranstaltungen: Ökonomie/Ökologie* (S.12, G)
    * Themen sind u.a.: durch grenzüberschreitende Luftverschmutzung sterben Wälder, stirbt der Boden usw. ('E. W.'); Umweltschutz contra Arbeitsplätze ('Wirt.'); Die Umweltschutzpolitik der DDR ('Verf. O.') usw. (vgl. ebd.)

* BRD - DDR. *Ein fünftägiges Seminar: Was bleibt vom Sozialismus?* (S.33, G)
    * Themen sind u.a.: Marxismus - Leninismus im politischen System der DDR ('Verf. O.'); Ökologie und Arbeiterbewegung ('Wirt.') usw. (vgl. ebd.)

* BRD - DDR. Vergleich der Gesellschaftsordnungen. *Ein fünftägiges Seminar: Wiederaufbau und Neubeginn in den beiden deutschen Staaten nach dem Zweiten Weltkrieg* (S.40, G)
    * Themen sind u.a.: Grundgesetz und DDR-Verfassung ('Verf. O.'); Vom Leben in der Zusammenbruchsgesellschaft ('Gesell.'); Die Entstehung politischer Parteien und Gewerkschaften ('Verf. O.') usw. (vgl. ebd.)

* BRD - DDR. Vergleich der Gesellschaftsordnungen. *Ein fünftägiges Seminar: Sport und Politik in beiden deutschen Staaten* (S.48, G)
    * Themen sind u.a.: Sport ist politisch, Olympiaboykott von Los Angeles oder Moskau ('E. W.'); Die laufende Litfaßsäule ('Gesell.'); Förderung des Leistungs- und Breitensports in den beiden deutschen Staaten seit 1949 ('Verf. O.') usw. (vgl. ebd.)

- Programmangebot der FES im Jahr 1991 (FES/Bay./1991):

In diesem Jahr, dem ersten, bei dem sich auch die beiden Akademien der FES bereits bei der Planung der Bildungsprogramme - Ende 1990 - auf die neue Situation, die formal vollzogene Einheit und ihre Folgen, einstellen konnten und damit i.w.S. auf den Lerngegenstand *Innere Einheit Deutschlands*, können insgesamt 34 Indikatoren - sieben im Angebot der Akademie Frankenwarte und 27 in dem der Georg-von-Vollmar-Akademie - lokalisiert werden, die den Menschen in Bayern die Gelegenheit bieten, sich mit der Vereinigungsthematik gezielt zu befassen. Dies entspricht einem Anteil von *27,20%* an den alles in allem *125* in diesem Jahr von der FES - 42 von der Akademie Frankenwarte und 83 von der Georg-von-Vollmar-Akademie - angebotenen Veranstaltungen.

-- Die Unterkategorie 'Gesellschaft':

* Der Prozeß der deutschen Einigung.[394] *Sechs fünftägige Seminare: Übungen zur freien Rede - Politik und Sprache* (S.11, G)
    * Ausgehend von Themen aus dem Prozeß der deutschen Einigung wird das Ziel verfolgt, effektiver zu werden bei Vortrag und Diskussion. (vgl. ebd.)

---

393) Anm. 377 der vorliegenden Arbeit gilt entsprechend.
394) Diese Wortkombination löst 1991 den noch im Vorjahr im Inhaltsverzeichnis der Georg-von-Vollmar-Akademie als Ordnungskriterium gebrauchten Satz: "BRD - DDR. Vergleich der Gesellschaftsordnungen" ab und findet seit dieser Zeit ohne Unterbrechung Verwendung. Nachstehend wird dieses Kriterium nur noch wie folgt angegeben: Der Prozeß der ...

-- Die Unterkategorie 'Verfassungsmäßige Ordnung':

* Der Prozeß der ... *Zwei* fünftägige Seminare: Vom SED-Sprachrohr zur kritischen Öffentlichkeit - die DDR Medien im Wandel (S.8, G)
  * Themen sind u.a.: Aktuelle Trends und Entwicklungen der Medienpolitik; Das gewandelte Berufsverständnis der Journalisten in der DDR usw. (vgl. ebd.)

* Der Prozeß der ... *Ein* einwöchiges Seminar: Rechtsextremismus - ein gesamtdeutsches Problem (S.10, G)
  * Themen sind u.a.: Die Struktur des rechtsextremen Potentiales in Ost und West; Analyse von Programmen und Reden des rechtsextremen Parteienspektrums; Strategien gegen den Rechtsradikalismus usw. (vgl. ebd.)

-- Die Unterkategorie 'Wirtschaft':

* *Ein* dreitägiges Seminar: Wirtschaftspolitik - Schwerpunkt: Einig Vaterland - wirtschaftliche Ziele und Konflikte (F)

* *Zwei* fünftägige Seminare: Wirtschaftspolitik - Ökonomische Entwicklung im Lichte des geeinten Deutschlands (Konjunktur - Wachstum - Arbeitsmarkt) (F)

* *Ein* fünftägiges Seminar: Natur und Umweltschutz im vereinten Deutschland (F)

* Der Prozeß der ... *Ein* dreitägiges und *zwei* fünftägige Seminare: Neue Armut und Massenarbeitslosigkeit (S.9, G)

* Der Prozeß der ... *Zwei* fünftägige Seminare: Zukunft der Industriegesellschaft (S.12, G)
  * Seit freien Wahlen und Vereinigung hat die Auseinandersetzung um Sozialismus und Kapitalismus eine ganz neue Qualität und Dynamik erlangt. (vgl. ebd.)

-- Die Unterkategorie 'Eine Welt':

* Der Prozeß der ... Zwei *fünftägige* Seminare: Die "UdSSR" - Ein Koloß kommt in Bewegung (S.7, G)

-- Die Unterkategorie 'thematisch mehrdimensional':

* *Zwei* fünftägige Seminare: Ein Jahr deutsche Wirtschafts- und Währungsunion, neun Monate deutsche Einheit. Wie ist die soziale Lage? (F)

* *Ein* fünftägiges Seminar: Spurensuche in Thüringen und Bayern - Geschichte erfahren - Von Eisenach nach Würzburg (F)

* Der Prozeß der ... *Ein* fünftägiges Seminar: Alltagsprobleme (S.3, G)
  * In einer Rückblende auf folgende Bereiche: Volksvertretung und Staatssystem ('Verf. O.'); die Familie ('Gesell.'), das Wirtschaftssystem ('Wirt.') usw. wollen wir zeigen, mit welchen umfangreichen Aufgaben der Deutsche Einigungsprozeß verbunden ist. (vgl. ebd.)

* Der Prozeß der ... *Zwei* fünftägige Seminare: Aktuelle Probleme der deutschen Vereinigung (S.4, G)
  * Themen sind u.a.: Inhalt und Bedeutung der Staatsverträge ('Verf. O.'); Das vereinigte Deutschland und die Rolle der Militärbündnisse ('E. W.'); usw. (vgl. ebd.)

* Der Prozeß der ... *Ein* fünftägiges Seminar: Vergangenheitsbewältigung und Zukunft (S.5, G)
    * Themen sind u.a.: Unterschiedliche Wirtschaftsmodelle ('Wirt.'); Aktuelle Probleme der politischen, wirtschaftlichen und sozialen Anpassung ('Verf. O.', 'Wirt.', 'Gesell.'); Internationale Probleme einer Vereinigung der beiden deutschen Staaten ('E. W.') usw. (vgl. ebd.)

* Der Prozeß der ... *Ein* fünftägiges Seminar: Was bleibt vom Sozialismus? (S.6, G, Veranstaltung ist identisch mit dem Angebot von 1990)

* Der Prozeß der ... *Ein* fünftägiges Seminar: Sport und Politik (S.13, G)
    * Themen sind u.a. Sport und Umweltschutz ('Wirt.'); Ausländerintegration durch Sport? ('E. W.'); Immer feste drauf! Sport und Gewalt ('Gesell.') usw. (vgl. ebd.)

* Der Prozeß der ... *Ein* fünftägiges Seminar: Das Ende des ersten Weltkriegs - Revolution - erste Gehversuche einer deutschen Republik (S.14, G)
    * Diese sehr wichtige historische Zeit wurde in den Geschichtsbüchern beider deutscher Staaten sehr unterschiedlich beschrieben. (vgl. ebd.)

* Der Prozeß der ... *Drei* fünftägige Seminare: Ökonomie - Ökologie: Waldsterben (S.16, G)
    * Themen sind u.a.: Umweltschutzpolitik in Deutschland/West und Ost ('Verf. O.'); Umweltschutz contra Arbeitsplätze? ('Wirt.'); durch grenzüberschreitende Luftverschmutzung sterben Wälder, Böden und Gewässer ('E. W.') usw. (vgl. ebd.)

* Der Prozeß der ... *Ein* fünftägiges Seminar: Politische Kleinkunst (S.42, G)
    * Themen sind u.a.: Politisch-gesellschaftliche Rahmenbedingungen für politische Kleinkunst ('Verf. O.'); Straßentheater, Liedermacher und andere Beispiele ('Gesell.') usw. (vgl. ebd.)

- Programmangebot der FES im Jahr 1992 (FES/Bay./1992):

In einem Satz zusammengefaßt, gilt für dieses Jahr, daß sich *26* der *109* offerierten Veranstaltungen, das entspricht *23,85%*, mit dem Lerngegenstand *Innere Einheit Deutschlands*, genauer mit allen fünf Unterkategorien beschäftigen, wobei bemerkenswert ist, daß nur im Bildungsangebot der Georg-von-Vollmar-Akademie entsprechende Indikatoren zu identifizieren sind - 26 von 71 Seminaren - und nicht einer im gesamten Angebot - 38 Seminare - der Akademie Frankenwarte.

-- Die Unterkategorie 'Gesellschaft':

* Der Prozeß der ... *Vier* fünftägige Seminare: Übungen zur freien Rede - Politik und Sprache im vereinten Deutschland (S.16, G)
    * siehe ferner die fast gleichlautenden Seminare 1990 und 1991

-- Die Unterkategorie 'Verfassungsmäßige Ordnung':

* Der Prozeß der ... *Ein* Wochenendseminar: Deutschland in bester Verfassung? (S.24, G)
    * Die deutsche Einheit hat auch die Frage einer Reform des Grundgesetzes wieder in das Bewußtsein der Öffentlichkeit gerückt. Verschiedene Fragen liegen auf dem Tisch: Welches Gremium soll die Reform bewerkstelligen?; Wird in Zukunft mehr direkte Demokratie gewagt? usw. (vgl. ebd.)

Kapitel 5: Die Innere Einheit Deutschlands in der außerschulischen politischen Bildung 217

-- Die Unterkategorie 'Wirtschaft':

* Der Prozeß der ... *Zwei* fünftägige Seminare: Energiepolitik (S.6, G)
  * Themen sind u.a.: Energiewirtschaft - das Monopol der Dinosaurier; Umweltbelastung durch Kraftwerke in Ostdeutschland; der Stellenwert der Kernenergie usw. (vgl. ebd.)

* Der Prozeß der ... *Zwei* fünftägige Seminare: Wirtschaftspolitik zwischen Markt und Macht (S.6, G)
  * Themen sind u.a.: Widersprüche in unserer Wirtschaftsordnung in Ostdeutschland; Verteilung der Vermögen, der Einkommen und der Macht in der Wirtschaft in Ostdeutschland usw. (vgl. ebd.)

* Der Prozeß der ... *Ein* fünftägiges Seminar: Mitbestimmung: Arbeitsbedingungen und Arbeitslosigkeit (S.8, G)

* Der Prozeß der ... *Zwei* fünftägige Seminare: Neue Armut und Massenarbeitslosigkeit (S.9, G)
  * Das Seminar soll u.a. Zusammenhänge und Interessenlagen, auch zwischen ost- und westdeutschen Ländern verdeutlichen - nach zwei Jahren Sozialhilfe in Ostdeutschland. (vgl. ebd.)

* Der Prozeß der ... *Zwei* fünftägige Seminare: Verbraucher und Umwelt (S.12, G)
  * Informationen u.a. zu: Verbraucher und Umweltschutz in den neuen Bundesländern; Produktion und Verbrauch von Lebensmitteln usw. (vgl. ebd.)

* Der Prozeß der ... *Zwei* fünftägige Seminare: Zukunft der Industriegesellschaft (S.14, G, Veranstaltungen sind identisch mit dem Angebot von 1991)

-- Die Unterkategorie 'Eine Welt':

* Der Prozeß der ... *Ein* fünftägiges Seminar: Ausländer im vereinten Deutschland: Einheit in Vielfalt - oder Arbeiten und Mundhalten? (S.13, G)
  * Besonders in den neuen Ländern ist eine besorgniserregende Ausländerfeindlichkeit zu beobachten - mit steigender Tendenz. Themen sind u.a.: Ausländer in der ehemaligen DDR: die "verordnete" brüderliche Solidarität?; Europäischer Binnenmarkt 1993: Neue Chancen für mehr Toleranz? usw. (vgl. ebd.)

-- Die Unterkategorie 'thematisch mehrdimensional':

* Der Prozeß der ... *Zwei* fünftägige Seminare: Deutsche Einheit - Euphorie und Ernüchterung (S.5, G)
  * Die Mauer aus Beton ist durch eine geistige Mauer in den Köpfen ersetzt worden. Themen sind u.a.: Die Probleme des Arbeitsmarktes in den neuen Ländern ('Wirt.'); Eine neue Verfassung für das geeinte Deutschland? ('Verf. O.'); Die veränderte Rolle Deutschlands in der Welt ('E. W.') usw. (vgl. ebd.)

* Der Prozeß der ... *Ein* fünftägiges Seminar: Vergangenheitsbewältigung und Zukunft in Deutschland (S.6, G)
  * Themen sind u.a.: Verfassungsreform im geeinten Deutschland ('Verf. O.'); Währungsreform 1948 und Währungsunion 1990 ('Wirt.'); Entnazifizierung nach 1945 und "Entstasifizierung" in Ostdeutschland nach 1990 usw. (vgl. ebd.)

* Der Prozeß der ... *Drei* fünftägige Seminare: Ökonomie - Ökologie: Waldsterben (S.10, G, Veranstaltungen sind identisch mit dem Angebot von 1991)

* Der Prozeß der ... *Ein* fünftägiges Seminar: Mit dem Auto in die Sackgasse (S.11, G)
   * Themen sind u.a.: Soziale Folgekosten der Autogesellschaft ('Gesell.'); Kostenfaktor Umwelt ('Wirt.'); Die Sanierung und Zukunft der Bahn in Ostdeutschland ('Wirt.') usw. (vgl. ebd.)

* Der Prozeß der ... *Zwei* fünftägige Seminare: Das Dritte Reich (S.22, G)
   * Die Aufarbeitung der Deutschen Geschichte wird im Vereinigungsprozeß eine neue erweiterte Dimension erhalten. (vgl. ebd.)

- Programmangebot der FES im Jahr 1993 (FES/Bay./1993):

In diesem Jahr verweisen *17,48%* der *103* Angebote und damit *18* Indikatoren, anders ausgedrückt, zwei der 35 Veranstaltungen der Akademie Frankenwarte und 16 der 68 Seminare der Georg-von-Vollmar-Akademie, direkt auf den Lerngegenstand *Innere Einheit Deutschlands*, genauer gesagt auf alle fünf Unterkategorien.

-- Die Unterkategorie 'Gesellschaft':

* Der Prozeß der ... *Vier* fünftägige Seminare: Übungen zur freien Rede - Politik und Sprache im vereinten Deutschland (S.12, G, Veranstaltungen sind identisch mit dem Angebot von 1992)

* Mensch und Natur, Gesellschaft und Zukunft. *Ein* fünftägiges Seminar: Das Menschenbild der Industriegesellschaft (S.43, G)
   * Ein Thema neben anderen: Menschenbilder der BRD und der DDR (vgl. ebd.)

-- Die Unterkategorie 'Verfassungsmäßige Ordnung':

* Der Prozeß der ... *Ein* fünftägiges Seminar: Der neue (alte) Rechtsextremismus (S.14, G)
   * Auseinandersetzung mit den neuen "Rechtsaußenparteien" und dem Neonazismus im wiedervereinigten Deutschland. (vgl. ebd.)

* Der Prozeß der ... *Ein* fünftägiges Seminar: Rechtsextremismus und der neue Rassismus (S.15, G)
   * Ernüchterung und Frustration über den schwierigen Prozeß der inneren Einheit Deutschlands und seine sozialen Folgen haben den latenten Rechtsextremismus wieder offenbar werden lassen. (vgl. ebd.)

-- Die Unterkategorie 'Wirtschaft':

* *Ein* fünftägiges Seminar: Wirtschaftliche Einheit Bundesrepublik Deutschland - Stand, Perspektiven und mögliche Entwicklungsszenarien in einer sozialen Marktwirtschaft (F)

* Sozialpolitik[395]. *Ein* fünftägiges Seminar: Neue Armut und Massenarbeitslosigkeit (S.9, G)
   * Das Seminar soll u.a. Zusammenhänge und Interessenlagen, auch zwischen ost- und westdeutschen Ländern verdeutlichen - nach zwei Jahren Sozialhilfe in Ostdeutschland. (vgl. ebd.)

---

395) Dieses Seminar, das jetzt unter dem Schlagwort "Sozialpolitik" angeboten wird, lief noch ein Jahr zuvor - in identischer Form - unter der Ankündigung "Der Prozeß der ..."

Kapitel 5: Die Innere Einheit Deutschlands in der außerschulischen politischen Bildung

-- Die Unterkategorie 'Eine Welt':

* Der Prozeß der ... *Ein* fünftägiges Seminar: Ausländerpolitik (S.16, G)

-- Die Unterkategorie 'thematisch mehrdimensional':

* *Ein* dreitägiges Seminar: Die Deutschen und ihr Verhältnis zur Vergangenheit. NS-Staat und SED-Staat: zweierlei schwieriges Erbe (F)

* Der Prozeß der ... *Drei* fünftägige Seminare: Ökonomie - Ökologie: Waldsterben (S.11, G, Veranstaltungen sind identisch mit dem Angebot von 1992)

* Der Prozeß der ... *Ein* fünftägiges Seminar: Aufgabe Integration - Wege zur inneren Einheit Deutschlands (S.17, G)
  * Unser Seminar will - möglichst durch die Begegnung von Menschen aus Ost und Westdeutschland - dazu beitragen, daß Entfremdung nicht wächst, sondern abgebaut wird und daß Verständigung und Verständnis wachsen. (vgl. ebd.)

* Der Prozeß der ... *Ein* fünftägiges Seminar: Wohin gehst du Deutschland? (S.17, G)
  * Orientierungslosigkeit und Parteiverdrossenheit ('Gesell.') machen sich breit im vereinten Deutschland. Themen sind u.a.: Neue Grundrechte in der Verfassungsdiskussion - Modelle aus den neuen Ländern ('Verf. O.'); Die Krise des Parteienstaates - Krise der Demokratie? ('Verf. O.') usw. (vgl. ebd.)

* Der Prozeß der ... *Ein* fünftägiges Seminar: Vergangenheitsbewältigung und Zukunft im vereinten Deutschland (S.18, G)
  * Themen sind u.a.: Die Bewältigung der Stasi-Vergangenheit ('Verf. O.'); Arbeit, Wirtschaft, Soziales ('Wirt.'); Politische und militärische Verantwortung des neuen Deutschland in der Welt ('E. W.') usw. (vgl. ebd.)

* Der Prozeß der ... *Ein* fünftägiges Seminar: Das Dritte Reich (S.37, G, Veranstaltung ist identisch mit dem Angebot von 1992)

- Programmangebot der FES im Jahr 1994 (FES/Bay./1994):

Faßt man an dieser Stelle erneut vor der exakten verbalen Fixierung der lokalisierten Untersuchungseinheiten das Ergebnis der inhaltsanalytischen Aufbereitung des Datenmaterials zusammen, so kann festgehalten werden, daß 1994 *zehn* Veranstaltungen, das sind *8,26%* der insgesamt *121* ausgewiesenen Angebote der FES in Bayern, deutlich erkennbar der Vereinigungsthematik, genauer drei der fünf Unterkategorien, gewidmet sind. Es handelt sich dabei um ein Seminar, das von der Akademie Frankenwarte offeriert wird - von 45 Angeboten - und um neun der 76 Veranstaltungen der Georg-von-Vollmar-Akademie.

-- Die Unterkategorie 'Gesellschaft':

* *Ein* fünftägiges Seminar: Austausch und Vernetzung. Frauen aus Ost- und Westdeutschland überwinden die Mauer in den Köpfen (F)

* Mensch und Natur, Gesellschaft und Zukunft. *Zwei* fünftägige Seminare: Das Menschenbild der Industriegesellschaft (S.38, G, Veranstaltungen sind identisch mit dem Angebot von 1993)

-- Die Unterkategorie 'Verfassungsmäßige Ordnung':

* Der Prozeß der ... *Zwei* fünftägige Seminare: Rechtsextremismus und der neue Rassismus (S.18, G, Veranstaltungen sind identisch mit dem Angebot von 1993)

* Der Prozeß der ... *Ein* fünftägiges Seminar: Der neue (alte) Rechtsextremismus (S.18, G, Veranstaltung ist identisch mit dem Angebot von 1993)

-- Die Unterkategorie 'thematisch mehrdimensional':

* Der Prozeß der ... *Ein* fünftägiges Seminar: Schlaglichter der deutschen Geschichte (S.23, G)
   * Integration ist ein Prozeß, der ohne Vergegenwärtigung der geschichtlichen Entwicklung, die ihn möglich machte, ohne Bereitschaft, sich mit den Lebensverhältnissen und Erfahrungen der anderen zu befassen, kaum gelingen kann. (vgl. ebd.)

* Der Prozeß der ... *Zwei* fünftägige Seminare: Aufgabe Integration - Wege zur inneren Einheit Deutschlands (S.23, G, Veranstaltungen sind identisch mit dem Angebot von 1993)

* Der Prozeß der ... *Ein* fünftägiges Seminar: Das Dritte Reich (S.37, G, Veranstaltung ist identisch mit dem Angebot von 1993)

- Programmangebot der FES im 1. Halbj. 1995 (FES/Bay./1. Halbj./1995):

Im 1. Halbjahr 1995 verweisen noch *3,57%* der *56* angebotenen Seminare und damit *zwei* Indikatoren oder anders formuliert zwei der 35 Veranstaltungen der Georg-von-Vollmar-Akademie auf den Lerngegenstand *Innere Einheit Deutschlands*, genauer gesagt auf die Kategorien 'Gesellschaft' und 'Wirtschaft'. Demgegenüber ist keines der 21 Seminarangebote[396] der Akademie Frankenwarte diesem Lerngegenstand gewidmet.

-- Die Unterkategorie 'Gesellschaft':

* Mensch und Natur, Gesellschaft und Zukunft. *Ein* fünftägiges Seminar: Das Menschenbild der Industriegesellschaft (S.38, G, Veranstaltung ist identisch mit dem Angebot von 1994)

-- Die Unterkategorie 'Wirtschaft':

* Ökonomie und Ökologie. *Ein* fünftägiges Seminar: Zukunft der Industriegesellschaft (S.37, G)
   * Die deutsche Vereinigung und die Auflösungsprozesse der alten Wertesysteme haben der Auseinandersetzung um Sozialismus und Kapitalismus neue Dimensionen und eine neue Dynamik verliehen. (vgl. ebd.)

In Abb. 18 werden nun die soeben für die FES verbal fixierten und für jedes Jahr einzeln aufgelisteten Fundstellen für den gesamten Untersuchungszeitraum zahlenmäßig aufbereitet zusammengefaßt, wobei dabei - wie bereits einleitend erwähnt - auf eine in

---

[396] An dieser Stelle bleibt anzumerken, daß zum Zeitpunkt der inhaltsanalytischen Auswertung des Datenmaterials das Bildungsangebot der Akademie Frankenwarte nur bis einschließlich April 1995 vorlag.

sich gegliederte, die Akademie Frankenwarte und die Georg-von-Vollmar-Akademie gesondert berücksichtigende Darstellung verzichtet wird.[397]

Abb. 18: Ergebniszusammenfassung der Programmanalyse für den in Bayern ausgewählten Vertreter einer sozialdemokratischen Bildungsarbeit - die FES:

Untersuchungszeitraum	Friedrich-Ebert-Stiftung		
	Gesamtzahl d. Angebote	Anteil der Indika. in %	Indikatoren je Unterkategorie
2. Halbj. 90	64	21,88%	2/4/2/1/5
1991	125	27,20%	6/3/9/2/14
1992	109	23,85%	4/1/11/1/9
1993	103	17,48%	5/2/2/1/8
1994	121	8,26%	3/3/-/-/4
1. Halbj. 95	56	3,57%	1/-/1/-/-

Die detaillierte und systematische Darstellung der Untersuchungsergebnisse für das "alte" Bundesland Bayern abschließend, wenden wir uns nun dem politischen Bildungsangebot der FNS, genauer gesagt dem der TDS zu und damit dem ausgewählten Repräsentanten einer liberalen Bildungsarbeit in Bayern.

5.3.1.3 Liberale Bildungsarbeit

Wie die beiden bayerischen Akademien der FES auch, hat die TDS, eine der bundesweit insgesamt 12 mit der FNS eng kooperierenden liberalen Landesstiftungen, im Gegensatz zur HSS ihr politisches Bildungsangebot in den letzten fünf Jahren, was die Aufmachung des Programmhefts und die Anordnung der einzelnen Seminare anbelangt,

---

[397]) Die jeweiligen Eintragungen in den drei Spalten der nachfolgenden Übersicht sind in gleicher Weise zu erschließen, wie dies für Abb. 17 angegeben wurde.

nicht grundlegend verändert oder neu gestaltet. Dieses halbjährlich erscheinende Veranstaltungsangebot setzt sich aus drei wesentlichen Komponenten zusammen:
Erstens aus einem einführenden Teil, der über Auftrag, Ziel, zur Verfügung stehende finanzielle Mittel, Geschichte und den Namensgeber der Stiftung informiert, des weiteren aus dem eigentlichen Bildungsprogramm, in dem die Einzelveranstaltungen nach Monaten geordnet angegeben sind und drittens einem Abschnitt, der die Teilnahmebedingungen offenlegt, neben den amtierenden Vorstandsmitgliedern auch die jeweiligen Ansprechpartner im Landesbüro München benennt und die genauen Anschriften der sechs landesweit unterhaltenen Aktionszentren markiert.

Der im Rahmen dieser Untersuchung entscheidende mittlere Teil des veröffentlichten Bildungsangebots, der die Einzelveranstaltungen auflistet[398], enthält dabei - analog zu der bereits besprochenen Broschüre der Akademie Frankenwarte - neben der Benennung der eigentlichen Seminartitel, der Angabe des Veranstaltungsorts und der festgesetzten Dauer keine weiterführenden veranstaltungsspezifischen Hinweise. Diese relativ knappe Informationsbasis, die die TDS dem eigentlichen Rezipient dieser Mitteilung, dem im Einzugsbereich der Stiftung lebenden Bürger, der sich für derartige Bildungsveranstaltungen interessiert, zur Verfügung stellt[399], muß und soll an dieser Stelle genügen, um die Frage zu beantworten, inwieweit die Vereinigungsthematik seit dem 2. Halbjahr 1990 gezielt zum Gegenstand der politischen Bildungsaktivitäten dieses Repräsentanten einer liberalen Bildungsarbeit in Bayern geworden ist.

Um die intersubjektive Nachprüfbarkeit der Arbeit bzw. der inhaltsanalytischen Aufbereitung des Datenmaterials über die in Punkt 5.1 bzw. 4.1 getroffenen Aussagen hinaus zu erhöhen und zu zeigen, daß mit Hilfe einer derart geringen Text- bzw. Analysegrundlage, die lediglich aus den einzelnen Veranstaltungstiteln besteht, durchaus eine Aussage dahingehend möglich ist, ob die Vereinigungsthematik von Seiten der betreffenden Stiftung gezielt und in der Form in den Mittelpunkt ihrer politischen Bildungsaktivitäten gerückt wurde, daß dies auch von einem fiktiven Bürger, der sich mit dieser Thematik beschäftigen möchte, ohne weiteres zu erkennen ist, soll die nachstehende

---

398) Die Einzelveranstaltungen bilden damit auch hier, analog zu den beiden Akademien der FES, den *Kernbestandteil* der Bildungsprogramme.
399) Geht aus der in Halbsätzen oder Sätzen formulierten Mitteilung nicht deutlich hervor, daß sich ein Veranstaltungsangebot i.w.S. mit der Vereinigungsthematik beschäftigt, so kann davon ausgegangen werden, daß ein interessierter Bürger, der eine Möglichkeit sucht, sich systematisch mit dieser Problematik auseinanderzusetzen, sich von einem solchen Angebot auch nicht angesprochen fühlen wird. Ein Sachverhalt, der nach meinem Dafürhalten in letzter Konsequenz zur Folge hat, daß dann auch nicht von einer *gezielten*, dem inneren Einigungsprozeß vorrangig dienenden politischen Bildungsmaßnahme der betroffenen Stiftung gesprochen werden kann.

Aufzählung untermauern. Es handelt sich dabei um die von der TDS 1994 in den ersten drei Monaten angebotenen Seminare:[400]
Im *Januar*: Philosophen der Freiheit - Salman Rushdie; 'Wintergrün' - Anna Rosmus stellt ihr vieldiskutiertes Buch vor; Der Bericht des Club of Rome und die Perspektiven des nächsten Jahrhunderts; Besuch des Bayerischen Landtags im Maximilianeum; Philosophen der Freiheit - Ludwig Wittgenstein; Grundseminar Rhetorik; Singels auf dem Vormarsch. Zu den Auswirkungen der veränderten Bevölkerungsstruktur in den Großstädten; Fahrt ins Reichsstädtische Museum nach Rothenburg; Im *Februar*: Grundseminar Rhetorik; Wer hat das Recht, wer hat die Sorge? Zur Reform des Kindschaftsrechts; Der Philosoph Bernhard Russel. Liberaler und Humanist; Freimaurer und Liberalismus; Philosophen der Freiheit - Steven Hawking; Grundseminar Rhetorik; Keine Demokratie ohne Liberalismus; Teilnahme am Ramadan-Abend im islamischen Zentrum München; Philosophen der Freiheit - Konrad Lorenz; Chaosforschung; Grundseminar Rhetorik; Der große Verdruß. Vom Unbehagen an Parteien und Politikern; Hinwendung zu den Sekten als Antwort auf den Werteverfall; Überrollt uns die Abfall-Lawine?; Im *März*: Grundseminar Rhetorik; Das Tiefste Bohrloch der Welt. Kontinentale Tiefenbohrung; Wirtschafts- und Steuerprobleme im Verein; Rhetorik - 1. Aufbauseminar; Franz Liszt - zu Leben und Werk; Philosophen der Freiheit - Julian der Abtrünnige; Die gespaltene Nation - zum aktuellen Stand der geistigen und wirtschaftlichen Wiedervereinigung, ihre Differenzen und Probleme; Rhetorik - 1. Aufbauseminar; Europa - oder was sonst?; Privatisierung der Krankenhäuser; Philosophen der Freiheit - Max Weber; EG-Agrarrichtlinien im Spannungsfeld von allgemeinen Nutzen und Bürokratie; Keine Demokratie ohne Liberalismus; Der Liberalismus in Bayern; Gruppenreise nach Florida; RTL-Studio-Besichtigung. (vgl. FNS/Bay./1994)

Die Inhaltsanalyse der in Bayern von der FNS/TDS angebotenen Bildungsprogramme für den Zeitraum 2. Halbjahr 1990 bis einschließlich 1. Halbjahr 1995 bringt folgendes grundsätzliches Resultat hervor: Es können für jedes Jahr Untersuchungseinheiten lokalisiert werden, die eindeutig dem Lerngegenstand *Innere Einheit Deutschlands* zuzurechnen sind, wobei der prozentuale Anteil dieser Veranstaltungen, die den Vereinigungsprozeß i.w.S. betreffen, bezüglich der Gesamtzahl der jeweils im Untersuchungszeitraum angebotenen Veranstaltungen schwankt zwischen dem maximal erreichten Wert von *4,82%* (1991) und dem minimalen Wert von *1,34%* (1994).

---

[400] Dieser exemplarisch und ohne weitere Vorüberlegungen ausgewählte Ausschnitt aus dem Jahresprogramm der TDS, der durchaus für die hier untersuchten Programme - was die Formulierung der Seminartitel ohne Angabe weiterführender Informationen anbelangt - charakteristisch ist und nur eine Untersuchungseinheit benennt, die dem Lerngegenstand *Innere Einheit Deutschlands* eindeutig zuzuordnen ist, kann und soll an dieser Stelle nicht mehr leisten, als dem Leser, dem die Bildungsprogramme im einzelnen ja nicht zugänglich sind, die Möglichkeit zu eröffnen, sich ein eigenes Bild von der Aussagekraft eines derart gestalteten Programmhefts zu verschaffen.

Bevor die verbale Fixierung der soeben lediglich allgemein angedeuteten Analyseresultate vorgenommen wird und im Anschluß daran eine komprimierte rein zahlenmäßige Zusammenfassung der Ergebnisse - siehe Abb. 19 - erfolgt, bleibt wichtig anzumerken, daß die TDS aufgrund der Verfahrensweise, ihr Programmheft nur für ein halbes Jahr im voraus zu veröffentlichen, im Grunde gute Voraussetzungen dafür besaß, bereits im Laufe der Programmplanung für das 2. Halbjahr 1990 die aktuellen politischen Gegebenheiten, insbesondere die sich immer deutlicher abzeichnende Wiedervereinigung und die damit verbundenen Schwierigkeiten und Probleme aufzugreifen. Eine Möglichkeit, die speziell für die HSS und die Georg-von-Vollmar-Akademie (FES), die ihr Bildungsprogramm für ein ganzes Jahr im voraus zusammenstellen, erst für das Jahr 1991 galt. Inwieweit die TDS diese Chance tatsächlich nutzt, wird die nachfolgende Ergebnisdarstellung u.a. klären.[401]

- Programmangebot der FNS/TDS im 2. Halbj. 1990 (FNS/Bay./2. Halbj./1990):
Im gesamten 2. Halbjahr 1990 beziehen sich *drei* von insgesamt *89* Seminaren der TDS, das sind *3,37%*, unmittelbar auf den Lerngegenstand *Innere Einheit Deutschlands*, genauer gesagt auf zwei der fünf Unterkategorien, nämlich auf die Kategorie 'Gesellschaft' und 'thematisch mehrdimensional'.

-- Die Unterkategorie 'Gesellschaft':

* *Eine* Tagesveranstaltung: Gedanken, Gefühle, Hoffnungen der Deutschen: Zu den Auswirkungen der Vereinigung (163)[402]

-- Die Unterkategorie 'thematisch mehrdimensional':

* *Ein* Wochenendseminar: Einheit in Freiheit: Die Zukunft der Deutschen (087)

* *Ein* Wochenendseminar: DDR-Seminar (091)

- Programmangebot der FNS/TDS im Jahr 1991 (FNS/Bay./1991):
In einem Satz zusammengefaßt, gilt für dieses Jahr, daß sich *acht* der *166* offerierten Veranstaltungen, das entspricht *4,82%*, mit der Vereinigungsthematik befassen, insbesondere mit drei der fünf vordefinierten Unterkategorien.

-- Die Unterkategorie 'Verfassungsmäßige Ordnung':

* *Ein* Wochenendseminar: Brauchen wir eine vom Volk bestätigte Verfassung? Rechtsprobleme im neuen Deutschland (041)

---

401) Anm. 374 der vorliegenden Arbeit gilt entsprechend.
402) Die in Klammern stehende Zahl entspricht der im Veranstaltungsprogramm abgedruckten Seminarnummer, die jedem Angebot beigeordnet wird. Diese Nummer wird nachfolgend als Ersatz für die fehlenden Seitenangaben im Programmheft angegeben, um so das Auffinden eines Indikators zu erleichtern.

-- Die Unterkategorie 'Wirtschaft':

* *Eine* Abendveranstaltung: Steuerprobleme im vereinigten Deutschland (040)

-- Die Unterkategorie 'thematisch mehrdimensional':

* *Drei* Wochenendseminare: Geschichte der deutschen Teilung - aktuelle deutschlandpolitische Diskussion (001, 007, 098)

* *Ein* Wochenendseminar: Deutsche Hauptstadt Berlin? (026)

* *Ein* Wochenendseminar: Warum der Sozialismus versagt hat! Abschied von einer Utopie (062)

* *Ein* Wochenseminar: Berlinpolitisches Informationsseminar (091)

- Programmangebot der FNS/TDS im Jahr 1992 (FNS/Bay./1992):

In diesem Jahr verweisen *1,75%* der *171* Angebote und damit *drei* Indikatoren direkt auf den Lerngegenstand *Innere Einheit Deutschlands*, genauer gesagt auf eine der fünf Unterkategorien, nämlich auf die Kategorie 'thematisch mehrdimensional'. Es sind dies die folgenden Veranstaltungen:

* *Ein* Wochenendseminar: Zweierlei Vergangenheitsbewältigung - Drittes Reich und DDR (051)

* *Ein* Wochenendseminar: Soziale Sicherung und Gesundheitswesen in den neuen Bundesländern - 2 Jahre nach der Vereinigung (114)

* *Ein* Wochenendseminar: Zweierlei Vergangenheitsbewältigung. Nach 1945 und 1989 (162)

- Programmangebot der FNS/TDS im Jahr 1993 (FNS/Bay./1993):

Wie ein Jahr zuvor, beziehen sich auch 1993 *drei* Indikatoren, das entspricht *1,92%* der nunmehr insgesamt *156* Seminare, auf den Lerngegenstand *Innere Einheit Deutschlands*, genauer gesagt auf zwei der fünf Unterkategorien, auf die Kategorie 'Eine Welt' und 'thematisch mehrdimensional'.

-- Die Unterkategorie 'Eine Welt':

* *Ein* Wochenendseminar: Deutschland in Europa. Zur Lage Deutschlands nach dem Ende des Kalten Krieges (047)

-- Die Unterkategorie 'thematisch mehrdimensional':

* *Ein* Wochenendseminar: Fällt auseinander, was zusammengehört? Über den inneren Zustand nach der deutschen Vereinigung (056)

* *Ein* Wochenendseminar: Zweierlei Vergangenheitsbewältigung nach 1945 und nach 1989 oder ist die DDR mit dem Dritten Reich zu vergleichen? (066)

- Programmangebot der FNS/TDS im Jahr 1994 (FNS/Bay./1994):

Faßt man das Ergebnis der inhaltsanalytischen Aufbereitung des Datenmaterials zusammen, so kann festgehalten werden, daß 1994 *zwei* der *149* angebotenen Seminare, das entspricht *1,34%*, deutlich erkennbar dem Vereinigungsprozeß gewidmet sind. Bei diesen lokalisierten Veranstaltungen handelt es sich dabei um zwei Angebote, die der Unterkategorie 'thematisch mehrdimensional' zuzuordnen sind:

* *Ein* Wochenendseminar: Die gespaltene Nation - zum aktuellen Stand der geistigen und wirtschaftlichen Wiedervereinigung, ihren Defiziten und Problemen (030)

* *Eine* sechstägige Reise: Kulturfahrt nach Thüringen (048)

- Programmangebot der FNS/TDS im 1. Halbj. 1995 (FNS/Bay./1. Halbj./1995):

Im 1. Halbjahr 1995 verweisen *2,22%* der *90* in Bayern von der TDS angebotenen Veranstaltungen und damit *zwei* Indikatoren direkt auf den Lerngegenstand *Innere Einheit Deutschlands*, genauer gesagt auf die Unterkategorie 'Gesellschaft'. Es sind dies:

* *Eine* Abendveranstaltung: Das Versagen der deutschen Intellektuellen nach der Wiedervereinigung (002)

* *Eine* Abendveranstaltung: Das andere Deutschland - wie denken die Bürger in den neuen Bundesländern (066)

Nachstehend werden in Abb. 19 die soeben für die FNS bzw. TDS verbal fixierten und für jedes Jahr einzeln aufgelisteten Fundstellen für den gesamten Untersuchungszeitraum zahlenmäßig aufbereitet zusammengefaßt.[403]

---

403) Anm. 397 der vorliegenden Arbeit gilt entsprechend.

Abb. 19: Ergebniszusammenfassung der Programmanalyse für den in Bayern ausgewählten Vertreter einer liberalen Bildungsarbeit - die FNS:

Untersuchungs-zeitraum	Friedrich-Naumann-Stiftung		
	Gesamtzahl d. Angebote	Anteil der Indika. in %	Indikatoren je Unterkategorie
2. Halbj. 90	89	3,37%	1/-/-/-/2
1991	166	4,82%	-/1/1/-/6
1992	171	1,75%	-/-/-/-/3
1993	156	1,92%	-/-/-/1/2
1994	149	1,34%	-/-/-/-/2
1. Halbj. 95	90	2,22%	2/-/-/-/-

5.3.1.4 Zusammenfassung der Teilergebnisse

Die Datenerfassung für Bayern abschließend, integriert die nachstehende Zusammenschau in Abb. 20 ohne weiterführenden Kommentar alle bisher erzielten Teilergebnisse, die im Rahmen der Untersuchung des politischen Bildungsangebots der ausgewählten parteinahen Stiftungen in Bayern für den Zeitraum 2. Halbjahr 1990 bis einschließlich 1. Halbjahr 1995 erarbeitet wurden, wobei die drei den jeweiligen Stiftungen zugeordneten Spalten - G., A., I.[404] - letztlich so zu erschließen sind wie in den drei vorhergehenden Abbildungen auch (vgl. die ausführliche Erklärung zu Abb. 17). Der einzige Unterschied besteht darin, daß in der jeweils dritten Spalte - I. - die Indikatoren nur noch zahlenmäßig benannt und nicht mehr, wie in den drei Übersichten zuvor, auf die fünf Unterkategorien verteilt angegeben werden.

---

404) Diese drei Abkürzungen sind wie folgt zu lesen:
        G.:= "Gesamtzahl der Angebote"
        A.:= "Anteil der Indikatoren in %"
        I.:= "Indikatoren (zahlenmäßige Angabe)".

Abb. 20: Ergebniszusammenfassung der Programmanalyse für die in Bayern ausgewählten Träger einer außerschulischen politischen Bildungsarbeit - HSS, FES, FNS:[405]

Untersuchungs-zeitraum	Die parteinahen Stiftungen							
	HSS			FES			FNS		
	G.	A.	I.	G.	A.	I.	G.	A.	I.
2. Halbj. 90	215	18,14%	39	64	21,88%	14	89	3,37%	3
1991	367	14,44%	53	125	27,20%	34	166	4,82%	8
1992	399	9,27%	27	109	23,85%	26	171	1,75%	3
1993	420	7,86%	33	103	17,48%	18	156	1,92%	3
1994	498	11,45%	57	121	8,26%	10	149	1,34%	2
1. Halbj. 95	264	4,55%	12	56	3,57%	2	90	2,22%	2

5.3.2 Das Bildungsangebot in Brandenburg

Das Fazit der nachstehenden Betrachtung, das im nachhinein erst detailliert erörtert wird[406], lautet wie folgt: In Brandenburg, dem flächenmäßig "größte[n] neue[n] Bundesland" (Hoffmann, 1992, S.9), das zugleich mit seinen rund 2,5 Mio. Einwohnern nach Mecklenburg-Vorpommern, das dünnbesiedeltste Land des wiedervereinigten Deutschlands ist (vgl. Institut der Deutschen Wirtschaft, 1995, Tab. 1), bieten die drei in diese Teilanalyse einbezogenen parteinahen Stiftungen - FES, FNS (KHS)[407], KAS - den interessierten Bürgern ein dezentral arrangiertes[408] und vielseitiges politisches Bil-

---

405) Der Vollständigkeit halber sei noch einmal darauf hingewiesen, daß die Zahlenangaben für die HSS im Jahr 1994, die 31 Veranstaltungen enthalten, die als Sonder-Seminare "Vier Jahre Deutsche Einheit - Bilanz und Perspektiven" angeboten wurden, aber im eigentlichen Programmheft für 1994 nicht aufgeführt sind.
406) Die an die Ergebnisdarstellung anschließende Argumentation wird, wenn nichts anderes explizit angegeben ist, analog zu Gliederungspunkt 5.3.1, für das Jahr 1994 vorgenommen, das letzte Jahr, das vollständig in die Untersuchung einbezogen wurde.
407) Wie in Punkt 5.2.2 ausführlich erläutert, fungiert die liberale KHS, deren Bildungsaktivitäten ausschließlich auf Brandenburg beschränkt sind, in diesem Bundesland seit ihrer Gründung Ende 1991 auch als Außenstelle der FNS.
408) Die flächenmäßige Ausdehnung und dünne Besiedlung Brandenburgs - 86 Bewohner je km^2 im Vergleich zu Bayern 169 je km^2 und zu Nordrhein-Westfalen 522 je km^2 (vgl. Institut der Deutschen Wirtschaft, 1995, Tab. 1) - vor Augen, stellt meiner Ansicht nach die den drei ausgewählten Stiftungen attestierte Vorgehensweise, eine politische Bildungsarbeit in räumlicher Nähe zu den Bürgern zu

Kapitel 5: Die Innere Einheit Deutschlands in der außerschulischen politischen Bildung 229

dungsangebot an. Ein Angebot, das zwischen 1991 und 1994 - was die Anzahl der Bildungsveranstaltungen anbelangt - zunächst von allen dreien, dann nur noch von den beiden großen Parteistiftungen, der FES und KAS, kontinuierlich erweitert und ausgebaut wird, wobei auffallend ist, daß trotz dieser unverkennbaren Anstrengungen auch keine der beiden letztgenannten 'politischen Voll-Stiftungen' in der Lage ist, in Brandenburg ähnlich umfangreiche Aktivitäten - was Angebotstiefe, Umfang der Veranstaltungen und organisatorische Rahmenbedingungen anbetrifft - zu entfalten wie die hauptsächlich in Bayern tätige HSS.

Für die KAS, die als Vertreter einer christdemokratischen politischen Bildungsarbeit in Brandenburg mit in die Analyse einbezogen wird, ist dieses Bundesland das einzige der fünf "neuen" Länder, in dem sie kein eigenes Bildungszentrum eingerichtet hat, sondern lediglich ein Verbindungsbüro in Potsdam. Ein Sachverhalt, der vor allem darauf zurückzuführen ist, daß sich die KAS dazu entschlossen hat, aufgrund der geographischen Lage - "Brandenburg umschließt die Weltstadt Berlin" (Hoffmann, 1992, S.9) - und der Tatsache, daß bereits 1989 ihr Engagement in Berlin enorm erweitert wurde (vgl. KAS, 1993, S.13), die Zuständigkeit für das "neue" Land Brandenburg, was die politischen Bildungsaktivitäten anbelangt, dem im Berlin ansässigen Bildungswerk zu übertragen[409].

Ein Vorgehen, das u.a. dazu führt, daß den Einwohnern Brandenburgs von aller Anfang an die Möglichkeit eröffnet wurde, auch die in Berlin von der KAS organisierten Bildungsveranstaltungen zu besuchen[410], wobei bemerkenswert bleibt, daß trotz dieser nicht zu leugnenden organisatorischen Schwerpunktsetzung auf die Bundeshauptstadt im Laufe der weiteren Ausdehnung der politischen Bildungsaktivitäten keine Konzentration der Bildungsangebote auf Berlin allein festzustellen ist. So ist die KAS mit ihren 1994 alles in allem 179 Angeboten in beiden Ländern - eine Steigerung gegenüber 1992 von über 70%[411] -, die in zwei Halbjahresprogrammen, inhaltlich in keiner Weise sortiert, sondern nur nach Monaten geordnet zusammengefaßt sind, nicht nur im Großraum Berlin präsent, sondern auch in vielen Städten und Gemeinden in Brandenburg, so z.B. in Bad Liebenwerda, Bad Saarow, Cottbus, Elsterwerda, Finsterwalde, Frankfurt/Oder, Genshagen, Guben, Jüteborg, Ludwigsfelde, Neuseddin, Potsdam, Schwedt, Rathenow

---

organisieren, die größte Leistung im Rahmen der nunmehr fünfjährigen Bemühungen dar, eine pluralistische politische Bildungsarbeit in diesem Bundesland zu etablieren.

409) Letztlich nimmt die KAS damit eine im Falle der Länderfusion von Berlin und Brandenburg mit Sicherheit notwendig werdende organisatorische Straffung bzw. Neugestaltung der politischen Bildungsarbeit vorweg.

410) Wie bereits zu einem früheren Zeitpunkt angedeutet, ist diese organisatorische Maßnahme auch der alleinige Grund, warum in die nachfolgende Analyse nicht nur die in Brandenburg selbst, sondern auch die im Großraum Berlin von der KAS angebotenen Seminare mit in die inhaltsanalytische Auswertung einbezogen werden.

411) Betrug die Zahl der Veranstaltungen 1992 noch 100, so stieg sie 1993 auf 156 an und im darauffolgenden Jahr auf 179.

usw. Die KAS entfaltet damit einen Aktionsradius, der es letztlich auch in einem Flächenland wie Brandenburg jedem interessierten Bürger ermöglichen sollte, an derartigen politischen Bildungsveranstaltungen teilzunehmen, die prinzipiell das Ziel verfolgen, politische und wirtschaftliche Fakten und Zusammenhänge offenzulegen und darüber hinaus Möglichkeiten aufzeigen wollen, sich in den politischen Prozeß einzubringen und ihn mitzubestimmen (vgl. KAS/Brdbg./1994).

Die FES, die 1991 die politische Bildungsarbeit in Brandenburg gezielt von dem in Potsdam neu gegründeten "Landesbüro Brandenburg" aus aufnimmt, verzichtet damit im Gegensatz zur KAS - obwohl auch sie bereits über ein Büro in Berlin verfügte - nicht auf die Schaffung und Etablierung einer eigenständigen Außenstelle in der Region, als Zentrum politischer Bildung und Kommunikation (vgl. FES, 1994a, S.22). Dabei gelingt es ihr ebenso wie der KAS, zum einen ihr politisches Bildungsangebot für die in Brandenburg lebenden Menschen von 1991 bis 1994 enorm zu erweitern und zum anderen auch ihren Aktionsradius - ausgehend von Potsdam - kontinuierlich zu entfalten und auszubauen. Sind es 1991 erst 52 Veranstaltungen - die zu der Zeit noch als Einzelveranstaltungen angekündigt werden -, so steigt diese Zahl bereits ein Jahr später - nun werden die Angebote als Halbjahresprogramme veröffentlicht - auf 57 Seminare, erhöhen sich im darauffolgenden Jahr erneut auf 87 Angebote und wachsen 1994 gar auf 129 Seminare an.[412]

Diese Zahlen im Hintergrund, ist außerdem erwähnenswert, daß es der FES in Brandenburg gelingt, mit ihren politischen Bildungsaktivitäten gar noch die Reichweite der KAS zu übertreffen, d.h. den Bürgern räumlich gesehen noch weiter entgegenzukommen. So bietet die FES in Brandenburg 1994 ihre 129 Veranstaltungen in mehr als 25 Städten und Gemeinden über das ganze Land verteilt an - die KAS erreicht demgegenüber nur etwa 20 verschiedene Orte - und hat darüber hinaus ihren organisatorischen Schwerpunkt erwartungsgemäß nicht in Berlin, sondern in Potsdam, der Landeshauptstadt Brandenburgs. Hauptziel all dieser Aktivitäten ist es dabei, u.a. dazu beizutragen, die gesellschaftlichen und wirtschaftlichen Aufgaben im Land Brandenburg zu diskutieren und dabei mit den teilnehmenden Bürgern Lösungsansätze zu entwickeln (vgl. FES/Brdbg./1994).

Die dritte in Brandenburg aktive Stiftung, die FNS, der es ebenfalls gelingt, einen ausgedehnten Aktionsradius in diesem Bundesland zu entfalten, unterscheidet sich jedoch in ihrer Arbeitsweise und der organisatorischen Gestaltung der politischen Bildungsaktivitäten in zwei wesentlichen Aspekten von den zwei bislang dargestellten parteinahen

---

412) An dieser Stelle bleibt festzuhalten, daß die damit fraglos etwas niedrigeren Veranstaltungszahlen der FES, im Vergleich zu denen der KAS, dann umso höher bewertet werden müssen, wenn man bedenkt, daß diese Angebote nicht, wie die der KAS, auch für die 3,48 Mio. Einwohner Berlins zur Verfügung stehen, sondern lediglich für die in Brandenburg lebenden Menschen.

Kapitel 5: Die Innere Einheit Deutschlands in der außerschulischen politischen Bildung 231

Stiftungen: Erstens offeriert sie ihr Bildungsprogramm in Brandenburg gleich von zwei, relativ unabhängig voneinander agierenden Institutionen aus, nämlich von dem in Berlin unterhaltenen Büro[413] und zum anderen von der ausschließlich in Brandenburg tätigen KHS, die als liberale Landesstiftung mit Sitz in Potsdam - ähnlich der TDS in Bayern - eng mit der FNS kooperiert und auf diese Weise vor Ort die Basis für eine liberale Bildungsarbeit erweitert. Zweitens kann die FNS nur im Zeitraum von 1991 bis 1993 ihr Bildungsangebot in Brandenburg erweitern und ausbauen[414] und muß schon ein Jahr später 1994 ihr Angebot gegenüber dem Vorjahr um über 40% reduzieren, wobei sowohl für das Büro in Berlin ein Rückgang der Angebote - von 35 im Jahr 1993 auf 18 im Jahr 1994 - zu verzeichnen ist, als auch für die KHS, deren spezifisches Angebot von 48 Seminaren 1993 auf 29 im Jahr 1994 sinkt. Als wesentliche Ursache für diese Entwicklung werden dabei von der KHS vor allem die stark rückläufigen finanziellen Zuwendungen von Seiten des Staates genannt. Eine Problematik[415], die es der KHS im 1. Halbjahr 1995 nicht einmal mehr erlaubt, ein eigenes politisches Bildungsprogramm zu veröffentlichen.

Das in Punkt 5.2 erarbeitete Hintergrundwissen im Hinblick auf die vier Parteistiftungen vor Augen, und die soeben vorgelegten landesspezifischen Aussagen hinsichtlich Ausmaß und Reichweite der angebotenen Veranstaltungsprogramme im Hintergrund, wenden wir uns nun - die Forschungsfrage bedenkend - analog zu 5.3.1 der inhaltsanalytischen Auswertung dieser Bildungsprogramme und damit jeweils einem Repräsentanten einer christdemokratischen (KAS), sozialdemokratischen (FES) und liberalen Bildungsarbeit (FNS/KHS) zu, wobei anzumerken bleibt, daß auch hier, vor der jeweiligen Nennung der stiftungsspezifischen Untersuchungsergebnisse, immer einige Befunde zum individuellen Aufbau, der Ausgestaltung und zur inhaltlichen Ausführlichkeit der jeweils vorliegenden Datenquelle angegeben werden sollen.

Bevor im Anschluß mit der Datenerfassung für die KAS, dem ausgewählten Vertreter einer christdemokratischen politischen Bildungsarbeit begonnen wird, soll bereits an dieser Stelle auch für das "neue" Bundesland Brandenburg davor gewarnt werden, die nachfolgenden Analyseresultate so zu verstehen und zu interpretieren, als könnten keine

---

413) Das fünfte Jahr der deutschen Einheit ist gleichzeitig das fünfte Jahr, in dem das Berliner Büro der FNS auch in den fünf "neuen" Ländern, insbesondere in Brandenburg, tätig ist. Der Hauptgrund, warum die Angebote dieser Außenstelle der FNS neben denen der KHS mit in die inhaltsanalytische Auswertung einbezogen werden.
414) Zählt das Angebot der FNS in Brandenburg 1991 nur 43 Angebote, so erweitert es sich ein Jahr später, vor allem durch die Aufnahme der Bildungsaktivitäten durch die KHS, auf 72 Veranstaltungen und steigt 1993 noch einmal an auf dann insgesamt 83 Seminare.
415) Die sinkende finanzielle Unterstützung, die wie in Punkt 5.2 gezeigt, alle vier 'politischen Voll-Stiftungen' mehr oder weniger stark tangiert, wirkt sich an dieser Stelle auch auf die angestrebte Analyse der liberalen Bildungsarbeit in Brandenburg aus. Ein Sachverhalt, auf den in Punkt 5.3.2.3 noch näher eingegangen wird.

anderen als die isolierten Untersuchungseinheiten die Vereinigungsthematik behandeln, anders ausgedrückt den Lerngegenstand *Innere Einheit Deutschlands* bzw. die mit dem langwierigen Prozeß des Zusammenwachsens der beiden, "bis in persönliche Details hinein grundverschieden entwickelt[en]" (Donner, 1995, S.968) Gesellschaften einhergehenden wirtschaftlichen, gesellschaftlichen, rechtlichen, sozialen usw. Probleme und Konflikte aufgreifen oder solche problembezogenen Informationen liefern, die diesen Prozeß beschreiben und damit den Menschen überhaupt erst die Möglichkeit geben, mit diesem Prozeß i.w.S. verbundene Schwierigkeiten gezielt reflektieren zu können.

Eine Feststellung, die nach meinem Dafürhalten in Brandenburg im Gegensatz zu Bayern noch dadurch an Gewicht erfährt, da hier davon auszugehen ist, daß die Menschen viel eher dazu neigen werden, auch solche Bildungsveranstaltungen, bzw. Themen, die zunächst keinerlei oder nur bedingt einen Bezug zu der Vereinigungsthematik aufweisen, unter dem Blickwinkel der epochalen Veränderungen, der vollständigen Umwälzung der politischen und wirtschaftlichen Lebenswelt, von der sie ja in viel höherem Maße direkt betroffen sind als die Menschen im Westen[416], zu besuchen, bzw. zu behandeln.[417] So könnte - um nur ein Beispiel zu nennen - das im Rahmen der Inhaltsanalyse zu Recht nicht berücksichtigte Seminarangebot: "Strategien zur Vermeidung, Verwertung, Sammlung und Deponierung von Siedlungsabfällen" (FES/Brdbg./1991) im Laufe der betreffenden Veranstaltung dennoch den hier interessierenden Lerngegenstand aufgreifen, indem die betreffenden Teilnehmer z.B. die Umstellung bzw. Neuregelung der Müllbehandlung und -beseitigung nach der formal vollzogenen Einheit, die für den einzelnen ja nicht zuletzt zu höheren Entsorgungsgebühren führt, u.a. als ein vereinigungsbedingtes Problem diskutieren und erörtern.

5.3.2.1 Christdemokratische Bildungsarbeit

Das in der Bundeshauptstadt ansässige Bildungswerk der KAS, das wie gezeigt, sowohl in Berlin als auch in Brandenburg für die Planung und Durchführung der politischen Bildungsarbeit verantwortlich ist, präsentiert seit 1992[418] für diese beiden Länder sein

---

416) Schon in Gliederungspunkt 2.2.2.3 der vorliegenden Arbeit, in dem der Frage nachgegangen wird, ob der Lerngegenstand *Innere Einheit Deutschlands* ein schülerorientierter Lerngegenstand ist, wurde ausführlich beschrieben, warum die Menschen im Osten viel stärker vom Vereinigungsprozeß betroffen sind als die Menschen im Westen. (vgl. Punkt 2.2.2.3)

417) Dieser Sachverhalt und die im Anschluß noch zu beschreibende geringe Datengrundlage - in Brandenburg werden außer von der liberalen KHS durchweg nur Seminartitel veröffentlicht und keine weiterführenden Informationen - rücken ohne Zweifel das in Punkt 4.1.3 angesprochene empirischmethodische Abwägungsproblem "Validität versus Reliabilität" stärker als bislang in den Mittelpunkt der Analyse.

418) Trotz mehrmaliger Anfrage in Berlin wurden mir für diese Untersuchung von Seiten der KAS - ohne Angabe von Gründen -, nur die Bildungsangebote ab 1992 zur Verfügung gestellt. Dies geschah ganz im Gegensatz zur FES und FNS/KHS, die mir die angeforderten Programme zumindest ab 1991

Bildungsangebot, was äußere Form und Anordnung der Einzelveranstaltungen anbelangt, fast unverändert, wobei bemerkenswert ist, daß bei der formalen Ankündigung der Programmangebote zwei unterschiedliche Wege beschritten werden. Zum einen veröffentlicht die KAS ihre Einzelveranstaltungen, kurz und knapp formuliert und für ein halbes Jahr im voraus zusammengefaßt - ähnlich der Akademie Frankenwarte (FES) oder der TDS in Bayern (FNS) - und zum anderen, als Faltblatt konzipiert, das zwar in einer etwas ausführlicheren Art und Weise einzelne Angebote vorstellt, aber den Nachteil hat, daß hier jeweils nur ein kleiner Ausschnitt der Bildungsaktivitäten aufgeführt ist. Dies ist auch der entscheidende Grund, warum für die angestrebte Analyse einer christdemokratischen Bildungsarbeit in Brandenburg versucht wurde, vorrangig auf die Halbjahresprogramme der KAS zurückzugreifen.

Diese Variante der Programmankündigung, die von der KAS dann auch für den Zeitraum von 1992 bis einschließlich 1994 zur Verfügung gestellt wurde und somit der nachfolgenden inhaltsanalytischen Auswertung zugrunde liegt[419], setzt sich aus zwei wesentlichen Komponenten zusammen: Erstens aus einem einführenden Abschnitt, der in allgemeiner Form über Aufgabe und verfolgte Ziele der Bildungsveranstaltungen informiert und die jeweiligen Ansprechpartner im Berliner Bildungswerk erwähnt und zum zweiten aus dem eigentlichen Bildungsprogramm, in dem die Einzelveranstaltungen nach Monaten geordnet angegeben sind.

Der im Rahmen dieser Untersuchung entscheidende zweite Teil des veröffentlichten Bildungsangebots, der die Einzelveranstaltungen auflistet, enthält dabei - analog zu den bereits besprochenen Broschüren der Akademie Frankenwarte und der TDS - neben der Nennung der eigentlichen Seminartitel, der Angabe des Veranstaltungsorts und des vorgesehenen Termins keine weiterführenden veranstaltungsspezifischen Informationen. Diese im Gegensatz zur HSS oder zur Georg-von-Vollmar-Akademie (FES) relativ knappe Informationsgrundlage, die die KAS den eigentlichen Adressaten dieser Mitteilung, den in Berlin und Brandenburg lebenden Menschen, die sich für eine christdemokratisch orientierte Bildungsarbeit interessieren, zur Verfügung stellt, muß auch an dieser Stelle genügen, um der Frage nachzugehen, inwieweit die KAS im Untersuchungszeitraum ihre politischen Bildungsaktivitäten an dem Lerngegenstand *Innere Einheit Deutschlands* ausrichtet bzw. die Vereinigungsthematik in der Art und Weise in ihr Veranstaltungsangebot aufnimmt, daß davon auszugehen ist, daß ein fiktiver Bürger, der i.w.S. die Gelegenheit sucht, sich mit dieser Problematik gezielt und systematisch

---

unverzüglich zugänglich machten. Die leicht nachvollziehbaren Gründe, warum auch die zuletzt genannten parteinahen Stiftungen, ungeachtet ihrer vorbildlichen Kooperationsbereitschaft, keine Daten für das 2. Halbjahr 1990 vorgelegt haben, wird im einzelnen noch zu klären sein

419) Die als Ergänzung angeforderten Teilankündigungen - erste Variante der erwähnten Programmangebote -, die aufgrund ihrer weiterführenden Informationen eine Identifizierung dort angegebener Untersuchungseinheiten ohne Frage erleichtert hätten, konnten wegen fehlender Archivierung seitens der KAS nicht genutzt werden.

auseinanderzusetzen[420], sich von diesen Angeboten auch tatsächlich angesprochen fühlen kann.

Die Inhaltsanalyse der in Brandenburg von der KAS angebotenen Bildungsprogramme für den Zeitraum 1992 bis einschließlich 1. Halbjahr 1995 bringt folgendes grundsätzliches Resultat hervor[421]: Es können für jedes Jahr Untersuchungseinheiten lokalisiert werden, die eindeutig dem Lerngegenstand *Innere Einheit Deutschlands* zuzurechnen sind, wobei der prozentuale Anteil dieser Veranstaltungen, die den Vereinigungsprozeß i.w.S. beinhalten bzw. direkt mit diesem in Verbindung stehende Probleme und Schwierigkeiten aufgreifen, bezüglich der Gesamtzahl der jeweils im Untersuchungszeitraum angebotenen Veranstaltungen schwankt zwischen dem maximal erreichten Wert von *20,00%* (1992) und dem minimalen Wert von *5,26%* (1. Halbjahr 1995)[422].

Bevor nachfolgend für jedes Jahr gesondert die verbale Fixierung und daran anschließend die komprimierte rein zahlenmäßige Zusammenfassung - siehe Abb. 21 - der gerade eben nur allgemein angedeuteten Analyseresultate erfolgt, bleibt wichtig, anzumerken, daß diese zweiteilige Darstellung der Ergebnisse analog zu den Ausführungen in Punkt 5.3.1.1 bis einschließlich 5.3.1.3 erfolgt[423] und nur bei etwaigen Abweichungen dazu weiterführende Angaben gemacht werden.

<u>- Programmangebot der KAS im Jahr 1992 (KAS/Brdbg./1992):</u>[424]
In diesem Jahr verweisen *20,00%* der *100* Angebote und damit *20* Indikatoren direkt auf den Lerngegenstand *Innere Einheit Deutschlands*, bzw. sprechen solche Schwierigkeiten und Probleme an, die unmittelbar auf die formal vollzogene Einheit zurückzuführen sind.

---

420) Vergleiche hierzu Anm. 399 der vorliegenden Arbeit.
421) Es sei noch einmal ausdrücklich darauf hingewiesen, daß im Rahmen der inhaltsanalytischen Aufbereitung der Jahresprogramme nur die Veranstaltungsangebote berücksichtigt wurden, die vornehmlich für die Menschen in Brandenburg zugänglich sind. Ausgeklammert bleiben damit all die Seminare, die besonders die Bürger der anderen vier "neuen" Bundesländer als Zielgruppe fixieren, was hier nichts anderes meint, als all die Angebote, die das Berliner Bildungswerk der KAS nicht direkt in Berlin oder Brandenburg anbietet, sondern in einem anderen der vier "neuen" Länder.
422) Dieser Wert für das 1. Halbjahr 1995 ist nur bedingt aussagekräftig, weil von Seiten der KAS für diesen Zeitraum nicht das vollständige Halbjahresprogramm vorgelegt wurde, sondern nur ein Auszug der Aktivitäten von Januar bis Juni 1995.
423) Diese Aussage gilt ebenfalls für die Gliederungspunkte 5.3.2.2 und 5.3.2.3.
424) Wird im folgenden nur von "Veranstaltung[en]" gesprochen - ohne Angabe der vorgesehenen Zeitspanne - so handelt es sich ausschließlich um Angebote, die maximal einen Tag, zumindest einige Stunden - z.B. einen Abend oder Nachmittag - Zeit in Anspruch nehmen. Genauere Informationen sind aus der Programmankündigung nicht zu entnehmen.

-- Die Unterkategorie 'Gesellschaft':

* *Ein* Kongreß: Kunst und Kultur in der offenen Gesellschaft. Gesellschaftliche Stellung und finanzielle Förderung (Mai)[425]

* *Ein* viertägiges Seminar: Die Rolle der Frauen im vereinten Deutschland (Oktober)

-- Die Unterkategorie 'Verfassungsmäßige Ordnung':

* *Eine* dreitägige Veranstaltung: Hochschulpolitik in den neuen Bundesländern. Hochschulgremien, Studentenvertreter, Verbandsarbeit (Mai)

* *Ein* dreitägiges Seminar: Rechtsstaat - Rechtssicherheit. Schafft der Rechtsstaat Rechtssicherheit? (Mai)

* *Eine* Veranstaltung: Neue Gefahren von Rechts - Programme, Personen, Argumentationen rechtsradikaler Gruppierungen (September)

* *Ein* viertägiges Seminar: Probleme der inneren Sicherheit im vereinten Deutschland (September)

* *Drei* Veranstaltungen: Vermögensrechte klären - Die neue Gesetzgebung (September, November, Dezember)

* *Eine* Veranstaltung: Die PDS und ihre Verantwortung für die Vergangenheit (November)

-- Die Unterkategorie 'Wirtschaft':

* *Ein* dreitägiges Seminar: Steuern, Steuern, Steuern ... Das Lohn und Einkommenssteuersystem im Wirtschaftssystem (März)

* *Vier* zweitägige Seminare: Der selbständige Künstler und Publizist in der sozialen Marktwirtschaft (Zweimal im Januar und zweimal im Mai)

* *Zwei* dreitägige Seminare: Chancen für Frauen - Wege aus der Arbeitslosigkeit (Mai, November)

* *Eine* Veranstaltung: Die soziale Marktwirtschaft auf dem Prüfstand - Erfolge und Probleme auf dem Weg zur deutschen Einheit (November)

-- Die Unterkategorie 'thematisch mehrdimensional':

* *Ein* dreitägiges Seminar: Kein Platz für Kinder in der Marktwirtschaft? Kinderkrippen und Kindergärten in Berlin und Brandenburg (Mai)

* *Eine* Veranstaltung: Zwei Jahre Einheit Deutschlands - Beginn eines gemeinsamen Bundeslandes Berlin-Brandenburg? (Oktober)

---

425) Wegen der fehlenden Seitenangaben in den analysierten Bildungsprogrammen der KAS oder einer anderen Kennzeichnung der Einzelveranstaltungen - z.B. durch Seminarnummern - wird im folgenden, um ein Auffinden der lokalisierten Veranstaltungen zu erleichtern, in Klammern stehend, das jeweilige Monat mitangegeben, in dem die betreffenden Seminare stattfinden sollen.

- Programmangebot der KAS im Jahr 1993 (KAS/Brdbg./1993):

In einem Satz zusammengefaßt, gilt für dieses Jahr, daß sich *17* der *156* offerierten Veranstaltungen, das entspricht *10,90%*, mit dem Lerngegenstand *Innere Einheit Deutschlands*, genauer mit allen fünf Unterkategorien befassen.

-- Die Unterkategorie 'Gesellschaft':

* *Eine* Veranstaltung: Leben der Senioren in den neuen Ländern (März)

-- Die Unterkategorie 'Verfassungsmäßige Ordnung':

* *Eine* Veranstaltung: Die PDS und ihre Verantwortung für die Vergangenheit (Februar)

* *Eine* Veranstaltung: Innere Sicherheit gewährleisten. Aufgaben des Rechtsstaates und das Rechtsbewußtsein (Mai)

* *Eine* Veranstaltung: Das neue Kommunalwahlrecht in Brandenburg. Konsequenzen für die Kommunalwahl 1993 (März)

* *Ein* dreitägiges Seminar: Verfassungsrecht und der Einigungsvertrag (März)

* *Eine* Veranstaltung: Bildungspolitik in Brandenburg. Zwei Jahre neue Schulreform - ein Jahr neue Lehrpläne. Eine erste Bilanz

-- Die Unterkategorie 'Wirtschaft':

* *Vier* zweitägige Seminare: Der selbständige Künstler und Publizist in der sozialen Marktwirtschaft (Viermal im Januar)

* *Eine* Veranstaltung: Haben Frauen noch Chancen auf dem Arbeitsmarkt? (März)

* *Eine* Veranstaltung: Aufschwung Ost - Aber wie? Wirtschaftspolitische Diskussion (April)

* *Eine* Veranstaltung: Frauen und Arbeitslos = hilflos? nein! (Oktober)

* *Eine* Veranstaltung: Wirtschaftswunder fallen nicht vom Himmel 1947 - 1990 - Vergleich eines Neubeginns (November)

-- Die Unterkategorie 'Eine Welt':

* *Eine* Veranstaltung: Brandenburg und die Osterweiterung der Nato (September)

-- Die Unterkategorie 'thematisch mehrdimensional':

* *Eine* Veranstaltung: 3 Jahre Deutsche Einheit - Für eine neue gemeinsame Identität (Oktober)

* *Eine* Veranstaltung: Deutschland - was ist das?

- Programmangebot der KAS im Jahr 1994 (KAS/Brdbg./1994):
Faßt man erneut vor der exakten verbalen Fixierung der lokalisierten Untersuchungseinheiten das Ergebnis der inhaltsanalytischen Aufbereitung des Datenmaterials zusammen, so kann festgehalten werden, daß 1994 *20* Veranstaltungen, das sind *11,17%* der insgesamt *179* ausgewiesenen Angebote der KAS, deutlich erkennbar der Vereinigungsthematik, genauer allen fünf Unterkategorien, gewidmet sind.

-- Die Unterkategorie 'Gesellschaft':

* *Drei* Veranstaltungen: Deutschland nach vier Jahren Deutsche Einheit. Zur Lage der Senioren (August, September, Oktober)

-- Die Unterkategorie 'Verfassungsmäßige Ordnung':

* *Ein* viertägiges Seminar: Die Planung für den Umzug von Parlament und Regierung (November)

-- Die Unterkategorie 'Wirtschaft':

* *Eine* Veranstaltung: Wirtschaftswunder fallen nicht vom Himmel (Januar)

* *Eine* Veranstaltung: Potsdam, die Innenstadt vor dem aus? Wer kann die Gewerbemieten noch bezahlen? (Februar)

* *Eine* Veranstaltung: Soziale Marktwirtschaft heute. Können mit unserer Wirtschaftsordnung die aktuellen Problem gelöst werden (März)

-- Die Unterkategorie 'Eine Welt':

* *Eine* Veranstaltung: Heimat Brandenburg - Zukunft Europa. Deutschlands neue Rolle in der Europäischen Union (April)

* *Eine* Veranstaltung: Berlin nach dem Abzug der "vier": Aus Besatzern wurden Freunde und Partner (September)

-- Die Unterkategorie 'thematisch mehrdimensional':

* *Ein* viertägiges Seminar: Deutschland auf dem Weg zur inneren Einheit (Februar)

* *Eine* Veranstaltung: Die Russen gehen - was bleibt. Planungen für die Zeit nach dem Truppenabzug (März)

* *Ein* viertägiges Seminar: Frauenpolitik in Deutschland - Ein Vergleich zwischen den Bundesländern (Mai)

* *Eine* Veranstaltung: Die Erfolge der Politik für die deutsche Einheit. Die Lösung der noch bestehenden Probleme (September)

* *Eine* Veranstaltung: Politik für Senioren in den neuen Bundesländern (September)

* *Ein* viertägiges Seminar: Frauenpolitik in den neuen Bundesländern. Erfahrungen vier Jahre nach der Einheit (Oktober)

* *Ein* dreitägiges Seminar: Frauenpolitik in Deutschland - Was hat sich durch die Einheit geändert? Frauenpolitik am Beispiel Berlin (Oktober)

* *Eine* Veranstaltung: Das Bundesland Berlin/Brandenburg. Die Zukunftsfähigkeit der Region verbessern (November)

* *Ein* viertägiges Seminar: Politische Bildung im vereinigten Deutschland (Dezember)

* *Ein* dreitägiges Seminar: Die Erfolge bei der Verwirklichung der deutschen Einheit (Juli)

* *Ein* viertägiges Seminar: Die Bundeswehr in den neuen Ländern (Juni)

- Programmangebot der KAS im 1. Halbj. 1995 (FNS/Brdbg./1. Halbj./1995):

Im 1. Halbjahr 1995 verweisen *5,26%* der *19* von der KAS angebotenen Veranstaltungen und damit *ein* Indikator direkt auf den Lerngegenstand *Innere Einheit Deutschlands*, genauer gesagt auf die Unterkategorie 'Verfassungsmäßige Ordnung'. Es ist dies:

* *Eine* Veranstaltung: Verkehrspolitik für die neuen Länder (Juni)

Abb. 21: Ergebniszusammenfassung der Programmanalyse für den in Brandenburg ausgewählten Vertreter einer christdemokratischen Bildungsarbeit - die KAS:[426]

Untersuchungs-zeitraum	Konrad-Adenauer-Stiftung		
	Gesamtzahl d. Angebote	Anteil der Indika. in %	Indikatoren je Unterkategorie
2. Halbj. 90			
1991			
1992	100	20,00%	2/8/8/-/2
1993	156	10,90%	1/5/8/1/2
1994	179	11,17%	3/1/3/2/11
1. Halbj. 95	19	5,26%	-/1/-/-/-

---

426) Aus den genannten Gründen enthält diese Übersicht im Gegensatz zu den beiden folgenden Darstellungen für die FES (Abb. 22) und FNS (Abb. 23) keine Angaben für das Jahr 1991. Außerdem konnte für das 1. Halbjahr 1995, wie bereits angedeutet, auf kein vollständiges Programmangebot zurückgegriffen werden.

5.3.2.2 Sozialdemokratische Bildungsarbeit

Das von Potsdam aus agierende Landesbüro der FES, das 1991 damit beginnt, politische Bildungsveranstaltungen in Brandenburg gezielt anzubieten[427] und erst ein Jahr später, 1992, über die notwendigen Voraussetzungen dafür verfügt, ein Faltblatt herauszugeben, das die Interessenten für ein halbes Jahr im voraus über geplante Aktivitäten informiert - ein Vorgehen, das bis heute beibehalten wird -, wird nachfolgend als Vertreter einer sozialdemokratischen politischen Bildungsarbeit herangezogen, um auch für diese spezifische Form einer außerschulischen politischen Bildungsarbeit die Frage beantworten zu können, ob und in welchen thematischen Facetten der Lerngegenstand *Innere Einheit Deutschlands* zum Gegenstand der politischen Bildungsaktivitäten geworden ist.

Als Text- bzw. Analysegrundlage dient dabei zunächst eine eigens für diese Arbeit von der FES in Potsdam erstellte Liste, die alle Einzelveranstaltungen des Jahres 1991 - was den Seminartitel betrifft - aufzählt und des weiteren die ab 1992 bis einschließlich 1. Halbjahr 1995 vorliegenden Halbjahresprogramme, die in gleicher Art und Weise aufgebaut und gestaltet sind wie die in Form eines Faltblatts konzipierten Programmankündigungen der Akademie Frankenwarte, die, wie gezeigt, in Bayern als Außenstelle der FES operiert (vgl. Punkt 5.3.1.2 der vorliegenden Arbeit).

Die Inhaltsanalyse der in Brandenburg von der FES angebotenen Bildungsprogramme für den Zeitraum 1991 bis einschließlich 1. Halbjahr 1995 bringt folgendes grundsätzliches Resultat hervor: Es können für jedes Jahr Untersuchungseinheiten lokalisiert werden, die eindeutig dem Lerngegenstand *Innere Einheit Deutschlands* zuzurechnen sind, wobei der prozentuale Anteil dieser Veranstaltungen, die den Vereinigungsprozeß i.w.S. beinhalten bzw. direkt mit diesem in Verbindung stehende Probleme und Schwierigkeiten aufgreifen, bezüglich der Gesamtzahl der jeweils im Untersuchungszeitraum angebotenen Veranstaltungen schwankt zwischen dem maximal erreichten Wert von *21,84%* (1993) und dem minimalen Wert von *7,84%* (1. Halbjahr 1995).

- Programmangebot der FES im Jahr 1991 (FES/Brdbg./1991):[428]
In diesem Jahr verweisen *21,15%* der *52* Angebote und damit *11* Indikatoren unmittelbar auf den Lerngegenstand *Innere Einheit Deutschlands*, bzw. sprechen solche Schwie-

---

427) Diesen Beginn der politischen Bildungsaktivitäten im Hintergrund, wird hier, im Gegensatz zur vorher bearbeiteten KAS, sofort einleuchtend, warum von Seiten der FES in Potsdam erst ab 1991 die angeforderten Daten zur Verfügung gestellt werden konnten.
428) An dieser Stelle bleibt anzumerken, daß aufgrund fehlender Angaben in der für 1991 von der FES zur Verfügung gestellten Übersicht die folgenden, den Unterkategorien zugeordneten Indikatoren nur dem Seminartitel nach - ohne Veranstaltungsdauer und ohne weiterführende Kennzeichnung - angegeben werden können.

rigkeiten und Probleme an, die direkt mit der Wiedervereinigung der beiden deutschen Staaten in Verbindung gebracht werden können.

-- Die Unterkategorie 'Gesellschaft':

* Die Zukunft der Bibliotheken in den neuen Bundesländern

-- Die Unterkategorie 'Verfassungsmäßige Ordnung':

* Aufbau der kommunalen Selbstverwaltung in Brandenburg

* Rechtsradikalismus - Erbe des Systems oder neue Erscheinung?

* Rechtsradikalismus - politische Gefahr oder Jugendmode?

* Von der Schwierigkeit der Entwicklung einer pluralistisch-demokratischen Gesellschaft in den neuen Bundesländern

* Politische Parteien und Jugendweihe

-- Die Unterkategorie 'Wirtschaft':

* Von der LPG in die Arbeitslosigkeit

* Schutz vor Baulandspekulationen - Möglichkeiten der Kommune

-- Die Unterkategorie 'Eine Welt':

* Geschichte und Perspektiven der Ausländerorganisationen in Ost- und Westdeutschland

-- Die Unterkategorie 'thematisch mehrdimensional':

* Wie finden wir zueinander? Ausgewählte Problemfelder der Kommunalpolitik nach der deutschen Einheit

* Vergangenheitsbewältigung

- Programmangebot der FES im Jahr 1992 (FES/Brdbg./1992):[429]
In einem Satz zusammengefaßt, gilt für dieses Jahr, daß sich *12* der *57* offerierten Veranstaltungen, das entspricht *21,05%*, mit der Vereinigungsthematik befassen, genauer gesagt mit allen fünf vordefinierten Unterkategorien.

-- Die Unterkategorie 'Gesellschaft':

* *Ein* viertägiges Seminar: Gewerkschaftliche Kulturarbeit in Deutschland - von der Kulturarbeit des FDGB zur Kulturarbeit des DGB (September)[430]

---

429) Werden im folgenden Angebote zum Teil ohne konkrete Zeitangabe notiert, so können aus den betreffenden Programmen keine derartigen Angaben entnommen werden. Findet darüber hinaus lediglich die Bezeichnung "Veranstaltung[en]" - anstatt Seminar, Konferenz usw. - Verwendung, dann gilt Anm. 424 entsprechend.
430) Anm. 425 der vorliegenden Arbeit gilt entsprechend.

Kapitel 5: Die Innere Einheit Deutschlands in der außerschulischen politischen Bildung

-- Die Unterkategorie 'Verfassungsmäßige Ordnung':

* *Ein* zweitägiges Seminar: Zur Kreis und Gebietsreform in Brandenburg (Januar)

* *Ein* fünftägiges und *ein* dreitägiges Seminar: Kriminalpolitik und Straffälligenhilfe in den neuen Bundesländern (Februar, November)

* *Zwei* dreitägige Seminare: Hilfe ich bin ein Abgeordneter! Über den Umgang mit Satzungen, Arbeit in Fraktion und Ausschuß (März, April)

-- Die Unterkategorie 'Wirtschaft':

* *Ein* zweitägiges Seminar: Möglichkeiten einer umweltschonenden und sozial verträglichen Landwirtschaft in den neuen Bundesländern (Oktober)

* *Ein* zweitägiges Seminar: Analyse der Frauenarbeitslosigkeit im Kreis Potsdam (November)

-- Die Unterkategorie 'Eine Welt':

* *Eine* fünftägige Konferenz: Das Verhältnis des vereinigten Deutschlands zu den osteuropäischen Nachbarn - zu den historischen, völkerrechtlichen und politikwissenschaftlichen Aspekten der neuen Situation (September)

-- Die Unterkategorie 'thematisch mehrdimensional':

* *Ein* fünftägiges Seminar: Begegnungen und Bewegungen zwischen deutschen Welten - Menschen sind der Rede Wert. Begegnungsseminar (September)

* *Eine* Veranstaltung: Werden die Gräben tiefer? - Zwei Jahre Vereinigung (September)

* *Ein* viertägiges Seminar: Kommunale Probleme nach der Wiedervereinigung - deutsch-deutsches Begegnungsseminar (Oktober)

- Programmangebot der FES im Jahr 1993 (FES/Brdbg./1993):

Faßt man auch hier vor der exakten verbalen Fixierung der lokalisierten Untersuchungseinheiten das Ergebnis der inhaltsanalytischen Aufbereitung des Datenmaterials zusammen, so kann festgehalten werden, daß 1993 *19* Veranstaltungen, das sind *21,84%* der insgesamt *87* ausgewiesenen Angebote der FES, deutlich erkennbar der Vereinigungsthematik, genauer vier der fünf Unterkategorien, gewidmet sind.

-- Die Unterkategorie 'Gesellschaft':

* *Ein* dreitägiges Seminar: Gibt es in Ostdeutschland eine neue Armut? (März)

-- Die Unterkategorie 'Verfassungsmäßige Ordnung':

* *Zwei* Veranstaltungen: Die Frage des Eigentums an Grund und Boden als kommunales Problem (Januar, Februar)

* *Ein* dreitägiges Seminar: Kriminalpolitik und Straffälligenhilfe in den neuen Bundesländern. Anforderungen an ein Gesamtkonzept freier und staatlicher Straffälligenhilfe (Februar)

* *Eine* Podiumsdiskussion: Gegen Rechtsradikalismus und Diffamierung von Minderheiten (März)

* *Eine* eintägige Konferenz: Finanzverfassung und Finanzausgleich in der Bundesrepublik. Streit zwischen den Ländern (Mai)

* *Zwei* zweitägige Seminare: Die Überwindung der Eigentumsproblematik als Aufgabe der öffentlichen Verwaltung (September, Oktober)

* *Ein* dreitägiges Seminar: War die DDR ein totalitärer Staat? (November)

-- Die Unterkategorie 'Wirtschaft':

* *Eine* eintägige Konferenz: Langzeitarbeitslosigkeit - Was kommt nach ABM? (April)

* *Zwei* dreitägige Seminare: Die Zukunft der ostdeutschen Stahlindustrie (Juni, Oktober)

* *Eine* eintägige Konferenz: Recht auf Arbeit für alle? (Juni)

* *Ein* zweitägiges Seminar: Zukünftige Agrarstruktur in Ostdeutschland (September)

* *Eine* Fachtagung: Mit 50 arbeitslos - was nun? (September)

* *Eine* Konferenz: Kreditvergabe in den neuen Ländern. Stimmen die Instrumente der Unternehmensförderung? (Dezember)

-- Die Unterkategorie 'thematisch mehrdimensional':

* *Ein* dreitägiges Seminar: Kinder der DDR. Ein Versuch mit Vergangenheit Gegenwart zu leben und in die Zukunft zu schauen (September)

* *Ein* dreitägiges Seminar: Zentrale Probleme im vereinten Deutschland - Lösungen in Sicht? (Oktober)

* *Eine* Konferenz: Zur Zukunft der Städtepartnerschaften zwischen westdeutschen und brandenburgischen Kommunen (Dezember)

- Programmangebot der FES im Jahr 1994 (FES/Brdbg./1994):

Im gesamten Jahr 1994 befassen sich *19* der von der FES in Brandenburg angebotenen Bildungsveranstaltungen, das entspricht *14,73%* der nunmehr *129* Angebote, direkt mit dem Lerngegenstand *Innere Einheit Deutschlands*, d.h. verweisen auf vier der fünf vordefinierten Unterkategorien.

-- Die Unterkategorie 'Verfassungsmäßige Ordnung':

* *Zwei* dreitägige Seminare: 1968 (West) - 1989 (Ost) - getrennte Erfahrungen/gemeinsame Perspektiven für demokratische Reformen (März, Juli)

* *Eine* zweitägige Konferenz: Die Staats- und Rechtswissenschaft der DDR - eine kritische Betrachtung (April)

* *Eine* Veranstaltung: Die Staats- und Rechtswissenschaft der DDR (II) - Vermögensrechtliche Probleme der Vereinigung (September)

Kapitel 5: Die Innere Einheit Deutschlands in der außerschulischen politischen Bildung 243

* *Eine* eintägige Konferenz: Die Gründung der SPD jährt sich zum fünften Mal. Erfahrungen aus Reformpolitik in Ostdeutschland (Oktober)

* *Ein* dreitägiges Seminar: Probleme des Arbeits- und Sozialrechts - mit besonderer Berücksichtigung der Probleme in den östlichen Bundesländern (Oktober)

-- Die Unterkategorie 'Wirtschaft':

* *Eine* Konferenz: Kreditvergabe in den neuen Bundesländern. Stimmen die Instrumente der Unternehmensförderung? (März)

* *Ein* zweitägiges Seminar: Die Agrarsozialreform - Probleme und Perspektiven (Mai)

* *Eine* Tagung: Der ostdeutsche Mittelstand und die Banken oder passen die Finanzierungsprobleme einerseits und die Kreditpolitik andererseits zusammen? (September)

-- Die Unterkategorie 'Eine Welt':

* *Eine* Veranstaltung: Eine neue Ostpolitik - Brandenburg an der Schnittstelle zwischen Ost und West (August)

-- Die Unterkategorie 'thematisch mehrdimensional':

* *Ein* dreitägiges Seminar: Die DDR im Spiegel ihrer Kritiker (Januar)

* *Zwei* zweitägige Seminare: Brandenburgische-westdeutsche Städtepartnerschaften - wie weiter bzw. Bilanz und Perspektiven (Mai, Oktober)

* *Eine* Konferenz: Verdrängen oder Verantworten? - Vom Umgang mit politischer Vergangenheit (Mai)

* *Ein* zweitägiges Seminar: Gestaltungsprinzipien im Transformationsprozeß - Erwartungen und Politik (September)

* *Zwei* dreitägige Seminare: Die Zukunft war gestern auch besser. Perspektiven Jugendlicher vor und nach 1989 (Juli, Oktober)

* *Ein* viertägiges Seminar: Brandenburgs Zukunft gestalten - die zweite Legislaturperiode des Landtages (November)

* *Eine* zweitägige Konferenz: Zweite gesamtdeutsche Bundestagswahl - Reformimpulse für das Zusammenwachsen von Ost und West? (Dezember)

- Programmangebot der FES im 1. Halbj. 1995 (FES/Brdbg./1. Halbj./1995):

Im 1. Halbjahr 1995 verweisen noch 8,77% der 57 angebotenen Veranstaltungen und damit *fünf* Indikatoren auf den Lerngegenstand *Innere Einheit Deutschlands*, genauer gesagt auf die Kategorien 'Verfassungsmäßige Ordnung', 'Wirtschaft' und 'thematisch mehrdimensional'.

-- Die Unterkategorie 'Verfassungsmäßige Ordnung':

* *Eine* eintägige Konferenz: Die Staats- und Rechtswissenschaft der DDR (Januar)

* *Eine* eintägige Konferenz: Die PDS - Strukturen, Programm, Geschichtsverständnis (Februar)

* *Eine* Tagung: Bildung in Paragraphen - zum künftigen Schulgesetz im Land Brandenburg (März)

-- Die Unterkategorie 'Wirtschaft':

* *Eine* Konferenz: Fünf Jahre Wirtschafts- und Währungsunion - eine Bilanz (Juni)

-- Die Unterkategorie 'thematisch mehrdimensional':

* *Eine* zweitägige Konferenz: Deutschland nach der Wahl - Reformkonzepte für das Zusammenwachsen von Ost und West (Februar)

Abb. 22: Ergebniszusammenfassung der Programmanalyse für den in Brandenburg ausgewählten Vertreter einer sozialdemokratischen Bildungsarbeit - die FES:

Untersuchungs-zeitraum	Friedrich-Ebert-Stiftung		
	Gesamtzahl d. Angebote	Anteil der Indika. in %	Indikatoren je Unterkategorie
2. Halbj. 90			
1991	52	21,15%	1/5/2/1/2
1992	57	21,05%	1/5/2/1/3
1993	87	21,84%	1/8/7/-/3
1994	129	14,73%	-/6/3/1/9
1. Halbj. 95	57	8,77%	-/3/1/-/1

Die systematische Darstellung der Untersuchungsergebnisse für das "neue" Bundesland Brandenburg abschließend, wenden wir uns nun der FNS, dem Repräsentanten einer liberalen Bildungsarbeit zu, genauer gesagt den Angeboten, die vom Berliner Büro der FNS aus in diesem Land organisiert werden und den Angeboten der eng mit der FNS verzahnten KHS, deren Tätigkeit, wie gezeigt, nur auf dieses Bundesland beschränkt bleibt.

5.3.2.3 Liberale Bildungsarbeit

Die bisherige Vorgehensweise vor Augen, und den soeben angedeuteten Sachverhalt bedenkend, daß nun zwei, zwar eng kooperierende, in Programmplanung und -gestaltung jedoch weitgehend selbständige Vertreter einer liberalen Bildungsarbeit in Brandenburg untersucht werden, müssen vor der eigentlichen Kennzeichnung der gewonnenen Daten auch hier zunächst einige Angaben zu den jeweils vorgelegten Bildungsprogrammen, d.h. zu den verwertbaren Text- bzw. Analysematerialien gemacht werden.

Das Büro der FNS in Berlin, das schon im Herbst 1990 bzw. kurz nach der gesetzlich vollzogenen Wiedervereinigung beginnt, die eine oder andere Veranstaltung außerhalb Berlins durchzuführen, strenggenommen aber erst Anfang 1991 gezielt versucht, neben der Bundeshauptstadt auch in den fünf "neuen" Bundesländern politische Bildungsveranstaltungen anzubieten, kann aufgrund fehlender Archivierung nicht die eigentlich erbetenen politischen Bildungsprogramme zur Verfügung stellen, die prinzipiell für ein Vierteljahr im voraus veröffentlicht werden und alle Angebote für Berlin und die fünf "neuen" Länder enthalten[431], sondern nur eine eigens für diese Studie erstellte Liste, die alle in Brandenburg angebotenen Seminare von 1991 bis 1994 beinhaltet. Diese Liste setzt sich dabei aus den Seminartiteln, der Angabe der jeweiligen Veranstaltungsdauer und der Markierung des entsprechenden Veranstaltungsorts zusammen und enthält somit ähnlich wie die vorher für dieses Bundesland untersuchten Programme der KAS und FES keine weiterführenden veranstaltungsspezifischen Informationen.

Demgegenüber kann die im August 1991 neugegründete KHS, die ihre politische Bildungsarbeit erst zum 2. Halbjahr 1992 aufnimmt und bis Ende 1994 insgesamt fünf eigene Halbjahresprogramme präsentiert[432], all diese Programmankündigungen im Original vorlegen. Dabei ist bemerkenswert, daß sich diese zunächst in Form eines mehrseitigen Programmhefts konzipierten und ab dem 2. Halbjahr 1993 als Faltblatt gestalteten Veranstaltungsprogramme in Aufbau und Ausgestaltung nur darin von den Bildungsprogrammen der in Bayern tätigen TDS unterscheiden (vgl. Punkt 5.3.1.3 der vorliegenden Arbeit), daß hier die ebenfalls nach Monaten geordneten Einzelveranstaltungen nicht nur den Seminartiteln nach angegeben werden, sondern darüber hinaus noch mit einigen ergänzenden Erklärungen[433] versehen sind. Eine Maßnahme, die es dem eigentlichen Rezipient dieser Mitteilung, dem interessierten Bürger, zweifelsohne erleichtert u.a.

---

431) Ein derartig gestaltetes Programmheft liegt nur für das 1. Halbjahr 1995 vor.
432) Wie in den einleitenden Ausführungen zum Bildungsangebot in Brandenburg - Punkt 5.3.2 - bereits ausdrücklich erwähnt, kann die KHS im 1. Halbjahr 1995 aufgrund rückläufiger finanzieller Zuwendungen kein eigenes Bildungsprogramm mehr vorlegen.
433) Im Rahmen der anschließenden verbalen Fixierung der Analyseresultate werden diese Zusatzinformationen, wie schon zuvor für die HSS und Georg-von-Vollmar-Akademie (FES) in Bayern, mit angegeben.

auch solche Veranstaltungen ausfindig zu machen und zu erkennen, die i.w.S. auf die Vereinigungsproblematik eingehen.

Die Inhaltsanalyse der in Brandenburg angebotenen liberalen Bildungsprogramme für den Zeitraum 1991 bis einschließlich 1. Halbjahr 1995 bringt folgendes grundsätzliches Resultat hervor: Es können von 1991 bis einschließlich 1994 jedes Jahr, nicht aber für das 1. Halbjahr 1995 Untersuchungseinheiten lokalisiert werden, die eindeutig dem Lerngegenstand *Innere Einheit Deutschlands* zuzurechnen sind, wobei der prozentuale Anteil dieser Veranstaltungen, die den Vereinigungsprozeß i.w.S. beinhalten bzw. direkt mit diesem in Verbindung stehende Probleme und Konflikte aufgreifen, bezüglich der Gesamtzahl der jeweils im Untersuchungszeitraum angebotenen Veranstaltungen schwankt zwischen dem maximal erreichten Wert von *12,50%* (1992) und dem minimalen Wert von *0%* (1. Halbjahr 1995)[434].

Vor der verbalen und zahlenmäßigen Fixierung der, soeben in einem Satz zusammengefaßten Analyseresultate bleibt wichtig, anzumerken, daß nur im ersten Fall - der detaillierten verbalen Benennung der Ergebnisse - alle identifizierten Untersuchungseinheiten dahingehend gekennzeichnet werden, ob sie dem Angebot des Berliner Büros der FNS entstammen (F) oder dem der KHS (K), um auf diese Weise einerseits eine differenzierte Betrachtung der Einzelergebnisse zu ermöglichen, andererseits aber die Überschaubarkeit der Darstellung und der abschließenden Ergebniszusammenfassung - siehe Abb. 23 - für die beiden, letztlich doch ein und derselben bundesweit tätigen Parteistiftung zuzurechnenden Träger einer liberalen Bildungsarbeit in Brandenburg nicht zu gefährden.

- Programmangebot der FNS im Jahr 1991 (FNS/Brdbg./1991):
In einem Satz zusammengefaßt, gilt für dieses Jahr, daß sich *eine* der insgesamt *43* vom Berliner Büro der FNS in Brandenburg offerierten Veranstaltungen, das entspricht *2,33%*, mit dem Lerngegenstand *Innere Einheit Deutschlands*, genauer mit der Unterkategorie 'Wirtschaft' befaßt.

-- Die Unterkategorie 'Wirtschaft':

* *Ein* dreitägiges Seminar: Warum geht es nicht, wie ich will? - Spielregeln der Marktwirtschaft (F, November)[435]

---

434) Dieser Wert für das 1. Halbjahr 1995 ist meiner Ansicht nach aufgrund der niedrigen Gesamtzahl der Veranstaltungen - wegen fehlender finanzieller Mittel legt die KHS für diesen Zeitraum kein eigenes Bildungsprogramm vor und auch das Berliner Büro der FNS offeriert nur eine sehr geringe Anzahl von Bildungsveranstaltungen - nur bedingt aussagekräftig.
435) Anm. 425 der vorliegenden Arbeit gilt entsprechend.

Kapitel 5: Die Innere Einheit Deutschlands in der außerschulischen politischen Bildung

- Programmangebot der FNS/KHS im Jahr 1992 (FNS/Brdbg./1992):
In diesem Jahr, dem ersten, in dem auch die KHS - zumindest ab dem 2. Halbjahr - in Brandenburg politische Bildungsveranstaltungen anbietet, verweisen *12,50%* der zusammen *72* Angebote und damit *neun* Indikatoren, anders ausgedrückt, vier der 41 Veranstaltungen des Berliner Büros der FNS und fünf der 31 Seminare der KHS, unmittelbar auf den Lerngegenstand *Innere Einheit Deutschlands*, respektive auf drei der fünf vordefinierten Unterkategorien.

-- Die Unterkategorie 'Verfassungsmäßige Ordnung':

* *Zwei* vierstündige Veranstaltungen: Die rechtlichen Probleme bei der Klärung offener Vermögensfragen (K, Oktober)
  * Anhand von Beispielen werden rechtliche Fragen und Probleme bei der Klärung offener Vermögensfragen, wie sie sich aus dem Einigungsvertrag und aus weiteren Gesetzen und Urteilen ergeben, behandelt.

-- Die Unterkategorie 'Wirtschaft':

* *Eine* Tagesveranstaltung: Vorbereitung und Durchführung der Liquidation von Landwirtschaftsbetrieben und die Möglichkeiten der Unternehmensgründung (K, Oktober)
  * Themen sind u.a.: Der Brandenburger Weg in die Landwirtschaft; Voraussetzungen und Erfahrungen bei der Möglichkeit der Unternehmensneugründung usw.

-- Die Unterkategorie 'thematisch mehrdimensional':

* *Zwei* dreitägige Seminare: Neu in der Bundesrepublik (F, Juni/August)

* *Zwei* viertägige Seminare: Wir sind das Volk (F, Juli)

* *Eine* Tagesveranstaltung: Gesellschaftliche Probleme bei der Umgestaltung der Landwirtschaftsbetriebe (K, September)
  * Themen sind u.a.: Anforderungen der Nachfolgeeinrichtungen der LPG aus den früheren Kommunalverträgen ('Wirt.'); Gesellschaftsrechtliche Besonderheiten des Landes Brandenburg bei der Umgestaltung der Landwirtschaftsbetriebe ('Verf. O.') usw.

* *Eine* Tagesveranstaltung: Agrar- und bodenrechtliche Probleme und Lösungswege bei der Umstrukturierung der Landwirtschaftsbetriebe des Landes Brandenburg (K, September)
  * Themen sind u.a.: Wie fördert der "Brandenburger Weg" große Betriebe nach differenzierten Gesellschaftsformen ('Wirt.'); Probleme aus dem Landwirtschaftsanpassungsgesetz ('Verf. O.') usw.

- Programmangebot der FNS/KHS im Jahr 1993 (FNS/Brdbg./1993):
Faßt man das Ergebnis der inhaltsanalytischen Aufbereitung des Datenmaterials zusammen, so kann festgehalten werden, daß 1993 *neun* Veranstaltungen, das sind *10,84%* der zusammen *83* ausgewiesenen Angebote, deutlich erkennbar der Vereinigungsthematik, genauer drei der fünf Unterkategorien, gewidmet sind. Es handelt sich dabei um ein

Seminar, das vom Berliner Büro der FNS offeriert wird - von insgesamt 35 Angeboten in Brandenburg - und um acht der 48 Veranstaltungen der KHS.

-- Die Unterkategorie 'Verfassungsmäßige Ordnung':

* *Eine* Tages- und *eine* vierstündige Veranstaltung: Die rechtlichen Probleme bei der Klärung offener Vermögensfragen in den neuen Bundesländern (K, Januar)
   * Themen sind u.a.: Grundlagen und Wurzeln des Prinzips "Rückgabe statt Entschädigung"; Grundbegriffe des Vermögensgesetzes usw.

* *Ein* dreitägiges Seminar: Kommunalpolitik vor Ort - Unterschiede und Gemeinsamkeiten in der Kommunalpolitik von Nordrhein-Westfalen und Brandenburg (K, Juni)

-- Die Unterkategorie 'Wirtschaft':

* *Vier* fünfstündige Veranstaltungen: Marktwirtschaft und Wettbewerb am ostdeutschen Baumarkt (K, davon zwei Veranstaltungen im Februar und zwei im März)
   * Themen sind u.a.: Ausschreibung, Angebot, Auftragsverhandlungen usw.

-- Die Unterkategorie 'thematisch mehrdimensional':

* *Ein* dreitägiges Seminar: Die Lage der Nation. 3 Jahre nach der Einheit (K, Oktober)
   * Themen sind u.a.: Staatliche Einheit und wirtschaftliches Gefälle - der Prozeß zur inneren Einigung ('Wirt.'); Deutsche Identität in Ost und West ('Gesell.') usw.

* *Ein* viertägiges Seminar: Wir sind das Volk (F, März)

- Programmangebot der FNS/KHS im Jahr 1994 (FNS/Brdbg./1994):

In diesem Jahr verweisen 6,38% der 47 Angebote und damit 3 Indikatoren, anders ausgedrückt, eine der 18 Veranstaltungen des Berliner Büros und zwei der 29 Seminare der KHS, direkt auf den Lerngegenstand *Innere Einheit Deutschlands*, genauer gesagt auf drei der fünf Unterkategorien.

-- Die Unterkategorie 'Wirtschaft':

* *Ein* zweitägiges Seminar: Standort Deutschland im 4. Jahr nach der Einheit (K, Mai)
   * Themen sind u.a.: Staatliche Einheit und wirtschaftspolitisches Gefälle; Aufschwung Ost - gehört Brandenburg dazu? usw.

-- Die Unterkategorie 'Eine Welt':

* *Ein* dreitägiges Seminar: Deutschlands neue Rolle in der Welt (F, November)

-- Die Unterkategorie 'thematisch mehrdimensional':

* *Ein* dreitägiges Seminar: Zur Lage der Nation - 4 Jahre nach der Einheit (K, November)
   * Themen sind u.a.: Das Wirken der Treuhand am Beispiel des Landes Brandenburg ('Wirt.'); Stasi und kein Ende! Aufarbeitung oder Versöhnung ('Gesell.') usw.

Kapitel 5: Die Innere Einheit Deutschlands in der außerschulischen politischen Bildung 249

- Programmangebot der FNS im 1. Halbj. 1995 (FNS/Brdbg./1. Halbj./1995):
Im 1. Halbjahr 1995, in dem die KHS aus den genannten Gründen nicht in der Lage ist, ein eigenes Programm vorzulegen, bezieht sich auch keine der acht Veranstaltungen, die vom Berliner Büro der FNS aus in Brandenburg organisiert werden, unmißverständlich auf den Lerngegenstand *Innere Einheit Deutschlands*.

Abb. 23: Ergebniszusammenfassung der Programmanalyse für den in Brandenburg ausgewählten Vertreter einer liberalen Bildungsarbeit - die FNS:[436]

Untersuchungs-zeitraum	Friedrich-Naumann-Stiftung		
	Gesamtzahl d. Angebote	Anteil der Indika. in %	Indikatoren je Unterkategorie
2. Halbj. 90			
1991	43	2,33%	-/-/1/-/-
1992	72	12,50%	-/2/1/-/6
1993	83	10,84%	-/3/4/-/2
1994	47	6,38%	-/-/1/1/1
1. Halbj. 95	8	0,00%	-/-/-/-/-

5.3.2.4 Zusammenfassung der Teilergebnisse

Die Datenerfassung für Brandenburg abschließend, faßt die nachfolgende Zusammenschau in Abb. 24 - in gleicher Art und Weise wie Abb. 20 für Bayern[437] - kommentarlos alle bisher erzielten Teilergebnisse zusammen, die im Rahmen der inhaltsanalytischen Auswertung der politischen Bildungsangebote der in Brandenburg tätigen und in diese Untersuchung einbezogenen parteinahen Stiftungen erarbeitet wurden. Mit anderen Worten integriert die folgende Übersicht die in Abb. 21 bis einschließlich Abb. 23 vorgelegten Teilergebnisse.

---
436) Es sei an dieser Stelle noch einmal ausdrücklich erwähnt, daß diese Abbildung, die prinzipiell in gleicher Weise zu erschließen ist wie die beiden vorherigen Abbildungen auch, nur von 1992 bis 1994 - aus den angeführten Gründen - neben den in Brandenburg offerierten Seminaren des Berliner Büros (FNS) auch die Angebote der KHS berücksichtigt.
437) Verwiesen sei daher auf die Ausführungen in Punkt 5.3.1.4 der vorliegenden Arbeit, wenn es darum geht zu ergründen, wie die nachfolgende Abb. 24 zu erschließen ist.

Abb. 24: Ergebniszusammenfassung der Programmanalyse für die in Brandenburg ausgewählten Träger einer außerschulischen politischen Bildungsarbeit - KAS, FES, FNS:[438]

Untersuchungszeitraum	Die parteinahen Stiftungen								
	KAS			FES			FNS		
	G.	A.	I.	G.	A.	I.	G.	A.	I.
2. Halbj. 90									
1991				52	21,15%	11	34	2,33%	1
1992	100	20,00%	20	57	21,05%	12	72	12,50%	9
1993	156	10,90%	17	87	21,84%	19	83	10,84%	9
1994	179	11,17%	20	129	14,73%	19	47	6,38%	3
1. Halbj. 95	19	5,26%	1	57	8,77%	5	8	0,00%	0

5.3.3 Vergleichende Gegenüberstellung der Analyseergebnisse

Bevor im Anschluß, die inhaltsanalytischen Arbeitsschritte abschließend, die *Auswertung* der erhobenen Daten[439] und damit u.a. die Schlußfolgerung von der kommunizierten Mitteilung 'Bildungsprogramm' auf den Kommunikator, die jeweilige parteinahe Stiftung, vorgenommen wird, darüber hinaus die erarbeiteten länderspezifischen Analyseresultate verglichen und in einen größeren Gesamtzusammenhang gestellt werden und eine Konfrontation mit den schulischen Ergebnissen (vgl. Abb. 14) erfolgt, faßt die folgende Übersicht - Abb. 25 - alle im Rahmen der inhaltsanalytischen Auswertung der politischen Bildungsprogramme erfaßten Daten auf einen Blick zusammen, wobei sich diese Zusammenschau, die auf Abb. 20 und Abb. 24 basiert und im folgenden die Grundlage für die qualitative Interpretation der quantitativen Analyseergebnisse darstellt, von den beiden soeben genannten Schemata - was Anordnung, Aussagekraft und Informationsfülle anbelangt - in keiner Weise unterscheidet.

---

438) Der Vollständigkeit halber sei an dieser Stelle noch einmal explizit darauf hingewiesen, daß in Brandenburg, im Gegensatz zu Bayern, erst ab 1991 mit der Datenauswertung begonnen werden konnte. Ein Sachverhalt, der, wie gezeigt, insbesondere darauf zurückzuführen ist, daß nicht sofort mit der formal vollzogenen Einheit der beiden deutschen Staaten auch eine gezielte Arbeit der ausgewählten Träger einer außerschulischen politischen Bildungsarbeit einsetzt. Warum darüber hinaus für die KAS erst ab 1992 Untersuchungsergebnisse vorgelegt werden konnten, kann Anm. 418 entnommen werden.
439) Anm. 275 der vorliegenden Arbeit gilt entsprechend.

Abb. 25: Gegenüberstellung der außerschulischen Analyseresultate für die in die Untersuchung einbezogenen Bundesländer Bayern und Brandenburg:

Länder	BAYERN									BRANDENBURG								
										Die parteinahen Stiftungen								
		HSS			FES			FNS			KAS			FES			FNS	
Untersuchungs-zeitraum	G.	A.	I.	G.	A.	I.	G.	A.	I.	G.	A.	I.	G.	A.	I.	G.	A.	I.
2. Halbj. 90	215	18,14%	39	64	21,88%	14	89	3,37%	3									
1991	367	14,44%	53	125	27,20%	34	166	4,82%	8				52	21,15%	11	34	2,33%	1
1992	399	9,27%	27	109	23,85%	26	171	1,75%	3	100	20,00%	20	57	21,05%	12	72	12,50%	9
1993	420	7,86%	33	103	17,48%	18	156	1,92%	3	156	10,90%	17	87	21,84%	19	83	10,84%	9
1994	498	11,45%	57	121	8,26%	10	149	1,34%	2	179	11,17%	20	129	14,73%	19	47	6,38%	3
1. Halbj. 95	264	4,55%	12	56	3,57%	2	90	2,22%	2	19	5,26%	1	57	8,77%	5	8	0,00%	0

5.4 Auswertung und Interpretation der zentralen Untersuchungsergebnisse

Faßt man an dieser Stelle vor einer detaillierten und differenzierten Betrachtung der stiftungsspezifischen Analyseergebnisse zunächst in allgemeiner Form das Resultat der Datenauswertung für das "alte" Bundesland Bayern und für das "neue" Bundesland Brandenburg zusammen, so muß über die Landesgrenzen hinweg den hier analysierten Trägern einer außerschulischen politischen Bildungsarbeit - der FES, FNS, HSS und KAS - bescheinigt werden, daß sie in den ersten fünf Jahren der wiedererlangten Einheit Deutschlands[440] ohne Ausnahme und ganz im Gegensatz zur Institution Schule, insbesondere der schulischen politischen Bildung in Bayern[441], auf die "historische Bedeutung der Situation" (Hufer, 1993, S.205) reagieren, sich dem als fundamentales Schlüsselproblem[442] markierten Lerngegenstand *Innere Einheit Deutschlands* gezielt zuwenden bzw. sich der generellen "Verantwortung [der politischen Bildung] für das Zusammenwachsen der beiden Teile Deutschlands" (Ditz, 1991, S.66) nicht entziehen. Es kann also den parteinahen Stiftungen attestiert werden, daß diese einen Beitrag leisten auf dem von Donner als "langwierige[n] politische[n] und pädagogische[n] Prozeß mit Schwierigkeiten" (Donner, 1995, S.971) bezeichneten Weg zur inneren Einheit, indem sie den interessierten Bürgern nicht nur in dem "neuen" Land Brandenburg, sondern auch in Bayern - dem für diese Studie ausgewählten Vertreter der "alten" Bundesländer - die Möglichkeit eröffnen, sich systematisch und unter qualifizierter Anleitung mit den unterschiedlichsten Facetten vereinigungsbedingter Probleme und Konflikte auseinanderzusetzen. Schließlich handelt es sich hierbei um eine epochale Herausforderung, die, wie sich sehr bald herausstellen sollte, eben nicht mit der Erlangung der staatlichen Einheit überwunden war, sondern durch die Art und Weise ihrer Gestaltung und dabei insbesondere durch die fortlaufende Transformation der ostdeutschen Gesellschaft (vgl. Reißig, 1993, S.321) erst richtig zum Vorschein kam. Folgerichtig beschreibt auch Schmitz noch fünf Jahre nach dem Fall der Mauer die Lage in Deutschland mit den Worten: "Die Deutschen in Ost und West scheinen sich fremder geworden zu sein, als sie es vor dem Fall der Mauer waren. Heute trennt sie die Mauer in den Köpfen" (Schmitz, 1995, S.216).

Diesen Sachverhalt vor Augen, bestätigt sich für beide Länder die eingangs aufgestellte und bundesweit gültige These, daß sich gerade bei den Parteistiftungen die "veränderte

---

440) Genauer gesagt kann anhand des vorliegenden Datenmaterials diese Aussage in Bayern seit dem 2. Halbjahr 1990 und in Brandenburg von 1991 an bzw. im Falle der KAS ab 1992 belegt werden.
441) Vergleiche hierzu neben Abb. 7, die die schulischen Untersuchungsergebnisse für Bayern zahlenmäßig zusammenfaßt, auch die Ausführungen in Punkt 4.4 der vorliegenden Arbeit.
442) Zu den weiteren Aufgaben bzw. Schlüsselproblemen, mit denen sich nach Ansicht des Verfassers die institutionalisierte politische Bildung im wiedervereinigten Deutschland beschäftigen müßte, siehe ausführlich Gliederungspunkt 3.2 und hier insbesondere den in Punkt 3.2.3 vorgelegten "offenen Katalog von Schlüsselproblemen".

Situation der Politischen Bildung im vereinigten Deutschland" (Schwarze, 1991, S.94, Hervorhebung von Schwarze) nicht zuletzt auch in den betreffenden Programmangeboten widerspiegeln müßte, da sich diese mehr als alle anderen Anbieter einer außerschulischen politischen Bildungsarbeit aus eben dieser politischen Bildungsarbeit heraus legitimieren und dort ihre Wurzeln sehen[443] (vgl. Langguth, 1993, S.38). Folglich kann nicht nur in Brandenburg, wo ohne Zweifel nach der Wiedervereinigung, wie in den vier weiteren "neuen" Bundesländern auch, eine totale 'Neukonstituierung' der schulischen wie außerschulischen politischen Bildung einsetzt[444], sondern auch in Bayern, in dem, wie in den übrigen "alten" Bundesländern, keine derartige 'Neukonstituierung' oder zumindest eine Verbesserung der allgemeinen Lage der politischen Bildung, im Vergleich zu den 80er Jahren, zu verzeichnen ist[445], von einer gezielten und ernstzunehmenden, stiftungsübergreifend angelegten außerschulischen politischen Bildungsanstrengung gesprochen werden, die als konkreter Beitrag der parteinahen Stiftungen zur Vollendung der inneren Einheit gedeutet werden kann[446]. Ein Beitrag, der, wie eingangs erläutert, auf absehbare Zeit nötig erscheint, "soll das Zusammenwachsen nicht auf einen Verwaltungsakt beschränkt" (Kade, 1992, S.129) bleiben, damit eines Tages, wie Vaatz formuliert, im Rückblick eben nicht nur von "ein[em] gute[n] Anfang" bzw. "eine[r] faszinierende[n] unmittelbare[n] Vorgeschichte der deutschen Einheit" (Vaatz, 1994, S.19) gesprochen werden kann, sondern auch von einer gelungenen Vollendung.

Trotz dieses grundlegenden und allgemein gültigen Ergebnisses darf dennoch nicht übersehen werden, daß hüben wie drüben, gleichgültig um welche politische Stiftung es sich handelt, die auf die Vereinigungsthematik Bezug nehmenden Bildungsanstrengungen im Laufe der Zeit stark reduziert werden. Ein Vorgehen, das in Bayern bereits ab 1992 konstatiert werden kann und auch in Brandenburg ein bis zwei Jahre später einsetzt. Überdies fällt auf, daß Umfang und Ausmaß der identifizierten Bildungsaktivitäten im Programmangebot der Parteistiftungen im Untersuchungszeitraum enorm variieren. Ein Sachverhalt, auf den nachfolgend noch dezidiert eingegangen werden muß.

---

443) Ein Sachverhalt, der sich im übrigen auch im Laufe der in Gliederungspunkt 5.2 vorgelegten Beschreibung - "Geschichte, Auftrag und Selbstverständnis der vier politischen Voll-Stiftungen" - voll und ganz bestätigt. So steht seit der jeweiligen Gründung der hier einbezogenen Parteistiftungen immer der Arbeitsbereich "Politische Bildung" im Mittelpunkt der stiftungsspezifischen Aktivitäten.
444) Vergleiche hierzu ausführlich Kap. 3 der vorliegenden Arbeit und hier insbesondere Punkt 3.1 "Zur Lage der politischen Bildung vor und nach der Wiedervereinigung".
445) Anm. 444 der vorliegenden Arbeit gilt entsprechend.
446) Dieses wesentliche Untersuchungsergebnis steht damit ganz im Gegensatz zu den Resultaten der bereits mehrmals erwähnten und von Hufer 1993 durchgeführten Auswertung nordrhein-westfälischer Volkshochschulprogramme, die ans Tageslicht brachte, daß sich die große Mehrzahl, genauer fast 80% der 38 einbezogenen Volkshochschulen, die neben anderen Weiterbildungsangeboten meist auch politische Bildungsveranstaltungen offerieren, schon im 2. Semester 1991 nicht oder nicht mehr, die restlichen rund 20% in nur bescheidenem Maße auf die Vereinigungsthematik reagieren. (vgl. Hufer, 1993, S.205)

Betrachtet man jedoch vorab nur den "Anteil der Indikatoren in %" (vgl. hierzu Abb. 25), genauer den prozentualen Anteil der identifizierten Untersuchungseinheiten an der Gesamtzahl der Angebote pro Jahr je Parteistiftung und Land, die eindeutig dem Lerngegenstand *Innere Einheit Deutschlands* zuzurechnen sind, so kann - ohne an dieser Stelle noch weiterführende Komponenten zu berücksichtigen[447] - eine Rangfolge herausgearbeitet werden, die die einbezogenen parteinahen Stiftungen je nach Grad der Aktivität bezüglich der Vereinigungsthematik klassifiziert. Demnach gilt für beide Länder, daß an erster Stelle die Veranstaltungen der sozialdemokratisch orientierten FES Seminarangebote enthalten, die unmittelbar dem hier interessierenden Lerngegenstand gewidmet sind. An zweiter Stelle rangieren die beiden unter dem Schlagwort "christdemokratische Bildungsarbeit" zusammengefaßten HSS und KAS und an dritter Stelle steht, weit abgeschlagen, die einer liberalen Bildungsarbeit zuzurechnende FNS bzw. die eng mit dieser kooperierenden und hier ebenfalls berücksichtigten liberalen Landesstiftungen, die in Bayern tätige TDS und die in Brandenburg agierende KHS.

In welchem Ausmaß und Umfang und mit welcher Intensität die berücksichtigten Parteistiftungen (Kommunikatoren) im Untersuchungszeitraum - über die eben vorgestellte rein zahlenmäßige Gewichtung hinaus - tatsächlich versuchen, den inneren Einigungsprozeß ein Stück weit voranzubringen, inwieweit sie helfen, die Integration[448] der beiden "auseinandergelebte[n] Gesellschaften" (Rüther, 1993, S.4) zu fördern bzw. die seit der Wende 1989 eher noch tiefer gewordene Spaltung zwischen Ost und West (vgl. Schmitz, 1995, S.224) zu überwinden, wird nachstehend erörtert, wobei es sich anbietet, aufgrund der soeben vorgelegten Rangfolge der Aktivitäten, die in beiden Ländern identisch ist, nicht zuerst die spezifischen Länderergebnisse gegenüberzustellen, sondern die im Rahmen dieser Arbeit nach politischen Grundüberzeugungen eingeteilten Parteistiftungen selbst.

Betrachtet man zunächst die Resultate der Programmauswertung für die sozialdemokratisch orientierte FES etwas genauer, so kann für Bayern und Brandenburg in gleicher Art und Weise vermerkt werden, daß diese parteinahe Stiftung, vor allem in den ersten zwei bis drei Jahren nach der gesetzlich vollzogenen Einheit ihrem selbstgesteckten Ziel, "zur Integration der beiden Gesellschaften in Deutschland" (FES, 1994a, S.20) beizutragen, bzw. auf dem Weg zur inneren Einheit "Hilfestellung" (FES, 1993, S.5

---

[447] Zwei weitere wichtige Faktoren, die i.w.S. Ausmaß und Umfang der Bildungsaktivitäten mitbestimmen und im folgenden auch noch näher erörtert werden, sind die zeitliche Ausdehnung der Veranstaltungen und die thematische Vielfalt der lokalisierten Angebote. Vergleiche hierzu auch Anm. 316.

[448] Wie in Kap. 1 dargelegt, darf der Begriff "Integration" in diesem Kontext *nicht* mißverstanden werden als Assimilation, die nur darauf abzielen würde, "daß der andere seine eigene Identität ganz preisgibt und so wird wie wir" (Meyer, 1991, S.11). Vielmehr steht dieses theoretische Konstrukt hier für eine Beziehung zwischen unterschiedlichen Partnern, die im Zusammenwachsen ihre Verschiedenartigkeit bewahren (vgl. ebd.).

und FES, 1994b, S.5) zu leisten, sehr nahe gekommen ist[449]. So nehmen die Angebote, die eindeutig auf den hier interessierenden Lerngegenstand verweisen, in Bayern mit 21,88% im 2. Halbjahr 1990, 27,20% 1991, 23,85% 1992 und noch 17,48% 1993 und in Brandenburg im Zeitraum von 1991 bis 1993 mit beinahe gleichbleibenden 21% im Verhältnis zu den ebenfalls noch näher zu spezifizierenden christdemokratischen und liberalen Veranstaltungsangeboten zahlenmäßig eine Spitzenposition ein. Daneben sind diese Seminare aber auch thematisch sehr breit angelegt - was schon allein an der Zuordnung zu den fünf vordefinierten Unterkategorien abzulesen ist[450] - und nicht zuletzt in den meisten Fällen auch zeitlich sehr gut ausgestattet. Letztere Komponente, die Veranstaltungsdauer, nimmt dabei in beiden Ländern meist zwei oder mehr Tage je Veranstaltung, im Falle der in Bayern tätigen Georg-von-Vollmar-Akademie vorwiegend gar fünf Tage Zeit in Anspruch.

In einem Satz zusammengefaßt, sind damit alle drei möglichen Aspekte, die in dieser Untersuchung den Grad der Aktivität bzw. die Anstrengung der jeweiligen Stiftung fixieren - *prozentualer Anteil der identifizierten Veranstaltungen, zeitliche Ausstattung der Seminare* und *deren thematische Breite*[451] -, im Bildungsangebot der FES bis 1993 deutlich erkennbar positiv ausgebildet.

Über diese anfänglich sehr intensiven und ausgeprägten Bemühungen hinaus, ist aber auch hier ein Rückgang der Aktivitäten, der sich in Bayern bereits 1993 im Vergleich zu 1992 andeutet und in den beiden darauffolgenden Jahren auch Brandenburg erfaßt, nicht zu übersehen. So sinkt der Anteil der Bildungsangebote, die eindeutig auf den Lerngegenstand *Innere Einheit Deutschlands* verweisen, in Bayern von 17,45% 1993 auf 8,26% 1994 und dann auf nur noch 3,57% im 1. Halbjahr 1995, in Brandenburg von 21,84% 1993 auf 14,73% 1994 und schließlich auf 8,77% im 1. Halbjahr 1995.

Diese erhebliche Reduzierung der Veranstaltungsangebote, die sich mit den kurz-, mittel- und langfristigen Problemen und Konflikten der Wiedervereinigung befassen, steht dabei nach meinem Dafürhalten ganz im Widerspruch zu einer *bildungspolitischen Notwendigkeit*, die fordert, daß die Vereinigungsthematik auch zukünftig - neben anderen wichtigen Aufgaben - als Gegenstand und Zentrum der politischen Bildungsarbeit beibehalten werden muß, denn "bislang zeigt die Einigungspolitik, gemessen nicht an Wunschvorstellungen und konkreten Utopien, sondern an Gefahren des völligen Entgleitens, lediglich *relativen Erfolg*" (Claußen, 1995a, S.46, Hervorhebung von Claußen). Ein Zustand, der einen weitgehenden Verzicht auf bildungspolitische Bemühungen und damit auf eine dauerhafte Hilfestellung auf dem Weg zur inneren Einheit sowohl

---

449) In Bayern kann diese Aussage noch dahingehend spezifiziert werden, daß die Georg-von-Vollmar-Akademie im Gegensatz zur Akademie Frankenwarte mit einer - im Verhältnis zum Gesamtangebot - deutlich höheren Zahl an Veranstaltungen versucht, dieses Ziel zu erreichen.
450) Vergleiche diesbezüglich insbesondere Abb. 18 und Abb. 22.
451) Vergleiche hierzu auch Anm. 316 der vorliegenden Arbeit.

von Seiten der außerschulischen wie auch der schulischen politischen Bildungsarbeit keineswegs rechtfertigt.

Bevor nachfolgend die Resultate der inhaltsanalytischen Aufbereitung der christdemokratischen Bildungsangebote in Bayern (HSS) und Brandenburg (KAS) ausgewertet werden, soll, die Forschungsfrage vor Augen, an dieser Stelle noch einmal explizit auf die bereits eingangs angesprochene und für ein besseres Verständnis, bzw. eine realistische Einschätzung der Analyseergebnisse überaus wichtige Vorüberlegung verwiesen werden, nämlich daß die vorliegenden Ergebnisse *weder* eine Aussage über die *"Wirksamkeit"*[452] einzelner Bildungsveranstaltungen, *noch* über deren *"Qualität"* zulassen. Vielmehr liegt die spezifische Aussagekraft der Resultate - was gleichermaßen für die schulische und außerschulische Seite gilt - gerade darin, daß mit ihnen geklärt werden kann, ob und in welchen thematischen Facetten sich die institutionalisierte politische Bildung dem fachdidaktisch legitimierten und als Schlüsselproblem identifizierten Lerngegenstand *Innere Einheit Deutschlands* - "der großen historischen Vereinigungsaufgabe" (Meyer, 1991, S.9) - im Untersuchungszeitraum angenommen hat und wie sich dies über die Zeit hinweg im Bildungsprogramm der 'politischen Voll-Stiftungen' niederschlägt.

Neben dem auch für die beiden Vertreter einer christdemokratisch orientierten Bildungsarbeit zu beobachtenden *negativen Trend*, daß im Zeitverlauf der Anteil der Bildungsveranstaltungen, die sich unmißverständlich auf die Vereinigungsthematik beziehen, zurückgenommen wird, kann und darf fernerhin nicht übersehen werden, daß sowohl die HSS als auch die KAS im direkten Vergleich mit der FES zumeist in einem geringeren, in einigen Fällen sogar in einem sehr viel geringeren Maße die Vereinigungsthematik aufgreifen.

In Bayern wird dieser Unterschied zwischen dem Anbieter einer sozialdemokratischen Bildungsarbeit, der FES, und der christdemokratisch geprägten Bildungsarbeit der HSS vor allem in den Jahren 1991 bis 1993 deutlich. Denn in diesem Zeitraum erreicht die HSS, auch wenn die absolute Zahl der identifizierten Indikatoren jeweils die der FES übersteigt, nicht einmal die Hälfte des Wertes "Anzahl der Indikatoren in %", der für die FES errechnet werden kann. Vernachlässigt man außerdem den geringfügigen Vorsprung im 1. Halbjahr 1995, dann kann die HSS letztlich nur einmal, und zwar im Jahr 1994 - berücksichtigt man die Sonder-Seminare "Vier Jahre Deutsche Einheit - Bilanz und Perspektiven", die, wie gezeigt, nicht im entsprechenden Bildungsprogramm abgedruckt wurden -, die FES darin übertreffen, prozentual gesehen mehr Veranstaltungen zu offerieren, die der Vereinigungsthematik im hier definierten Sinn zuzuordnen sind.

---

452) Hingewiesen sei an dieser Stelle auf Punkt 3.3 der vorliegenden Arbeit, wo eine Auseinandersetzung mit der generellen Bedeutung der schulischen und außerschulischen politischen Bildungsarbeit für den politischen Lern- und Erfahrungsprozeß der Menschen erfolgt.

Auch der KAS, die bis heute ausdrücklich das Ziel verfolgt, mit Hilfe ihrer Programmangebote u.a. auch einen Beitrag "zur Verwirklichung der inneren Einheit Deutschlands" (KAS, 1995, S.21) zu leisten, gelingt es in Brandenburg nur ein einziges Mal, und zwar 1992 mit einem Anteil der Indikatoren am Gesamtangebot von 20,00% wenigstens in die Nähe des Wertes zukommen, der in diesem Jahr für die FES mit 21,05% ermittelt wurde. Ansonsten bleibt auch sie immer hinter der FES zurück, wobei der größte Abstand 1993 zu verzeichnen ist, als die KAS gerade den halten Wert der FES erreicht.

Neben diesem markanten Unterschied ergeben sich für die beiden anderen Aspekte, die ebenfalls über Ausmaß und Umfang der stiftungsspezifischen Aktivitäten hinsichtlich des Lerngegenstandes *Innere Einheit Deutschlands* Auskunft geben, - die zeitliche Ausgestaltung der herausgearbeiteten Seminare und die thematische Breite[453] der Veranstaltungen -, in beiden Ländern für die hier berücksichtigten Vertreter einer christdemokratischen und einer sozialdemokratischen Bildungsarbeit keine nennenswerten Differenzen.[454]

So finden sich - was die thematische Ausgestaltung der Programmangebote anbelangt - sowohl im Bildungsangebot der christdemokratisch orientierten HSS und KAS als auch im Veranstaltungsprogramm der sozialdemokratisch orientierten FES in den untersuchten Ländern überwiegend solche Themen, die bestehende Unterschiede zwischen West und Ost diskutieren, die auf einzelne Folgen, Probleme und Konflikte der Wiedervereinigung bzw. der anschließend beginnenden Gestaltung der inneren Einheit eingehen und die zum Teil die wirtschaftlichen, sozialen und politischen Gegebenheiten der ehemaligen DDR im Vergleich zur heutigen Bundesrepublik problemorientiert erörtern.

Die FNS, die in Bayern, vertreten durch die TDS, mit einem prozentualen Anteil der Veranstaltungen, die den Vereinigungsprozeß i.w.S. beinhalten, zwischen dem ohnehin geringen maximalen Wert von 4,82% im Jahr 1991 und dem minimalen Wert von 1,34% 1994 schwankt, kommt auch in Brandenburg mit den Angeboten des Berliner Büros und der KHS nicht über einen Wert von 12,50% (1992) hinaus. Damit bleibt die FNS jedes Jahr nicht nur zahlenmäßig ganz erheblich hinter den Anstrengungen von der

---

453) Betrachtet man Abb. 17 genauer, so tritt auf den ersten Blick zwar eine überproportionale Belegung der Unterkategorie 'thematisch mehrdimensional' zu Tage, dies darf aber nicht so interpretiert werden, als würde damit die Vereinigungsthematik von Seiten der HSS nur oberflächlich behandelt. Vielmehr sagt dies nichts anderes aus, als daß hier ganz offensichtlich im Laufe der betreffenden Veranstaltungen zwei oder mehr Facetten der Vereinigungsproblematik angesprochen werden.

454) Ein im Rahmen der Forschungsfrage nicht entscheidender, aber im Laufe der Analyse des christdemokratischen Bildungsangebots in Bayern doch sehr positiv auffallender Aspekt - vor allem im direkten Vergleich zu den übrigen Veranstaltungsprogrammen, insbesondere den in Brandenburg offerierten Angeboten -, soll hier noch kurz notiert werden. Dieser ist darin zu sehen, daß die HSS - ähnlich wie die Georg-von-Vollmar-Akademie (FES) - den Interessenten in den veröffentlichten Jahresprogrammen derart ausführliche Informationen mit an die Hand gibt, daß es all jenen, die eine Möglichkeit suchen, sich mit der Vereinigungsthematik gezielt zu beschäftigen, enorm erleichtert wird, solche Seminare auch tatsächlich zu erkennen, die dieser Problematik gewidmet sind.

FES, HSS und KAS zurück, sondern sie kann darüber hinaus mit dieser geringen Anzahl von Bildungsveranstaltungen erwartungsgemäß auch nicht die thematische Breite in ihren Programmangeboten entfalten bzw. in gleicher Art und Weise verschiedene vereinigungsbedingte Themen besetzen, wie dies von einer sozialdemokratischen und christdemokratischen Bildungsarbeit in beiden Ländern erreicht werden kann. So können in Bayern von der FNS jedes Jahr zwischen zwei und vier der fünf vordefinierten Unterkategorien gar nicht belegt werden (vgl. Abb. 19) und in Brandenburg zwischen zwei und fünf (vgl. Abb. 23). Ein Sachverhalt, der im Gegensatz zur HSS von der FNS auch nicht mit der Besetzung der Unterkategorie 'thematisch mehrdimensional' aufgefangen werden kann.

Diese geringe Anzahl identifizierter Untersuchungseinheiten und die damit einhergehende, schwach ausgeprägte thematische Variationsbreite der Indikatoren im Hintergrund, ist der einzige Aspekt, bei dem auch die liberale Bildungsarbeit in beiden Ländern relativ gut abschneidet, die zeitliche Ausstattung der Veranstaltungen, die die Vereinigungsthematik behandeln. Diese reicht in den meisten Fällen über einen Tag hinaus und nimmt nicht selten drei bis vier Tage Zeit in Anspruch. Eine Sachlage, die dann umso höher bewertet werden muß, wenn man bedenkt, daß die liberale Bildungsarbeit - was besonders deutlich für die Angebote der TDS herausgearbeitet werden konnte[455] - in den meisten Fällen ihre anderen Veranstaltungen so organisiert, daß diese nur einen Abend, einen halben oder maximal einen Tag dauern.

Die differenzierte Auswertung und Interpretation der Analyseergebnisse abschließend, die den vier 'politischen Voll-Stiftungen' zwar eine je nach Parteistiftung verschieden stark ausgeprägte, im Gegensatz zur Institution Schule immerhin aber landesunabhängige und über die Zeit hinweg meßbare politische Bildungsanstrengung bescheinigt[456], kann auch der von Börner getroffenen und bereits erwähnten Einschätzung, betrachtet man, wie hier geschehen, den Einsatz der parteinahen Stiftungen bezüglich des Schlüsselproblems *Innere Einheit Deutschlands*, zumindest tendenziell zugestimmt werden, daß nämlich die politischen Stiftungen spätestens 1989 zu Beginn des Vereinigungsprozesses hätten erfunden werden müssen, um der großen Herausforderungen für unsere Demokratie und dem Zusammenfinden der Deutschen gerecht zu werden (vgl. Börner, 1995, S.14).

Ungeachtet dieser Betrachtungsweise darf aber zu keinem Zeitpunkt der unzweifelhaft vorhandene, stiftungsunabhängig attestierte und bis in die Gegenwart hinein feststellbare

---

455) Vergleiche diesbezüglich Punkt 5.3.1 und hier insbesondere Anm. 369.
456) Dieses wesentliche Untersuchungsergebnis bildet im Anschluß zusammen mit den übrigen im Rahmen der gesamten Studie erarbeiteten Resultate einen letzten Ausgangspunkt für das in Kap. 6 angestrebte "Plädoyer" für eine weiterhin notwendige und zielgerichtete politische Bildungsanstrengung als konkreten Beitrag der schulischen und außerschulischen politischen Bildungsarbeit zur Vollendung der inneren Einheit.

erhebliche Rückgang der identifizierten Bildungsaktivitäten[457] außer acht gelassen werden. Ein Rückgang, der nach Ansicht des Verfassers, ganz im Gegensatz zu den realen Gegebenheiten und Anforderungen im wiedervereinigten Deutschland steht, denn noch fünf Jahre nach der formal vollzogenen Einheit ist die Lage in Deutschland treffender durch das Wort "Spaltung" (Thierse, 1995a, S.20) charakterisiert als durch das Konstrukt "innere Einheit". Dies wird u.a. daran ersichtlich, daß sich gesamtdeutsch erst sehr zögernd ein Prozeß andeutet, der auch "soziale und politische Interessen quer zur Ost-West-Spaltung differenziert" (Spittmann, 1995, S.8). Darüber hinaus sind in weiten Teilen der ostdeutschen Bevölkerung "die Hoffnungen der Wendezeit" einer *"Resignation und Hoffnungslosigkeit"* (Zschieschang, 1995, S.241, Hervorhebung von Zschieschang) gewichen, so daß die Stimmen lauter werden, die gar schon von einem "Mißlingen der Einheit" (Dieckmann, 1995, S.3) sprechen. Überdies muß auch bei den Bürgern im Westen ein fehlendes Verständnis im Sinne von echter Akzeptanz (vgl. Brähler u.a., 1995, S.7), gegenüber dem Osten konstatiert werden - und dies nicht zuletzt aus Ahnungslosigkeit, wobei diese Nichtakzeptanz nach meinem Dafürhalten bei vielen Menschen zurückreicht bis auf die zum Teil schon sehr negativ empfundenen Gedanken und Gefühle beim Fall der Mauer, als man sich von "Primitiven überschwemmt" sah, Wut empfand "wegen des Teilen-Müssens" (Simon, 1995, S.64) und Angst hatte, auch in der "alten" Bundesrepublik die fälligen Konsequenzen aus den mit der Wiedervereinigung verbundenen neuen wirtschaftlichen und politischen (auch sicherheitspolitischen) Bedingungen ziehen zu müssen (vgl. Schmitz, 1995, S.217).

Alles in allem besteht somit auf absehbare Zeit eigentlich kein Anlaß dafür von Seiten der politischen Stiftungen, letztlich jedweder politischen Bildungsarbeit, die Bildungsaktivitäten hinsichtlich des Lerngegenstandes *Innere Einheit Deutschlands* einzuschränken oder gar auslaufen zu lassen.

---

[457] An dieser Stelle sei noch einmal eindringlich darauf hingewiesen, daß mit diesen *Bildungsaktivitäten* nur die Veranstaltungen gemeint sein können, die ausdrücklich und deutlich erkennbar auf den Lerngegenstand *Innere Einheit Deutschlands*, im hier definierten Sinn, verweisen. Daß auch andere, aus den Bildungsprogrammen nicht direkt ersichtliche Angebote diese Problematik im Veranstaltungsverlauf punktuell aufgreifen können, wurde zu keinem Zeitpunkt der Arbeit ausgeschlossen.

6. Plädoyer für eine zielgerichtete politische Bildungsanstrengung als konkreten Beitrag zur Vollendung der inneren Einheit - von der wissenschaftlichen Diskussion zur praktischen Umsetzung

6.1 Die *Innere Einheit Deutschlands* als Bildungsauftrag der schulischen und außerschulischen politischen Bildung

Die forschungsleitende Fragestellung im Hintergrund, fassen die beiden zunächst angeführten Aspekte in stark verkürzter Form die wesentlichen Resultate der gesamten bisherigen Analyse zusammen, wobei diese Ergebnisse zum einen das im Anschluß vorgelegte und die Untersuchung abschließende "Plädoyer" überhaupt erst anregen, ein Plädoyer, das eintritt für eine zielgerichtete politische Bildungsanstrengung als konkreten Beitrag zur Vollendung der inneren Einheit bzw. als Beitrag zum Zusammenwachsen der Menschen aus Ost und West[458], der Menschen, "die fast 45 Jahre in wesentlichen Bereichen unterschiedlich zu denken und zu handeln gelernt haben" (Hoffmann, 1991a, S.191). Zum anderen bilden diese Ergebnisse, insbesondere die in Kapitel 4 und 5 gewonnenen Daten, die grundlegende Voraussetzung für einen fundierten Ausblick, der aus der Sicht des Verfassers *nicht* als abgeschlossenes Reformkonzept gedacht ist, sondern vielmehr als Diskussionsvorschlag oder mögliches Strategiepapier[459] verstanden werden soll. Diese Vorlage verfolgt im wesentlichen das Ziel, der schulisch wie außerschulisch konstatierten *"Misere der Politischen Bildung, die - allen Beschwörungen zum Trotz - de facto nur noch eine begrenzte Aufmerksamkeit und keine wirkungsvolle politische Unterstützung erhält"* (Hufer, 1995, S.1002, Hervorhebung von Hufer), konstruktiv entgegenzuwirken.

Dieser Ausblick, der auch sechs Jahre nach dem Fall der Mauer und fünf Jahre nach der gesetzlich vollzogenen Einheit aufgrund der noch in vielen gesellschaftlichen, wirtschaftlichen und politischen Bereichen gültigen These, "die staatliche Einheit ist da, aber die Ungleichheit besteht weiter" (Bender, 1995, S.10) und der Tatsache, daß es bis in die Gegenwart hinein ganz offensichtlich schwerer ist, "die Einheit zu gestalten, als

---

458) Auch Dümcke und Marten machen bereits sehr früh darauf aufmerksam, daß es eben um weitaus mehr als um die bloße wirtschaftliche und soziale Angleichung der neuen Bundesländer geht, nämlich darum, "wie im Prozeß der sich rasant vollziehenden radikalen Veränderungen Menschen, [...], für die sich die Veränderungen überdies in unterschiedlicher Intensität und Beschleunigung vollziehen, einen neuen [...] Zusammenhalt gewinnen können" (Dümcke u.a., 1991, S.1361); infolgedessen sprechen beide auch von einer notwendigen "Kultur des Zusammenwachsens" (ebd.).

459) Ein Beitrag, der im Hinblick auf die diagnostizierten Bildungsaktivitäten im Zusammenhang mit dem Lerngegenstand *Innere Einheit Deutschlands* "von der *Notwendigkeit des Gegensteuerns*" (Claußen, 1995b, S.898, Hervorhebung von Claußen) getragen ist, wenn man insbesondere die geringen schulischen Bemühungen im Fach Sozialkunde in Bayern (vgl. Abb. 7) und die sowohl in Bayern als auch in Brandenburg im Untersuchungszeitraum stark rückläufigen Anstrengungen der einbezogenen 'politischen Voll-Stiftungen' (vgl. Abb. 25) betrachtet.

Kapitel 6: Plädoyer für eine zielgerichtete politische Bildungsanstrengung   261

es war, sie zustande zu bringen" (Sommer, 1995, S.5), formuliert die *Innere Einheit Deutschlands* als wichtigen und ernstzunehmenden Bildungsauftrag der schulischen wie außerschulischen politischen Bildung. Daran anschließend werden in Punkt 6.2, strukturelle "Mindestanforderungen", bzw. institutionelle Voraussetzungen für eine derartige Bildungsanstrengung benannt und Vorschläge dahingehend unterbreitet, wie eine auf dieses Schlüsselproblem abgestimmte "didaktisch-methodische Grundlegung" speziell für den analysierten Politikunterricht und die untersuchten außerschulischen politischen Bildungsseminare aussehen könnte. Diese Überlegungen abschließend, wird in Gliederungspunkt 6.3 in Form eines Ausblicks versucht, einen aus der Sicht des Verfassers realisierbaren Weg aus dem schier unauflösbaren Dilemma, in dem sich jedwede politische Bildungsarbeit in Deutschland befindet, aufzuzeigen.

Den vielfältigen epochalen Herausforderungen und fundamentalen Problemlagen - darunter auch dem fachdidaktisch legitimierten bzw. als Schlüsselproblem identifizierten Lerngegenstand *Innere Einheit Deutschlands* -, die für ein 'Überleben' und ein 'menschenwürdiges gutes Leben' heute und in absehbarer Zukunft wichtig erscheinen (vgl. Punkt 3.2 der vorliegenden Arbeit) steht einerseits eine in ihrer Bedeutung häufig unterschätzte (vgl. 3.3), als komplexe und mehrdimensionale politisch-soziale Erfahrungswelt verkannte (vgl. 4.2.1) politische Sozialisationsinstanz Schule gegenüber. Eine Institution, die aber von Bundesland zu Bundesland in verschieden stark ausgeprägter Form[460] den eigentlichen Mittelpunkt all ihrer zielgerichteten politischen Bildungsarbeit, *den Politikunterricht,* nicht nur die grundlegenden Rahmenbedingungen (vgl. 3.1) betreffend vernachlässigt[461], sondern darüber hinaus auch erhebliche Defizite und Mängel hinsichtlich der fachdidaktischen Ausgestaltung der unterrichtsspezifischen Lehrer-Schüler-Interaktion (vgl. 4.2.2) aufweist. Der im Rahmen dieser Arbeit im Zentrum stehende Lerngegenstand als mögliches Aufgabenfeld wird dabei völlig gegensätzlich behandelt: entweder wird er ganz und gar ausgeklammert[462] oder, aller zeitlichen Restriktionen zum Trotz, in den letzten fünf Jahren doch relativ ausführlich in die entsprechenden Lehrpläne eingearbeitet[463].

---

460) Wie an anderer Stelle bereits angedeutet, darf zu keinem Zeitpunkt außer acht gelassen werden, daß die föderative Verteilung der Schulhoheit und die damit einhergehende Dezentralisierung der Zuständigkeiten, was die Lehrplangestaltung, Unterrichtsorganisation usw. anbelangt, gerade im Bereich der schulischen politischen Bildung von Land zu Land zu einer zumindest tendenziellen Unterschiedlichkeit, zum Teil gar zu einer hochgradigen Ausdifferenzierung der Organisationsstrukturen und der spezifischen Rahmenbedingungen geführt hat.
461) Ein Sachverhalt, der sich in Bayern mehr (vgl. 4.2.3.1) und in Brandenburg weniger (vgl. 4.2.3.2) stark bemerkbar macht.
462) Dies gilt - wie in Punkt 4.3.1.1 bis einschließlich 4.3.1.3 deutlich herausgearbeitet - z.B. in der gesamten Sekundarstufe I in Bayern.
463) Wie am Beispiel Brandenburgs nachgewiesen, nimmt sich gerade in diesem Bundesland das Fach Politische Bildung, zumal in der Sekundarstufe I, dieses Lerngegenstandes gezielt an. Genauer gesagt, ist der hier interessierende Lerngegenstand in den entsprechenden Lehrplänen der Jahrgangsstufen 5 bis 10 fest verankert.

Trotz des landes- und stiftungsunabhängig attestierten und im Rahmen der Datenauswertung ausdrücklich kritisierten Rückgangs der identifizierten Bildungsaktivitäten im Untersuchungszeitraum (vgl. Abb. 25), kann den hier analysierten Trägern einer außerschulischen politischen Bildungsarbeit, die sich nicht nur gegenüber der Schule, sondern auch gegenüber allen weiteren Anbietern einer außerschulischen politischen Bildungsarbeit[464] aus eben dieser Bildungsarbeit heraus legitimieren, der FES, FNS, HSS und KAS, bescheinigt werden, daß sie in den ersten fünf Jahren der wiedererlangten Einheit Deutschlands ohne Ausnahme und ganz im Gegensatz zur Institution Schule, insbesondere der schulischen politischen Bildung in Bayern, unverzüglich auf die "historische Bedeutung der Situation" (Hufer, 1993, S.205) reagieren, sich dem als fundamentales Schlüsselproblem (vgl. 3.2.3) markierten Lerngegenstand *Innere Einheit Deutschlands* gezielt zuwenden bzw. sich der generellen "Verantwortung [der politischen Bildung] für das Zusammenwachsen der beiden Teile Deutschlands" (Ditz, 1991, S.66) nicht entziehen und dies obwohl auch hier nicht vergessen werden darf, daß die außerschulische politische Bildung - was materielle, politische und rechtliche Voraussetzungen anbelangt - im allgemeinen mit Rahmenbedingungen zu kämpfen hat, die nicht zum Besten stehen (vgl. 3.1). Mit anderen Worten muß auch diese spezifische Form der politischen Bildungsarbeit vor einem bildungspolitischen Hintergrund agieren, der durch eine große *"Diskrepanz zwischen Absichtserklärungen, normativen Ansprüchen und Willensbekundungen einerseits sowie den praktisch umgesetzten Folgerungen und der Wirklichkeit andererseits"* (Hufer, 1995, S.998, Hervorhebung von Hufer) gekennzeichnet ist.

Die an dieser Stelle noch einmal stichpunktartig zusammengefaßten Untersuchungsergebnisse im Hintergrund, wird nachfolgend, bevor die *Innere Einheit Deutschlands* als Bildungsauftrag bzw. als Lernziel der schulischen wie außerschulischen politischen Bildung formuliert wird, ohne Anspruch auf Vollständigkeit, eine problemorientierte Thematisierung vereinigungsbedingter Schwierigkeiten und Konflikte vorgenommen bzw. eine Reihe von Herausforderungen benannt[465], die auch fünf Jahre nach der Wiedervereinigung die grundsätzliche Relevanz dieser Thematik für die institutionalisierte politische Bildungsarbeit verdeutlichen sollen:

---

464) Gemeint sind hier all die Einrichtungen, die den interessierten Menschen zwar einzelne politische Bildungsangebote unterbreiten - z.B. die Volkshochschulen, die verschiedenen Träger einer kirchlichen Bildungsarbeit, die Gewerkschaften usw. -, wo diese Veranstaltungen aber nur einen sehr kleinen Teil der gesamten Bildungsaktivitäten repräsentieren.
465) Diese Reihe von Herausforderungen setzt damit in letzter Konsequenz die am Ende von Gliederungspunkt 2.2.1.3 "Die *Innere Einheit Deutschlands* - ein existentielles Schlüsselproblem?", begonnene Aufzählung fort, wo bereits drei Problemlagen benannt wurden, die aus der Sicht des Verfassers im Zusammenhang mit der Verwirklichung der inneren Einheit besondere Kontur gewinnen:
- Das vorhandene und durch die Vereinigung noch *verschärfte Sozialgefälle*,
- Die *Vergangenheitsbewältigung*,
- Die *politische Orientierungslosigkeit* bzw. *Legitimationskrise*.

- In der 45jährigen unterschiedlichen Geschichte der zwei getrennt und häufig gegensätzlich entwickelten Gesellschaften und politischen Systeme in Ost und West, sind zwei Gedankenwelten entstanden, zwei politische Kulturen gewachsen, haben sich "Klischees über die wechselseitig unterstellten Eigenschaften der West- und der Ostdeutschen" (Korte, 1994b, S.211f.) manifestiert, die auf beiden Seiten bis in die Gegenwart hinein zu *Fehl- und Mißdeutungen* führen. Mißverständnisse, die nicht selten die viel zitierte 'Mauer in den Köpfen' verfestigen, die die Spaltung zwischen den Menschen vertiefen und - wie von Miegel bereits 1992 richtig erkannt - "nicht einfach dadurch überwunden werden können, daß der Osten zum gemeinsamen, bekannten Ufer [...], das er vor Jahrzehnten verlassen hat" (Miegel, 1992, S.677) zurückkehrt, denn auch vom Westen ist dieses Ufer längst verlassen worden (vgl. ebd.).

- Obwohl sich für viele Menschen im Osten mit der Wiedervereinigung zweifellos eine Reihe von politischen und ökonomischen Wünschen erfüllte, wurden desgleichen auch viele Hoffnungen zerschlagen und herrscht heute vielerorts *Resignation*, denn die Menschen in den "neuen" Ländern "erlebten viele Veränderungen als neue Ungerechtigkeiten, z.B. die knallharte Ausschaltung östlicher Konkurrenz, die Verdrängung aus ihren bisherigen Lebenszusammenhängen, [...], die ungewohnten sozialen Unsicherheiten" (Bohley, 1995, S.16) usw. Meiner Ansicht nach handelt es sich dabei auch um wesentliche Gründe dafür, warum bei vielen Bürgern im Osten bis in die Gegenwart hinein "das Gefühl, von der bestehenden Politik »verkauft« oder einfach im Stich gelassen" (Schmitz, 1995, S.221) worden zu sein, weiter wächst. Eine Einschätzung, die sich noch dadurch verfestigen dürfte, daß die Menschen im Osten, die erwiesenermaßen auch fünf Jahre nach der Vereinigung weder in der Regierung noch in den Parteien[466], Verbänden und Medien nennenswerten Einfluß besitzen, im wiedervereinigten Deutschland zwar generell "mitreden, aber kaum mitbestimmen" dürfen (vgl. Bender, 1995, S.10).

- Die Westdeutschen laufen Gefahr, in der falschen Weise zu reagieren und den Aufbruch der östlichen Gesellschaft nur als einen Zusammenbruch des alten Systems zu interpretieren (vgl. Bohley, 1995, S.16), mit der Wiedervereinigung nur die unbestreitbar vorhandenen finanziellen Lasten zu verbinden[467], zu übersehen, daß die deutsche Einheit auch "eine Herausforderung an die Fähigkeit des einzelnen zum menschlichen Mit-

---

[466] So schreibt auch Deupmann fünf Jahre nach der deutschen Wiedervereinigung in einem Zeitungsartikel mit dem Titel "Große und kleine Satelliten im Bonner Kosmos": "Noch immer führen ostdeutsche Politiker am Regierungssitz ein Schattendasein - Ausnahmeerscheinung ist Angela Merkel" (Deupmann, 1995, S.3).
[467] So halten einer aktuellen Umfrage im Auftrag des Nachrichtenmagazins FOCUS zufolge nach wie vor 44% der Westdeutschen "die finanzielle Förderung der neuen Länder für zu hoch" (FOCUS, 30.9.1995, S.69). Vergleiche hierzu auch die in Anm. 7 zitierte SPIEGEL-Umfrage aus dem Jahr 1990.

einander" (Eppelmann, 1995, S.8) ist, im Zusammenhang mit der Vollendung der inneren Einheit zwar von einer angestrebten Integration der Menschen aus Ostdeutschland zu sprechen, aber in Wahrheit nicht mehr als Assimilation zu meinen[468], ohne weitere Differenzierung, "die Ostdeutschen entweder [nur] als Gewinner einer Modernisierung (mit gewissen Schattenseiten) oder als Verlierer in einem Kolonisierungsprozeß (mit gewissen Lichtseiten)" (Vester, 1995, S.30) zu betrachten.

- Bezogen auf den bereits Geschichte gewordenen staatlichen Vereinigungsprozeß, ist eine "Legendenbildung" (Korte, 1994b, S.12) zu beobachten[469], die fälschlicherweise "die Vorgeschichte der deutschen Einheit auf die Vorahnungen des Umsturzes begrenzt oder gar die Geschichte der DDR auf einen Countdown [hin zum Untergang] reduziert" (Korte, 1994a, S.44f.). Ein Umstand, der bei den Menschen in Ost und West häufig zu Fehlinterpretationen führt und eine realistische Sichtweise der tatsächlichen Gegebenheiten verhindert. Diese bedenkliche Konstellation wird, nach meinem Dafürhalten, noch dadurch verstärkt, daß die wiedergewonnene Einheit bei vielen Menschen "nach der ersten Euphorie fast ausschließlich Empfindungen des Abschieds hervorgerufen" und sowohl im Osten wie im Westen der Republik "Wehmut" und "Trauer um eine verlorene Welt" (Schirrmacher, 1995, S.56) zurückgelassen hat.

- Die vielschichtigen Differenzierungsprozesse in den "neuen" Bundesländern bzw. die Auseinanderentwicklung der Menschen in vielen Bereichen - neue soziale Gruppierungen entstehen, politische Haltungen und Wertorientierungen bilden sich heraus, erhebliche Einkommensdisparitäten und damit verbundene Chancen und Möglichkeiten, das Leben zu gestalten, machen sich bemerkbar usw. - verstärken und vertiefen sich und erzeugen Desillusionierung, Mißgunst und Neid unter den Menschen und lassen den Graben zwischen diesen zusehends wachsen. (vgl. Donner, 1995, S.973/974)

Diesen jederzeit erweiterbaren und über die Zeit hinweg ohne Frage sich verändernden Problem- und Themenkatalog vor Augen, der ganz eindeutig nur solche Konfliktlinien und Schwierigkeiten benennt, die im hier definierten Sinn direkt auf den Lerngegenstand *Innere Einheit Deutschlands* verweisen, plädiert der Verfasser zum einen für eine *zielgruppenorientierte* politische Bildungsarbeit, die in einer zeitlich begrenzten Phase eine unterschiedliche Gewichtung und ein Mindestmaß an inhaltlicher Differenzierung dieses für ganz Deutschland gültigen Schlüsselproblems vornimmt (vgl. 3.2.2)[470]. Zum

---

468) Eine Grundhaltung, die zweierlei Aspekte impliziert: Erstens können somit alle Erfahrungen und Einrichtungen des Ostens als systembedingt gescheitert gelten und zweitens kann auf diese Weise der Export sämtlicher Strukturen des Westens in den Osten legitimiert werden. (vgl. Dieckmann, 1995, S.3)
469) Einige zentrale "Legenden" finden sich bei Korte, 1994a, S.44-48 und ders., 1994b, S.12-15.
470) Das entscheidende Argument für eine "doppelte Sichtweise - gleichsam Stereosichtweise" (Wernstedt, 1994, S.12), eine inhaltliche Zweiteilung der politischen Bildung im vereinten Deutschland ist - wie

anderen für eine politische Bildungsarbeit, die darüber hinaus soweit als möglich versucht, die Menschen aus Ost- und Westdeutschland gezielt zusammenzuführen, um ihnen - unter geschulter Anleitung - eine Möglichkeit zu bieten, Erfahrungen auszutauschen, Vorurteile abzubauen und gemeinsam Themen zu behandeln, die den Weg zur inneren Einheit belasten und erschweren. Als unverzichtbare Grundvoraussetzung einer solchen Bildungsanstrengung hat dabei stets zu gelten, daß die durch die Wiedervereinigung vorgezeichneten Probleme nur dann effektiv verarbeitet und gegebenenfalls auch gelöst werden können, wenn alle Beteiligten, d.h. "die Menschen vor Ort[,] die Lösungen wollen und [ernsthaft] anstreben" (Meulemann, 1995, S.21).

Dabei käme es meiner Ansicht nach vor allem darauf an, daß sowohl die schulische wie auch die außerschulische politische Bildungsarbeit versucht, im Kontext dieser sich verdichtenden Problemlage einzelne Schwierigkeiten und Konflikte aufzugreifen, deren Hintergründe durchschaubar zu machen und mit den beteiligten Personen - in mehr oder weniger stark ausgeprägter Form[471] - an möglichen Lösungswegen zu arbeiten und gerade dadurch zu helfen, Lebenskompetenz auszubauen und zu erweitern.

Als *Lernziele* einer so gearteten *außerschulischen politischen Bildung* könnten dabei gelten:
- Den *Westdeutschen* muß überhaupt erst ins Bewußtsein gerückt werden, welch wichtigen Stellenwert der innere Einigungsprozeß für die zukünftige Entwicklung des wiedervereinigten Deutschlands besitzt. Dabei ist die Notwendigkeit zu diskutieren, warum gerade im Westen Deutschlands - ohne herablassende Geste und Überheblichkeit - ostdeutsche Belange und Auswirkungen des Vereinigungsprozesses stärker als bisher geschehen, berücksichtigt werden müssen.
- Die *Ostdeutschen* dagegen sollten erfahren, wie sie ihre Gegenwart und Zukunft im Hinblick auf die keineswegs völlig starren und unabänderlichen institutionellen Rahmenbedingungen des politischen, wirtschaftlichen und gesellschaftlichen Systems der alten Bundesrepublik, die durch die Vereinigung ja vollends auf die "neuen" Länder übertragen wurden, gestalten können, ohne dabei die eigene Herkunft verleugnen zu müssen und dem Gefühl zu erliegen, nur als Bittsteller aufzutreten.

Für die Behandlung vereinigungsbedingter Probleme und Konflikte im Rahmen der schulischen politischen Bildung im Westen wie im Osten der Republik, könnten in gleichem Maße folgende *Lernziele* gelten:

---

    in Punkt 3.2.2 ausführlich erläutert - die "über vierzigjährige Doppelköpfigkeit unserer Nation und eine entsprechende Doppelgleisigkeit ihrer jüngsten Geschichte" (Greiffenhagen, 1994, S.29).
471) Die unterschiedlichen Möglichkeiten und Chancen, die sich hierbei vor allem aufgrund der spezifischen Altersstruktur der Schüler oder Teilnehmer an den betreffenden Veranstaltungen ergeben, werden in Gliederungspunkt 6.2 noch detaillierter erläutert.

- Es ist ins Bewußtsein zu rücken, daß die Vollendung der inneren Einheit als wichtige gesamtdeutsche Aufgabe bzw. als Schlüsselproblem der Gegenwart und absehbaren Zukunft zu gelten hat.

- Im Osten wie im Westen muß ein Mindestmaß an Informationen vermittelt werden über die gesellschaftspolitische Situation und die unterschiedlichen Entwicklungslinien in allen Lebensbereichen im Osten wie im Westen Deutschlands vor und nach der Wiedervereinigung.

- Verständnis für die differierenden Lebensläufe der Menschen in Ost und West ist zu wecken, um hinzuleiten zu einer Bereitschaft, offen und verständnisvoll aufeinander zuzugehen.

- Entstehen muß letztlich die Bereitschaft zur Kooperation, zur Solidarität, zu einer rationalen Konfliktlösung und zur Kompromißbereitschaft, nachdem ein integratives Zusammenwachsen der beiden Teile Deutschlands als unumgänglich erkannt wurde.

6.2 Mindestanforderungen und didaktisch-methodische Grundlegung

Die soeben fixierte Zielsetzung vor Augen, die zweifelsohne nur dann verwirklicht oder zumindest in Ansätzen realisiert werden kann, wenn sowohl die schulische wie auch die außerschulische politische Bildung tatsächlich bereit ist, der Vereinigungsproblematik eine herausgehobene Stellung in den entsprechenden Bildungsangeboten einzuräumen, werden in Gliederungspunkt 6.2.1 speziell für den Politikunterricht und in Punkt 6.2.2 für die außerschulischen politischen Bildungsseminare zunächst solche strukturelle "Mindestanforderungen" bzw. institutionelle Voraussetzungen benannt und kurz beschrieben, die - ist die eben erwähnte Prämisse erfüllt - für eine erfolgversprechende Umsetzung dieses Bildungsauftrages unerläßlich erscheinen. Diese grundlegenden Arbeitsvoraussetzungen im Hintergrund[472] und die in Kapitel 1 erwähnten *sieben* Gesichtspunkte bedenkend, die die schulische von der außerschulischen politischen Bildung unterscheiden[473], werden daran anschließend für jede Seite Vorschläge unterbreitet, die aufzeigen sollen, wie nach Ansicht des Verfassers eine "didaktischmethodische Grundlegung", ein nicht nur theoretisch, sondern auch für die

---

472) Die im Rahmen dieser Untersuchung - vgl. insbesondere die Punkte 3.1, 4.2 und 5.2 - herausgearbeiteten Mängel bedenkend, steht außer Frage, daß die Verbesserung dieser Arbeitsbedingungen gewiß nicht nur einer ausgewogenen Behandlung des hier im Vordergrund stehenden Lerngegenstandes zugute käme, sondern darüber hinaus auch der Bearbeitung anderer, wie z.B. der in Gliederungspunkt 3.2.3 genannten Aufgabenfelder.

473) Gemeint ist hier die in Punkt 1.2 vorgenommene und in Anlehnung an Giesecke (vgl. Giesecke, 1993, S.103/104) durchgeführte Abgrenzung der schulischen von einer außerschulischen politischen Bildungsarbeit, wobei im Rahmen dieser Differenzierung sechs der sieben von Giesecke vorgeschlagenen Aspekte übernommen und vom Verfasser selbst noch ein Gesichtspunkt hinzugefügt wurde.

Bildungspraxis gangbarer Weg gestaltet werden muß, der auf das hier im Vordergrund stehende Schlüsselproblem und die damit verknüpfte Zielsetzung zugeschnitten ist. Die zuletzt genannten Ausführungen diskutieren dabei, indem sie in Anlehnung an Claußen "die Praxis der politischen Bildung" zum "zentrale[n] Gegenstand" (Claußen, 1981, S.70) ihrer theoretischen Überlegungen erheben, für die schulische und außerschulische politische Bildung in gleicher Art und Weise, ohne aber die spezifischen institutionellen Unterschiede zu vernachlässigen, drei grundlegende Aspekte: Erstens wie in der jeweiligen Situation ein innerdeutscher Diskussionszusammenhang hergestellt werden kann, bzw. wie ein an den bezeichneten Lernzielen orientierter methodischer und motivationaler Zugang zu dieser Thematik aussehen könnte. Zweitens welche fachdidaktischen Möglichkeiten im Rahmen einer zielgerichteten Auseinandersetzung mit dem Lerngegenstand *Innere Einheit Deutschlands*, genauer gesagt mit den daran abgeleiteten Unterrichts- bzw. Veranstaltungsgegenständen, -inhalten und -themen geeignet erscheinen. Drittens wie diese doch weitgehend theoretischen Überlegungen für die fachdidaktische Systematisierung eines exemplarisch ausgewählten Themas und die Entwicklung eines dazugehörigen Unterrichtsmodells genutzt werden können.

Dieser in drei Grundfragen strukturierten Überlegung liegt dabei stets eine Reihe von *didaktischen Kategorien*[474] zugrunde, die ausgehend von Hilligens oberstem Auswahlprinzip entwickelt wurden, nämlich der "Bedeutung für das Leben - d.h. für das Überleben und für ein menschenwürdiges (gutes) Leben" (Hilligen, 1985, S.30, vgl. auch Punkt 2.2.1 und 3.2.1 der vorliegenden Arbeit). Nach meinem Dafürhalten können diese Kategorien als Fundament einer den Einigungsprozeß nachhaltig unterstützenden schulischen wie außerschulischen politischen Bildungsanstrengung dienen. Dieses spezifische "Kategorien-Ensemble" (Sutor, 1984b, S.72) setzt sich dabei aus den folgenden Punkten[475] zusammen:
1. Dem Willen, regionale Egoismen aufzugeben, als Grundvoraussetzung für eine *Integration* der beiden auseinandergelebten Gesellschaften in *Freiheit* und *Gleichheit* und eine aufrechte nationale *Solidarität* zwischen den Menschen aus Ost und West.

---

474) Nach Sutor müssen *Kategorien* i.w.S. als "Formen des Wirklichen in unserer Sprache und Vorstellung" (Sutor, 1986, S.233) verstanden werden und zeigen, welche Grund- oder Standardfragen wir heute an Politik stellen müssen, um politische Bildung zu fördern (vgl. Sutor, 1984b, S.70). Dabei sollen diese *didaktischen Kategorien* insbesondere "die Brücke schlagen zwischen den konkreten Gegenständen, den Inhalten und Themen des Unterrichts einerseits und den grundlegenden Prinzipien andererseits" (ebd.). Ferner sollen sie "allgemeine Erkenntnisse und Einsichten am konkreten Fall vermitteln und so den Transfer auf andere Fälle ermöglichen" (ebd., S.70f.). (vgl. zum Begriff der "Kategorie" in der politischen Bildung bzw. zur politischen Bildung verstanden als "kategoriale Bildung" u.a. Sutor, 1984b, S.68-78 und ders., 1986, S.233-235)
475) Die folgende, drei Punkte umfassende Aufzählung, die *kein* geschlossenes System darstellt, enthält lediglich die meiner Ansicht nach in diesem Zusammenhang wesentlichen - durch kursive Schreibweise hervorgehobenen - Grundbegriffe (Kategorien). Die gewählte Reihenfolge, die ohne Frage am jeweiligen Fall und den damit verbundenen didaktischen Erfordernissen ausgerichtet werden muß, repräsentiert dabei keineswegs die Präferenzen des Verfassers.

2. Dem Bestreben, die Sensibilisierung der Menschen für innerdeutsche *Problemzusammenhänge* zu stärken, die *Verantwortung* des einzelnen für das *Gemeinwohl* und eine gerechte Aufarbeitung von *Konflikten* in *Menschenwürde*, demokratischem Geist und echter *Kompromißbereitschaft* voranzutreiben und dabei immer die grundlegende Gestaltungskraft der *Politik* im Vereinigungsprozeß zu berücksichtigen.

3. Der Absicht, die *wechselseitigen Abhängigkeiten* der Menschen auf dem Weg zur inneren Einheit zu dokumentieren, *asymmetrische Machtverhältnisse* zu bedenken und immer einzutreten für ein *tolerantes* Miteinander in *Recht* und *Gerechtigkeit*.

6.2.1 Die Vereinigungsthematik im Politikunterricht

Vor der Abfassung des bereits angedeuteten Forderungskatalogs, der die nachfolgenden didaktisch-methodischen Überlegungen einleitet und sich mit der *allgemeinen Unterrichtssituation*, *der Auswahl von Unterrichtsmaterialien* - insbesondere aus den Schulbüchern -, *der Lehrplangestaltung* und *der Aus-, Fort- und Weiterbildung der Politiklehrer* beschäftigt, muß an dieser Stelle noch eindringlich davor gewarnt werden, diese Zusammenstellung als eine völlig idealisierte und unerreichbare Wunschvorstellung zu betrachten. Vielmehr handelt es sich dabei um eine sach- und anwendungsbezogene Aufzählung, die nur solche elementaren Vorbedingungen, eben nur "Mindestanforderungen"[476], benennt, die unbedingt nötig erscheinen, will man nicht nur von einem wichtigen Beitrag der schulischen politischen Bildung zur Vollendung der inneren Einheit sprechen, sondern dafür auch die notwendigen Rahmenbedingungen schaffen. Alles in allem grundlegende Vorgaben, die den Politiklehrern überhaupt erst die Möglichkeit eröffnen, systematisch auf die "tiefgreifenden Veränderungen, [...] seit dem magischen Jahr 1989" (Henkenborg, 1995, S.169) einzugehen und dadurch zu helfen, "das gigantische Projekt der deutschen Einheit" (Thierse, 1995b, S.7) zumindest ein Stück weit voranzubringen. Denn, wie Donner formuliert, es läßt sich die gegenläufige Entwicklung der beiden deutschen Staaten eben "nicht mit Sonntagsreden, [...] mit Sensationsberichten oder gar mit Verdrängungsstrategien neutralisieren" (Donner, 1995, S.971), sondern nur mit dem Willen zum Handeln, auch und gerade im Bereich der schulischen politischen Bildung.

Bezüglich der *allgemeinen Unterrichtssituation* ist die entscheidende Forderung, bundesweit wenigstens eine Wochenstunde für den Politikunterricht, nicht nur in der gesamten Sekundarstufe I, sondern auch in der Sekundarstufe II, verbindlich vorzuse-

---

476) Eine unter dem Stichwort "Was ist zu tun?" zusammengestellte Liste von Forderungen, die weit über die hier als "Mindestanforderungen" bezeichneten und absolut obligaten Umsteuerungsmaßnahmen hinausgeht, findet sich u.a. bei George, 1990, S.466/467.

hen[477], um die schulische politische Bildung hierdurch zunächst einmal in die zeitliche Lage zu versetzen, sich gezielt mit einem Lerngegenstand, etwa dem hier diskutierten, befassen zu können. Es ist nämlich mehr als unverständlich, warum gerade der Politikunterricht, "in dem sich unser Staatswesen selbst vorstellt und in dem die nachwachsende Generation auf eine Beteiligung am politischen Leben der Demokratie vorbereitet werden soll" (George, 1990, S.467), wo die Schlüsselprobleme der Gegenwart und absehbaren Zukunft unter geschulter Anleitung diskutiert und erörtert werden könnten, nicht die Zeit zugestanden bekommt, "wie sie im staatlichen Schulwesen als Minimum allen [anderen] Fächern zur Verfügung" (ebd.) steht.

Die Schulbücher, die nach Mickel bis heute "als unterrichtliches Leitmedium" (Mickel, 1993, S.258) bzw. als die wichtigste Quelle von *Unterrichtsmaterialien* zu gelten haben und erst von den jeweils zuständigen Kultusministerien in einem kaum transparenten Zulassungsverfahren geprüft und anschließend für das jeweilige Bundesland genehmigt werden müssen (vgl. ebd.)[478], repräsentieren häufig eben nicht die Veränderung der kulturellen und gesamtgesellschaftlichen Situation und verdienen somit auch nur sehr selten das Prädikat "Kulturdokument" (Sandfuchs, 1987, S.20). Deshalb muß heute verstärkt darauf hingearbeitet werden, daß dieses fraglos undemokratische Verfahren der Schulbuchzulassung und -auswahl, wenn nicht ganz abgeschafft, so doch zumindest erheblich gelockert wird[479]. Hierdurch würde den Lehrern endlich die Möglichkeit eröffnet, den jeweiligen Lerngegenstand betreffend solche Materialien auszuwählen und im Unterricht einzusetzen, die ihnen nach fachdidaktischen und pädagogischen Gesichtspunkten geeignet erscheinen und gegebenenfalls auch den neuesten Stand der gesellschaftlichen Entwicklung und der wissenschaftlichen Forschungsdiskussion widerspiegeln.

Geht man, wie im Laufe dieser Arbeit ausführlich erörtert, davon aus (vgl. Punkt 4.1.2), daß die Lehrpläne als nicht zu unterschätzende, den Lehrer in seiner Unterrichtsvorbereitung stark beeinflussende institutionelle Vorgaben zu betrachten sind, daß diese also als Dreh- und Angelpunkt der pädagogischen und didaktischen Arbeit der Lehrkräfte zu begreifen sind (vgl. Westphalen, 1985, S.131), dann muß - was in dieser Studie vor allem für das Bundesland Bayern deutlich zum Vorschein kam (vgl. Punkt

---

477) Dies ist eine Forderung, die, wie gezeigt, zwar in Brandenburg durchweg erfüllt ist, aber z.B. in Bayern noch immer nicht umgesetzt werden konnte.
478) Dieses Verfahren wird dabei - ganz zum Leidwesen der Lehrer und Schüler - nur äußerst selten nach fachlichen und pädagogischen Gesichtspunkten ausgerichtet, sondern eher nach der in dem jeweiligen Bundesland "herrschenden Ideologie" (Mickel, 1986, S.172).
479) Eine Nichtzulassung extrem einseitiger, ideologisch fixierter Schulbücher scheint bei entsprechender Transparenz des Verfahrens durchaus gerechtfertigt, aber kein Verbot von Titeln, die z.B. lediglich "für mehr Demokratie im Staat [...], für Chancengleichheit, für den Abbau von unbegründeter Herrschaft und Unterprivilegierung" (Mickel, 1986, S.178f.) eintreten und womöglich schon aus diesem Grund einigen Landesregierungen nicht entsprechen.

4.3) - im Rahmen der *Lehrplangestaltung* bzw. deren Überarbeitung von den zuständigen Landesbehörden reagiert werden. Wenn man also eine Auseinandersetzung der Schüler mit dem hier im Vordergrund stehenden Lerngegenstand so weit wie möglich sicherstellen will, dann muß diesem Aufgabenfeld auch tatsächlich ein Platz in den betreffenden Lehrplänen eingeräumt werden. Eine Forderung, die wie gezeigt, in Brandenburg im Laufe der erstmaligen Erarbeitung von Lehrplänen für das Fach Politische Bildung zumindest für die einzelnen Jahrgangsstufen der Sekundarstufe I bereits umgesetzt wurde.

In Bezugnahme auf die *Aus-, Fort- und Weiterbildung der Politiklehrer* wären folgende Forderungen zu erfüllen: Erstens müßte dem in Punkt 4.2.2 konstatierten "Ausbildungsdefizit der Lehrer", vor allem der wachsenden Isolierung des Studiums von der schulischen Praxis (vgl. Richter, 1993, S.167), bzw. dem damit eng verknüpften "Theorie-Praxis Problem" (vgl. Punkt 4.2.2) entgegengewirkt werden. Des weiteren muß die "methodische Verarmung des Politikunterrichts" (vgl. ebd.) im Rahmen der fachdidaktischen Aus- und Weiterbildung der Lehrer bekämpft und nicht zuletzt müssen solche Fortbildungsmaßnahmen angeboten werden, die gesellschaftspolitisch herausragende Aufgabenfelder, wie dies das Schlüsselproblem *Innere Einheit Deutschlands* zweifellos darstellt, aufgreifen und diesbezüglich versuchen, didaktisch-methodische Verfahrensweisen zu entfalten oder bereits vorhandene Vorschläge zu diskutieren. Letztere Arbeitsanleitungen müßten dabei - falls vorhanden - auf ihre praktische Umsetzbarkeit hin überprüft, gegebenenfalls modifiziert und anschließend im Rahmen der laufenden Unterrichtspraxis optimiert und weiterentwickelt werden[480]. Fernerhin müßte im Verlauf dieser Fortbildungsmaßnahmen immer auch an die Fähigkeit und Bereitschaft der Politiklehrer appelliert werden, auch bei der Behandlung neuartiger Problemlagen "auf der Grundlage fester pädagogischer und didaktischer Grundsätze [...] zu entscheiden und zu handeln und dabei (stets) mit dem Moment der Offenheit, Vorläufigkeit, Fehlbarkeit und Kontingenz zu rechnen" (Henkenborg, 1995, S.180).

Diese elementaren, auf vier relevante Schwerpunkte beschränkten Forderungen im Hintergrund, wenden wir uns nun der angestrebten *didaktisch-methodischen Grundlegung* und dabei zunächst der Frage zu, wie zu Beginn des Politikunterrichts ein innerdeutscher Diskussionszusammenhang hergestellt, bzw. ein an den bezeichneten Lernzielen orientierter methodischer und motivationaler Zugang zu der Vereinigungsthematik aussehen könnte.

---

[480] Die nachfolgend vorgestellten, speziell auf den Lerngegenstand *Innere Einheit Deutschlands* abgestimmten, didaktisch-methodischen Handlungsvorschläge, sollen nicht mehr und nicht weniger leisten, als die schulische Praxis zu eben dieser zuletzt genannten kritischen Überprüfung und Weiterentwicklung anzuregen.

Vor der Beantwortung dieser einleitenden Fragestellung muß jedoch noch darauf hingewiesen werden, daß nach meinem Dafürhalten sowohl in der Sekundarstufe I als auch in der Sekundarstufe II - ohne die schon allein aus altersspezifischen Gründen verschiedenartigen Möglichkeiten und Fähigkeiten der Schüler außer acht zu lassen - grundsätzlich jeder Versuch, der sich im Rahmen der schulischen politischen Bildung mit der Integration der beiden auseinandergelebten, "in Lebensstil und Lebenshaltung" (Eppelmann, 1995, S.9) so unterschiedlich entwickelten Gesellschaften befaßt, immer aus einer *gegenwartsbezogenen* und einer in die *Zukunft weisenden* Komponente zusammengesetzt sein muß. Egal also welches Unterrichtsthema bezüglich des hier interessierenden Lerngegenstandes behandelt wird, muß - beschränkt auf die wesentlichen Merkmale des betreffenden Falles - zunächst immer die Ermittlung des Erreichten bzw. die Erarbeitung der bereits Geschichte gewordenen Fakten im Vordergrund stehen, um in Bezug auf die jeweilige Unterrichtssituation eine gemeinsame Gesprächs- und Arbeitsgrundlage zu schaffen. Außerdem bedarf es immer "eines gewissen Sachverstandes, um sich ein begründetes Urteil darüber bilden zu können, ob eine Veränderung wirklich zu einer Problemlösung beitragen wird" (Hättich, 1990, S.441) oder nicht. Daran anschließend müssen in Anbetracht der behandelten Thematik die Erwartungen und Hoffnungen der Menschen bezüglich der zukünftigen Entwicklung - möglichst aus einer östlichen und einer westlichen Perspektive - diskutiert werden[481], wobei gemeinsam erörtert werden soll, durch welche konkreten Maßnahmen und Anstrengungen die innere Einheit im jeweils bearbeiteten Fall künftig vorangebracht werden könnte. Letztgenannte Komponente birgt dabei die Chance, daß die Schüler gerade dann, wenn sie Raum erhalten, ihre Erwägungen, Anschauungen und Meinungen zu tagespolitisch relevanten Themen am konkreten Fall zu diskutieren und fortzuentwickeln, Einsatzbereitschaft zeigen und motiviert mitarbeiten werden. Letztlich plädiere ich damit im Rahmen der nachfolgenden Ausführungen u.a. für die Nutzung des *Fallprinzips*, was nichts anderes meint, als Fallbeispiele, die aus dem Erfahrungsbereich der Schüler stammen oder die den Jugendlichen zumindest aus ihrem unmittelbaren Vorstellungsvermögen zugänglich sind, mit einer mehr abstrakten, dem Gegenstand der Politik adäquaten Erkenntnisebene zu verbinden (vgl. Mingerzahn, 1992, S.498).

Diese prinzipielle Vorgehensweise vor Augen und unter Berücksichtigung der jeweils vorhandenen, meist altersabhängigen Sachkenntnis und dem häufig auftretenden, auch hier nicht zu unterschätzenden Problem, daß sich viele junge Menschen eben "nur am

---

481) Diese jeweils andere, für eine ergiebige Diskussion enorm wichtige Perspektive, d.h. in den "neuen" Bundesländern die Perspektive der Menschen in den "alten" Ländern und umgekehrt, muß, wenn dies von den Schülern selbst nicht geleistet werden kann, von der jeweiligen Lehrkraft übernommen werden.

Rande für Politik interessieren" (Moritz, 1992, S.456)[482], könnte ein entsprechender Unterrichtseinstieg, die Herstellung eines innerdeutschen Diskussionszusammenhangs, anhand eines einzelnen vereinigungsbedingten Gegenstandes, eines Falles, bewerkstelligt werden, wobei dabei immer aus der Sicht einer Einzelperson oder einer Gruppe argumentiert werden kann. Denkbar wären z.B. Themen, die aktuell in den Massenmedien diskutiert werden[483] (in Zeitungsberichten, im Fernsehen usw.), Sachverhalte, die die Erfahrungsbereiche der Schüler bzw. ihre Alltagssituation nachhaltig betreffen oder betroffen haben[484] (Diskussionen in der Familie, gesammelte Erfahrungen aus direkten Begegnungen mit Jugendlichen aus dem jeweils anderen Teil Deutschlands usw.), grundlegende Herausforderungen und die damit verbundenen Chancen und Gefahren[485] (z.B. das Thema Vergangenheitsbewältigung, das verschärfte Sozialgefälle usw.) oder unmittelbar augenfällige und somit direkt wahrnehmbare, mit dem Schlüsselproblem *Innere Einheit Deutschlands* aufs engste verknüpfte Konflikte[486] (z.B. die Streitigkeiten um eine Beibehaltung oder baldige Abschaffung des Solidaritätszuschlags usw.).

Hinsichtlich dieser zwar durchaus verschiedenen, im Rahmen dieser Betrachtung aber gleichberechtigt nebeneinanderstehenden didaktischen Möglichkeiten, sollte von Seiten der Politiklehrer immer im Verlauf des jeweiligen Unterrichtseinstieges versucht werden, "das Vorwissen und die Voreinstellungen (Vorurteile, Aversionen, emotionale Beziehungen) der Schüler zum vorgesehenen Unterrichtsthema" (Schmiederer, 1977, S.129) zu ermitteln, um feststellen zu können, wo grundsätzlicher Vermittlungsbedarf besteht bzw. wo Informationen bereitgestellt werden müssen, die für eine zukunftsbezogene Erörterung der Vereinigungsproblematik und im Zusammenhang damit für die "Überwindung schlechter Vorurteile und [die] Gewinnung von sachlichem Bewußtsein" (Fischer, 1993, S.44) unabdingbar erscheinen.

Als motivationssteigernde Maßnahme kann dabei bereits von Beginn der Unterrichtsstunde an - was für deren gesamten weiteren Verlauf gilt - die Überlegung stehen, daß die Schüler gerade dann Engagement und Einsatzbereitschaft zeigen werden, wenn sie den Unterricht selbst aktiv mitgestalten können[487], wenn sie das Gefühl erhalten, ratio-

---

482) Zum *Problem der Schülermotivation* vergleiche auch Gliederungspunkt 4.2.2 der vorliegenden Arbeit.
483) Vergleiche hierzu die von Giesecke in seiner zuletzt erschienenen fachdidaktischen Schrift "Politische Bildung. ..." (Giesecke, 1993) u.a. vertretene Dimension des 'tagespolitischen Ansatzes' (vgl. ebd., S.82-88), der in Grundzügen auch in Gliederungspunkt 2.2.3 vorgestellt wurde.
484) Zu der hier eingesetzten 'schülerorientierten' Themenauswahl vergleiche neben Schmiederer (1977) auch Punkt 2.2.2 dieser Arbeit.
485) Vergleiche hierzu die Ausführungen in Gliederungspunkt 2.2.1, die sich mit dem von Hilligen vertretenen fachdidaktischen Modell bzw. der von ihm vertretenen Dimension der 'problemorientierten' Inhaltsauswahl (Hilligen, 1985) beschäftigen.
486) Der hier zum Tragen kommende 'konfliktorientierte Ansatz' findet sich bei Giesecke (vgl. 1993, S.69-82) oder für die fachdidaktische Legitimierung des Lerngegenstandes zusammengefaßt in Punkt 2.2.3 der vorliegenden Arbeit.
487) Methoden, die im Laufe des Unterrichts eine aktive Teilnahme der Schüler ermöglichen würden, wären z.B.: die *Erkundung* - jeweils 3 bis 4 Schüler befragen außerhalb des Unterrichts Menschen, um die Ergebnisse dann in den Unterricht einzubringen -, die *Anhörung und Befragung* - Betroffene

nal gefordert zu werden und fernerhin solche Themen besprechen können, die aktuelle Relevanz besitzen (vgl. Ingler, 1992, S.81). Letztere Komponente kann dabei gerade bei einem Schlüsselproblem, wie es der Lerngegenstand *Innere Einheit Deutschlands* fraglos darstellt, eingesetzt werden, da es sich hier per Definition ja um ein epochaltypisches Strukturproblem von gesamtgesellschaftlicher Bedeutung handelt, das letztlich jeden einzelnen von uns mehr oder minder stark betrifft (vgl. Klafki, 1994a, S.60).

Die Antwort auf die zweite Frage bezüglich der angestrebten didaktisch-methodischen Grundlegung, nämlich welche fachdidaktischen Möglichkeiten und Konstrukte im Rahmen einer zielgerichteten Auseinandersetzung mit dem Lerngegenstand *Innere Einheit Deutschlands*, genauer gesagt, mit den daran abgleiteten Unterrichtsgegenständen, -inhalten und -themen geeignet erscheinen, kann unmittelbar aus dem bisher Vorgetragenen abgeleitet werden. So können prinzipiell die vier didaktischen Momente: *Schülerorientierung*, *Problemorientierung*, *Konfliktorientierung* und *Tagespolitik* an dieser Stelle als die zweckmäßigsten und in der Unterrichtspraxis auch als relativ problemlos umsetzbare bzw. praktikable Ansätze gelten, wobei, meiner Ansicht nach, eine altersabhängige Differenzierung vorgenommen werden muß.

Danach sollte vor allem in der Sekundarstufe I, also bei Schülern zwischen dem 12. und 16. Lebensjahr, vorwiegend auf den schülerorientierten Einstieg zurückgegriffen und somit versucht werden, sie mit solchen Fällen anzusprechen und zu motivieren, die ihren eigenen Erfahrungs- und Lebensbereichen entspringen. Im Gegensatz dazu können Jugendliche der Sekundarstufe II und damit junge Erwachsene im Alter zwischen 16 und 20 Jahren, allein was die Entwicklung ihrer Urteilskraft und ihrer Aufnahmefähigkeit anbelangt, mit allen drängenden politischen, wirtschaftlichen, sozialen, kulturellen usw. Problemen und Konflikten, die den Weg zur inneren Einheit belasten und erschweren, konfrontiert werden. Darüber hinaus können in diesem Alter auch in zunehmenden Maße Unzulänglichkeiten der realen Gegebenheiten aufgedeckt und erläutert, Chancen und Gefahren einer spezifischen Herausforderung diskutiert, Erneuerungsstrategien dargelegt und politische Handlungsweisen analysiert werden. Zuletzt genannter Sachverhalt gilt dabei meiner Ansicht nach dann in noch verstärktem Maße, wenn die betreffenden Schüler ein gewisses Maß an politischem Interesse zeigen.

Bei all diesen wichtigen Überlegungen bezüglich der fachdidaktischen Möglichkeiten und der spezifischen Fähigkeiten der Schüler sollte jedoch zu keinem Zeitpunkt vergessen werden, daß es mir weniger ausschlaggebend erscheint, an welchen konkreten Einzelthemen oder Problemen, an welchen Konflikten oder tagesaktuellen Fällen in der jeweiligen Klasse der Lerngegenstand *Innere Einheit Deutschlands* im Politikunterricht bearbeitet wird. Vielmehr kommt es darauf an, die angesprochene Zielsetzung zu reali-

---

werden in den Unterricht eingeladen und befragt - (vgl. Grammes, 1991, S.57), das *Rollenspiel* - Schüler versetzen sich in die Rolle von Betroffenen - (vgl. Giesecke, 1993, S.134/135) usw.

sieren und einen Lernprozeß in Gang zu setzen, der zwar vom besonderen eines Falles ausgeht, aber immer die Perspektive eines dahinterstehenden Allgemeinen, eines sozialen oder politischen Sachverhalts (vgl. Mingerzahn, 1992, S.499), hier des fundamental wichtigen Schlüsselproblems *Innere Einheit Deutschlands*, nicht aus den Augen verliert.

Auf die bisher getroffenen didaktisch-methodischen Erläuterungen aufbauend, soll nun, die Ausführungen für den Bereich schulische politische Bildung abschließend, an einem exemplarisch ausgewählten Thema, nämlich "Fünf Jahre Deutsche Einheit - Bilanz und Perspektiven", stichpunktartig vorgeführt werden, wie diese theoretischen Überlegungen und Vorschläge in der Erziehungspraxis umgesetzt werden können. Es handelt sich dabei, wie unschwer zu erkennen, um einen Unterrichtsgegenstand, der aufgrund seiner Komplexität nur für Schüler der Sekundarstufe II geeignet erscheint und fernerhin mindestens zwei Schulstunden Zeit in Anspruch nehmen würde.

Das diesbezüglich entworfene Unterrichtsmodell bzw. gedanklich entwickelte Unterrichtsvorhaben setzt sich dabei aus sechs Phasen zusammen, die zunächst thesenartig benannt, im Anschluß daran stichpunktartig erläutert[488] und abschließend in Form einer Unterrichtsskizze - siehe Abb. 26 - überblicksartig zusammengefaßt werden sollen:

1. Phase: Einstieg - Fallbeispiel

2. Phase: Analyse der gegenwärtigen Situation

3. Phase: Darlegung der in Gruppenarbeit erzielten Ergebnisse (2. Phase)

4. Phase: Diskussion der Problem- und Konfliktfelder - Suche nach Lösungswegen

5. Phase: Zusammenfassung

6. Phase: Reflexion/Rückschau

Die *1. Phase*, der Einstieg bzw. die Schaffung eines Diskussionszusammenhangs, könnte darin bestehen, ein Fallbeispiel zu konstruieren und einzubringen, das z.B. die Situation eines Jugendlichen aus dem Westen und eines Jugendlichen aus dem Osten Deutschlands, kurz vor und nach der Wiedervereinigung, vorstellt und dabei die Ungleichzeitigkeit der gesellschaftlichen Entwicklung, die verschiedenen Lebensumstände und die damit verbundenen divergierenden Problem- und Konfliktlagen, Hoffnungen und Erwartungen der jungen Menschen im Osten und im Westen Deutschlands thematisiert und darauf verweist, daß diese Unterschiedlichkeiten nicht mit der formal vollzogenen Einheit einfach verschwunden sind, sondern bis in die Gegenwart hinein weiter bestehen.

---

488) An dieser Stelle muß noch einmal explizit darauf hingewiesen werden, daß es sich bei dem im folgenden entwickelten Unterrichtsvorhaben, wie bei dem gesamten hier vorgelegten Plädoyer, um kein absolut vollständiges oder gar um ein in der Praxis bereits erprobtes Modell handelt, sondern um nicht mehr und nicht weniger als einen Unterrichts*vorschlag*, einen denkbaren Handlungsablauf, noch besser Handlungs*entwurf*, der in der Erziehungspraxis erst auf seine Umsetzbarkeit hin überprüft und gegebenenfalls modifiziert werden muß.

Kapitel 6: Plädoyer für eine zielgerichtete politische Bildungsanstrengung 275

Nach dem Lesen dieses Fallbeispieles oder dem Vortrag durch den Lehrer sollten die Schüler veranlaßt bzw. motiviert werden, ihre ersten Eindrücke zu artikulieren und ihre möglicherweise vorhandene Betroffenheit auszudrücken. Denkbar wäre dabei, diese spontanen Assoziationen in Form eines Brainstormings zu sammeln und festzuhalten[489]. Im Rahmen dieser Erfassung und der anschließenden Besprechung der ersten Eindrücke werden sicherlich auch solche Vorurteile auftauchen, die der Lehrer dazu verwenden kann auf die *2. Phase*, die Analyse der gegenwärtigen Situation, überzuleiten bzw. diese anzuregen, indem er die Schüler in Gruppen einteilt, die dann, an Hand vorbereiteter Materialien - Zeitungsartikel, Statistiken, Interviews usw. - für verschiedene Bereiche, z.B. Wirtschaft, Politik, Gesellschaft usw.[490], versuchen sollen, eine Bilanz nach fünf Jahren Einheit zu ziehen bzw. die tatsächliche Situation im wiedervereinigten Deutschland im Osten wie im Westen der Republik nachzuzeichnen[491]. Dabei sollte noch vor dem eigentlichen Arbeitsbeginn, aufgrund der unterschiedlichen Textauszüge und der Schwierigkeit, die Fülle an Daten ohne weitere Hilfe zu verarbeiten und zu strukturieren, den Schülern nahegelegt werden, die zur Verfügung gestellten Texte nach den folgenden drei Gesichtspunkten zu bearbeiten: Erstens sollen sie den Zustand in der betreffenden Sektion beschreiben. Zweitens feststellen, wo in den ersten Jahren nach der formal vollzogenen Einheit die hauptsächlichen Probleme und Konflikte liegen. Drittens aus den Textmaterialien, falls vorhanden, Lösungswege für die angesprochenen Problem- und Konfliktfelder herausfiltern.

In der *3. Phase* werden diese erarbeiteten Resultate von einem, jeweils von den Schülern selbst zu bestimmenden Gruppensprecher dem Plenum vorgetragen, wobei die vorher festgelegten Arbeitsfragen dabei erneut als Strukturhilfe dienen. Darüber hinaus werden die markantesten Problem- und Konfliktfelder, die aus dem Textmaterial herausgefiltert wurden, auf vorher verteilte Zettel geschrieben, an eine vorbereitete Tafel geheftet und auf diese Weise visuell aufbereitet. Bleiben bei den Schülern trotz der vorgetragenen Ausführungen Fragen zu den jeweils behandelten Bereichen offen, so soll

---

489) Das Ergebnis dieses Brainstormings, kann am Ende des Unterrichtsvorhabens noch einmal herangezogen werden, um zu fragen, ob sich die Einstellungen und spontanen Äußerungen der Schüler im Unterrichtsverlauf eher gefestigt oder verändert haben.
490) Die Anzahl der Gruppen - jeweils ca. 5 Schüler - und damit die Zahl der zu bearbeitenden Bereiche, sollte sich vor allem an der Klassenstärke ausrichten.
491) Als Textmaterialien für diese 2. Arbeitsphase kämen z.B. in Frage: Artikel aus der Zeitschrift ZEIT-Punkte (Heft 5, 1995), die unter dem Titel "Vereint, doch nicht eins. Deutschland fünf Jahr nach der Wiedervereinigung" Artikel zu folgenden Überschriften bündelt: "Die Mauer in den Köpfen", "Aus zwei macht eins", "Umbau der DDR-Wirtschaft" usw. Des weiteren die ersten zwei Teile der Serie "Deutsche Einheit" im Nachrichtenmagazin FOCUS mit Zahlenmaterial (Focus, Nr. 39/40, vom 25./30.9.95, S.68-76/80-86). Darüber hinaus die drei in APuZ erschienen Artikel "Fünf Jahre deutsche Vereinigung. Wirtschaft - Gesellschaft - Mentalität" (Thierse, 1995b, S.3-7), "Zur inneren Einheit Deutschlands im fünften Jahr nach der Vereinigung" (Eppelmann, 1995, S.8-12), "Aufholtendenzen und Systemeffekte. Eine Übersicht über Wertunterschiede zwischen West- und Ostdeutschland" (Meulemann, 1995, S.21-33). Ferner die in der Zeitschrift Psychosozial abgedruckte Studie von Brähler und Richter, "Deutsche Befindlichkeiten im Ost-West-Vergleich" (Brähler u.a., 1995, S.7-20) usw.

gleich im Anschluß an den jeweiligen Vortrag die betreffende Gruppe versuchen, an Hand ihres erworbenen Wissens und des vorliegenden Textmaterials, diese zu klären und aus dem Weg zu räumen. Gelingt dies nicht oder nur zum Teil zufriedenstellend, kann und soll der Lehrer, die jeweilige Gruppe unterstützend, eingreifen.

In der *4. Phase* werden im Rahmen einer Diskussionsrunde - je nachdem, wieviel Zeit zur Verfügung steht - beispielhaft einige der ja auf einen Blick zusammengefaßten markantesten Problem- und Konfliktlinien erörtert, wobei die Auswahl der zu behandelnden Aspekte nach dem geäußerten Interesse und der Betroffenheit der Schüler vorgenommen werden soll. Im Laufe dieses Meinungsaustausches geht es vor allem darum, die den jeweiligen Problemen zugeordneten Lösungswege aufzugreifen, sie auf ihre Umsetzbarkeit und Wirksamkeit hin zu hinterfragen, sie gegebenenfalls zu modifizieren und diskursiv weiterzuentwickeln. Des weiteren können im Verlauf dieses Arbeitsschritts von Seiten des Lehrers Fragen u.a. in folgende Richtung aufgeworfen werden: Kann die innere Einheit in Anbetracht der vielfältigen Probleme und Konflikte überhaupt gelingen? Wie lange wird es nach Ansicht der Schüler dauern, diese Schwierigkeiten zu lösen? Was könnte man im betreffenden Fall selber tun? Sollte man eher optimistisch oder pessimistisch in die Zukunft schauen? usw.

Nach Abschluß der Diskussionsrunde im Plenum sollen die erarbeiteten Ergebnisse - *5. Phase* - im Rahmen eines Statements durch den Diskussionsleiter (Lehrer, Schüler) zusammengefaßt werden, wobei den Schülern an dieser Stelle grundsätzlich noch einmal die Möglichkeit eröffnet werden sollte, offengebliebene Einzelfragen zu klären.

In der *6. Phase* soll jeder Schüler in einer Art Feedback-Durchgang rückblickend eine kurze Erklärung dahingehend abgeben, ob sich für ihn persönlich der Aufwand bzw. das Unterrichtsvorhaben gelohnt hat, ob sich sein Standpunkt bzw. seine Bewertung der Vereinigungsproblematik im Laufe der Arbeit verändert hat, wenn ja wie, und was seiner Meinung nach im Unterrichtsverlauf hätte anders bzw. besser gestaltet werden können.

Abb. 26: Unterrichtsskizze zum Thema: Fünf Jahre Deutsche Einheit - Bilanz und Perspektiven:

Charakterisierung des Inhalts und der wesentlichen Methoden
1. Einstieg: Motivation zur Nennung unmittelbarer Assoziationen - Fallbeispiel - Brainstorming (Sammeln erster Eindrücke, Appell an Betroffenheit) - Gespräch im Plenum, Beurteilung der spontan getroffenen Äußerungen
2. Bilanz nach fünf Jahren Deutscher Einheit - in verschiedenen Lebensbereichen - Textanalyse in Gruppenarbeit, strukturiert nach drei Aspekten: -- Zustandsbeschreibung -- angesprochene Probleme und Konflikte fixieren -- mögliche Lösungswege aufgreifen - Materialien: -- Zeitungsberichte (Textauszüge) -- Statistische Erhebungen -- Interviews mit Betroffenen usw.
3. Darlegung der Ergebnisse - ausgewähltes Gruppenmitglied legt Resultate vor - Zustand, Probleme und Konflikte, Lösungen - brisante Probleme/Konflikte werden visuell aufbereitet zusammengefaßt
4. Perspektiven auf dem Weg zur inneren Einheit - je nach Betroffenheit Probleme auswählen und im Plenum diskutieren - Lösungswege erörtern, eventuell weiterentwickeln - Zukunftsperspektiven auf dem Weg zur inneren Einheit offenlegen - Kann und wird die innere Einheit gelingen? - Eher optimistische oder pessimistische Grundeinstellung?
5. Zusammenfassung - Diskussionsleiter (Lehrer, Schüler) faßt Stand und Perspektiven zusammen - offengebliebene Einzelfragen von Seiten der Schüler klären
6. Rückschau auf das Unterrichtsvorhaben - Statement jedes einzelnen Schülers, Feedback-Durchgang - Hat sich Einstellung zur, bzw. Bewertung der Vereinigungsthematik verändert? - Was war am Unterrichtsverlauf eher positiv/eher negativ (Eindrücke)?

6.2.2 Die Vereinigungsthematik in der außerschulischen politischen Bildung

Bevor an dieser Stelle, die didaktisch-methodischen Überlegungen einleitend, einige wenige, dafür aber zentrale Forderungen[492] kenntlich gemacht werden, deren Realisie-

---

492) Wie im zuletzt bearbeiteten Gliederungspunkt auch, werden hier erneut lediglich solche sach- und anwendungsbezogenen *Mindestanforderungen* bzw. derart elementare Vorbedingungen genannt, die

rung aus der Sicht des Verfassers unumgänglich erscheinen, wenn allen Seiten[493] tatsächlich an einer zielgerichteten und ernstzunehmenden politischen Bildungsanstrengung als konkreten Beitrag zur Vollendung der inneren Einheit gelegen ist, müssen vorab noch zwei Aspekte ins Gedächtnis gerufen werden, die die folgenden Ausführungen nicht unwesentlich beeinflussen.

Erstens sind entgegen der theoretischen Möglichkeiten und Chancen eines i.w.S. staatlich gelenkten und im Schulsystem institutionell verankerten Fachunterrichts, wo die Behandlung des Lerngegenstandes *Innere Einheit Deutschlands* schon allein dadurch weitgehend sichergestellt werden könnte, wenn dieser nur in Form verbindlicher Lernvorgaben in den entsprechenden Lehrplänen verankert würde, die Träger einer außerschulischen politischen Bildungsarbeit von den Anforderungen ihrer ständig wechselnden und freiwillig teilnehmenden Klientel abhängig und darüber hinaus noch angewiesen auf die Bezuschussung durch öffentliche Behörden. Dies führt zunächst dazu, daß inhaltliche Vorstellungen bzw. künftige Bildungsveranstaltungen in erster Linie *angebots-* und *teilnehmerorientiert* geplant und vorbereitet werden müssen. Sussmann spricht in dem Zusammenhang zu Recht von der unverkennbaren Absicht, ja gerade von der Notwendigkeit, die Bildungsangebote möglichst so zu formulieren, daß sie die Menschen ansprechen und betroffen machen (vgl. Sussmann, 1985, S.32), um somit überhaupt die Aufmerksamkeit potentieller Teilnehmer zu erlangen. Mit anderen Worten sind alle Veranstaltungsausschreibungen zugleich "Einladung, Animation, Werbung, Ansprache und Information" (Nuissl u.a., 1992, S.56f.), wobei daneben zu keinem Zeitpunkt vergessen werden darf, daß die jeweilige Programmofferte überdies noch so gestaltet werden muß, daß sie auch die jeweiligen Zuwendungsgeber - die zuständigen Fachbehörden - von der Notwendigkeit ihrer finanziellen Förderung überzeugt.

Zweitens darf im Laufe der nachfolgenden, für alle Anbieter einer außerschulischen politischen Bildungsarbeit gedachten Überlegungen zu keinem Zeitpunkt außer acht gelassen werden, daß sich gerade die im Rahmen dieser Analyse hervorgehobenen Träger einer außerschulischen politischen Bildungsarbeit, insbesondere in den ersten Jahren nach der formal vollzogenen Einheit, der Verantwortung der politischen Bildung für das Zusammenwachsen der beiden Teile Deutschlands (vgl. Ditz, 1991, S.66) nicht entziehen - ganz im Gegensatz z.B. zu den von Hufer analysierten nordrhein-westfälischen Volkshochschulen, die sich schon im ersten Jahr nach der deutschen Einigung - was an den entsprechenden Weiterbildungsprogrammen abzulesen ist -, nur unwesentlich inspirieren lassen von diesem außergewöhnlichen Ereignis, diesem historischen Umbruch und sei-

---

im Bereich der außerschulischen politischen Bildung die systematische Behandlung der fundamental wichtigen Aufgabenfelder enorm begünstigen und erleichtern würden.

[493] Damit ist zum einen die Bildungspolitik charakterisiert, der prinzipiell, wie jeder Politik, "die doppelte Funktion der *Ordnung* und der *Zielgebung*" (Anweiler u.a., 1992, S.11, Hervorhebung von Anweiler) zugestanden wird, zum anderen sind die verschiedenen Träger einer außerschulischen politischen Bildungsarbeit gemeint.

Kapitel 6: Plädoyer für eine zielgerichtete politische Bildungsanstrengung 279

nen weitreichenden Folgen (vgl. Hufer, 1993, S.197-208). Demgegenüber gilt unbestreitbar, daß die 'politischen Voll-Stiftungen' nach der gesetzlich vollzogenen Vereinigung 1990 mit einer Vielzahl entsprechender Bildungsangebote zumindest versucht haben, einen Beitrag zu leisten auf dem langen Weg zur inneren Einheit.
Der ungeachtet dessen konstatierte und nicht zu leugnende Rückgang der Bildungsaktivitäten im Untersuchungszeitraum, der, wie gezeigt, den realen Gegebenheiten und Anforderungen im wiedervereinigten Deutschland zuwiderläuft, d.h. der die im Laufe dieser Arbeit mehrmals angesprochenen, bis heute vielfach ungelösten vereinigungsbedingten Problem- und Konfliktfelder der Menschen de facto nicht entsprechend aufgreift, ist meiner Ansicht nach aber Anlaß genug, auch die politischen Stiftungen mit den nachfolgenden Ausführungen zu konfrontieren. Zumal es unumstritten noch "*einen langen Atem [braucht], die innere Einheit der Deutschen auf den Weg zu bringen*" (Donner, 1995, S.971, Hervorhebung von Donner).

In einem Satz zusammengefaßt, beschäftigen sich die im Anschluß vorgetragenen "Mindestanforderungen" mit den folgenden drei Bezugspunkten: der *Bildungspolitik* - insbesondere der wahrnehmbaren "Kluft zwischen Anspruch und Wirklichkeit" (Hufer, 1995, S.999) -, der *Gestaltung der Bildungsprogramme* und der in vielen gesellschaftlichen Bereichen weitverbreiteten *Akzeptanzkrise* der außerschulischen politischen Bildungsarbeit.

Sowohl von Seiten der Länder, als auch von Seiten der Bundesregierung ist ohne Aufschub eine *bildungspolitische* Initiative zu fordern, die endlich die Ebene der symbolischen Handlungen verläßt und tatsächlich versucht, der außerschulischen politischen Bildung ein stärkeres Gewicht zu verleihen[494]. Mit anderen Worten muß endlich damit Schluß gemacht werden, zwar in verbalen Bekundungen, in politischen Debatten[495] und Sonntagsreden immer wieder auf vorhandene Mißstände aufmerksam zu machen und hervorzuheben, daß aus den verschärften Problemlagen der Gegenwart und Zukunft ein Bedeutungsgewinn für die politische Bildung erwachse, aber im gleichen Atemzug, dessenungeachtet, die förderrechtlichen und finanziellen Rahmenbedingungen[496] noch weiter einzuengen (vgl. Waldmann, 1994, S.72). Denn eine außerschulische politische

---

[494] Vergleiche hierzu insbesondere auch die in Punkt 3.1 "Zur Lage der politischen Bildung vor und nach der Wiedervereinigung" abschließend gekennzeichneten bildungspolitischen Schlußfolgerungen.
[495] Hufer erinnert in dem Zusammenhang an die am 21. Januar 1988 zum erstenmal nach 20 Jahren wieder stattfindende Beratung im Deutschen Bundestag "Zur Situation der politischen Bildung", an deren Ende erneut keine politische Initiative oder Handlung zu erkennen war. (vgl. Hufer, 1995, S.999)
[496] Wie sich am konkreten Einzelfall die Kürzung der öffentlichen Zuschüsse bemerkbar macht, wurde in Punkt 5.2 jeweils für die einbezogenen vier parteinahen Stiftungen gezeigt. So wurden z.B. die staatlichen Zuschüsse der FES 1993 und 1994 um jeweils 10 Mio. DM gekürzt (vgl. Burckhardt, 1994a, S.12 und ders., 1995, S.8). Besonders stark betroffen von den allgemein rückläufigen Zuwendungen ist aber ohne Zweifel die in Brandenburg im Namen der FNS agierende KHS, die im 1. Halbjahr 1995 aufgrund fehlender finanzieller Mittel nicht einmal mehr in der Lage war, ein eigenes Bildungsprogramm zu veröffentlichen (vgl. 5.3.2).

Bildungsarbeit, die von der Bildungspolitik immer wieder an den Rand gedrängt und von dieser nur mit *"äußerst geringem Interesse"* (Hufer, 1995, S.1000, Hervorhebung von Hufer) bedacht wird, kann nie und nimmer gelingen.

Im Rahmen der *Gestaltung und Planung* der zukünftigen Bildungsaktivitäten ist von allen Trägern einer außerschulischen politischen Bildungsarbeit, die im Ernst dazu beitragen wollen, die innere Einheit auf den Weg zu bringen, zu fordern, dem fachdidaktisch legitimierten und politisch als enorm wichtig erachteten Aufgabenkomplex *Innere Einheit Deutschlands*, bzw. den daran ableitbaren Inhalten und Themen einen angemessenen Platz in den jeweiligen *Bildungsprogrammen* einzuräumen. Dabei müßten neben die zielgruppenorientierten Bildungsangebote, die bis heute schon allein aufgrund der unterschiedlichen Entwicklung, der individuellen und gruppenspezifischen Besonderheiten der Menschen im Westen wie im Osten unausweichlich erscheinen, Veranstaltungen treten mit gemischten, annäherungsweise paritätisch besetzten Gruppen von Bürgern aus den "neuen" und aus den "alten" Bundesländern. Nur auf diese Weise kann der hier vorgestellte und vertretene Ansatz greifen, der zum einen zwar für eine *zielgruppenorientierte* politische Bildungsarbeit plädiert, die in einer zeitlich begrenzten Phase eine unterschiedliche Gewichtung und ein Mindestmaß an inhaltlicher Differenzierung dieses für ganz Deutschland gültigen Schlüsselproblems vornimmt, der zum anderen aber entschieden für eine politische Bildungsarbeit eintritt, die so weit wie möglich versucht, die Menschen aus Ost- und Westdeutschland gezielt *zusammenzuführen*, um ihnen - unter geschulter Anleitung - die Möglichkeit zu eröffnen, unterschiedliche Erfahrungen auszutauschen, Vorurteile abzubauen und die 'Mauer in den Köpfen' einzureißen, indem sie gemeinsam Themen behandeln, die den Weg zur inneren Einheit belasten und erschweren.

Nach meinem Dafürhalten muß letztlich - so aussichtslos dieses Anliegen auf den ersten Blick auch erscheinen vermag - auch zukünftig versucht werden, durch Aufklärungsarbeit und Ursachenbekämpfung gegen die vielfältig zum Ausdruck kommende *Akzeptanzkrise* der außerschulischen politischen Bildungsarbeit vorzugehen. Dadurch könnte erstens eine breitere Bevölkerungsschicht als bisher mit derartigen politischen Bildungsmaßnahmen erreicht werden. Zweitens könnten die Anbieter einer außerschulischen politischen Bildungsarbeit vor der Fehlentwicklung bewahrt werden, lediglich für ein einmal gewonnenes "Stammpublikum" tätig zu werden, d.h. das zu planen und zu veranstalten, "was das Stammpublikum erwartet" (Hufer, 1991, S.20) und so ein durchaus bequemes, aber inakzeptables "geschlossenes Korrespondenzsystem von Planern und Teilnehmern" (ebd.) aufzubauen.
Beispielhaft seien einige Aspekte genannt, welche die Arbeit der außerschulischen politischen Bildung erheblich belasten und greifbar werden lassen, was mit dem hier ver-

wendeten Konstrukt "Akzeptanzkrise" ausgedrückt werden soll: Ein erster Gesichtspunkt liegt in der soeben vorgetragenen geringen Bedeutung begründet, die im allgemeinen den Trägern einer außerschulischen politischen Bildungsarbeit von Seiten der Politik entgegengebracht wird. Des weiteren ist zu beklagen, daß die Arbeitgeber nach wie vor häufig versuchen, die Teilnahme ihrer Mitarbeiter an politischen Bildungsveranstaltungen, z.B. in Form von Bildungsurlauben, weil sie diese nur als störend und unproduktiv empfinden, zu behindern (vgl. George, 1990, S.462) und, wenn möglich, sie gar abzulehnen[497]. Drittens schadet die politische Bildungsarbeit nicht selten durch ihr eigenes Auftreten vor Ort ihrem Ansehen bei den Menschen, z.B. dann, wenn sie in den "neuen" Ländern den Anschein erweckt, "Politische Bildung [...] reduziere sich auf Nachholen, auf Begleiten eines Prozesses, dessen Maßstäbe allein durch die politische Kultur der bisherigen Bundesrepublik gesetzt werden" (Dümcke, 1991, S.11).

Diese, auf drei elementare Bezugspunkte konzentrierten Forderungen vor Augen, befassen sich die nachstehenden Überlegungen nun mit den wesentlichen Bestandteilen einer speziell auf den Lerngegenstand *Innere Einheit Deutschlands* abgestimmten *didaktisch-methodischen Grundlegung* bzw. mit der Ausarbeitung von Handlungsvorschlägen, die nicht mehr und nicht weniger leisten sollen, als die außerschulische politische Bildungspraxis zu einer kritischen Überprüfung und schrittweisen Verbesserung dieser Empfehlungen[498] anzuregen.

Vor der Beantwortung der einleitenden Fragestellung, die, analog zur schulischen Seite, zunächst zu klären versucht, wie zu Beginn einer außerschulischen politischen Bildungsveranstaltung ein innerdeutscher Diskussionszusammenhang hergestellt bzw. ein an den bezeichneten Lernzielen orientierter methodischer und motivationaler Zugang zu dieser Thematik aussehen könnte, müssen zunächst einige Bemerkungen vorangestellt werden, die meiner Ansicht nach grundsätzlich zu beachten sind, egal welches problem- oder konflikträchtige Thema bezüglich des hier interessierenden Lerngegenstandes behandelt werden soll.

Im allgemeinen scheint es zunächst, ebenso wie im Bereich der schulischen politischen Bildung, auch für den Bereich der außerschulischen politischen Bildung von Nöten, egal um welche Altersstufe es sich bei den teilnehmenden Personen handelt, ob um junge Erwachsene in Schule und Ausbildung oder um Ruheständler, an den Anfang der Be-

---

497) Laut Hufer entscheiden in dem Zusammenhang nun vermehrt Gerichte, "ob in den jeweiligen Einzelfällen Bildungsurlaub zu Recht oder zu Unrecht beansprucht oder verwehrt wurde" (Hufer, 1995, S.1004). Ein meiner Auffassung nach verwerflicher und auf die Dauer unhaltbarer Zustand, der die außerschulischen politischen Bildungsmaßnahmen als Ganzes diskreditiert.

498) Um Mißverständnissen vorzubeugen, bleibt wichtig anzumerken, daß es keinesfalls das Ziel dieses Vorschlages ist und sein soll, zu der von Claußen kritisierten Entwicklung beizutragen, "immer neue und [...] immer abstrusere Konzepte Politischer Bildung zu entwickeln" (Claußen, 1995b, S.903), als vielmehr vorhandene Überlegungen auf den konkreten Fall zu beziehen und diese ferner "zugunsten eines gemeinschaftlichen Optimums" (ebd.) zusammenzuführen.

mühungen - je nach Bedarf und Informationsstand der Teilnehmer - die Erarbeitung unbedingt notwendig erachteter Fakten und Daten (*Gegenwartsbezug*) zu stellen[499]. Erst im Anschluß daran sollte, anknüpfend an diese Basisinformationen, diese gemeinsame Diskussions- und Arbeitsgrundlage, ein in die *Zukunft weisender* Sachverhalt erörtert werden (vgl. Punkt 6.2.1 der vorliegenden Arbeit). Des weiteren muß von den Trägern einer außerschulischen politischen Bildungsarbeit, insbesondere den jeweiligen Veranstaltungsleitern bedacht werden, ob es sich um eine mehr *zielgruppenorientierte* oder vorrangig um eine auf *Zusammenführung* der Menschen bedachte Veranstaltung handelt. Wegen der meiner Meinung nach enormen Wichtigkeit der zuletzt genannten, "grenzüberschreitenden"[500] Veranstaltungsformen für das Gelingen des inneren Einigungsprozesses und in Anbetracht der gesteigerten Anforderungen dieser Seminare an alle Beteiligte - vor allem aber an die jeweiligen Seminarleiter - steht im weiteren Verlauf der didaktisch-methodischen Ausführungen stets diese Art der außerschulischen politischen Bildungsveranstaltungen im Mittelpunkt der didaktisch-methodischen Überlegungen. Drittens sollte gerade im Bereich der außerschulischen politischen Bildungsseminare immer darauf geachtet werden, insbesondere auch dann, wenn es sich um Angebote handelt, die sich mit der Vereinigungsthematik befassen, aufgrund des in diesem Bereich unumgänglich gewordenen Marktverhaltens der Anbieter bzw. der starken Konkurrenz auf dem Weiterbildungsmarkt, letztlich auf dem gesamten Freizeitmarkt, nicht zu banalisieren, sich nicht an das freizeitübliche Unterhaltungsbedürfnis anzupassen und damit zu Verzichten auf darüber hinausreichende Ansprüche (vgl. Giesecke, 1993, S.105).

Diese grundsätzlichen Leitlinien im Hintergrund und ohne zu verkennen, daß letztlich nicht allein gedanklich entschieden werden kann, welche spezifischen Vorgehensweisen in der außerschulischen politischen Bildungsarbeit favorisiert werden sollen, weil fraglos eine Reihe weiterer Vorgaben und Rahmenbedingungen - z.B. die finanziellen, räumlichen und zeitlichen Möglichkeiten, die technische Ausstattung, der persönliche Einsatz und der Ausbildungsstand des Seminarleiters - die zu treffende Handlungsentscheidung beeinflussen wird, ist mein Vorschlag dahingehend ausgerichtet, den Veran-

---

499) Im Laufe dieser gegenwartsbezogenen Informationsgewinnung müssen meiner Ansicht nach immer zwei Aspekte bedacht werden: Erstens ist schon in dieser Arbeitsphase explizit eine kritische Aufnahme und Prüfung der Angaben durch die Teilnehmer erwünscht, die von dem jeweiligen Seminarleiter nicht unterbunden oder gar mit der Bemerkung, "nicht informiert zu sein" (Grams, 1994, S.445), zurückgewiesen werden soll. Zweitens darf der Veranstaltungsleiter nie den Sachverhalt aus den Augen verlieren, "daß Informiertsein prinzipiell unabschließbar ist, weil es immer noch den nächsten Aspekt gibt, der ein Thema komplett" (ebd.) machen würde.
500) Diese zu überschreitende "Grenze" ist keineswegs als unüberbrückbare Hürde oder gar Mauer zu verstehen, sondern vielmehr als nach wie vor spürbare Ungleichzeitigkeit der gesellschaftlichen Gegebenheiten in Ost und West und den damit verbundenen vielschichtigen Unterschiedlichkeiten der Menschen. In diesem Sinn kann auch fünf Jahre nach der Wiedervereinigung der langwierige innere Einigungsprozeß als "Situation einer überschreitbar gewordenen Grenze" (Hanusch, 1992, S.64) gedeutet werden.

staltungseinstieg so zu gestalten, daß an Hand alltäglicher Problem- und Konfliktkonstellationen, die im jeweiligen Erfahrungsbereich der Teilnehmer liegen, ein innerdeutscher Diskussionszusammenhang hergestellt wird. Es soll also angeknüpft werden an den vereinigungsbedingten Erfahrungen der Menschen, den in diesem Zusammenhang erlebten Ängsten, den diesbezüglich entwickelten Erklärungsmustern und den vertretenen Einschätzungen bezüglich der gegenwärtigen politischen, gesellschaftlichen und wirtschaftlichen Lage im wiedervereinten Deutschland. Dadurch kann u.a. festgestellt werden, was die Teilnehmer von der jeweiligen Veranstaltung erwarten, mit welchen vorgefertigten Meinungen und Haltungen sie bezüglich des Vereinigungsprozesses ausgestattet sind und welches wichtige Lebensereignis oder welche herausragende Lebenserfahrung sie mit dem inneren Einigungsprozeß verbinden.

Vor allem bei Gruppen, die aus ost- und westdeutschen Teilnehmern zusammengesetzt sind, sollte so ein *Dialog* über die verschiedenen Erfahrungswelten, Lebensumstände und daraus resultierenden unterschiedlichen Biographien in Gang gesetzt werden. Einen Anstoß bzw. Einstieg zu solchen Gesprächen können dabei u.a. - je nachdem, wie die spezifischen Rahmenbedingungen und Möglichkeiten der betreffenden Veranstaltung beschaffen sind und die jeweilige Seminargruppe zusammengesetzt ist - folgende Methoden bzw. Arbeitsweisen geben: die relativ einfach zu bewerkstelligende *Bearbeitung und Auswertung* von Daten, die durch Umfragen, Beobachtungen oder Inhaltsanalysen ermittelt wurden; die "*Provokation*" (Grammes, 1991, S.57) der Teilnehmer durch einen Zeitungsartikel, ein konstruiertes oder wirklichkeitsgetreues Fallbeispiel; die *Podiumsdiskussion*, in der konträre Persönlichkeiten bzw. Anschauungen aufeinanderprallen, z.B. zwischen einem Vertreter der PDS und einem Vertreter der CDU; die *Exkursion*, z.B. an die ehemalige deutsch-deutsche Grenze oder zur Gauck-Behörde; die "*Produktion*" (Giesecke, 1993, S.132) von kurzen Videofilmen oder Tonbandaufzeichnungen, in denen sich die Teilnehmer aus dem Westen und die Teilnehmer aus dem Osten Deutschlands vorstellen; der *Vortrag* einer in den Einigungsprozeß stark involvierten Person, z.B. aus dem Bereich Politik, Wirtschaft oder Gesellschaft, die über ihre Erfahrungen, Eindrücke usw. berichtet[501].

Im Rahmen dieser gleichberechtigt nebeneinanderstehenden, aber durchweg unterschiedlich zu gestaltenden und verschieden aufwendig durchzuführenden didaktisch-methodischen Möglichkeiten des Veranstaltungs- bzw. Dialogeinstiegs muß nach meinem Dafürhalten von Seiten der Seminarleiter - ähnlich wie in der Schule -, versucht werden, spezifisches Vorwissen und Voreinstellungen der Teilnehmer zu ermitteln, herauszuarbeiten, wo grundsätzlicher Vermittlungsbedarf besteht, wo notwendigerweise In-

---

501) Für derartige Vorträge scheinen nach meinem Dafürhalten nicht nur Spitzenmanager, Behördenleiter oder Politiker geeignet, die den Vereinigungsprozeß ganz offensichtlich mitgestalten, sondern auch Menschen, die z.B. aus beruflichen Gründen von West nach Ost oder von Ost nach West gezogen sind, Menschen, die täglich als Berufspendler, Vertreter oder Handelsreisende zwischen den "neuen" und den "alten" Ländern unterwegs sind. Letztlich all die Menschen, die auf irgendeine Art und Weise den inneren Einigungsprozeß und seine gravierenden Folgen hautnah erleben.

formationen bereitgestellt werden müssen, wo Vorurteile unverkennbar vorhanden sind, welche Problem- und Konfliktlagen die Teilnehmer wirklich bewegen, letztlich wo eine zukunftsbezogene Erörterung der Vereinigungsthematik ansetzen könnte.

Der zweite Teilaspekt dieser didaktisch-methodischen Grundlegung, nämlich welche fachdidaktischen Möglichkeiten und Konstrukte im Verlauf einer außerschulischen politischen Bildungsmaßnahme, die sich gezielt mit dem hier interessierenden Lerngegenstand beschäftigt, favorisiert werden sollen - was eng mit dem bisher Gesagten korrespondiert -, wird nachfolgend erläutert.

So scheint es in diesem Bereich, im Gegensatz zur Schule, schon allein aufgrund der Freiwilligkeit der Teilnahme und der heftigen Konkurrenz auf dem Weiterbildungsmarkt, letztlich auf dem gesamten Freizeitmarkt, prinzipiell unumgänglich, an den realen Bedürfnissen, Motiven, Ängsten und Vorstellungen der Menschen anzuknüpfen, deren elementare Fragestellungen aufzunehmen bzw. diese gar als konstitutiv für einen erfolgversprechenden politischen Bildungsprozeß zu begreifen. Demnach kann eine politische Bildungsarbeit, die den inneren Einigungsprozeß nachdrücklich unterstützen will und sich dabei u.a. der Zielsetzung verschrieben hat, die Menschen aus Ost- und Westdeutschland systematisch zusammenzuführen, um ihnen eine Möglichkeit zu bieten, Erfahrungen auszutauschen, Vorurteile abzubauen und gemeinsam Themen zu behandeln, die den Weg zur inneren Einheit belasten und erschweren, nur dann gelingen, wenn sie das didaktische Moment der *Teilnehmerorientierung* nicht nur - wie hier bereits geschehen - zum Ausgangspunkt, sondern zum Mittelpunkt all ihrer Bildungsanstrengungen erhebt.

Eine so ausgerichtete politische Bildungsarbeit sollte sich dabei weniger durch fachtheoretische Annahmen und Überlegungen auszeichnen, als vielmehr durch tagesaktuelle Konflikt- und Problemnähe, die den Menschen tatsächlich das Gefühl gibt, daß ihre alltäglichen Sorgen und Anliegen ernst genommen werden. Des weiteren muß eine solche Vorgehensweise immer bestrebt sein - ohne zu banalisieren -, eine teilnehmeradäquate Übersichtlichkeit und Anschaulichkeit der Sachverhalte zu erlangen und sich in erster Linie einer verständlichen, aber auch abwechslungsreichen und kontroversen Ausdrucks- und Darstellungsweise zu bedienen. Überdies darf zu keiner Zeit übersehen werden, was auch für die schulische Seite angesprochen wurde, daß es eben nicht ausschlaggebend ist, an welchen konkreten Einzelthemen oder Problemen, an welchen Konflikten oder tagesaktuellen Fällen, die der Erfahrungs- und Lebenswelt der Teilnehmer entspringen, der Lerngegenstand *Innere Einheit Deutschlands* bearbeitet wird. Jedoch ist entscheidend, ob die angesprochene Zielsetzung realisiert und ein Lernprozeß in Gang gesetzt werden kann, der zwar vom Besonderen eines Falles ausgeht, aber immer die Perspektive eines dahinterstehenden Allgemeinen, eines sozialen oder politischen Sachverhalts (vgl. Mingerzahn, 1992, S.499), nicht aus den Augen verliert. Fer-

Kapitel 6: Plädoyer für eine zielgerichtete politische Bildungsanstrengung 285

nerhin ist immer zu bedenken, daß eine solche Arbeits- und Handlungsweise, die infolge des hier im Vordergrund stehenden didaktischen Konstrukts zweifelsohne bestimmt sein muß von einer inhaltlichen und thematischen *Offenheit*[502], nicht nur erhebliche Anforderungen an die Sachkenntnis und den Informationsstand der Seminarleiter erhebt, sondern von diesen darüber hinaus auch ein hohes Maß an Einsatzbereitschaft, Flexibilität und Kreativität[503] verlangt.

An den bisher getroffenen didaktisch-methodischen Ausführungen anknüpfend, wird nun, Gliederungspunkt 6.2.2 abschließend, ein vierstufiges Veranstaltungsmodell vorgestellt und stichpunktartig skizziert. Ein Modell, das aufgrund der anempfohlenen Teilnehmerorientierung, der damit verbundenen inhaltlichen, thematischen und methodischen Offenheit und nicht zuletzt wegen der so unterschiedlichen institutionellen, situations- und persönlichkeitsspezifischen Rahmenbedingungen der verschiedenen Träger einer außerschulischen politischen Bildungsarbeit, versucht, nicht an einem konkreten, die innere Einheit betreffenden Veranstaltungsgegenstand[504], sondern in einer allgemeineren Form, den Lerngegenstand *Innere Einheit Deutschlands* im Hintergrund, einen realisierbaren Weg, einen flexibel einzusetzenden Leitfaden für die außerschulische Bildungspraxis vorzulegen. Anders formuliert wird im Anschluß ein mögliches Handlungsschema thesenartig vorgestellt und in Form von Fragestellungen konkretisiert, das keinesfalls ein Patentrezept ist, sondern eher eine unabgeschlossene Anleitung, ein Denkanstoß, ein an den jeweiligen Rahmenbedingungen und Möglichkeiten auszurichtendes und auszugestaltendes Grundgerüst, das für solche Seminare geeignet erscheint, die explizit die Zusammenführung der Menschen aus den "alten" und den "neuen" Bundesländern intensivieren und damit einen Beitrag leisten wollen auf dem langen Weg zur inneren Einheit.

---

[502] Anzumerken bleibt, daß aufgrund der geforderten Teilnehmerorientierung der Seminare mit dem Begriff "Offenheit" zwar eine inhaltliche und thematische Vielfalt und ein methodischer Formenreichtum gemeint ist, aber keinesfalls eine Ziel- und Strukturlosigkeit der Veranstaltung.

[503] Die als notwendig erachteten Eigenschaften "Flexibilität" und "Kreativität" beziehen sich hier insbesondere auf eine professionelle Anwendung und den routinierten Einsatz verschiedenster Methoden und Arbeitsweisen, je nachdem, welche generellen Möglichkeiten vorhanden sind, welche Anregungen oder Vorschläge die Teilnehmer selbst äußern und was in der jeweiligen Situation am geeignetsten erscheint.

[504] Eine ganze Reihe von speziellen Projekten der außerschulischen politischen Bildung, die sich auf verschiedene Art und Weise der Vereinigungsthematik zuwandten und durchaus als Ideenpool für andere zukünftige Praxisprojekte dienen können, finden sich ausführlich dargelegt bei Hanusch. (vgl. Hanusch, 1992, S.69-122)

1. Phase: Einstieg, Orientierung, Motivation, teilnehmerorientierte Arbeitsvorbereitung, Schwerpunktsetzung:[505]
Was erwarten wir von der folgenden Veranstaltung? Wo liegen unsere Interessen? Unterscheiden sich die geäußerten Interessen, wenn ja, wie, und wo liegen die Ursachen für diese Gegensätze? Wie können wir anfängliche Unsicherheiten im gegenseitigen Miteinander abbauen? Mit welchen unterschiedlichen Meinungen, Haltungen und Einstellungen sind wir behaftet? Wie ist es um unser Vorwissen bestellt, bzw. wo gibt es Klärungsbedarf? Wie wollen wir im Laufe der Veranstaltung vorgehen? Welchen Problem- und Konfliktlagen wollen wir uns, mit welchen Methoden zuwenden? Welche konkreten Arbeitsschwerpunkte sollen wir setzen? Wo soll eine zukunftsbezogene Erörterung der Vereinigungsproblematik ihren Anfang nehmen? usw.

2. Phase: Informationsbeschaffung, -erweiterung, -verarbeitung:
Wo und wie können wir uns die notwendigen Informationen - Zahlenmaterialien, Statistiken, neueste Reportagen, Interviews, politische Lageberichte - beschaffen? Was sagen Politiker aus den "neuen" und den "alten" Ländern, die den unterschiedlichsten Parteien angehören, Vertreter von Verbänden und die Menschen auf der Straße zur vorliegenden Problematik? Wie stellen sich die kontroversesten Standpunkte dar? Gibt es in der Problembenennung und Einschätzung spezifische Ost-West-Gegensätze? Worin liegen unterschiedliche Bewertungen begründet? Tauchen im Vergleich zur 1. Phase bisher unberücksichtigte Problemaspekte auf? usw.

3. Phase: Problematisierung, Erörterung von Lösungswegen:
Wo liegen die herausragenden Problem- und Konfliktfelder? Wer ist für die Schwierigkeiten verantwortlich? Wie könnten einzelnen Problemaspekte gelöst werden? Welche Lösungsmöglichkeiten klingen realistisch und welche utopisch? Welche Faktoren müssen bei einer Problemlösung in den Vordergrund treten? Was kann jeder einzelne tun? Ist eine Verbesserung der Lage überhaupt wahrscheinlich? Wie könnte man die Bevölkerung im Osten und im Westen Deutschlands für die entsprechenden Gefahren und Chancen sensibilisieren und eventuell für eine gemeinsame Problemlösung gewinnen? Welche gesellschaftlichen Gruppen sind überhaupt an der Lösung der jeweiligen Problem- und Konfliktlagen interessiert und welche nicht? Wie lang wird es im günstigsten, wie lange im ungünstigsten Falle dauern, bis eine spürbare Verbesserung der jeweiligen Situation eintreten wird? usw.

---

505) Vergleiche in dem Zusammenhang auch die im Rahmen dieses Gliederungspunktes getroffenen Aussagen bezüglich der Herstellung eines innerdeutschen Diskussionszusammenhangs bzw. wie ein an den bezeichneten Lernzielen orientierter methodischer und motivationaler Zugang zur Vereinigungsthematik aussehen könnte.

4. Phase: Reflexion, Rückschau:
Was hätte man, die eingesetzten Methoden und Arbeitsweisen betreffend, anders bzw. besser machen können? Wo sind Fragen offen geblieben? Hat sich der Veranstaltungsaufwand gelohnt? Würde man eine solche Veranstaltung weiterempfehlen, wenn ja, warum, wenn nein, warum nicht? Haben sich im Vergleich zur 1. Phase Meinungen, Ansichten und Einstellungen geändert, wenn ja, wie? Haben sich Vorurteile im menschlichen Miteinander eher verfestigt oder aufgelöst? Können methodische Aspekte des Seminars, z.B. die verschiedenen Vorgehensweisen bei der Informationsbeschaffung auf das Alltagsleben übertragen werden? usw.

6.3 Das Dilemma der schulischen und außerschulischen politischen Bildung - zwischen Anspruch und Wirklichkeit

Ohne Zweifel ist im Laufe der vorliegenden Untersuchung, zumal an der in den Mittelpunkt der gesamten Arbeit gerückten existentiellen Herausforderung, der *Inneren Einheit Deutschlands*, aber auch an den weiteren, vom Verfasser für ebenso wichtig erachteten Schlüsselproblemen, von der "Zerstörung der menschlichen Lebensgrundlage" über "die offenen und latenten Formen der Gewalt" bis hin zur "Weltbevölkerungsexplosion", um nur einige wenige Beispiele zu nennen[506], deutlich geworden, daß eine problem- und zukunftsorientierte politische Bildungsarbeit nach wie vor dringend geboten erscheint bzw. auch zukünftig "als unentbehrlicher Bestandteil allgemeiner Bildung" (Sutor, 1990, S.311) zu gelten hat. Dies gilt vor allem dann, wenn eine solche politische Bildungsanstrengung das kultiviert, was andernorts vorenthalten wird, nämlich die systematische und kritische Bearbeitung dieser vielschichtigen Problem- und Konfliktfelder, eine Konfrontation mit ungewöhnlichen Erklärungsmustern, eine planmäßige Zusammenführung der Menschen aus den "neuen" und aus den "alten" Bundesländern, ein forschendes Lernen, ein gemeinsames und methodenbewußtes Nachdenken über mögliche Lösungswege und Perspektiven usw. (vgl. Claußen, 1990, S.255).

Diese These vor Augen, bleibt jedoch abzuwarten, ob die Verantwortlichen vor Ort, die für den Politikunterricht letztlich zuständigen Lehrer und die in die Planung, Vorbereitung und Durchführung außerschulischer politischer Bildungsmaßnahmen involvierten Personen, aber auch die politischen Entscheidungsträger, insbesondere in Anbetracht der in Deutschland vorherrschenden föderalen Struktur des Bildungswesens und der

---

506) Vergleiche hierzu u.a. ausführlich Gliederungspunkt 3.2 der vorliegenden Arbeit.

damit eng verbundenen restriktiven Schulpolitik[507], sich von ähnlichen, wie im Rahmen dieser Studie vorgelegten und intersubjektiv nachvollziehbaren Ergebnissen und den daran abgeleiteten Schlußfolgerungen bzw. dem darauf aufbauenden und abschließend präsentierten Plädoyer "für eine zielgerichtete politische Bildungsanstrengung" leiten und durchdringen lassen[508]. Oder wird sich einmal mehr eine "affirmative, entpolitisierende und depotenzierte 'Politische Bildung' mit Arroganz der Macht und formalistisch gehandhabter Mehrheitsregeln durchsetzen" (Kaune, 1995, S.535), die derartig fundierte Vorlagen ignoriert und demnach nicht wirklich an einem ernstzunehmenden Beitrag auf dem langen und mühevollen Weg zur inneren Einheit interessiert sein kann? Wird eine politische Bildungsarbeit dominieren, die in ganz Deutschland letztlich die Chance für eine wirkliche Neuausrichtung ihrer selbst verspielt, bzw. die Möglichkeit verschenkt, "*den Prozeß der deutschen Vereinigung als einen wirklichen Prozeß der Veränderung [...] zu gestalten*" (Zschieschang, 1995, S.243, Hervorhebung von Zschieschang), als einen Prozeß, der wahrlich mehr leisten müßte als eine "'einfache Modernisierung' in Ost-Deutschland" (Claußen, 1995b, S.897), die lediglich "als Reproduktion westdeutscher Verhältnisse" (ebd.) in Erscheinung tritt? Die zukünftige Entwicklung muß von der Erkenntnis geprägt sein, daß auch im Westen ein Gegensteuern dringend erforderlich ist und deshalb auch hier - angesichts der veränderten politischen und gesellschaftlichen Rahmenbedingungen - die etablierten Strukturen überdacht, neu bewertet und gegebenenfalls verändert werden müssen.

Sollte dieser Weg - was durchaus wahrscheinlich ist[509] - insbesondere von Seiten der Bildungspolitik erneut nicht beschritten werden, scheint nach meinem Dafürhalten in absehbarer Zeit für die institutionalisierte politische Bildungsarbeit im geeinten Deutschland die einzige und letzte Chance darin zu liegen, gegen "die Macht der Verhältnisse" (Harre, 1995, S.595) selbst anzugehen bzw. dem schier unauflösbaren Dilemma zwischen 'Anspruch und Wirklichkeit' offensiv entgegenzutreten, indem die politische Bildungsarbeit versucht, sich "selbst zum Gegenstand breiter öffentlicher Diskurse zu machen" (Kaune, 1995, S.535), versucht, eine Debatte zu entfesseln, deren

---

507) Die Schulpolitik betreffend macht Stephan explizit darauf aufmerksam, daß hier noch immer, wie "auf keinem anderen Gebiet die Bürokratie [herrscht], [...] die feudalen Sitten von Kameralistik und selbstherrlicher Verwaltung [...] derart uneingeschränkt" (Stephan, 1995a, S.4) existieren.

508) Meiner Meinung nach kann eine wie hier vorgelegte wissenschaftliche Arbeit, ähnlich einer fachdidaktischen Stellungnahme, neben einer reinen Orientierungsfunktion folgende, den jeweiligen politischen und pädagogischen Entscheidungsprozeß unterstützende Funktionen entfalten: Eine *Angebotsfunktion*, eine *Beratungs-* und *Kritikfunktion*, eine *Aufklärungsfunktion* und eine *Hilfsfunktion* (vgl. Punkt 2.3 der vorliegenden Arbeit).

509) "Wahrscheinlich" schon allein deshalb, weil beim heutigen Stand der Dinge, vor allem im Bereich der Schule - man denke nur an die Ergebnisse der in Kap. 3 vorgelegten Lagebeschreibung und die in Kap. 4 erarbeiteten Resultate - kein Anlaß zu einem voreiligen Optimismus gegeben erscheint. Außerdem bleibt bis dato ungeklärt - was insbesondere die allgemeine Lage der schulischen politischen Bildung noch weiter verschlechtern würde -, ob es tatsächlich zu der angekündigten Reduzierung der Abiturfachbereiche durch die Kultusministerkonferenz kommt, was vermutlich dazu führen würde, "daß der ganz überwiegende Anteil der Abiturienten die Schule verließe, ohne [...] in nennenswertem Umfang Unterricht in politischer Bildung erhalten zu haben" (Weidinger, 1995, S.336).

Kapitel 6: Plädoyer für eine zielgerichtete politische Bildungsanstrengung 289

spezifisches Ziel darin liegen müßte, die Bildungspolitik zu Korrekturmaßnahmen zu bewegen. In dieser Debatte sollte dabei zunächst die Öffentlichkeit auf die Fehlentwicklungen und vorhandenen Unzulänglichkeiten sowohl in der schulischen als auch in der außerschulischen politischen Bildungspraxis aufmerksam gemacht und für deren Folgen sensibilisiert werden, um daran anschließend einen fundierten Diskurs über mögliche Reformkonzepte und aus dem Dilemma weisende Lösungswege beginnen zu können[510], der auch die Bildungspolitiker auf Landes- und Bundesebene zu Stellungnahmen bewegt und schließlich zum Handeln veranlaßt und zwingt.

Von der Hoffnung getragen, daß "eine *Umkehr aus dem System heraus* [...] keineswegs völlig unmöglich" (Claußen, 1995b, S.898, Hervorhebung von Claußen) ist und von der festen Überzeugung geleitet, daß die weit offene und auszugestaltende Zukunft von unser aller Denken, unseren Wünschen und Hoffnungen, unseren Befürchtungen abhängt (vgl. Popper, 1994a, S.239), beschreibt dieser Ausblick, mag er noch so utopisch wirken, nach meinem Dafürhalten dennoch einen erwägenswerten und gangbaren Weg für die politische Bildung aus dem soeben skizzierten Dilemma bzw. eine Möglichkeit, die von vielen für dringend erforderlich erachtete 'Neukonstituierung'[511] der schulischen und außerschulischen politischen Bildungsarbeit im wiedervereinten Deutschland doch noch auf den Weg zu bringen. Die Zeit, diese Anstrengung endlich zu unternehmen und sie als Chance zu begreifen, ist jedenfalls spätestens jetzt gekommen.

---

510) Auch wenn Stephan angesichts der vieldiskutierten Bildungsvorschläge der nordrhein-westfälischen Landesregierung mit dem Titel "Zukunft der Bildung - Schule der Zukunft" davon spricht, daß es an ein Wunder grenzt, wenn überhaupt noch jemand in der desolaten Lage, in der sich das schulische Bildungssystem befindet, Reformvorschläge erarbeitet und zur Diskussion stellt (vgl. Stephan, 1995b, S.10), beschreibt diese Vorgehensweise meiner Ansicht nach doch auch zukünftig den einzig gangbaren Weg jedweder bildungspolitischen Veränderung.

511) Für diese Art der 'Neukonstituierung', die nicht nur der fraglos notwendigen Neuausrichtung der politischen Bildung im Osten der Republik das Wort redet, sondern zugleich eine kritische Betrachtung und Analyse des in den "alten" Ländern erreichten Standards, der unübersehbaren Diskrepanz zwischen Theorie und Praxis einschließlich ihrer Ursachen und Konsequenzen fordert, stehen u.a. die bereits mehrfach erwähnten Wernstedt (1990, S.451), Wellie (1991a, S.8/9), Dümcke (1993, S.50), Claußen (1995b, S.897) usw.

Anhang

Abkürzungsverzeichnis

Abb.	Abbildung
ABM	Arbeitsbeschaffungsmaßnahme[n]
Abs.	Absatz
AKSB	Arbeitsgemeinschaft katholisch-sozialer Bildungswerke
Anm.	Anmerkung
AO-Sek. I	Ausbildungs- und Abschlußordnung der Sekundarstufe I
Art.	Artikel
Aufl.	Auflage
Bay.	Bayern
bay.	bayerisch[er]
BayEUG	Bayerisches Gesetz über das Erziehungs- und Unterrichtswesen
Bay. Staatsmin. f.	Bayerisches Staatsministerium für
Bd.	Band
BGB	Bürgerliches Gesetzbuch
BRD	Bundesrepublik Deutschland
Brdbg.	Brandenburg
brdbg.	brandenburgisch[er]
Brdbg. Min. f.	Brandenburgisches Ministerium für
ca.	circa
CDU	Christlich Demokratische Union
CSU	Christlich-Soziale Union
cui	computerunterstützte Inhaltsanalyse
DDR	Deutsche Demokratische Republik
ders.	derselbe
DGB	Deutscher Gewerkschaftsbund
d.h.	das heißt
dies.	dieselbe[n]
Diss.	Dissertation
DM	Deutsche Mark
Dr.	Doktor
DVP	Deutsche Volkspolizei (DDR)
DVpB	Deutsche Vereinigung für politische Bildung
ebd.	ebenda
erw.	erweitert[e]
EU	Europäische Union
E. W.	Eine Welt
f.	folgende [Seite]
FDP	Freie Demokratische Partei
FES	Friedrich-Ebert-Stiftung
ff.	folgende [Seiten]
FNS	Friedrich-Naumann-Stiftung
Gesell.	Gesellschaft
GG	Grundgesetz
GVBl.	Gesetz- und Verordnungsblatt
Habil.	Habilitation
Halbj.	Halbjahr
halbj.	halbjährlich

Hrsg.	Herausgeber
hrsg.	herausgegeben
HSS	Hanns-Seidel-Stiftung
i.A.	im Auftrag
i.w.S.	im weiteren Sinne
Jg.	Jahrgang
Kap.	Kapitel
KAS	Konrad-Adenauer-Stiftung
KHS	Karl-Hamann-Stiftung
KSZE	Konferenz über Sicherheit und Zusammenarbeit in Europa (Nachfolger OSZE)
KWMBl	Amtsblatt des Bayerischen Staatsministeriums für Unterricht, Kultus, Wissenschaft und Kunst
LPG	landwirtschaftliche Produktionsgenossenschaft (DDR)
MfS	Ministerium für Staatssicherheit (DDR)
Min.	Ministerium
Mio.	Million[en]
neubearb.	neubearbeitet[e]
NVA	Nationale Volksarmee (DDR)
OECD	Organization for Economic Cooperation and Development
OSZE	Organisation für Sicherheit und Zusammenarbeit in Europa
PDS	Partei des Demokratischen Sozialismus
Prof.	Professor
S.	Seite
SED	Sozialistische Einheitspartei Deutschlands (DDR)
SMV	Schülermitverwaltung
SPD	Sozialdemokratische Partei Deutschlands
SRG	Schulreformgesetz
Staatsmin.	Staatsministerium
Stasi	Staatssicherheitsdienst (Geheimpolizei der DDR)
SZ	Süddeutsche Zeitung
Tab.	Tabelle
TDS	Thomas-Dehler-Stiftung
u.a.	unter anderem
u.ä.	und ähnliche[s]
überarb.	überarbeitet[e]
UdSSR	Union der Sozialistischen Sowjetrepubliken
Univ.	Universität
UNO	United Nations Organization
usw.	und so weiter
Verf. O.	Verfassungsmäßige Ordnung
vgl.	vergleiche
WEU	Westeuropäische Union
Wirt.	Wirtschaft
WTO	World Trade Organization (Welthandelsorganisation)
z.B.	zum Beispiel

Verzeichnis der Abbildungen

Abb. 1: Kommunikationsmodell (S.99)

Abb. 2: Wochenstunden im Fach Sozialkunde in den einzelnen Jahrgängen der Sekundarstufe I in Bayern (S.132)

Abb. 3: Stundenanteil des Fachs Politische Bildung am Lernbereich Gesellschaftslehre in den einzelnen Jahrgängen der Sekundarstufe I in Brandenburg (S.136)

Abb. 4: Wochenstunden im Unterrichtsfach Politische Bildung in den einzelnen Jahrgängen der Sekundarstufe I in Brandenburg (S.137)

Abb. 5: Aufbau des bayerischen Sozialkundelehrplans für die Berufsschule (S.145)

Abb. 6: Ergebniszusammenfassung der Lehrplananalyse für die bayerische Berufsschule (S.148)

Abb. 7: Ergebniszusammenfassung der Lehrplananalyse für Hauptschule, Realschule, Gymnasium und Berufsschule in Bayern (S.149)

Abb. 8: Aufbau des brandenburgischen Lehrplans für das Fach Politische Bildung an der Grundschule (S.152)

Abb. 9: Ergebniszusammenfassung der Lehrplananalyse für die brandenburgische Grundschule - Klassen 5 und 6 (S.154)

Abb. 10: Ergebniszusammenfassung der Lehrplananalyse für Gesamtschule, Realschule und Gymnasium in Brandenburg (S.157)

Abb. 11: Aufbau des brandenburgischen Lehrplans für das Fach Politische Bildung/ Wirtschaftslehre an der Berufsschule (S.158)

Abb. 12: Ergebniszusammenfassung der Lehrplananalyse für die brandenburgische Berufsschule (S.160)

Abb. 13: Ergebniszusammenfassung der Lehrplananalyse für Grundschule - Klassen 5 und 6, Gesamtschule, Realschule, Gymnasium und Berufsschule in Brandenburg (S.161)

Abb. 14: Gegenüberstellung der schulischen Analyseresultate für die in die Untersuchung einbezogenen Bundesländer Bayern und Brandenburg (S.163)

Abb. 15: FES: Bundesweite Veranstaltungs- und Teilnehmerzahlen im Arbeitsfeld "Politische Bildung" 1993/94 - aufgeteilt nach Arbeitsbereichen (S.184)

Abb. 16: HSS: Veranstaltungs- und Teilnehmerzahlen im Arbeitsfeld "Politische Bildung" 1993/1994 - aufgeteilt nach regionalen Schwerpunkten (S.191)

Abb. 17: Ergebniszusammenfassung der Programmanalyse für den in Bayern ausgewählten Vertreter einer christdemokratischen Bildungsarbeit - die HSS (S.210)

Abb. 18: Ergebniszusammenfassung der Programmanalyse für den in Bayern ausgewählten Vertreter einer sozialdemokratischen Bildungsarbeit - die FES (S.221)

Anhang

Abb. 19: Ergebniszusammenfassung der Programmanalyse für den in Bayern ausgewählten Vertreter einer liberalen Bildungsarbeit - die FNS (S.227)

Abb. 20: Ergebniszusammenfassung der Programmanalyse für die in Bayern ausgewählten Träger einer außerschulischen politischen Bildungsarbeit - HSS, FES, FNS (S.228)

Abb. 21: Ergebniszusammenfassung der Programmanalyse für den in Brandenburg ausgewählten Vertreter einer christdemokratischen Bildungsarbeit - die KAS (S.238)

Abb. 22: Ergebniszusammenfassung der Programmanalyse für den in Brandenburg ausgewählten Vertreter einer sozialdemokratischen Bildungsarbeit - die FES (S.244)

Abb. 23: Ergebniszusammenfassung der Programmanalyse für den in Brandenburg ausgewählten Vertreter einer liberalen Bildungsarbeit - die FNS (S.249)

Abb. 24: Ergebniszusammenfassung der Programmanalyse für die in Brandenburg ausgewählten Träger einer außerschulischen politischen Bildungsarbeit - KAS, FES, FNS (S.250)

Abb. 25: Gegenüberstellung der außerschulischen Analyseresultate für die in die Untersuchung einbezogenen Bundesländer Bayern und Brandenburg (S.251)

Abb. 26: Unterrichtsskizze zum Thema: Fünf Jahre Deutsche Einheit - Bilanz und Perspektiven (S.277)

Verzeichnis der Lehrpläne und Bildungsprogramme

Bayern

Lehrpläne für das Fach Sozialkunde

bay. Lehrplan: Bayerisches Staatsministerium für Unterricht, Kultus, Wissenschaft und Kunst (Hrsg.), Lehrplan für die Hauptschule. In: Amtsblatt, Jg. 1985, Sondernummer 13, München: Kommunalschriften, 1985, S. 249-519

bay. Lehrplan: Bayerisches Staatsministerium für Unterricht, Kultus, Wissenschaft und Kunst (Hrsg.), Lehrplan für das bayerische Gymnasium. Fachlehrplan für Sozialkunde (sowie für Sozialpraktische Grundbildung). In: Amtsblatt, Jg. 1991, Sondernummer 11, München: Kommunalschriften, 1991, S. 1381-1428

bay. Lehrplan: Bayerisches Staatsministerium für Unterricht, Kultus, Wissenschaft und Kunst (Hrsg.), Lehrplan für die Berufsschule und Berufsfachschule. Sozialkunde. Jahrgangsstufen 10 bis 12, München: Hintermaier, 1992

bay. Lehrplan: Bayerisches Staatsministerium für Unterricht, Kultus, Wissenschaft und Kunst (Hrsg.), Lehrplan für die bayerische Realschule. In: Amtsblatt, Jg. 1993, Sondernummer 1, München: Kommunalschriften, 1993, S. 1-452

Politische Bildungsprogramme

<u>Friedrich-Ebert-Stiftung (FES)</u>

Die Programmangebote der FES in Bayern setzen sich zusammen aus den offerierten Veranstaltungen der Akademie Frankenwarte (Würzburg)[512] und den politischen Bildungsangeboten der Georg-von-Vollmar-Akademie (Kochel am See)[513].

FES/Bay./2. Halbj./1990
FES/Bay./1991
FES/Bay./1992
FES/Bay./1993
FES/Bay./1994
FES/Bay./1. Halbj./1995

<u>Friedrich-Naumann-Stiftung (FNS)</u>

Die analysierten Programme bestehen aus den Angeboten der Thomas-Dehler-Stiftung[514] (TDS), die im Namen der FNS in Bayern als "Liberale Landesstiftung" fungiert.

FNS/Bay./2. Halbj./1990

---

512) Akademie Frankenwarte, Leutfresserweg, 97082 Würzburg, Tel. 0931/80 464-0, Direktorin: Dr. Margrit Grubmüller.
513) Georg-von-Vollmar-Akademie, Schloß Aspenstein, 82431 Kochel am See, Tel. 08851/78-0, Direktor: Dr. Eckard Colberg.
514) Thomas-Dehler-Stiftung (liberale Landesstiftung), Agnesstraße 47, 80798 München, Tel. 089/18 31 84, Geschäftsführer: Günter Meuschel.

FNS/Bay./1991
FNS/Bay./1992
FNS/Bay./1993
FNS/Bay./1994
FNS/Bay./1. Halbj./1995

Hanns-Seidel-Stiftung (HSS)

Die Programmangebote der HSS[515] setzen sich aus all den politischen Bildungsveranstaltungen zusammen, die im Untersuchungszeitraum in Bayern - u.a. in den Tagungsstätten Wildbad Kreuth und Kloster Banz - offeriert wurden.

HSS/Bay./2. Halbj./1990
HSS/Bay./1991
HSS/Bay./1992
HSS/Bay./1993
HSS/Bay./1994
HSS/Bay./1. Halbj./1995

Brandenburg

Lehrpläne für das Fach Politische Bildung

brdbg. Lehrplan: Brandenburgisches Ministerium für Bildung, Jugend und Sport (Hrsg.), Vorläufiger Rahmenplan Lernbereich "Gesellschaftslehre". Politische Bildung. Klassen 5 und 6, Potsdam: Brandenburgische Universitätsdruckerei und Verlagsgesellschaft, 1991a

brdbg. Lehrplan: Brandenburgisches Ministerium für Bildung, Jugend und Sport (Hrsg.), Vorläufiger Rahmenplan Lernbereich "Gesellschaftslehre". Politische Bildung. Sekundarstufe I, Potsdam: Brandenburgische Universitätsdruckerei und Verlagsgesellschaft, 1991b

brdbg. Lehrplan: Brandenburgisches Ministerium für Bildung, Jugend und Sport (Hrsg.), Hinweise für die Gestaltung des Unterrichts. Politische Bildung/Wirtschaftslehre. Berufsschule, Potsdam: Brandenburgische Universitätsdruckerei und Verlagsgesellschaft, 1991c

Politische Bildungsprogramme[516]

Friedrich-Ebert-Stiftung (FES)

Die untersuchten Programme sind eigens erstellte Bildungsangebote des Landesbüros Brandenburg[517], einer Außenstelle der FES, mit Sitz in Potsdam.

---

515) Hanns-Seidel-Stiftung, Lazarettstraße 33, 80636 München, Tel. 089/1258-0, Leiter des Bildungswerks: Dr. Rudolf Sussmann.
516) Warum in Brandenburg die zu untersuchenden Bildungsprogramme der parteinahen Stiftungen, im Gegensatz zu Bayern, grundsätzlich erst ab 1991 und nicht schon für das 2. Halbjahr 1990 zur Verfügung stehen, wird im Laufe der Arbeit geklärt.
517) Friedrich-Ebert-Stiftung (Landesbüro Brandenburg), Magerstraße 34-36, 14467 Potsdam, Tel. 0331/29 25 55, Büroleiter: Hans-Hellmut Duncke.

FES/Brdbg./1991
FES/Brdbg./1992
FES/Brdbg./1993
FES/Brdbg./1994
FES/Brdbg./1. Halbj./1995

Friedrich-Naumann-Stiftung (FNS)

Die analysierten Programme bestehen aus den Veranstaltungsangeboten, die ausgehend vom Berliner Büro[518] der FNS in diesem Bundesland organisiert wurden, und darüber hinaus aus den Bildungsangeboten der nur in Brandenburg tätigen Karl-Hamann-Stiftung[519] (KHS). Letztere ist eine "Liberale Landesstiftung", die im August 1991 gegründet wurde und von da an eng mit der FNS zusammenarbeitet. Außerdem veröffentlicht diese ab dem 2. Halbjahr 1992 bis einschließlich 2. Halbjahr 1994 eigene Veranstaltungsprogramme.

FNS/Brdbg./1991
FNS/Brdbg./1992
FNS/Brdbg./1993
FNS/Brdbg./1994
FNS/Brdbg./1. Halbj./1995

Konrad-Adenauer-Stiftung (KAS)

Die in diese Arbeit einbezogenen Programme der KAS setzen sich aus den gemeinsam vorgelegten Bildungsangeboten der beiden im Bildungswerk Berlin eng kooperierenden Außenstellen, dem Berliner Büro[520] und dem Büro in Potsdam (Brandenburg)[521], zusammen, wobei anzumerken bleibt, daß dieses Untersuchungsmaterial von Seiten der KAS nicht ab 1991, sondern erst ab 1992 zur Verfügung gestellt wurde.

KAS/Brdbg./1992
KAS/Brdbg./1993
KAS/Brdbg./1994
KAS/Brdbg./1. Halbj./1995

---

518) Friedrich-Naumann-Stiftung (Büro Berlin), Taubenstraße 48-49, 10117 Berlin, Tel. 030/22 31-0, Büroleiterin: Dr. Ilona Klein.
519) Karl-Hamann-Stiftung (liberale Landesstiftung), Alleestraße 12, 14469 Potsdam, Tel. 0331/280 10 16.
520) Konrad-Adenauer-Stiftung (Bildungswerk Berlin), Molkenmarkt 1-3, 10174 Berlin, Tel. 030/238 55 46, Leiter des Bildungswerks: Lutz Stroppe.
521) Konrad-Adenauer-Stiftung (Büro Potsdam), Heinrich-v.-Kleist-Str. 6, 14482 Potsdam, Tel. 0331/71 01 75.

Liste der im Literaturverzeichnis abgekürzten Titel

Buchtitel

Breit/Massing	Breit, Gotthard/Massing, Peter (Hrsg.): Grundfragen und Praxisprobleme der politischen Bildung, Schriftenreihe Bd. 305 der Bundeszentrale für politische Bildung, Bonn, 1992
Bundeszentrale für politische Bildung	Bundeszentrale für politische Bildung (Hrsg.): Lernfeld Politik. Eine Handreichung zur Aus- und Weiterbildung, Schriftenreihe Bd. 313, Bonn, 1992
Claußen/Gagel/Neumann	Claußen, Bernhard/Gagel, Walter/Neumann, Franz (Hrsg.): Herausforderungen. Antworten. Politische Bildung in den neunziger Jahren. Wolfgang Hilligen zum 75. Geburtstag, Opladen: Leske und Budrich, 1991
Claußen/Wellie	Claußen, Bernhard/Wellie, Birgit (Hrsg.): Bewältigungen. Politik und Politische Bildung im vereinigten Deutschland, Hamburg: Krämer, 1995
Cremer/Klein	Cremer, Will/Klein, Ansgar (Hrsg.): Umbrüche in der Industriegesellschaft. Herausforderungen für die politische Bildung, Opladen: Leske und Budrich, 1990
Fischer	Fischer, Kurt Gerhard (Hrsg.): Zum aktuellen Stand der Theorie und Didaktik der politischen Bildung, 5. Aufl., Stuttgart: Metzler, 1986
Franke	Franke, Kurt (Hrsg. i.A. der Deutschen Vereinigung für politische Bildung): Jugend, Politik und politische Bildung. 2. Bundeskongreß für politische Bildung. Berlin 1984, Opladen: Leske und Budrich, 1985
Franke/Knepper	Franke, Kurt/Knepper, Herbert (Hrsg.): Aufbruch zur Demokratie. Politische Bildung in den 90er Jahren. Ziele, Bedingungen, Probleme, Opladen: Leske und Budrich, 1994
Hoffmann	Hoffmann, Dietrich (Hrsg.): Politische Erziehung in sich wandelnden Gesellschaften. Plädoyers für eine Veränderung der Politischen Bildung, Weinheim: Deutscher Studien Verlag, 1991
Noll/Reuter	Noll, Adolf/Reuter, Lutz (Hrsg.): Politische Bildung im vereinten Deutschland. Geschichte, Konzeptionen, Perspektiven. Beiträge aus der Sektion Politische Wissenschaft und Politische Bildung der Deutschen Vereinigung für Politische Wissenschaft, Opladen: Leske und Budrich, 1993

Rothe	Rothe, Klaus (Hrsg.): Unterricht und Didaktik der politischen Bildung in der Bundesrepublik. Aktueller Stand und Perspektiven, Opladen: Leske und Budrich, 1989
Schierholz	Schierholz, Henning (Hrsg.): Ist mit der Jugend kein Staat zu machen? Politische Beteiligung junger Leute in Parteien und gesellschaftlichen Organisationen. Dokumentation einer Tagung der evangelischen Akademie Loccum vom 17. bis 19. Oktober 1990, Rehburg, 1991
Wellie	Wellie, Birgit (Hrsg.): Perspektiven für die Politische Bildung nach der Vereinigung der beiden deutschen Staaten. Diskussionsanstöße aus Ost und West, Hamburg: Krämer, 1991

Zeitungen/Zeitschriften

APuZ	Aus Politik und Zeitgeschichte, Beilage zur Wochenzeitung Das Parlament, Bundeszentrale für politische Bildung, Bonn
Bildung und Erziehung	Bildung und Erziehung, Vierteljahrsschrift, Köln: Böhlau
Blätter f. d. u. intern. Politik	Blätter für deutsche und internationale Politik, Monatszeitschrift, Bonn: Blätter Verlagsgesellschaft
das baugerüst	das baugerüst, Zeitschrift für Mitarbeiterinnen und Mitarbeiter in der evangelischen Jugendarbeit und außerschulischen Bildung, Nürnberg
DER SPIEGEL	DER SPIEGEL, wöchentlich erscheinendes Nachrichtenmagazin, Hamburg: Spiegel-Verlag
Die Deutsche Schule	Die Deutsche Schule, Zeitschrift für Erziehungswissenschaft, Bildungspolitik und pädagogische Praxis, Vierteljahrsschrift, Weinheim: Juventa
Die Neue Gesellschaft	Die Neue Gesellschaft, Zeitschrift für den demokratischen Sozialismus, Vierteljahrsschrift, Bonn: Verlag Neue Gesellschaft
Die politische Meinung	Die politische Meinung, Monatsschrift zu Fragen der Zeit, Osnabrück: A. Fromm Verlag
DIE ZEIT	DIE ZEIT, Wochenzeitschrift, Hamburg: Zeitverlag
FOCUS	FOCUS, wöchentlich erscheinendes Nachrichtenmagazin, München: Focus Magazin-Verlag

Gegenwartskunde	Gegenwartskunde, Zeitschrift für Gesellschaft, Wirtschaft, Politik und Bildung, Vierteljahrsschrift, Opladen: Leske und Budrich
Herder-Korrespondenz	Herder-Korrespondenz, Monatshefte für Gesellschaft und Religion, Freiburg: Herder
liberal	liberal, Vierteljahreshefte der Friedrich-Naumann-Stiftung für Politik und Kultur, Sankt Augustin
Materialien zur Politischen Bildung	Materialien zur Politischen Bildung, Analysen, Berichte, Dokumente, Vierteljahrsschrift, Opladen: Leske und Budrich
Neue Sammlung	Neue Sammlung, Vierteljahres-Zeitschrift für Erziehung und Gesellschaft, Stuttgart: Klett-Cotta
Politische Bildung	Politische Bildung, Beiträge zur wissenschaftlichen Grundlegung und zur Unterrichtspraxis mit Materialien, Viermonatsschrift, Stuttgart: Klett
Politische Studien	Politische Studien, Zweimonatsschrift für Politik und Zeitgeschehen, München: Pflaum
Psychosozial	Psychosozial, Vierteljahrsschrift, Gießen: Psychosozial-Verlag
Sozialer Fortschritt	Sozialer Fortschritt, Unabhängige Zeitschrift für Sozialpolitik, Monatsschrift, Bonn: Duncker & Humblot
SZ	Süddeutsche Zeitung, Tageszeitung, München: Süddeutscher Verlag
Universitas	Universitas, Zeitschrift für interdisziplinäre Wissenschaft, Monatsschrift, Stuttgart: Wissenschaftliche Verlagsgesellschaft
Widersprüche	Widersprüche, Zeitschrift für sozialistische Politik im Bildungs-, Gesundheits- und Sozialbereich, Vierteljahrsschrift, Offenbach: Verlag 2000
ZBW	Zeitschrift für Berufs- und Wirtschaftspädagogik, Zweimonatsschrift, Stuttgart: Franz Steiner
ZEIT-Punkte	ZEIT-Punkte, meist vierteljährlich erscheinende Sonderdrucke, die Artikel zu aktuellen Themen aus der Wochenzeitung DIE ZEIT und dem ZEITmagazin bündeln, Hamburg: Zeitverlag
Zeitwende	Zeitwende, Wissenschaft - Kultur - Kirche, Vierteljahrsschrift, Karlsruhe: Zeitwende Verlagsgesellschaft

Literaturverzeichnis

Ackermann, Heike: Aufklärung durch politische Bildung? Ausgewählte Fragen zu ihrem Selbstverständnis, Hamburg: Krämer, 1989

Ackermann, Paul: Überlegungen zu einem mehrdimensionalen oder gar ganzheitlichen politischen Lernen. In: Schiele, Siegfried/Schneider, Herbert (Hrsg.), Rationalität und Emotionalität in der politischen Bildung, Stuttgart: Metzler, 1991, S. 79-91

Alemann, Ulrich von/Forndran, Erhard: Methodik der Politikwissenschaft. Eine Einführung in Arbeitstechniken und Forschungspraxis, 4. überarb. und erw. Aufl., Stuttgart: Kohlhammer, 1990

Anweiler, Oskar u.a. (Hrsg.): Bildungspolitik in Deutschland 1945-1990. Ein historisch-vergleichender Quellenband, Schriftenreihe Bd. 311 der Bundeszentrale für politische Bildung, Bonn, 1992

AO-Sek. I: Ausbildungs- und Abschlußordnung der Sekundarstufe I im Land Brandenburg vom 3. September 1992. In der nach der ersten Verordnung zur Änderung der Ausbildungs- und Abschlußordnung der Sekundarstufe I (ÄVAOSekI) vom 28. September 1994 ab 1. August 1994 geltenden Fassung, Sonderdruck des Ministeriums für Bildung, Jugend und Sport, Potsdam, 1994

Arbeitsgruppe Bildungsbericht am Max-Planck-Institut für Bildungsforschung (Hrsg.): Das Bildungswesen in der Bundesrepublik Deutschland. Strukturen und Entwicklungen im Überblick, vollständig überarb. und erw. Neuausgabe, Reinbek: Rowohlt, 1994

Arnim, Hans Herbert von: Parteistiftungen. In: ders., Der Staat als Beute. Wie Politiker in eigener Sache Gesetze machen, München: Knaur, 1993, S. 293-298

Assel, Hans-Günther: Demokratie, Ideologie, Frieden als Probleme politischer Bildung, Frankfurt am Main: Haag und Herchen, 1979

Assel, Hans-Günther: Über Hauptprobleme politischer Bildung in der Bundesrepublik Deutschland. "Veränderung" als Leitmotiv politischer Bildungstheorie im Wandel der Zeit, Frankfurt am Main: Haag und Herchen, 1983

Barz, Heiner: Jugend und Religion in den neuen Bundesländern. In: APuZ, Jg. 44, Beilage 38, 1994, S. 10-31

Baumgärtel, Manfred: Die Hanns-Seidel-Stiftung 1992. Eine Institution in bewegter Zeit. In: HSS (Hrsg.), 25 Jahre Hanns-Seidel-Stiftung. 1967-1992. Im Dienste von Demokratie, Frieden und Entwicklung, München: Manz, 1992, S. 16-22

Bayerische Landeszentrale für politische Bildungsarbeit (Hrsg.): Demokratie und Wohlstand, München, 1994

Bayerisches Staatsministerium für Unterricht, Kultus, Wissenschaft und Kunst (Hrsg.): Gesamtkonzept für die politische Bildung in der Schule. In: Amtsblatt, Jg. 1991, Sondernummer 4, München: Kommunalschriften, Juli 1991, S. 1053-1071

Bayerisches Staatsministerium für Unterricht, Kultus, Wissenschaft und Kunst (Hrsg.): Schullaufbahnen in Bayern, München: Manz, August 1994a

Bayerisches Staatsministerium für Unterricht, Kultus, Wissenschaft und Kunst (Hrsg.): Der richtige Weg für mich. Informationen zur Schullaufbahn, München: Manz, September 1994b

Bayerisches Staatsministerium für Unterricht, Kultus, Wissenschaft und Kunst (Hrsg.): Bildung und Kulturpflege in Bayern 1994. Zahlen und Fakten. Reihe A Bildungsstatistik, Heft 30, RB-Nr. 05/94/15, München: Manz, November 1994c

BayEUG: Bayerisches Gesetz über das Erziehungs- und Unterrichtswesen. In der Fassung vom 7. Juli 1994 (KWMBl I S. 273). Komplett abgedruckt in: Schulordnung für die Gymnasien in Bayern GSO, München: J. Maiß, 1994, S. 3-66

Beck, Klaus: Bewährtes erhalten - Neue Schwerpunkte setzen. Das künftige Profil politischer Bildungsarbeit angesichts der deutsch-deutschen und gesamteuropäischen Herausforderungen. In: Schierholz, Henning (Hrsg.), Politische Bildungsarbeit zwischen Ohnmacht und Aufbruch. Ihr Beitrag zur Überwindung der Konsumentendemokratie. Dokumentation einer Tagung der evangelischen Akademie Loccum, Rehburg, 1990, S. 33-36

Beck, Ulrich: Risikogesellschaft. Auf den Weg in eine andere Moderne, Frankfurt am Main: Suhrkamp, 1986

Beck, Ulrich: Gegengifte. Die organisierte Unverantwortlichkeit, Frankfurt am Main: Suhrkamp, 1988

Beck, Ulrich: Von der Industriegesellschaft zur Risikogesellschaft. Überlebensfragen, Sozialstruktur und ökologische Aufklärung. In: Cremer/Klein, 1990, S. 13-36

Beck, Ulrich (Hrsg.): Politik in der Risikogesellschaft, Frankfurt am Main: Suhrkamp, 1991

Beck, Ulrich: Die Erfindung des Politischen. Zu einer Theorie reflexiver Modernisierung, Frankfurt am Main: Suhrkamp, 1993

Becker, Peter: Ostdeutsche und Westdeutsche auf dem Prüfstand psychologischer Tests. In: APuZ, Jg. 42, Beilage 24, 1992, S. 27-36

Bender, Peter: Wo ist die Grenze zwischen Moral und Nutzen? In: Dönhoff, Marion Gräfin u.a., Ein Manifest II. Weil das Land Versöhnung braucht, Reinbek: Rowohlt, 1993, S. 33-49

Bender, Peter: Die deutsche Einheit ging auf Kosten der Solidarität. In: SZ, Nr. 227, 2./3.10.1995, S. 10

Bertelsmann Lexikon-Institut (Hrsg.): Wer macht was? Die 400 führenden Institutionen der Bundesrepublik Deutschland und ihre Repräsentanten, Gütersloh: Bertelsmann, 1988

Beyme, Klaus von: Das politische System der Bundesrepublik Deutschland nach der Vereinigung, 7. vollständig überarb. Ausgabe, München: Piper, 1993a

Beyme, Klaus von: "Die Wunde, die Deutschland heißt"? Kulturelle Identität nach der Wiedervereinigung. In: Universitas, Jg. 48, Heft 2, 1993b, S. 154-169

Biermann, Rudolf (Hrsg.): Interaktion, Unterricht, Schule, (Wege der Forschung; Bd. 534), Darmstadt: Wissenschaftliche Buchgesellschaft, 1985

Bittlinger, Ludwig: Der pädagogische Freiraum. In: Staatsinstitut für Schulpädagogik München (Hrsg.), Unterrichtsplanung durch Lernziele, Donauwörth: Auer, 1979, S. 100-108

Blankertz, Herwig: Theorien und Modelle der Didaktik, (Bd. 6 der Reihe Grundfragen der Erziehungswissenschaft, hrsg. von Klaus Mollenhauer), 10. Aufl., München: Juventa, 1977

Bohley, Bärbel: Wir brauchen eine Wende - überall. In: ZEIT-Punkte, Nr. 5, 1995, S. 15-17

Böhm, Winfried: Wörterbuch der Pädagogik. Begründet von Wilhelm Hehlmann, Kröners Taschenbuchausgabe Bd. 94, 14. überarb. Aufl., Stuttgart: Kröner, 1994

Bohnsack, Fritz: Widerstand von Lehrern gegen Innovationen in der Schule. In: Die Deutsche Schule, Jg. 87, Heft 1, 1995, S. 21-37

Börner, Holger: Eröffnung der internationalen Konferenz "Hoffnung für das südliche Afrika". In: FES (Hrsg.), 70 Jahre Friedrich-Ebert-Stiftung. Dokumentation der Jubiläumsveranstaltung am 8. März 1995 in Bonn, Bonn, 1995, S. 11-16

Bos, Wilfried/Tarnai, Christian (Hrsg.): Angewandte Inhaltsanalyse in Empirischer Pädagogik und Psychologie, Münster/New York: Waxmann, 1989

Bos, Wilfried/Tarnai, Christian: Entwicklung und Verfahren der Inhaltsanalyse in der empirischen Sozialforschung. In: dies. (Hrsg.), Angewandte Inhaltsanalyse in Empirischer Pädagogik und Psychologie, Münster/New York: Waxmann, 1989a, S. 1-13

Böttcher, Winfried: Zur Politischen Bildung in der Berufsschule. In: Gegenwartskunde, Jg. 29, Heft 1, 1980, S. 61-74

Böttcher, Winfried: Versuch einer Beschreibung des Alltags politischer Bildung an Berufsschulen. In: ZBW, 81. Bd., Heft 4, 1985, S. 291-299

Brähler, Elmar/Richter, Horst-Eberhard: Deutsche Befindlichkeiten im Ost-West-Vergleich. In: Psychosozial, Jg. 18, Heft 1 (Nr.59), 1995, S. 7-20

Brandenburgisches Ministerium für Bildung, Jugend und Sport (Hrsg.): Politische Bildung in der Schule. Chancen, Widersprüche - oder nur wieder Sprüche?, Potsdam: Märker, 1993

Brandenburgisches Ministerium für Bildung, Jugend und Sport (Hrsg.): Stundentafel für die Primarstufe und die Sekundarstufe I für das Schuljahr 1994/1995, Rundschreiben 31/94, (außerdem abgedruckt im Amtsblatt des Ministeriums für Bildung, Jugend und Sport, Nr. 9 vom 14. Juli 1994), Potsdam, April 1994a

Brandenburgisches Ministerium für Bildung, Jugend und Sport (Hrsg.): 6. Klasse und wie weiter? Die Wahl einer weiterführenden Schule, 4. aktualisierte Aufl., Potsdam, Dezember 1994b

Brandenburgisches Ministerium für Bildung, Jugend und Sport (Hrsg.): Auf dem Weg zu einem Landesschulgesetz. Leitlinien, vorgelegt am 23. Januar 1995, 3. Aufl., Potsdam: Brandenburgische Universitäts- und Verlagsdruckerei, Februar 1995a

Brandenburgisches Ministerium für Bildung, Jugend und Sport (Hrsg.): Schule im Land Brandenburg, Neuauflage, Potsdam: UNZE-Verlagsgesellschaft, 1995b

Brauner, Joachim: "Da dämmerten wir also im Halbschlaf vor uns hin ..." Dokumentation einer Befragung und allgemeine Überlegungen zum politischen Unterricht. In: Franke, 1985, S. 261-276

Breit, Gotthard: Stellungnahme zu dem Beitrag "Politische Didaktik: Selbstaufgabe oder Neubesinnung" von Walter Gagel in Gegenwartskunde 3/86. In: Gegenwartskunde, Jg. 36, Heft 1, 1987, S. 88-90

Breit, Gotthard/Massing, Peter (Hrsg.): Grundfragen und Praxisprobleme der politischen Bildung, Schriftenreihe Bd. 305 der Bundeszentrale für politische Bildung, Bonn, 1992

Bründel, Heidrun/Hurrelmann, Klaus: Zunehmende Gewaltbereitschaft von Kindern und Jugendlichen. In: APuZ, Jg. 44, Beilage 38, 1994, S. 3-9

Brundtland, Gro Harlem: Kehrseite des Konsums - neun Denkanstöße. Der fehlende Wille zur Mäßigung. In: Klüver, Reymer (Hrsg.), Zeitbombe Mensch. Überbevölkerung und Überlebenschance, München: Deutscher Taschenbuchverlag, 1993, S. 174-179

Bundeszentrale für politische Bildung (Hrsg.): Lernfeld Politik. Eine Handreichung zur Aus- und Weiterbildung, Schriftenreihe Bd. 313, Bonn, 1992

Burckhardt, Jürgen: Bericht des Geschäftsführers. In: FES (Hrsg.), Jahresbericht der Friedrich-Ebert-Stiftung 1993, Bonn, 1994, S. 10-19

Burckhardt, Jürgen: Bericht des Geschäftsführers. In: FES (Hrsg.), Jahresbericht der Friedrich-Ebert-Stiftung 1994, Bonn, 1995, S. 8-9

Büschges, Günter: Methodologischer Individualismus und empirische Soziologie. In: Büschges, Günter/Raub, Werner (Hrsg.), Soziale Bedingungen - Individuelles Handeln - Soziale Konsequenzen, Frankfurt am Main u.a.: Peter Lang, 1985, S. 3-20

Claußen, Bernhard: Kritische Politikdidaktik. Zu einer pädagogischen Theorie der Politik für die schulische und außerschulische Bildungsarbeit, Opladen: Westdeutscher Verlag, 1981

Claußen, Bernhard: Hinführung der Jugend zu politischer Verantwortung und politischem Engagement - ein Vermittlungsproblem im demokratischen Staat. In: Franke, 1985, S. 247-259

Claußen, Bernhard: Entwicklungen und Tendenzen neuerer Überlegungen zur sozialwissenschaftlich-politischen Bildung. In: Michalka, Wolfgang (Hrsg.), Politische Bildung in der Forschungsdiskussion. Unter Berücksichtigung von Problemen der Jugendsozialisation und der Erwachsenenbildung, Stuttgart: Franz Steiner, 1986, S. 9-98

Claußen, Bernhard: Politische Sozialisation. In: Nohlen, Dieter/Schultze, Rainer-Olaf (Hrsg.), Politikwissenschaft. Theorien - Methoden - Begriffe, (Pipers Wörterbuch zur Politik; Bd. 1, hrsg. von Dieter Nohlen), München: Piper, 1989, S. 776-781

Claußen, Bernhard: Politisches Lernen angesichts der Veränderungen von System und Lebenswelt. In: Cremer/Klein, 1990, S. 235-258

Claußen, Bernhard: Politik-Unterricht. Demokratische Bildung jenseits von Kunde und Erziehung. In: Wellie, 1991a, S. 77-92

Claußen, Bernhard: Politische Bildung in der Risikogesellschaft. Ein politologischer und fachdidaktischer Problemaufriß. In: Beck, Ulrich (Hrsg.), Politik in der Risikogesellschaft, Frankfurt am Main: Suhrkamp, 1991b, S. 330-356

Claußen, Bernhard: Gefährdete Demokratie und die Perspektiven Politischer Erwachsenenbildung in Deutschland. In: Claußen, Bernhard/Girbig, Ralf-Jürgen/Hufer, Klaus-Peter (Hrsg.), Entwicklung der Demokratie und Politische Erwachsenenbildung. Für Joachim Oertel zum 65. Geburtstag, Hamburg: Krämer, 1991c, S. 39-63

Claußen, Bernhard: 'Politik' im Lehramtsstudium. Demokratieorientierte und bildungswissenschaftliche Überlegungen - unter Berücksichtigung des Vereinigungsprozesses in Deutschland, Hamburg: Krämer, 1992

Claußen, Bernhard: 'Verfassungspatriotismus' im Rahmen einer emanzipatorischen politischen Bildung. Fachliche und didaktische Überlegungen zum aktuellen öffentlichen Diskurs. In: Behrmann, Günter C./Schiele, Siegfried (Hrsg.), Verfassungspatriotismus als Ziel politischer Bildung?, Schwalbach/Ts.: Wochenschau Verlag, 1993, S. 131-163

Claußen, Bernhard: Politik-Bewältigungen im vereinigten Deutschland. Problemstellungen mit Relevanz für die Politische Bildung. In: Claußen/Wellie, 1995a, S. 15-188

Claußen, Bernhard: Anmerkungen zur Entwicklung der Fundamente fachlicher und didaktischer Qualifizierung für die Politische Bildung in der Deutschen Demokratischen Republik und in den neuen Bundesländern. Voraussetzungen, Rahmenbedingungen und Modalitäten hochschulischer Ausbildungsgänge. In: Claußen/Wellie, 1995b, S. 819-923

Claußen, Bernhard/Gagel, Walter/Neumann, Franz (Hrsg.): Herausforderungen. Antworten. Politische Bildung in den neunziger Jahren. Wolfgang Hilligen zum 75. Geburtstag, Opladen: Leske und Budrich, 1991

Claußen, Bernhard/Wellie, Birgit (Hrsg.): Bewältigungen. Politik und Politische Bildung im vereinigten Deutschland, Hamburg: Krämer, 1995

Cremer, Will: Das Fach Sozialkunde/Politische Bildung in den neuen Bundesländern. Eine Inhaltsanalyse der Lehrpläne. In: Bundeszentrale für politische Bildung, 1992, S. 545-632

Cremer, Will/George, Uta: Zur Situation des Faches Sozialkunde/Politik in den neuen Bundesländern. Eine Bestandsaufnahme des Jahres 1991. In: Breit/Massing, 1992a, S. 47-52

Cremer, Will/Klein, Ansgar (Hrsg.): Umbrüche in der Industriegesellschaft. Herausforderungen für die politische Bildung, Opladen: Leske und Budrich, 1990

Cremer, Will/Schiele, Siegfried: Zum Konsens und zur Kontroversität in der politischen Bildung. In: Breit/Massing, 1992b, S. 135-139, (zuerst erschienen unter dem gleichen Titel, in: Bundeszentrale für politische Bildung (Hrsg.), Jugendprobleme im Unterricht, Schriftenreihe Bd. 205, Bonn, 1983, S. 9-14)

Deetjen, Gottfried: Die Inferenz vom Kommunikationsinhalt auf den Kommunikator. Einstellungsmessung zu materialen und post-materialen Lebensbereichen mit Hilfe der inhaltsanalytischen Methode. In: Franke, 1985, S. 163-178

Denkewitz, Sabine: Identität und Befindlichkeit der Politiklehrerinnen und Politiklehrer in den neuen Bundesländern. In: Bundeszentrale für politische Bildung, 1992, S. 346-354

Deupmann, Ulrich: Große und kleine Satelliten im Bonner Kosmos. In: SZ, Nr. 228, 4.10.1995, S. 3

Dieckmann, Christoph: Mein Osten heißt Heimat. 1. Folge der Reihe: Vereint, und doch nicht eins. In: DIE ZEIT, Nr. 36, 1.9.1995, S. 3

Ditz, Peter: Für ein neues Deutschland in einer sich erneuernden Welt. Aufgaben für die Politische Bildung. In: Wellie, 1991, S. 59-68

Dönhoff, Marion Gräfin: Vorwort. In: dies. u.a., Ein Manifest II. Weil das Land Versöhnung braucht, Reinbek: Rowohlt, 1993, S. 7-14

Donner, Wolfgang: Politische Erwachsenenbildung im Ost-West-Dialog. Notwendigkeiten, Schwierigkeiten und Aufgaben. In: Claußen/Wellie, 1995, S. 965-977

Dosch, Roland: Zur Politischen Bildung in der Berufsschule. Anmerkungen zum Beitrag von Winfried Böttcher in Gegenwartskunde 1/80. In: Gegenwartskunde, Jg. 29, Heft 3, 1980, S. 337-339

Dümcke, Cornelia/Marten, Jürgen: Zusammenwachsende Kultur oder Kultur des Zusammenwachsens. In: Blätter f. d. u. intern. Politik, Jg. 36, Heft 11, 1991, S. 1361-1366

Dümcke, Wolfgang: Politische Bildung in den neuen Bundesländern. Versuch einer Problematisierung der Voraussetzungen und Perspektiven, Hamburg: Krämer, 1991

Dümcke, Wolfgang: Politische Bildung und Identitätskrise. In: Noll/Reuter, 1993, S. 36-51

Ellwein, Thomas: Politische Bildung zwischen Scylla und Charybdis. In: Gegenwartskunde, Jg. 34, Heft 4, 1985, S. 393-401

Endres, Wolfgang: Politische Bildung im vereinigten Deutschland. Eine Skizze aus östlicher Sicht. In: Claußen/Wellie, 1995, S. 227-238

Eppelmann, Rainer: Zur inneren Einheit Deutschlands im fünften Jahr nach der Vereinigung. In: APuZ, Jg. 45, Beilage 40-41, 1995, S. 8-12

Erb, Gottfried: Deutschland, die neue Großmacht in Europa. Nationale und europäische Aspekte der Deutschen Einheit. In: Claußen/Gagel/Neumann, 1991, S. 59-74

Falckenberg, Dieter: Grundriß des Schulrechts in Bayern, Neuwied/Darmstadt: Luchterhand, 1986

Faulde, Joachim: Einführung in das Projekt "Zusammen Lernen". Ansatz - Ziele - Verlauf. In: Faulde, Joachim/Schillo, Johannes (Hrsg.), Schule und außerschulische Bildungsarbeit. Bausteine zur Kooperation in der politischen Bildung, Bad Heilbrunn/Obb.: Klinkhardt, 1993, S. 49-54

Faulde, Joachim/Schillo, Johannes: Zur Pädagogik der außerschulischen politischen Jugendbildung. In: dies. (Hrsg.), Schule und außerschulische Bildungsarbeit. Bausteine zur Kooperation in der politischen Bildung, Bad Heilbrunn/Obb.: Klinkhardt, 1993, S. 41-48

Fauser, Peter: Pädagogische Freiheit in Schule und Recht, (Reihe Pädagogik), Weinheim/Basel: Beltz, 1986

FES (Hrsg.): Akademie der Politischen Bildung. Programm 1994, Bonn, 1993

FES (Hrsg.): Jahresbericht der Friedrich-Ebert-Stiftung 1993, Bonn, 1994a

FES (Hrsg.): Akademie der Politischen Bildung. Programm 1995, Bonn, 1994b

FES (Hrsg.): 70 Jahre Friedrich-Ebert-Stiftung. Dokumentation der Jubiläumsveranstaltung am 8. März 1995 in Bonn, Bonn, 1995

FES (Hrsg.): Jahresbericht der Friedrich-Ebert-Stiftung 1994, Bonn, 1995a

FES (Hrsg.): 70 Jahre für soziale Demokratie, Informationsblatt, Bonn, 1995b

Fischer, Kurt Gerhard: "Viel Lärm um nichts" - oder: Wie ist es um die Politische Bildung bestellt? In: APuZ, Jg. 31, Beilage 44, 1981, S. 25-30

Fischer, Kurt Gerhard: Politikunterricht. In: Sander, Wolfgang (Hrsg.), Politische Bildung in den Fächern der Schule. Beiträge zur politischen Bildung als Unterrichtsprinzip, Stuttgart: Metzler, 1985, S. 34-45

Fischer, Kurt Gerhard (Hrsg.): Zum aktuellen Stand der Theorie und Didaktik der politischen Bildung, 5. Aufl., Stuttgart: Metzler, 1986

Fischer, Kurt Gerhard: Das Exemplarische im Politikunterricht. Beiträge zu einer Theorie politischer Bildung, Schwalbach/Ts.: Wochenschau Verlag, 1993

FNS (Hrsg.): Jahresbericht der Friedrich-Naumann-Stiftung 1991, Königswinter, 1992

FNS (Hrsg.): Jahresbericht der Friedrich-Naumann-Stiftung 1992, Königswinter, 1993

FNS (Hrsg.): Jahresbericht der Friedrich-Naumann-Stiftung 1993, Königswinter, 1994

FNS (Hrsg.): Jahresbericht der Friedrich-Naumann-Stiftung 1994, Königswinter, 1995

FOCUS: Serie: Deutsche Einheit. In: FOCUS, Nr. 39, 25.9.1995, S. 68-76 und Nr. 40, 30.9.1995, S. 68-80

Forschungsgruppe Wahlen: ZDF-Politbarometer. Die Stimmung im Dezember. In: SZ, Nr. 290, 17./18.12.1994, S. 10

Forschungsgruppe Wahlen: ZDF-Politbarometer. Die Stimmung im Februar. In: SZ, Nr. 47, 25./26.2.1995, S. 6

Franke, Kurt (Hrsg. i.A. der Deutschen Vereinigung für politische Bildung): Jugend, Politik und politische Bildung. 2. Bundeskongreß für politische Bildung. Berlin 1984, Opladen: Leske und Budrich, 1985

Franke, Kurt: Werte und Normen im Geschichts- und Sozialkundeunterricht. Die Wertediskussion in der BRD - neue Ansätze nach der Wende in der DDR. In: Franke/Knepper, 1994, S. 184-194

Franke, Kurt/Knepper, Herbert (Hrsg.): Aufbruch zur Demokratie. Politische Bildung in den 90er Jahren. Ziele, Bedingungen, Probleme, Opladen: Leske und Budrich, 1994

Fritzsche, K. Peter/Knepper, Herbert: Die neue Furcht vor der Freiheit. Eine Herausforderung an die politische Bildung. In: APuZ, Jg. 43, Beilage 34, 1993, S. 13-24

Früh, Werner: Inhaltsanalyse. Theorie und Praxis, 3. überarb. Aufl., München: Ölschläger, 1991

Fuchs, Dieter/Klingemann, Hans-Dieter/Schöbel, Carolin: Perspektiven der politischen Kultur im vereinigten Deutschland. Eine empirische Studie. In: APuZ, Jg. 41, Beilage 32, 1991, S. 35-46

Gagel, Walter: Vom Nutzen didaktischer Theorie für den Politik-Unterricht. In: Gegenwartskunde, Jg. 29, Heft 3, 1980, S. 283-293

Gagel, Walter: Einführung in die Didaktik des politischen Unterrichts. Ein Studienbuch, Opladen: Leske und Budrich, 1983

Gagel, Walter: Politisierung der politischen Bildung? Erfahrungen und Perspektiven. In: Cremer/Klein, 1990, S. 383-400

Gagel, Walter: Vereinigung. Ist gemeinsame politische Bildung möglich? In: Gegenwartskunde, Jg. 40, Heft 1, 1991, S. 55-69

Gagel, Walter: Geschichte der politischen Bildung in der alten Bundesrepublik bis 1989. In: Noll/Reuter, 1993, S. 13-35

Gagel, Walter: Geschichte der politischen Bildung in der Bundesrepublik Deutschland 1945-1989, Opladen: Leske und Budrich, 1994a

Gagel, Walter: Drei didaktische Konzeptionen: Giesecke, Hilligen, Schmiederer, 2. überarb. Aufl., Schwalbach/Ts.: Wochenschau Verlag, 1994b

Gauger, Jörg-Dieter: Kurskorrektur. Anstöße zu einer Neuorientierung der Politischen Bildung. In: Gutjahr-Löser, Peter/Knütter, Hans-Helmut (Hrsg.), Der Streit um die politische Bildung. Was man von Staat und Gesellschaft wissen und verstehen sollte, München: Olzog, 1975, S. 279-296

Geiger, Wolfgang: Der unmittelbare Lebens- und Erfahrungsraum des Jugendlichen in der Gesellschaft als Ausgangspunkt politischer Bildungsarbeit. Kann die Schule zur Basis gemeinwesenorientierten politischen und sozialen Lernens werden? In: Franke, 1985, S. 277-290

Geißler, Erich E.: Die Hauptschule. Überholter Restposten der Geschichte oder zukunftsträchtige Institution? In: Verband Bildung und Erziehung (VBE) Landesverband Nordrhein-Westfalen (Hrsg.), Hauptschule. Pädagogische Ziele - politische Entscheidungen, Bochum: Ferdinand Kamp, 1978, S. 63-79

George, Siegfried: Situation, Ziele und Inhaltsfelder der politischen Bildung in der Bundesrepublik Deutschland. Die Sicht der Deutschen Vereinigung für politische Bildung. In: Cremer/Klein, 1990, S. 449-467

George, Uta/Cremer, Will: Zur Situation der politischen Bildung in den neuen Bundesländern. Eine Untersuchung (1992). In: Bundeszentrale für politische Bildung, 1992, S. 523-544

Georg-von-Vollmar-Akademie (Hrsg.): Jahresprogramm der Georg-von-Vollmar-Akademie 1994, Kochel am See, 1993

Georg-von-Vollmar-Akademie (Hrsg.): Jahresprogramm der Georg-von-Vollmar-Akademie 1995, Kochel am See, 1994

Giesecke, Hermann: Wozu noch "Politische Bildung"? Anmerkungen zum 40. Geburtstag einer nach wie vor umstrittenen Bildungsaufgabe. In: Neue Sammlung, Jg. 25, Heft 1, 1985, S. 465-474

Giesecke Hermann: Plädoyer für eine praktische und praktikable politische Didaktik. In: Fischer, 1986, S. 90-98

Giesecke, Hermann: Politische Bildung in der pluralistischen Informationsgesellschaft. In: Hoffmann, 1991, S. 111-116

Giesecke, Hermann: Didaktik der politischen Bildung. In: Breit/Massing, 1992, S. 318-338

Giesecke, Hermann: Politische Bildung. Didaktik und Methodik für Schule und Jugendarbeit, Weinheim/München: Juventa, 1993

Girbig, Ralf-Jürgen: Politische Bildung. Eine neue Aufgabe auf dem Territorium der ehemaligen DDR. Aspekte akademischer Bildung an Hochschulen. In: Claußen, Bernhard/Girbig, Ralf-Jürgen/Hufer, Klaus-Peter (Hrsg.), Entwicklung der Demokratie und Politische Erwachsenenbildung. Für Joachim Oertel zum 65. Geburtstag, Hamburg: Krämer, 1991a, S. 27-37

Girbig, Ralf-Jürgen: Soziale Lebensweisen und politisches Lernen. Aspekte demokratischer Bildungsarbeit in den neuen Bundesländern. In: Wellie, 1991b, S. 69-76

Glaeßner, Gert-Joachim (Hrsg.): Der lange Weg zur Einheit. Studien zum Transformationsprozeß in Ostdeutschland, Berlin: Dietz, 1993

Glaeßner, Gert-Joachim: Vom Kommunismus zur Demokratie? Entwicklungsprobleme in den post-kommunistischen Gesellschaften und die Transformation in den neuen Bundesländern. In: ders. (Hrsg.), Der lange Weg zur Einheit. Studien zum Transformationsprozeß in Ostdeutschland, Berlin: Dietz, 1993a, S. 11-34

Glaeßner, Gert-Joachim: Von den Grenzen der Marktwirtschaft. Politische und ökonomische Probleme des Vereinigungsprozesses. In: ders. (Hrsg.), Der lange Weg zur Einheit. Studien zum Transformationsprozeß in Ostdeutschland, Berlin: Dietz, 1993b, S. 35-66

Glotz, Peter: Die großen Brüche. In: DER SPIEGEL, Jg. 38, Nr. 12, 19.3.1984, S. 127-129

Görlitz, Axel: Politische Sozialisationsforschung. Eine Einführung, Stuttgart u.a.: Kohlhammer, 1977

Grammes, Tilman: Gibt es einen verborgenen Konsens in der Politikdidaktik? In: APuZ, Jg. 36, Beilage 51-52, 1986, S. 15-26

Grammes, Tilman: Unpolitischer Gesellschaftskundeunterricht? Anregungen zur Verknüpfung von Lebenskundeunterricht und Politik, Schwalbach/Ts.: Wochenschau Verlag, 1991

Grammes, Tilman/Zühlke, Ari: Partizipation. Willensbildung im SED-Staat als Gegenstand des politischen Unterrichts. In: Noll/Reuter, 1993, S. 166-185

Grams, Wolfgang: Lerneinheit »Politische Bildung«. In: Borkmann-Norren, Christiane/Grieb, Ina/Raapke, Hans-Dieter (Hrsg.), Handreichungen für die nebenberufliche Qualifizierung (NQ) in der Erwachsenenbildung, Sonderausgabe für die Bundeszentrale für politische Bildung, Bonn, 1994, S. 405-462

Graupner, Heidrun: Jugend mit gefährdeter Zuversicht. In: SZ, Nr. 294, 22.12.1994, S. 4

Greiffenhagen, Martin: Eine Nation - zwei politische Kulturen. Eine Zwischenbilanz. In: Universitas, Jg. 46, Heft 10, 1991, S. 980-988

Greiffenhagen, Martin und Sylvia: Ein schwieriges Vaterland. Zur politischen Kultur im vereinigten Deutschland, München/Leipzig: List, 1993

Greiffenhagen, Martin und Sylvia: Koordinaten politischen Bewußtseins in Deutschland. In: Bayerische Landeszentrale für politische Bildungsarbeit (Hrsg.), Demokratie und Wohlstand, München, 1994, S. 29-46

Griese, Hartmut M.: Verständigung über Perspektiven. Zur Diskussion um die Didaktik politischer Bildung. In: Materialien zur Politischen Bildung, 4. Quartal, 1988, S. 18-25

Groß, Hans Ferdinand: Hanns Seidel 1901-1961. Eine politische Biographie, Diss., Univ. München, Archiv für Christlich-Soziale Politik der Hanns-Seidel-Stiftung, München: Manz, 1992

Grosser, Dieter: Kompendium Didaktik politische Bildung, München: Ehrenwirth, 1977

Grosser, Dieter u.a.: Politische Bildung. Grundlagen und Zielprojektionen für den Unterricht an Schulen. In: Veen, Hans-Joachim/Weilemann, Peter R. (Hrsg.), Politische Bildung in der Demokratie. Grundlagen, Ziele und Folgerungen für die Schule, Melle: Knoth, 1990, S. 65-94

Grüner, Gustav: Die Berufsschule im ausgehenden 20. Jahrhundert. Ein Beitrag zur Berufsbildungspolitik, Bielefeld: Bertelsmann, 1984

Gruschka, Andreas: Kritische Theorie und Pädagogik. Eine Begegnung und ihre Folgen. In: Widersprüche, Jg. 8, Heft 29, 1988, S. 43-62

Günther, Klaus: "Spielregel-Demokratie" im Widerstreit. Politische Bildung auf dem Weg zu mehr Dissensfähigkeit? In: APuZ, Jg. 36, Beilage 51-52, 1986, S. 3-13

Hacker, Hartmut: Lehrplan. In: Haller, Hans-Dieter/Meyer, Hilbert (Hrsg.), Ziele und Inhalte der Erziehung und des Unterrichts, (Enzyklopädie Erziehungswissenschaft; Bd. 3), Stuttgart: Klett-Cotta, 1986, S. 520-524

Hamann, Rudolf: Politische Bildung zwischen Selbstentfaltung und Kolonisierung politischer Kultur. Risiken und Chancen sozialwissenschaftlicher Fort- und Weiterbildung für Lehrkräfte in den neuen Bundesländern. In: Claußen/Wellie, 1995, S. 988-996

Hanusch, Rolf: Gemeinsam Denken lernen. Politische Erwachsenenbildung als Vorreiterin im Prozeß der inneren Einigung, München: Olzog, 1992

Harms, Hermann/Breit, Gotthard: Zur Situation des Unterrichtsfaches Sozialkunde/Politik und der Didaktik des politischen Unterrichts aus der Sicht von Sozialkundelehrerinnen und -lehrern. Eine Bestandsaufnahme des Jahre 1989. In: Breit/Massing, 1992, S. 53-65, (zuerst erschienen unter dem gleichen Titel, in: Bundeszentrale für politische Bildung (Hrsg.), Zur Theorie und Praxis der politischen Bildung, Schriftenreihe Bd. 290, Bonn, 1990, S. 16-21 und S. 140-147)

Harre, Elke: Wahrgenommene Demokratie. Horizonte und Grenzen Politischer Bildung. In: Claußen/Wellie, 1995, S. 591-598

Hartwich, Hans-Hermann: Die 'Herausforderungen' des technisch-wirtschaftlichen Wandels und ihre 'kategoriale Bewältigung' durch Politikwissenschaft und Politische Bildung. In: Claußen/Gagel/Neumann, 1991, S. 91-106

Hättich, Manfred: Politische Bildung oder politische Erziehung? In: Politische Studien, Jg. 41, Heft 312, 1990, S. 439-445

Heitmann, Steffen: Recht und Justiz im geeinten Deutschland. In: Konrad-Adenauer-Stiftung (Hrsg.), Unterwegs zur Einheit, (Aktuelle Fragen der Politik 20), Sankt Augustin, 1994, S. 29-42

Heitmann, Steffen: Sozialethische Konflikte im wiedervereinten Deutschland. Die Erneuerung der Gesellschaft als sittliche und religiöse Aufgabe. In: Zeitwende, Jg. 66, Heft 3, 1995, S. 129-136

Heitmeyer, Wilhelm: Individualisierungsprozesse und Folgen für die politische Sozialisation von Jugendlichen. Ein Zuwachs an politischer Paralysierung und Machiavellismus. In: Schierholz, 1991, S. 65-89

Henkel, Ludwig: Pädagogische Transformation. Ein integrativer Ansatz für die Praxis der politischen Bildung in der Berufsschule. In: ZBW, 87. Bd., Heft 4, 1991, S. 270-291

Henkenborg, Peter: Wie kann die politische Bildung neu denken? Ambivalenzen gestalten. In: Gegenwartskunde, Jg. 44, Heft 2, 1995, S. 167-181

Herzog, Roman: Weltweites Wirken für Demokratie und Rechtsstaatlichkeit. Ansprache des Bundespräsidenten. In: FES (Hrsg.), 70 Jahre Friedrich-Ebert-Stiftung. Dokumentation der Jubiläumsveranstaltung am 8. März 1995 in Bonn, Bonn, 1995, S. 7-10

Hilligen, Wolfgang: Zwischen Emotionalität und Vernünftigkeit. Anmerkungen zu einer (neuen) Kontroverse in der politischen Bildung. In: Claußen, Bernhard/Koch, Gerd (Hrsg.), Lebensraum Schule und historisch-politische Erfahrungswelt. Für Caesar Hagener zum 75. Geburtstag, Frankfurt am Main: Haag und Herchen, 1984, S. 91-102

Hilligen, Wolfgang: Zur Didaktik des politischen Unterrichts. Wissenschaftliche Voraussetzungen - didaktische Konzeptionen - unterrichtspraktische Vorschläge, 4. völlig neubearb. Aufl., Opladen: Leske und Budrich, 1985

Hilligen, Wolfgang: Zu einer Konzeption für den Politischen Unterricht. In: Fischer, 1986, S. 119-138

Hilligen, Wolfgang: Zur Freiheit des Lehrers im politischen Unterricht. In: Gegenwartskunde, Jg. 36, Heft 2, 1987, S. 241-259

Hilligen, Wolfgang: Gewandelte Legitimationsmuster und Perspektiven der politischen Bildung. In: Cremer/Klein, 1990, S. 329-350

Hilligen, Wolfgang: Politische Bildung nach der Vereinigung der beiden deutschen Staaten. In: Wellie, 1991, S. 39-58

Hilligen, Wolfgang: Optionen zur politischen Bildung, neu durchdacht angesichts der Vereinigung Deutschlands. In: Noll/Reuter, 1993, S. 143-165

Hillmann, Karlheinz: Möglichkeiten und Probleme der Herausbildung eines umweltgerechten Verhaltens. In: Weinacht, Paul-Ludwig (Hrsg.), Umwelterziehung und politische Bildung. Beiträge zu einer umweltorientierten politischen Bildung, Würzburg: Ergon, 1990, S. 55-67

Hoffmann, Achim: Demokratie und politische Kultur-Veränderungsprozesse politischer Einstellungen Jugendlicher vor, während und nach der Wende. In: Franke/Knepper, 1994, S. 113-122

Hoffmann, Alexander: Das Profil der neuen Länder. In: Hoffmann, Alexander/Klatt, Hartmut/Reuter, Konrad (Hrsg.), Die neuen deutschen Bundesländer. Eine kleine politische Landeskunde, 4. Aufl., Stuttgart/München/Landsberg: Bonn Aktuell Verlag, 1992, S. 9-68

Hoffmann, Dietrich (Hrsg.): Politische Erziehung in sich wandelnden Gesellschaften. Plädoyers für eine Veränderung der Politischen Bildung, Weinheim: Deutscher Studien Verlag, 1991

Hoffmann, Dietrich: Pädagogische Folgerungen aus den politischen Veränderungen der Gegenwart. In: ders., 1991a, S. 181-198

Hornstein, Walter: Aufwachsen mit Widersprüchen - Jugendsituation und Schule heute. Rahmenbedingungen - Problemkonstellationen - Zukunftsperspektiven, Stuttgart: Klett, 1990

Hornung, Klaus: Weltpolitischer Umbruch und politikdidaktische Konsequenzen. In: Behrmann, Günter C./Schiele, Siegfried (Hrsg.), Verfassungspatriotismus als Ziel politischer Bildung, Schwalbach/Ts.: Wochenschau Verlag, 1993, S. 208-214

Hradil, Stefan: Epochaler Umbruch oder ganz normaler Wandel? Wie weit reichen die neueren Veränderungen der Sozialstruktur in der Bundesrepublik? In: Cremer/Klein, 1990, S. 73-100

Hradil, Stefan: Die Modernisierung des Denkens. Zukunftspotentiale und "Altlasten" in Ostdeutschland. In: APuZ, Jg. 45, Beilage 20, 1995, S. 3-15

HSS (Hrsg.): Jahresbericht der Hanns-Seidel-Stiftung 1990, München, 1991

HSS (Hrsg.): Jahresbericht der Hanns-Seidel-Stiftung 1991, München, 1992a

HSS (Hrsg.): 25 Jahre Hanns-Seidel-Stiftung. 1967-1992. Im Dienste von Demokratie, Frieden und Entwicklung, München: Manz, 1992b

HSS (Hrsg.): Jahresbericht der Hanns-Seidel-Stiftung 1992, München, 1993a

HSS (Hrsg.): Politische Bildung '94. Jahresprogramm, München, 1993b

HSS (Hrsg.): Jahresbericht der Hanns-Seidel-Stiftung 1993, München, 1994a

HSS (Hrsg.): Hanns-Seidel-Stiftung. Im Dienste von Demokratie, Frieden und Entwicklung, München, 1994b

HSS (Hrsg.): Jahresbericht der Hanns-Seidel-Stiftung 1994, München, 1995

Huber, Günter L.: Qualität versus Quantität in der Inhaltsanalyse. In: Bos, Wilfried/Tarnai, Christian (Hrsg.), Angewandte Inhaltsanalyse in Empirischer Pädagogik und Psychologie, Münster/New York: Waxmann, 1989, S. 32-47

Hufer, Klaus-Peter: Politische Erwachsenenbildung. Ihre Geschichte und Entwicklung in der Bundesrepublik. In: APuZ, Jg. 35, Beilage 50, 1985, S. 19-31

Hufer, Klaus-Peter: Vom Subjekt zur Subjektivität. Zur Situation der politischen Erwachsenenbildung. In: Gegenwartskunde, Jg. 38, Heft 2, 1989, S. 219-226

Hufer, Klaus-Peter: Herausforderungen für die politische Erwachsenenbildung. Konsequenzen nach der Einigung, Schwalbach/Ts.: Wochenschau Verlag, 1991

Hufer, Klaus-Peter: Deutsche Einigung und europäische Integration als Gegenstand der politischen Erwachsenenbildung. Eine Auswertung von Programmen nordrhein-westfälischer Volkshochschulen. In: Noll/Reuter, 1993, S. 197-208

Hufer, Klaus-Peter: Fachliche und didaktische Konzepte allein genügen nicht. Zur Notwendigkeit einer bildungspolitischen Offensive für den Erhalt und den Ausbau Politischer Erwachsenenbildung in Deutschland. In: Claußen/Wellie, 1995, S. 997-1010

Ingler, Norbert: Politische Wertediskussion im Schülerinteresse. Perspektiven der Besprechung des Themas "Deutsche Einheit" im politischen Unterricht und Materialien für den Unterricht. In: Politische Bildung, Jg. 25, Heft 1, 1992, S. 81-112

Institut der Deutschen Wirtschaft (Hrsg.): Zahlen zur wirtschaftlichen Entwicklung der Bundesrepublik Deutschland, Köln: Deutscher Instituts-Verlag, 1993

Institut der Deutschen Wirtschaft (Hrsg.): Zahlen zur wirtschaftlichen Entwicklung der Bundesrepublik Deutschland, Köln: Deutscher Instituts-Verlag, 1995

Jonas, Hans: Das Prinzip Verantwortung. Versuch einer Ethik für die technologische Zivilisation, Frankfurt am Main: Suhrkamp, 1984

Jung, Matthias: Ökonomische Situation und Stabilität der Demokratie. Anmerkungen aus der Perspektive der Meinungsforschung. In: Bayerische Landeszentrale für politische Bildungsarbeit (Hrsg.), Demokratie und Wohlstand, München, 1994, S. 11-28

Kaase, Max: Innere Einheit. In: Weidenfeld, Werner/Korte, Karl-Rudolf (Hrsg.), Handbuch zur deutschen Einheit, Bundeszentrale für Politische Bildung, Bonn, 1993, S. 372-383

Kade, Sylvia: Deutungsblockaden. Verständnisbarrieren im innerdeutschen Dialog. In: Nuissl, Ekkehard u.a., Verunsicherung in der politischen Bildung, (Theorie und Praxis der Erwachsenenbildung), Bad Heilbrunn/Obb.: Klinkhardt, 1992, S. 129-155

KAS (Hrsg.): Jahresbericht der Konrad-Adenauer-Stiftung 1992, Sankt Augustin, 1993

KAS (Hrsg.): Konrad-Adenauer-Stiftung. Für Freiheit und Gerechtigkeit, Sankt Augustin, 1994a

KAS (Hrsg.): Programm 1'95 der Konrad-Adenauer-Stiftung im Bildungszentrum Schloß Eichholz, Wesseling, 1994b

KAS (Hrsg.): Jahresbericht der Konrad-Adenauer-Stiftung 1994, Sankt Augustin, 1995

Kaune, Beate: Politische Bildung im vereinigten Deutschland. Zur Problematik ihrer Legitimation. In: Claußen/Wellie, 1995, S. 528-536

Kempski, Hans Ulrich: Der Kanzler kämpft mit aller Kraft. In: SZ, Nr. 236, 13.10.1994, S. 3

Kessler, Edeltraud/Krätschmar, Christine: Schulische und außerschulische politische Bildung im Umbruch. In: Hoffmann, 1991, S. 199-216

Keupp, Heiner: Phantasma "Deutsche Identität". Wie prägt die neue Einheit das Bewußtsein der Menschen? In: SZ, Nr. 259, 10.11.1994, S. 14

KHS (Hrsg.): Veranstaltungen im 1. Halbjahr 1993, Potsdam, 1992

KHS (Hrsg.): Informationsbroschüre zur Karl-Hamann-Stiftung für liberale Politik im Land Brandenburg, Potsdam

Klafki, Wolfgang: Die Bedeutung der klassischen Bildungstheorien für ein zeitgemäßes Konzept allgemeiner Bildung. In: Zeitschrift für Pädagogik, Jg. 32, Heft 4, 1986, S. 455-476

Klafki, Wolfgang: Über den Anspruch auf Gleichheit der Bildung für die Menschen. Leitlinien der Gesamtschulpädagogik. In: Haft, Henning u.a. (Hrsg.), Gesamtschule. Geschichte, Konzeption, Praxis, Kiel, 1989, S. 81-102

Klafki, Wolfgang: Allgemeinbildung für eine humane, fundamental-demokratisch gestaltete Gesellschaft. In: Cremer/Klein, 1990, S. 297-310

Klafki, Wolfgang: Grundzüge eines neuen Allgemeinbildungskonzepts. Im Zentrum: epochaltypische Schlüsselprobleme. In: ders., Neue Studien zur Bildungstheorie und Didaktik. Zeitgemäße Allgemeinbildung und kritisch-konstruktive Didaktik, 4. durchgesehene Aufl., Weinheim/Basel: Beltz, 1994a, S. 43-81

Klafki, Wolfgang: Grundlinien kritisch-konstruktiver Didaktik. In: ders., Neue Studien zur Bildungstheorie und Didaktik. Zeitgemäße Allgemeinbildung und kritisch-konstruktive Didaktik, 4. durchgesehene Aufl., Weinheim/Basel: Beltz, 1994b, S. 83-138

Klafki, Wolfgang: Grundlinien einer neuen Allgemeinbildungskonzeption. 12 Thesen von Wolfgang Klafki. In: das baugerüst, Jg. 46, Heft 1, 1994c, S. 29-32

Klemm, Klaus/Böttcher, Wolfgang/Weegen, Michael: Bildungsplanung in den neuen Bundesländern. Entwicklungstrends, Perspektiven und Vergleiche, (Veröffentlichung der Max-Traeger-Stiftung), Weinheim/München: Juventa, 1992

Klüver, Reymer: Zehn Verpflichtungen, die keine sind. Armut und sozialer Zerfall. Die Welt hat Probleme und plaudert unverbindlich darüber. In: SZ, Nr. 47, 25./26.2.1995, S. 10

Knoll, Joachim H.: Politische Bildung in Deutschland. Historische Irritationen, gegenwärtige Befunde und Tendenzen. In: liberal, Jg. 36, Heft 2, 1994, S. 40-47

Koch, Gerd: Entdeckungen im nahen Lebensbereich. In: Claußen, Bernhard/Koch, Gerd (Hrsg.), Lebensraum Schule und historisch-politische Erfahrungswelt. Für Caesar Hagener zum 75. Geburtstag, Frankfurt am Main, Haag und Herchen, 1984, S. 121-136

König, Eckard/Zedler, Peter: Einführung in die Wissenschaftstheorie der Erziehungswissenschaft, Düsseldorf: Schwann-Bagel, 1983

Korger, Dieter: Einigungsprozeß. In: Weidenfeld, Werner/Korte, Karl-Rudolf (Hrsg.), Handbuch zur deutschen Einheit, Bundeszentrale für Politische Bildung, Bonn, 1993, S. 241-252

Korte, Karl-Rudolf: Die Folgen der Einheit. Zur politisch-kulturellen Lage der Nation. In: APuZ, Jg. 40, Beilage 27, 1990, S. 29-37

Korte, Karl-Rudolf: Legenden und Wahrheiten über die deutsche Einheit. In: Konrad-Adenauer-Stiftung (Hrsg.), Der Weg zur deutschen Einheit, (Aktuelle Fragen der Politik 12), Sankt Augustin, 1994a, S. 43-58

Korte, Karl-Rudolf: Die Chance genutzt? Die Politik zur Einheit Deutschlands, unter Mitarbeit von Jürgen Gros und Thomas Lillig, Frankfurt am Main/New York: Campus, 1994b

Kraft, Lothar: Probleme anpacken. Herausforderungen meistern. In: KAS (Hrsg.), Jahresbericht der Konrad-Adenauer-Stiftung 1992, Sankt Augustin, 1993, S. 6-7

Kraft, Lothar: Freiheit und Gerechtigkeit. In: KAS (Hrsg.), Jahresbericht der Konrad-Adenauer-Stiftung 1994, Sankt Augustin, 1995, S. 6

Kruber, Klaus Peter: Unterricht und Lehrerausbildung im Fach Wirtschaft/Politik in Schleswig-Holstein. In: Rothe, 1989, S. 277-292

Kuhn, Hans-Werner/Massing, Peter: Politische Bildung seit 1945. Konzeptionen, Kontroversen, Perspektiven. In: APuZ, Jg. 40, Beilage 52-53, 1990, S. 28-40

Kuhn, Hans-Werner/Massing, Peter/Skuhr, Werner (Hrsg.): Politische Bildung in Deutschland. Entwicklung - Stand - Perspektiven, 2. überarb. und erw. Aufl., Opladen: Leske und Budrich, 1993

Kuhn, Hans-Werner/Moritz, Petra/Kendschek, Hardo: Fachdidaktische Grundfragen. In: Bundeszentrale für politische Bildung, 1992, S. 304-333

Kühr, Herbert: Politische Didaktik, (Basisbücher Sozialwissenschaften; Bd. 1), Königstein/Ts.: Athenäum, 1980

Lange, Elmar: Soziologie des Erziehungswesens. Eine Einführung, (Studienskripten zur Soziologie), Stuttgart: Teubner, 1986

Lange, Gunter: Berufsschulen. Dem Dualen System gehen die Lehrer aus. Mehr Allgemeinbildung gefordert. In: SZ, Nr. 179, 5./6.8.1995, S. V1/13

Länge, Theo: Zwischen Ohnmacht und Aufbruch. Eine Zustandsbeschreibung politischer Bildungsarbeit (außerhalb der Schule) in der Bundesrepublik. In: Schierholz, Henning (Hrsg.), Politische Bildungsarbeit zwischen Ohnmacht und Aufbruch. Ihr Beitrag zur Überwindung der Konsumentendemokratie. Dokumentation einer Tagung der evangelischen Akademie Loccum, Rehburg, 1990, S. 10-18

Langguth, Gerd: Politische Stiftungen und politische Bildung in Deutschland. In: APuZ, Jg. 43, Beilage 34, 1993, S. 38-47

Langguth, Gerd: Antworten auf Zukunftsfragen. In: KAS (Hrsg.), Jahresbericht der Konrad-Adenauer-Stiftung 1994, Sankt Augustin, 1995, S. 4-5

Lödige, Hartwig: Die Didaktik der politischen Bildung. Eine Wissenschaft ohne Gegenstand? In: APuZ, Jg. 35, Beilage 50, 1985, S. 3-18

Lüdkemeier, Bernd/Siegel, Michael: Zur Situation der politischen Bildung in den neuen Bundesländern. In: APuZ, Jg. 42, Beilage 25-26, 1992, S. 32-38

Maaz, Hans-Joachim: Der Gefühlsstau. Ein Psychogramm der DDR, Berlin: Argon, 1990

Magenheim, Johann Stephan/Tietze, Uwe/Windisch, Matthias: Bedingungen politischer und beruflicher Sozialisation von jugendlichen Erwerbstätigen. Empirische Untersuchung zur Interdependenz von Sozialisationsfaktoren, Gemeinschaftsdissertation, Univ./Gesamthochschule Kassel, Weinheim/Basel: Beltz, 1981

Merten, Klaus: Inhaltsanalyse. Eine Einführung in Theorie, Methode und Praxis, Opladen: Westdeutscher Verlag, 1983

Merten, Roland: Junge Familien in den neuen Bundesländern. Die vergessenen Verlierer im Prozeß der Deutschen Vereinigung. In: Sozialer Fortschritt, Jg. 42, Heft 12, 1993, S. 295-302; Fortsetzung in: Sozialer Fortschritt, Jg. 43, Heft 1, 1994, S. 18-19

Meulemann, Heiner: Aufholtendenzen und Systemeffekte. Eine Übersicht über Wertunterschiede zwischen West- und Ostdeutschland. In: APuZ, Jg. 45, Beilage 40-41, 1995, S. 21-33

Meyer, Hilbert: Unterrichtsinhalt. In: Haller, Hans-Dieter/Meyer, Hilbert (Hrsg.), Ziele und Inhalte der Erziehung und des Unterrichts, (Enzyklopädie Erziehungswissenschaft; Bd. 3), Stuttgart: Klett-Cotta, 1986, S. 632-640

Meyer, Thomas: Die Gleichzeitigkeit des Ungleichzeitigen. Politische Bildung im vereinigten Deutschland. In: APuZ, Jg. 41, Beilage 37-38, 1991, S. 9-17

Mickel, Wolfgang W.: Lehrpläne und politische Bildung. Ein Beitrag zur Curriculumforschung und Didaktik, (Schule in Staat und Gesellschaft), Berlin/Neuwied: Luchterhand, 1971

Mickel, Wolfgang W.: Methodik des politischen Unterrichts. (Gemeinschafts-, Sozial- und Politische Weltkunde, Gesellschaftslehre), Frankfurt am Main: Hirschgraben, 1974

Mickel, Wolfgang W.: Das Schulbuch im Widerstreit zwischen didaktischem Anspruch und Interessenpolitik. In: Fischer, 1986, S. 171-187

Mickel, Wolfgang W.: Politische Bildung. In: Nohlen, Dieter/Schultze, Rainer-Olaf (Hrsg.), Politikwissenschaft. Theorien - Methoden - Begriffe, (Pipers Wörterbuch zur Politik; Bd. 1, hrsg. von Dieter Nohlen), München: Piper, 1989a, S. 730-732

Mickel, Wolfgang W.: Unterricht und Lehrerausbildung im Fach Gemeinschaftskunde in Baden-Württemberg. In: Rothe, 1989b, S. 21-46

Mickel, Wolfgang W.: Lernfeld Europa. Didaktische Grundlagen zur europäischen Erziehung, 2. Aufl., Opladen: Leske und Budrich, 1993

Miegel, Meinhard: Der Preis der Gleichheit. Wirtschaftliche und gesellschaftliche Perspektiven Deutschlands in den 90er Jahren. In: Blätter f. d. u. intern. Politik, Jg. 37, Heft 6, 1992, S. 675-686

Mingerzahn, Frauke: Kontroverse § 218. Die Auseinandersetzung um die Neuregelung des § 218. In: Bundeszentrale für politische Bildung, 1992, S. 490-520

Misselwitz, Hans: Politische Bildung in den neuen Ländern. In Verantwortung für die Demokratie in ganz Deutschland. In: APuZ, Jg. 41, Beilage 37-38, 1991, S. 3-8

Mohler, Peter Ph.: Auf dem Weg zur stabilen gesamtdeutschen Demokratie? Soziologische Betrachtungen zum Prozeß der deutschen Einheit. In: APuZ, Jg. 42, Beilage 41, 1992, S. 37-45

Moritz, Petra: Elbwasser macht schlank. Eine Unterrichtsanalyse am Beispiel der Elbe. In: Bundeszentrale für politische Bildung, 1992, S. 454-489

Müller, Gabriele: Die Inhaltsanalyse. In: Gegenwartskunde, Jg. 33, Heft 4, 1984, S. 457-469

Neumann, Franz: Schriftenverzeichnis von Wolfgang Hilligen. In: Claußen/Gagel/Neumann, 1991, S. 389-397

Nicklas, Hans: Frieden in der Weltgesellschaft? Der schwierige Weg zur Eindämmung der Gewalt. In: Claußen/Gagel/Neumann, 1991, S. 31-48

Nitzschke, Volker: Unterricht, Lehrerausbildung und Fachdidaktik der Sozialkunde in Hessen. In: Rothe, 1989, S. 155-170

Noll, Adolf: Politisches Lernen im sozio-ökologischen Kontext. Dargestellt am Beispiel einer stadtteilorientierten Initiative von Schülern und Jugendlichen. In: Franke, 1985, S. 291-300

Noll, Adolf: Stellungnahme zu dem Beitrag "Politische Didaktik: Selbstaufgabe oder Neubesinnung" von Walter Gagel in Gegenwartskunde 3/86. In: Gegenwartskunde, Jg. 36, Heft 1, 1987, S. 87-88

Noll, Adolf: Die Ambivalenz der zweiten Mediatisierung. Nation und nationale Identität. In: Noll/Reuter, 1993, S. 106-121

Noll, Adolf/Reuter, Lutz (Hrsg.): Politische Bildung im vereinten Deutschland. Geschichte, Konzeptionen, Perspektiven. Beiträge aus der Sektion Politische Wissenschaft und Politische Bildung der Deutschen Vereinigung für Politische Wissenschaft, Opladen: Leske und Budrich, 1993

Nuissl, Ekkehard u.a.: Politische Bildung im Spannungsfeld von Anspruch und Wirklichkeit (Diskussion und Einzel-Stellungnahmen). In: Nuissl, Ekkehard u.a., Verunsicherung in der politischen Bildung, (Theorie und Praxis der Erwachsenenbildung), Bad Heilbrunn/Obb.: Klinkhardt, 1992, S. 13-77

Oberreuter, Heinrich: Wandlungen der Demokratie. In: Bayerische Landeszentrale für politische Bildungsarbeit (Hrsg.), Demokratie und Wohlstand, München, 1994, S. 47-66

Oelkers, Jürgen: Wie lernt ein Bildungssystem? In: Die Deutsche Schule, Jg. 87, Heft 1, 1995, S. 4-20

Oser, Fritz/Althof, Wolfgang: Moralische Selbstbestimmung. Modelle der Entwicklung und Erziehung im Wertebereich. Ein Lehrbuch, Stuttgart: Klett-Cotta, 1992

Otten, Dieter: Demoskopische und Wahlsoziologische Anmerkungen zur Frage: Ist mit der Jugend noch Staat zu machen? In: Schierholz, 1991, S. 36-53

Pabst, Siegfried: Friedrich-Naumann-Stiftung, (Ämter und Organisationen der Bundesrepublik Deutschland; Bd. 63), Düsseldorf: Droste, 1982

Perthes, Volker: Die Fiktion des Fundamentalismus. Von der Normalität islamischer Bewegungen. In: Blätter f. d. u. intern. Politik, Jg. 38, Nr. 2, 1993, S. 188-200

Pirkl, Fritz: Hanns-Seidel-Stiftung. 25 Jahre im Dienste von Demokratie, Frieden und Entwicklung. In: HSS (Hrsg.), 25 Jahre Hanns-Seidel-Stiftung. 1967-1992. Im Dienste von Demokratie, Frieden und Entwicklung, München: Manz, 1992a, S. 10-15

Pirkl, Fritz: Vorwort. In: Groß, Hans Ferdinand, Hanns Seidel 1901-1961. Eine politische Biographie, Diss., Univ. München, Archiv für Christlich-Soziale Politik der Hanns-Seidel-Stiftung, München: Manz, 1992b, S. 9-10

Plößl, Walter: Die Leitgedanken. In: Mahler, Gerhart/Selzle, Erich (Hrsg.), Lehrpläne für die Hauptschule in Bayern mit Erläuterungen und Handreichungen. Ein Hand- und Studienbuch für die Hauptschule, Bd. 1, Donauwörth: Auer, 1986, S. 25-42

Popper, Karl Raimund: Freiheit und intellektuelle Verantwortung (1989). In: ders., Alles Leben ist Problemlösen. Über Erkenntnis, Geschichte und Politik, München: Piper, 1994a, S. 239-254

Popper, Karl Raimund: Alles Leben ist Problemlösen (1991). In: ders., Alles Leben ist Problemlösen. Über Erkenntnis, Geschichte und Politik. München: Piper, 1994b, S. 255-263

Prittwitz, Volker von: Politikanalyse, UTB für Wissenschaft 1707, Opladen: Leske und Budrich, 1994

Rausch, Heinz: Macht und Herrschaft in der DDR. In: Akademie für Politische Bildung (Tutzing)/Akademie für Lehrerfortbildung (Dillingen) (Hrsg.), Konflikt und Integration III. DDR - Bundesrepublik Deutschland. Beiträge zu einer vergleichenden Analyse ihrer politischen Systeme, (Akademiebeiträge zur Lehrerbildung; Bd. 3), München: Olzog, 1980, S. 15-39

Rauscher, Katharina: Die Hauptschule in Bayern. In: Mahler, Gerhart/Selzle, Erich (Hrsg.), Lehrpläne für die Hauptschule in Bayern mit Erläuterungen und Handreichungen. Ein Hand- und Studienbuch für die Hauptschule, Bd. 1, Donauwörth: Auer, 1986, S. 13-24

Rebel, Karlheinz: Neue Medien als Sozialisatoren. Hat der Politikunterricht in der Konkurrenz mit ihnen eine Chance? In: Claußen/Gagel/Neumann, 1991, S. 283-298

Reinhardt, Sibylle: Kontroverses Denken, Überwältigungsverbot und Lehrerrolle. In: Gagel, Walter/Menne, Dieter (Hrsg.), Politikunterricht. Handbuch zu den Richtlinien Nordrhein-Westfalens, Opladen: Leske und Budrich, 1988, S. 65-73

Reinhardt, Sibylle: Die Profession des Politiklehrers. In: Gegenwartskunde, Jg. 44, Heft 1, 1995, S. 45-57

Reißig, Rolf: Ostdeutscher Transformationsprozeß. Bedingungen - Konflikte - Perspektiven. In: Glaeßner, Gert-Joachim (Hrsg.), Der lange Weg zur Einheit. Studien zum Transformationsprozeß in Ostdeutschland, Berlin: Dietz, 1993, S. 311-343

Reuter, Jürgen: Politische Bildung in der DDR. Zur Bildungs- und Schulungsarbeit "gesellschaftlicher Organisationen". In: Materialien zur Politischen Bildung, 4. Quartal, 1988, S. 84-91

Richter, Horst-Eberhard: Zur Sache Deutschland. In: Psychosozial, Jg. 18, Heft 1 (Nr.59), 1995, S. 21-30

Richter, Uwe: Universitäre fachdidaktische Lehrerausbildung unter den Bedingungen der Zweiphasigkeit. Das Beispiel Sozialkunde. In: Rathenow, Hanns-Fred/Richter, Uwe (Hrsg.), Politische Bildung im Wandel. Festschrift für Wolfgang Northemann anläßlich seiner Emeritierung im Frühjahr 1993, Opladen: Leske und Budrich, 1993, S. 157-168

Rohlfing, Gerd: Geschichte in Beruflichen Schulen. Historisierung des Politikunterrichts oder Integration von historischer und politischer Bildung? In: ZBW, 82. Bd., Heft 5, 1986, S. 438-450

Röhrig, Paul: Politische Bildung. Herkunft und Aufgabe, Stuttgart: Klett, 1964

Roloff, Ernst-August: Politische Bildung und Erziehung am Scheideweg. In: Hoffmann, 1991, S. 97-110

Ronge, Volker: Die anderen Deutschen aus der DDR als Adressaten politischer Bildung. In: Materialien zur Politischen Bildung, 1. Quartal, 1990, S. 5-9

Roth, Jürgen: Lehrer und Schüler. Interaktion und Kommunikation in der Schule, (Studienreihe Schulpädagogik; Bd. 2), München: Kösel, 1980

Rothe, Klaus: Didaktik der Politischen Bildung, hrsg. von der Niedersächsischen Landeszentrale für politische Bildung, Hannover, 1981

Rothe, Klaus (Hrsg.): Unterricht und Didaktik der politischen Bildung in der Bundesrepublik. Aktueller Stand und Perspektiven, Opladen: Leske und Budrich, 1989

Rothe, Klaus: Sozialkunde und politische Bildung in Schulen und Unterricht in der Bundesrepublik Deutschland. In: ders., 1989a, S. 7-20

Rothe, Klaus: Unterricht, Lehrerbildung und Didaktik der Sozialkunde in Bayern. In: ders., 1989b, S. 47-74

Rothe, Klaus: Schüler und Politik. Eine vergleichende Untersuchung bayerischer und hessischer Gymnasialschüler, Opladen: Leske und Budrich, 1993

Rudolph, Hermann: Die Deutsche Einheit als Aufgabe. In: liberal, Jg. 35, Heft 4, 1993, S. 126-130

Rudolph, Irmhild: Vielfalt statt Einheitlichkeit. Zur Umgestaltung des Bildungssystems in den östlichen Bundesländern. In: Glaeßner, Gert-Joachim (Hrsg.), Der lange Weg zur Einheit. Studien zum Transformationsprozeß in Ostdeutschland, Berlin: Dietz, 1993, S. 275-310

Rushdie, Salman: Islamische Hexenjagd. Opfer des Terrors nicht verschweigen. Aus dem Englischen übersetzt von Johannes Willms. In: SZ, Nr. 158, 1993, S. 9

Rust, Holger: Inhaltsanalyse, München: Urban & Schwarzenberg, 1983

Rustemeyer, Ruth: Praktisch-methodische Schritte der Inhaltsanalyse. Eine Einführung am Beispiel der Analyse von Interviewtexten, Münster: Aschendorff, 1992

Rüther, Günther: Politische Bildung und Kultur im vereinigten Deutschland. In: APuZ, Jg. 43, Beilage 34, 1993, S. 3-12

Saldern, Matthias von: Kommunikationstheoretische Grundlagen der Inhaltsanalyse. In: Bos, Wilfried/Tarnai, Christian (Hrsg.), Angewandte Inhaltsanalyse in Empirischer Pädagogik und Psychologie, Münster/New York: Waxmann, 1989, S. 14-31

Sander, Wolfgang: Politische Bildung in der Schule. In: Die Neue Gesellschaft, Jg. 29, Heft 4, 1982, S. 378-382

Sander, Wolfgang: Politische Bildung als Fach und Prinzip. Aspekte und Probleme politischer Bildung im fächerübergreifenden Zusammenhang. In: ders. (Hrsg.), Politische Bildung in den Fächern der Schule. Beiträge zur politischen Bildung als Unterrichtsprinzip, Stuttgart: Metzler, 1985, S. 7-33

Sander, Wolfgang: Zur Geschichte und Theorie der politischen Bildung. Allgemeinbildung und fächerübergreifendes Lernen in der Schule, Habil.-Schrift, Univ. Gießen, Marburg: SP, 1989

Sander, Wolfgang: Politikdidaktik in der Bundesrepublik Deutschland. Eine Einführung in ihre geschichtliche Entwicklung, 2. unveränd. Aufl., Schwalbach/Ts.: Wochenschau Verlag, 1992

Sander, Wolfgang: Jenseits des Verfassungspatriotismus? Politische Bildung in der Europäischen Union. In: Behrmann, Günter C./Schiele, Siegfried (Hrsg.), Verfassungspatriotismus als Ziel politischer Bildung?, Schwalbach/Ts.: Wochenschau Verlag, 1993, S. 164-180

Sandfuchs, Uwe: Unterrichtsinhalte auswählen und anordnen. Vom Lehrplan zur Unterrichtsplanung, (Erziehen und Unterrichten in der Schule), Bad Heilbrunn/Obb.: Klinkhardt, 1987

Sarcinelli, Ulrich: Politikvermittlung als eine Herausforderung für Politikwissenschaft und politische Bildung. In: Materialien zur Politischen Bildung, 1. Quartal, 1988, S. 11-20

Sarcinelli, Ulrich: Krise des politischen Vermittlungssystems? Parteien, neue soziale Bewegungen und Massenmedien in der Kritik. In: Cremer/Klein, 1990, S. 149-168

Sarcinelli, Ulrich: Symbolische Politik und mediale Politikvermittlung. In: Schmitz, Hermann-Josef/Frech, Siegfried (Hrsg.), Politik populär machen. Politische Bildung durch Massenmedien. Hohenheimer Medientage 1992, Akademie der Diözese Rottenburg-Stuttgart, Stuttgart, 1993, S. 79-94

Schepp, Heinz-Hermann: Ideologie und Pädagogik. Bemerkungen über eine bis heute aktuelle Problematik. In: Hoffmann, 1991, S. 149-160

Schiele, Siegfried: Politische Bildung in Richtung auf das Jahr 2000. In: APuZ, Jg. 41, Beilage 37-38, 1991a, S. 19-26

Schiele, Siegfried: Die Herausforderungen und die junge Generation. Problembewußtsein und Einstellungen der Jugendlichen und Folgerungen für das politische Lernen. In: Claußen/Gagel/Neumann, 1991b, S. 267-282

Schiele, Siegfried: Politische Bildung in der Mediengesellschaft. In: Schmitz, Hermann-Josef/Frech, Siegfried (Hrsg.), Politik populär machen. Politische Bildung durch Massenmedien. Hohenheimer Medientage 1992, Akademie der Diözese Rottenburg-Stuttgart, Stuttgart, 1993, S. 95-105

Schierholz, Henning (Hrsg.): Ist mit der Jugend kein Staat zu machen? Politische Beteiligung junger Leute in Parteien und gesellschaftlichen Organisationen. Dokumentation einer Tagung der evangelischen Akademie Loccum vom 17. bis 19. Oktober 1990, Rehburg, 1991

Schierholz, Henning: Eine Einleitung. In: ders., 1991a, S. 5-6

Schillo, Johannes: Warum Kooperation? Aktuelle Entwicklungen in Schule, Jugendarbeit und Gesellschaft. In: Faulde, Joachim/Schillo, Johannes (Hrsg.), Schule und außerschulische Bildungsarbeit. Bausteine zur Kooperation in der politischen Bildung, Bad Heilbrunn/Obb.: Klinkhardt, 1993a, S. 9-39

Schillo, Johannes: Bisherige Praxismodelle. Eine kommentierte Literaturauswahl. In: Faulde, Joachim/Schillo, Johannes (Hrsg.), Schule und außerschulische Bildungsarbeit. Bausteine zur Kooperation in der politischen Bildung, Bad Heilbrunn/Obb.: Klinkhardt, 1993b, S. 175-185

Schirrmacher, Frank: Wir und die Einheit. In: Die politische Meinung, Jg. 40, Heft 10, 1995, S. 55-63

Schlecht, Otto: Fünf Jahre nach dem Fall der Mauer. Erfahrungen, Lehren und Perspektiven auf dem Weg der neuen Bundesländer in die Soziale Marktwirtschaft. In: liberal, Jg. 37, Heft 1, 1995, S. 16-21

Schluchter, Wolfgang: Die Hochschulen in Ostdeutschland vor und nach der Einigung. In: APuZ, Jg. 44, Beilage 25, 1994, S. 12-22

Schmid, Josef: Die wachsende Weltbevölkerung. Ursachen, Folgen, Bewältigungen. In: APuZ, Jg. 44, Beilage 35-36, 1994, S. 11-20

Schmiederer, Rolf: Politische Bildung als Unterrichtsprinzip aller Fächer. In: Ulshöfer, Robert/Götz, Theo (Hrsg.), Politische Bildung - ein Auftrag aller Fächer. Ein neues fächerübergreifendes Gesamtkonzept für die gesellschaftspolitische Erziehung, Freiburg: Herder, 1975, S. 44-58

Schmiederer, Rolf: Politische Bildung im Interesse der Schüler, Frankfurt am Main: Europäische Verlagsanstalt, 1977

Schmiederer, Rolf: Konzeption und Elemente eines kritischen und schülerzentrierten politischen Unterrichts. In: Fischer, 1986, S. 222-226

Schmidt-Sinns, Dieter: Die Politische Bildung im Bundestag. Debatten und Anhörungen im Spannungsfeld von Staat und Gesellschaft, Politik und Didaktik. In: Claußen/Gagel/Neumann, 1991, S. 369-385

Schmitt, Gisela: Politische Bildung in Kindheit, Jugend und Erwachsenenalter. Thesen zur Korrektur der Politischen Didaktik. In: Gutjahr-Löser, Peter/Knütter, Hans-Helmut (Hrsg.), Der Streit um die politische Bildung. Was man von Staat und Gesellschaft wissen und verstehen sollte, München: Olzog, 1975, S. 297-319

Schmitz, Michael: Wendestress. Die psychosozialen Kosten der deutschen Einheit, Berlin: Rowohlt, 1995

Schnell, Rainer/Hill, Paul B./Esser, Elke: Methoden der empirischen Sozialforschung, 2. überarb. und erw. Aufl., München: Oldenburg, 1989

Schörken, Rolf: Symbol und Ritual statt politische Bildung? In: Gegenwartskunde, Jg. 36, Heft 3, 1987, S. 289-297

Schörken, Rolf: Zur Ausgangslage der politischen Bildung in den neuen Bundesländern. In: APuZ, Jg. 41, Beilage 9, 1991, S. 37-45

Schorlemmer, Friedrich: Versöhnung heißt nicht «Schwamm drüber!». In: Dönhoff, Marion Gräfin u.a., Ein Manifest II. Weil das Land Versöhnung braucht, Reinbek: Rowohlt, 1993, S. 50-64

Schröder, Dieter: Vorwort. Kann die Spezies Mensch überleben? In: Klüver, Reymer (Hrsg.), Zeitbombe Mensch. Überbevölkerung und Überlebenschance, München: Deutscher Taschenbuchverlag, 1993, S. 7-12

Schröder, Richard: Die Hoffnung auf Freiheit - Erwartung und Realität. In: Grundlagen der freiheitlichen Ordnung, Sonderdruck aus Bd. 32 der Veröffentlichungen der Walter-Raymond-Stiftung, Köln: Wirtschaftsverlag, 1992, S. 3-16

Schulze, Theodor: Schule im Widerspruch. Erfahrungen, Theorien, Perspektiven, (Studienreihe Schulpädagogigk; Bd. 1), München: Kösel, 1980

Schwarze, Thomas: Zur Situation der Politischen Bildung im vereinigten Deutschland. In: Wellie, 1991, S. 93-106

Seiring, Kerstin: Ostdeutsche Jugendliche fünf Jahre nach der Wiedervereinigung. In: APuZ, Jg. 45, Beilage 20, 1995, S. 43-55

Siebert, Horst: Lerninteressen und Lernprozesse in der politischen Erwachsenenbildung. In: Cremer/Klein, 1990, S. 431-448

Simon, Annette: Versuch, mir und anderen die ostdeutsche Moral zu erklären, Gießen: Psychosozial-Verlag, 1995

Simon, Werner: Politische Bildung durch Parteien? Eine Untersuchung zur politischen Bildungsaufgabe der politischen Parteien in der Bundesrepublik Deutschland, (Studien zur Politikdidaktik; Bd. 32), Frankfurt am Main: Haag und Herchen, 1985a

Simon, Werner: Politische Bildung durch Parteien? Zur Problematik einer umstrittenen Parteiaufgabe. In: APuZ, Jg. 35, Beilage 50, 1985b, S. 32-47

Sommer, Theo: Nichts Halbes und nichts Ganzes. In: ZEIT-Punkte, Nr. 5, 1995, S. 5

Sontheimer, Kurt: Grundzüge des politischen Systems der neuen Bundesrepublik Deutschland, 15. völlig überarbeitete Ausgabe, München: Piper, 1993

SPIEGEL-Umfrage: Die politische Situation im Oktober. In: DER SPIEGEL, Jg. 44, Nr. 44, 29.10.1990, S. 40-50

SPIEGEL-Umfrage: West-Deutsche und Ost-Deutsche im Vergleich. In: DER SPIEGEL, Jg. 44, Nr. 46, 12.11.1990, S. 114-128 und Nr. 47, 19.11.1990, S. 113-127

Spittmann, Ilse: Fünf Jahre danach. Wieviel Einheit brauchen wir? In: APuZ, Jg. 45, Beilage 38, 1995, S. 3-8

SRG (1. SRG): Erstes Schulreformgesetz für das Land Brandenburg (Vorschaltgesetz für das Landesschulgesetz), zuletzt geändert durch Gesetz vom 13. Juli 1994 (GVBl. I S. 384), (kostenlose Veröffentlichung des Ministeriums für Bildung, Jugend und Sport des Landes Brandenburg), 1994

Staudte-Lauber, Annalena: Friedrich-Ebert-Stiftung. In: dies., Stichwort SPD, München: Wilhelm Heyne, 1993a, S. 73-75

Staudte-Lauber, Annalena: Konrad-Adenauer-Stiftung. In: dies., Stichwort CDU, München: Wilhelm Heyne, 1993b, S. 69-72

Stephan, Rainer: Die Allmacht der Schulbehörden. In: SZ, Nr. 212, 14.9.1995a, S. 4

Stephan, Rainer: Schlechte Zeiten für Kultusbürokraten. Alles oder nichts - wie wir die Schule ändern müssen. In: SZ, Nr. 237, 14./15.10.1995b, S. 10

Stolpe, Manfred: Schwieriger Aufbruch, Berlin: Siedler, 1992

Stolpe, Manfred: Nöte und Probleme der Menschen zu Themen machen. In: Franke/Knepper, 1994, S. 20-28

Struck, Peter: Die Hauptschule. Geschichte, Krise und Entwicklungsmöglichkeiten, Stuttgart: Kohlhammer, 1979

Sussmann, Rudolf: Außerschulische Politische Bildung. Langfristige Wirkungen, Opladen: Leske und Budrich, 1985

Sussmann, Rudolf: Der Bürger im Mittelpunkt. Die politische Bildungsarbeit der Hanns-Seidel-Stiftung. In: HSS (Hrsg.), 25 Jahre Hanns-Seidel-Stiftung. 1967-1992. Im Dienste von Demokratie, Frieden und Entwicklung, München: Manz, 1992, S. 181-195

Sutor, Bernhard: Neue Grundlegung politischer Bildung. Bd. I. Politikbegriff und politische Anthropologie, Paderborn: Ferdinand Schöningh, 1984a

Sutor, Bernhard: Neue Grundlegung politischer Bildung. Bd. II. Ziele und Aufgabenfelder des Politikunterrichts, Paderborn: Ferdinand Schöningh, 1984b

Sutor, Bernhard: Didaktik politischer Bildung im Verständnis Praktischer Philosophie. In: Fischer, 1986, S. 227-240

Sutor, Bernhard: Politische Bildung als Allgemeinbildung. In: Cremer/Klein, 1990, S. 311-327

SZ: Umzüge in Deutschland. In: SZ, Nr. 171, 27.7.1995, S. 23

TDS (Hrsg.): Veranstaltungsprogramm 1. Halbjahr 1993, München, 1992

TDS (Hrsg.): Veranstaltungsprogramm 1. Halbjahr 1994, München, 1993

Theodor, Wilhelm: Sittliche Erziehung durch politische Bildung. Über die Lernbarkeit von Moral, Zürich: Interfrom, 1979

Thieme, Werner: Schule. Was Eltern, Lehrer und Schüler über Rechte und Pflichten wissen sollten, Heidelberg: Decker und Müller, 1988

Thierse, Wolfgang: Kleines deutsches Kunststück. Zur Zukunft der staatlichen Einheit. In: SZ, Nr. 261, 12./13.11.1994, S. 13

Thierse, Wolfgang: Deutschland fünf Jahre nach der Wende. Fragen an Wolfgang Thierse. In: Herder-Korrespondenz, Jg. 49, Heft 1, 1995a, S. 20-25

Thierse, Wolfgang: Fünf Jahre deutsche Vereinigung. Wirtschaft - Gesellschaft - Mentalität. In: APuZ, Jg. 45, Beilage 40-41, 1995b, S. 3-7

Thomas, Alexander: Kulturelle Identität und interkulturelles Lernen. Beiträge psychologischer Austauschforschung. In: Franke/Knepper, 1994, S. 37-53

Thränhardt, Dietrich: Eine veränderte Verfassung für das vereinigte Deutschland? In: Politische Bildung, Jg. 25, Heft 1, 1992, S. 4-17

Tibi, Bassam: Die fundamentalistische Herausforderung. Der Islam und die Weltpolitik, München: C. H. Beck, 1992

Uhl, Herbert/Haupt, Detlef: Internationale Beziehungen. Strukturen und Entwicklungsprozesse. In: Bundeszentrale für politische Bildung, 1992, S. 259-297

Vaatz, Arnold: Die friedliche Revolution war ein guter Anfang. In: Konrad-Adenauer-Stiftung (Hrsg.), Unterwegs zur Einheit, (Aktuelle Fragen der Politik 20), Sankt Augustin, 1994, S. 19-28

Veen, Hans-Joachim: Politische Bildung in der Demokratie. In: Veen, Hans-Joachim/Weilemann, Peter R. (Hrsg.), Politische Bildung in der Demokratie. Grundlagen, Ziele und Folgerungen für die Schule, Melle: Knoth, 1990, S. 7-10

Vester, Michael: Deutschlands feine Unterschiede. Mentalitäten und Modernisierung in Ost- und Westdeutschland. In: APuZ, Jg. 45, Beilage 20, 1995, S. 16-30

Vieregge, Henning von: Parteistiftungen. Zur Rolle der Konrad-Adenauer-, Friedrich-Ebert-, Friedrich-Naumann- und Hanns-Seidel-Stiftung im politischen System der Bundesrepublik Deutschland, Diss., (Schriftenreihe zum Stiftungswesen; Bd. 11), Baden-Baden: Nomos, 1977a

Vieregge, Henning von: Zur politischen Bildungsarbeit der parteinahen Stiftungen. In: APuZ, Jg. 27, Beilage 7, 1977b, S. 28-54

Vieregge, Henning von: Die Partei-Stiftungen. Ihre Rolle im politischen System. In: Wewer, Göttrik (Hrsg.), Parteienfinanzierung und politischer Wettbewerb. Rechtsnormen, Realanalysen, Reformvorschläge, Opladen: Westdeutscher Verlag, 1990, S. 164-194

Vogel, Bernhard: Unserer Verantwortung jetzt gerecht werden. In: KAS (Hrsg.), Jahresbericht der Konrad-Adenauer-Stiftung 1992, Sankt Augustin, 1993, S. 4-5

Volkmer, Ingrid: Empirie und Empathie. Plädoyer für mehr Inhaltsdeutung. In: Bos, Wilfried/Tarnai, Christian (Hrsg.), Angewandte Inhaltsanalyse in Empirischer Pädagogik und Psychologie, Münster/New York: Waxmann, 1989, S. 48-60

Waldmann, Klaus: Konturen einer zukünftigen politischen Jugendbildung. In: das baugerüst, Jg. 46, Heft 1, 1994, S. 70-73

Wallraven, Klaus Peter: Politische Sozialisationsforschung. Geeignet für Beratung und Korrektur. In: Fischer, 1986, S. 241-252

Wehling, Hans-Georg: Konsens à la Beutelsbach? Nachlese zu einem Expertengespräch. In: Schiele, Siegfried/Schneider, Herbert (Hrsg.), Das Konsensproblem in der politischen Bildung. Anmerkungen und Argumente, Stuttgart: Klett, 1977, S. 173-184

Wehling, Hans-Georg: Zehn Jahre Beutelsbacher Konsens. Eine Nachlese. In: Breit/Massing, 1992, S. 129-134, (zuerst erschienen unter dem gleichen Titel, in: Schiele, Siegfried/Schneider, Herbert (Hrsg.), Konsens und Dissens in der politischen Bildung, Stuttgart: Metzler, 1987, S. 198-206)

Weidinger, Dorothea: Politische Bildung an den beruflichen Schulen in Bayern. Ergebnisse einer Befragung von Sozialkundelehrern. In: Weinbrenner, Peter (Hrsg.), Zur Theorie und Praxis der politischen Bildung an beruflichen Schulen. Ergebnisse der Hochschultage Berufliche Bildung '86, Alsbach/Bergstr.: Leuchtturm, 1987, S. 287-296

Weidinger, Dorothea: Politische Bildung an den Schulen in Deutschland. Stand nach Ausweis der Studentafeln und Lehrpläne. In: Gegenwartskunde, Jg. 44, Heft 3, 1995, S. 327-341

Weiler, Hagen: Der politische Bildungsauftrag der staatlichen Schulen im Sinne des Grundgesetzes, Hamburg: Krämer, 1989

Weiler, Hagen: Gesetzliche Reform des Politikunterrichts nach der Auflösung der Deutschen Demokratischen Republik. Konsens über die Verfahren - Dissens über die Ziele? In: Claußen/Wellie, 1995, S. 537-552

Weinacht, Paul-Ludwig: Sozialkundliche Umwelterziehung. In: ders. (Hrsg.), Umwelterziehung und politische Bildung. Beiträge zu einer umweltorientierten politischen Bildung, Würzburg: Ergon, 1990, S. 11-25

Weinbrenner, Peter: Prinzipien und Elemente einer zukunftsorientierten, arbeits- und berufsbezogenen Politischen Didaktik. In: ders. (Hrsg.), Zur Theorie und Praxis der politischen Bildung an beruflichen Schulen. Ergebnisse der Hochschultage Berufliche Bildung '86, Alsbach/Bergstr.: Leuchtturm, 1987, S. 1-30

Weinbrenner, Peter: Beruf und Arbeit im Politikunterricht beruflicher Schulen. Zur Neukonzeption des Politikunterrichts. In: ders. (Hrsg.), Politische Bildung an beruflichen Schulen zwischen Kammerprüfung und eigenständigem Bildungsauftrag. Ergebnisse der Hochschultage Berufliche Bildung '88, Alsbach/Bergstr.: Leuchtturm, 1989, S. 231-266

Weinbrenner, Peter: Zukunftssicherung als Thema und Qualifikation - eine Umorientierung in der politischen Didaktik? In: Breit/Massing, 1992, S. 631-642

Weißeno, Georg: Interpretative Unterrichtsforschung und handlungshermeneutische Fallarbeit als Elemente gemeinsamer Fortbildung west- und ostdeutscher Politiklehrer/innen. In: Claußen/Wellie, 1995, S. 944-964

Wellie, Birgit (Hrsg.): Perspektiven für die Politische Bildung nach der Vereinigung der beiden deutschen Staaten. Diskussionsanstöße aus Ost und West, Hamburg: Krämer, 1991

Wellie, Birgit: Vorwort - mit einem Gruß an die Provinz und einer Absage an das Oktroi eines pragmatischen Theorie-Praxis-Monismus im Umgang mit Politischer Bildung. In: dies., 1991a, S. 7-17

Wellie, Birgit: Didaktik der Politikdidaktik? Eine wissenschaftsdidaktische Zurückweisung des instrumentalistischen Rezeptgedankens für die Praxis der Politischen Bildung. In: Claußen/Gagel/Neumann, 1991b, S. 339-351

Wenger, Otto: Schulgesetze mit Kommentar für Grundschulen, Hauptschulen und Förderschulen in Bayern, 4. Aufl., München: J. Maiß, 1994

Wernstedt, Rolf: Erblast und Mitgift. Umrisse der Politischen Bildung im vereinigten Deutschland der 90er Jahre. In: Gegenwartskunde, Jg. 39, Heft 4, 1990, S. 451-460

Wernstedt, Rolf: Zur Lage der politischen Bildung in Deutschland. Einige Anmerkungen. In: Noll/Reuter, 1993, S. 52-58

Wernstedt, Rolf: Aufbruch zur Demokratie. Politische Bildung im vereinten Deutschland. In: Franke/Knepper, 1994, S. 11-19

Westle, Bettina: Nationale Identität im Umbruch. In: Politische Bildung, Jg. 25, Heft 1, 1992, S. 66-80

Westphalen, Klaus: Praxisnahe Curriculumentwicklung. Eine Einführung in die Curriculumreform am Beispiel Bayerns, 6. neubearb. Aufl., Donauwörth: Auer, 1978

Westphalen, Klaus: Lehrplan - Richtlinien - Curriculum, (Grundlagentexte Schulpädagogik), Stuttgart: Klett, 1985

Winter, Michael: Vereint und doch getrennt. Wie man dem deutschen Riß auf den Grund gehen kann. In: SZ, Nr. 257, 8.11.1994, S. 11

Witte, Barthold C. von: Friedrich Naumann und die Zukunft der Liberalen. Vortrag zum 75. Todestag Naumanns. In: FNS (Hrsg.), Friedrich Naumann. Persönlichkeit und Werk, Königswinter, 1994. S. 4-16

Wittenberg, Reinhard: Einführung in die Methoden der empirischen Sozialforschung I. Skript zur gleichnamigen Vorlesung und Übung, Lehrstuhl für Soziologie im Sozialwissenschaftlichen Institut der Friedrich-Alexander-Universität Erlangen-Nürnberg, Stand November 1991

Zimmermann, Gunter E.: Neue Armut und neuer Reichtum. Zunehmende Polarisierung der materiellen Lebensbedingungen im vereinten Deutschland. In: Gegenwartskunde, Jg. 44, Heft 1, 1995, S. 5-17

Zschieschang, Susann: Utopieverlust im Vereinigungsprozeß und die Verantwortung Politischer Bildung für die Zukunft. In: Claußen/Wellie, 1995, S. 239-251

Züll, Cornelia/Mohler, Peter Ph./Geis, Alfons: Computerunterstützte Inhaltsanalyse mit TEXTPACK PC. Release 4.0 für IBM XT/AT und Kompatible unter MS/DOS ab Version 3.0, Stuttgart/New York: Fischer, 1991

Adolf-Damaschke-Str. 103, 65824 Schwalbach/Ts. • Tel.: 06196/84010 • Fax: 06196/86060

Buchprogramm im WOCHENSCHAU VERLAG

Reihe Politik und Bildung

Peter Henkenborg, Unvermeidlichkeit der Moral, 3-87920-601-5, DM 58,-
Klaus-Peter Hufer, Politische Erwachsenenbildung, 3-87920-600-7, DM 48,-
W. Gagel / T. Grammes / A. Unger (Hrsg.), Politikdidaktik praktisch, 3-87920-602-3, DM 29,-; **Gruppenarbeitssatz** ab 10 Expl. pro Expl. DM 19,-
Video zum Buch, 3-87920-603-1, DM 48,-
Peter Henkenborg / Wolfgang Sander (Hrsg.), Wider die Langeweile, 3-87920-604-X, DM 36,-
Siegfried George / Ingrid Prote (Hrsg.), Handbuch zur politischen Bildung in der Grundschule, 3-87920-605-8, DM 64,-
Klaus-Peter Hufer, Politische Bildung in Bewegung, 3-87920-606-6, DM 36,-
Paul Ackermann u.a., Politikdidaktik kurzgefaßt, 3-87920-607-4, DM 26,-
Wolfgang Sander (Hrsg.), Handbuch politische Bildung, 3-87920-608-2, DM 64,-
(Subskr. Preis bis 31.6.96 DM 48,-)
Benno Hafeneger, Handbuch politische Jugendbildung, 3-87920-610-4, ca. DM 56.-
(Subskr. Preis bis 31.6.96 DM 42,-)
S. Reinhardt / D. Richter / K.-J. Scherer, Politik und Biographie, 3-87920-611-2, i.V. ca. DM 26,-

Reihe Worldwatch Paper

Lowe, Das Fahrrad, 3-87920-700-3, DM 14,80
Renner, Konversion zur Friedensökonomie, 3-87920-702-X, DM 16,80
Durning, Die Armutsfalle, 3-87920-701-1, DM 16,80
Durning/Brough, Zeitbombe Viehwirtschaft, 3-87920-703-8, DM 16,80
Young, Umweltproblem Bergbau, 3-87920-705-4, DM 16,80
Lenssen, Atommüll, 3-87920-706-2, DM 16,80
Jacobsen, Frauendiskriminierung, 3-87920-707-0, DM 16,80
Weber, Das Meer, 3-87920-708-9, DM 16,80
Young, Globales Netzwerk, 3-87920-709-7, DM 16,80
Durning, Der Wald, 3-87920-710-0, DM 16,80
French, Handel in Einer Welt, 3-87920-711-9, DM 16,80
Flavin, Strategien der Energiepolitik, 3-87920-712-7, DM 18,60
Lowe, Zurück zur Schiene, 3-87920-713-5, DM 16,80
Young/Sachs, Industrielle Revolution, 3-87920-714-3, DM 16,80
Denniston, Priorität Bergwelt, 3-87920-715-1, DM 16,80

Kleine Reihe zur politischen Bildung

Walter Gagel, Drei didaktische Konzeptionen, 3-87920-500-0, DM 14,80
Wolfgang Sander, Politikdidaktik in der BRD, 3-87920-501-9, DM 12,80
Wolfgang Hilligen, Didaktische Zugänge in der politischen Bildung, 3-87920-502-7, DM 14,80
Bernhard Sutor, Politische Bildung als Praxis, 3-87920-50503-5, DM 14,80
Gotthard Breit, Mit den Augen des anderen sehen, 3-87920-505-4, DM 14,80
Tilman Grammes, Unpolitische Gesellschaftskunde, 3-87920-506-X, DM 19,80
Georg Weißeno, Umgang mit Texten, 3-87920-507-8, DM 14,80
Georg Weißeno, Tafelbild im Politikunterricht, 3-87920-508-6, DM 14,80
Peter Henkenborg, Fremde Deutsche, 3-87920-512-4, DM 14,80
Klaus-Peter Hufer, Politische Erwachsenenbildung, 3-87920-513-2, DM 14,80
K.G. Fischer, Das Exemplarische, 3-87920-514-0, DM 14,80
Siegfried George, Erschließendes Denken, 3-87920-515-9, DM 14,80
Wolfgang W. Mickel, MethodenLeitfaden, 3-87920-518-3, DM 14,80
Carl Deichmann, Mehrdimensionale Institutionenkunde, 3-87920-519-1, DM 14,80
Benno Hafeneger, Sieben Diskurse zur Gewalt, 3-87920-520-5, DM 14,80
Wolfgang Sander, Beruf und Politik, 3-87920-521-3, DM 14,80
Hans-Peter Viechtbauer, Computer in der politischen Bildung, 3-87920-522-1, DM 14,80
Bernd Janssen, Konzepte zur Sachanalyse und Unterrichtsplanung, 3-87920-523-X, DM 14,80
Hermann Giesecke, Didaktik neu durchdacht (Arbeitstitel), 3-87920-524-8, DM 14,80

Studien zu Politik und Wissenschaft

Benno Hafeneger, Politik der extremen Rechten, 3-87920-499-3, DM 19,80
Wilmar Steup, Menschen und (neue) Maschinen, 3-87920-498-5, DM 58,-
Carla Schelle, Schülerdiskurse, 3-87920-497-7, DM 58,-
Christof Prechtl, Innere Einheit Deutschlands, 3-87920-496-9, DM 58,-

Didaktische Reihe

Siegfried Schiele / Herbert Schneider (Hrsg.), Konsens und Dissens in der politischen Bildung, 3-87920-372-5, DM 24,-
Siegfried Schiele / Herbert Schneider (Hrsg.), Rationalität und Emotionalität im politischen Bildung, 3-87920-377-6, DM 24,-
Karl Pellens (Hrsg.), Historische Gedenkjahre im politischen Bewußtsein, 3-87920-375-X, DM 24,-
Gerold Niemetz (Hrsg.), Vernachlässigte Fragen der Geschichtsdidaktik, 3-87920-376-8, DM 24,-
Gerhard Schmid (Hrsg.), Wehr- und Zivildienst in europäischen Ländern, 3-87920-378-4, DM 24,-

Fordern Sie den neuen Gesamtkatalog zur politischen Bildung an!

Wolfgang W. Mickel / Dietrich Zitzlaff (Hrsg.), Methodenvielfalt im politischen Unterricht, 3-87920-379-2, DM 32,-
Lothar Schaechterle (Hrsg.), Deutschland und Europa, 3-87920-374-1, DM 24,-
Klaus J. Bade / Dieter Brötel (Hrsg.), Europa und die Dritte Welt, 3-87920-373-3, DM 24,-
Günter C. Behrmann / Siegfried Schiele (Hrsg.), Verfassungspatriotismus als Ziel politischer Bildung?, 3-87920-380-6, DM 24,-
G. Hepp / S. Schiele / U. Uffelmann (Hrsg.), Die schwierigen Bürger, 3-87920-381-4, DM 26,-
Gottfried Böttger / Siegfried Frech (Hrsg.), Der Nord-Süd-Konflikt in der politischen Bildung, 3-87920-382-2, DM 32,-
Kurt Möller/Siegfried Schiele (Hrsg.), Gewalt und Rechtsextremismus, 3-87920-383-0, ca. DM 26,-

Reihe: uni studien politik

Breit / Gagel (Hrsg.), Politikunterricht: Planung in Beispielen, 3-87920-599-X, DM 22,50
Breit (Hrsg.), Die Bedeutung des Grundgesetzes für die politische Bildung, 3-87920-598-1, DM 22,50
Andersen (Hrsg.), Soziale Marktwirtschaft unter neuen Rahmenbedingungen, 3-87920-597-3, DM 22,50
Woyke (Hrsg.), Strukturen internationaler Politik, 3-87920-596-5, DM 22,50
Stefan Schieren, Propädeutikum der Politikwissenschaften, 3-87920-595-7, DM 16,80

Weitere Titel

Schlegel (Hrsg.), Neuer Nationalismus, 3-87920-026-2, DM 38,-
Polen und Deutschland. Nachbarn in Europa, 3-87920-027-0, DM 28,-
CD mit Testversion des „EU-Buches", DM 10,- (Schutzgebühr) i.V.
Multiplikatorenpaket I, Rechtsextremismus – Fremdenfeindlichkeit, 3-87920-300-8, DM 68,-; zur Fortsetzung DM 39,-
Multiplikatorenpaket II, Migration, 3-87920-301-6, DM 89,-; zur Fortsetzung DM 49,-

DIAK-Reihe

W. Fölling / T. Kriener, Kibbuz-Leitfaden, 3-87920-410-1, DM 24,80
Martin W. Kloke, Der israelisch-palästinensische Friedensprozeß, 3-87920-413-6, DM 24,80
R. Bernstein / J. Böhme (Hrsg.), „Ein nationalbewußter Jude muß Linker sein", 3-87920-412-8, DM 34,80
Martin W. Kloke, Israel und die deutsche Linke, 3-87920-411-X, DM 58,-
A. Kaiser / T. Kriener (Hrsg.), Normal ist das Besondere, 3-87920-414-4, DM 24,80

Studien zu Politik und Wissenschaft

In der Reihe »Studien zu Politik und Wissenschaft« werden ausgewählte und beispielhafte Forschungsberichte und Studien, herausragende Habilitationen und Dissertationen aus dem Fachgebiet Politik und politische Bildung veröffentlicht.

Grundlage der Studie sind langfristige Unterrichtsbeobachtungen und Interviews mit überwiegend Hauptschulpflichtigen aus Abgangsklassen, aus denen neue Erkenntnisse über die Fähigkeiten Jugendlicher zur Verarbeitung von Konfliktsituationen erwachsen. Die Untersuchung führt im Ergebnis zu einem Plädoyer für eine Neuorientierung schulisch-politischer Bildungsprozesse.

Carla Schelle: **Schülerdiskurse über Gesellschaft – »Wenn du ein Ausländer wärst«.** Untersuchungen zur Neuorientierung schulisch-politischer Bildungsprozesse
368 Seiten, DM 58,00; ISBN 3-87920-497-7

Benno Hafeneger: **Politik der »extremen Rechten« – Eine empirische Untersuchung am Beispiel der hessischen Kommunalparlamente**
64 Seiten, DM 19,80
ISBN 3-87920-499-3

Wilmar Steup: **Mensch und neue Maschinensysteme. Künstliche Intelligenz und Sprachverarbeitung in der politischen Bildung**
– mit Diskette
348 Seiten, DM 68,00
ISBN 3-87920-498-5

Adolf-Damaschke-Str. 103
65824 Schwalbach/Ts.
Tel.: 06196 / 84010
Fax: 06196 / 86060

WOCHEN SCHAU VERLAG

DIE NEUE HANDBUCHREIHE
ZUR POLITISCHEN BILDUNG

Das Wochenschau – Handbuchkonzept

Für jeden, der sich mit politischer Bildung beschäftigt:
- fachübergreifendes Nachschlagen
- lexikalisch zu benutzende Lesestichwörter
- Grundlageninformation im längeren Textzusammenhang
- viele zusätzliche Arbeitshilfen z. B.:
- Personenregister • Stichwortregister
- Such- und Studierhilfen am Rand

Endlich die komplette Fachinformation für den Laien und den Profi – am besten immer griffbereit.

JUGENDBILDUNG

Autoren: Richard Münchmeier • Hans Schwab • Thomas Rauschenbach • Konrad Schacht • Helmut Heitmann • Mechthild Jansen • Christiana Klose • Wolfgang Schroeder • Gerd Brenner • Albert Scherr • Achim Schröder • Peter Krahulec • Josef Röll • Jürgen Fiege • Willy Prami • Michael Kelbling • Dietheim Damm

Benno Hafeneger (Hrsg.)
Handbuch politische Jugendbildung

ISBN 3-87920-610-4
320 Seiten
Hardcover
DM 56,–

Siegfried George/
Ingrid Prote (Hrsg.)
Handbuch zur politischen Bildung in der Grundschule

ISBN 3-87920-605-8
384 Seiten
Hardcover
DM 64,–

GRUNDSCHULE

Zum Buch: Das Handbuch dokumentiert den Forschungsstand zur veränderten Kindheit, zur moralischen Entwicklung der Grundschulkinder, zu ihrem sozialen und politischen Lernen, zur Entwicklung des gesellschaftlich-ökonomischen Denkens, zur Friedenserziehung, zur Bedeutung der Umwelterziehung, zur Jungen/Mädchen-Problematik sowie zu den Möglichkeiten und Grenzen interkultureller Erziehung.

Wolfgang Sander
(Hrsg.)
Handbuch zur politischen Bildung

ISBN 3-87920-608-2
380 Seiten
Hardcover
DM 64,–

GRUNDLAGEN

Autoren: Paul Ackermann • Günter C. Behrmann • Gotthard Breit • Micha Brumlik • Jörg Calließ • Heidi Colberg-Schräder • Wilhelm Frenz • Walter Gagel • Siegfried George • Tilman Grammes • Benno Hafeneger • Manfred Hättich • Peter Henkenborg • Klaus-Peter Hufer • Marianne Krug • Reinhold E. Lob • Monika Mannheim-Runkel • Peter Massing • Wolfgang W. Mickel • Frank Nonnenmacher • Ekkehard Nuissl • Heinrich Oberreuter • Hans-Joachim von Olberg • Ingrid Prote • Sibylle Reinhardt • Dagmar Richter • Carla Schelle • Bernhard Sutor • Gerhard Wacker • Dorothea Weidinger • Peter Weinbrenner • Georg Weißeno

Adolf-Damaschke-Str. 103 • 65824 Schwalbach/Ts.
Telefon: 06196 / 84010 • Fax: 06196 / 86060